Psico

Psico

La historia de la mente humana

PAUL BLOOM

Traducción de Nieves Cumbreras y Pablo Müller

PAIDÓS.

Obra editada en colaboración con Editorial Planeta - España

Título original: *Psych: The Story of the Human Mind*

© 2023 by Paul Bloom. All rights reserved.
© de la traducción: Pablo Müller y Nieves Cumbreras, 2024

© 2024, Centro de Libros PAPF, SLU. – Barcelona, España

Derechos reservados

© 2024, Ediciones Culturales Paidós, S.A. de C.V.
Bajo el sello editorial PAIDÓS M.R.
Avenida Presidente Masarik núm. 111,
Piso 2, Polanco V Sección, Miguel Hidalgo
C.P. 11560, Ciudad de México
www.planetadelibros.com.mx
www.paidos.com.mx

Primera edición impresa en España: enero de 2024
ISBN: 978-84-234-3609-5

Primera edición en formato epub en México: julio de 2024
ISBN: 978-607-569-747-5

Primera edición impresa en México: julio de 2024
ISBN: 978-607-569-748-2

Impreso en los talleres de Impregráfica Digital, S.A. de C.V.
Av. Coyoacán 100-D, Valle Norte, Benito Juárez
Ciudad de México, C.P. 03103
Impreso en México – *Printed in Mexico*

Para mis chicos, Max y Zachary

Sumario

PARTE 4
Los lazos

PARTE 5
Las diferencias

Prólogo

Un verano, hace muchos años, estaba pasando una dura mañana de domingo. Llegó después de una racha de días malos en los que había estado teniendo problemas con el trabajo y con mis relaciones, lo que me hacía estar callado y tenso. A mi hijo, que tenía ocho años, lo habían invitado a una fiesta de cumpleaños a una hora de camino en coche y, en lo que salíamos de casa, agarré un fino libro de tapa dura de una pila que había cerca de la puerta. Zachary estaba cansado y durmió por el camino roncando apaciblemente en el asiento trasero, lo cual no suponía ningún problema para mí. Cuando llegamos a la fiesta, que se celebraba en el jardín trasero de una gran casa en una zona residencial en Connecticut, saludé brevemente a los adultos y me escabullí para sentarme bajo un árbol, sacar el libro y empezar a leer.

Era *El origen del universo*, escrito por el físico teórico John Barrow.[1] Empezaba relatando el descubrimiento de Edwin Hubble de que el universo se expande y luego repasaba la teoría del *Big Bang* sobre cómo empezó todo.

A medida que fui leyendo, el corazón empezó a latirme más rápido. Era emocionante que pudiéramos saber todo eso, que pudiera estar leyendo sobre acontecimientos que ocurrieron hace catorce mil millones de años. Quizá los creyentes sientan lo mismo cuando leen las Escritu-

1. Barrow, John D., *The origin of the universe: Science masters series*, Basic Books, Estados Unidos, 1997.

ras —la experiencia de que se les están revelando grandes verdades—. Al aprender cosas del universo, me sentí insignificante, diminuto en el espacio y el tiempo, pero también me sentí orgulloso de nuestra especie, de que pudiéramos saber tanto sobre cosas increíblemente lejanas tanto en el tiempo como en el espacio que respondieran a las preguntas más fundamentales. Cuando la fiesta terminó y me levanté a recoger a mi hijo, el mundo me parecía lleno de luz.

En el camino de vuelta a casa, le hablé a Zachary de lo que había aprendido y, mientras hablábamos, empecé a fantasear con dejar mi trabajo de profesor de Psicología, sacarme otra carrera y convertirme en cosmólogo. Pero yo estaba donde debía estar. La lápida del filósofo Immanuel Kant tiene grabada una cita de su *Crítica de la razón pura*: «Dos cosas llenan mi ánimo de creciente admiración y asombro a medida que pienso y profundizo en ellas: el cielo estrellado sobre mí y la ley moral en mi interior». Me había pasado la mañana estremecido por el cielo estrellado; años más tarde, mi investigación se centraría en la moralidad y la psicología moral y llegaría a experimentar el mismo sentimiento de «admiración y asombro» que Kant.

Aunque, a decir verdad, prácticamente toda la psicología me entusiasma por igual. Para mí es casi el tema más interesante que existe: nosotros. Trata sobre nuestros sentimientos, experiencias, planes, metas, fantasías..., los aspectos más íntimos de nuestro ser.

El libro que tienes entre manos está basado en una asignatura de Introducción a la Psicología que llevo impartiendo desde hace muchos años en la Universidad de Yale. Es una de las más populares allí y se la he dado a miles de estudiantes de pregrado, a veces ha sido su primera asignatura en la universidad. Basándome en esas clases, creé un curso en línea en el que ha habido, hasta el día de hoy, cerca de un millón de matriculaciones.[2]

Me encanta enseñar la Introducción a la Psicología, pero lo que se puede transmitir en una serie de charlas es limitado y hay mucho material que tratar, por eso decidí escribir *Psico*.

El espectro es amplio y, si decides leerlo de principio a fin, adquirirás las bases de los aspectos más importantes de la ciencia de la psicología. Entre otras cosas, en este libro encontrarás las mejores respuestas de las que disponemos en la actualidad a las siguientes preguntas:

¿Cómo se las ingenia el cerebro, una masa de kilo y medio de carne sanguinolenta, para que exista la inteligencia y la experiencia consciente?

2. Puede accederse al curso gratuito en <https://www.coursera.org/learn/introduction-psychology>.

¿En qué acertó Freud sobre la naturaleza humana?

¿En qué acertó Skinner sobre la naturaleza humana?

¿De dónde viene el conocimiento?

¿En qué se diferencia la mente de un niño de la de un adulto?

¿Qué relación hay entre el lenguaje y el pensamiento?

¿Cómo afectan nuestros prejuicios a nuestra manera de ver y recordar el mundo?

¿Somos seres racionales?

¿Qué nos motiva y cuál es la función de emociones como el miedo, el asco y la compasión?

¿Qué opinamos de los demás, incluso de otros grupos sociales y étnicos?

¿Cómo (y por qué) nos diferenciamos en cuanto a personalidad, inteligencia y otras características?

¿Cuál es la causa y el tratamiento de los trastornos mentales?

¿Qué hace feliz a la gente?

Cada capítulo de este libro puede leerse independientemente. No pasa nada si decides zambullirte en él y leer sobre Freud, el lenguaje o los trastornos mentales o incluso saltar al final, a la parte sobre la felicidad; nadie te va a decir nada, pero el libro sigue una línea; hay temas o ideas que se extienden a lo largo de estos capítulos dispares y es mejor ir desvelando la historia en el orden apropiado.

Algunas partes de esta historia incomodan a la gente. Veremos que la psicología moderna acepta una concepción mecánica de la vida mental, concepción que es materialista (entender la mente como un objeto físico), evolutiva (entender nuestra psicología como un producto de la evolución biológica, formada en gran parte por la selección natural) y causal (entender nuestros pensamientos y acciones como el producto de nuestros genes, nuestra cultura y nuestras experiencias individuales).

Puede que te preocupe que falte algo. Este concepto de la vida mental puede chocar, en apariencia, con nociones de sentido común sobre el libre albedrío y la responsabilidad moral. Puede que te parezca que choca con la noción de que el ser humano posee una naturaleza trascendental o espiritual. Esta situación la ilustra muy bien John Updike en su libro *Conejo en paz*, cuando Harry «Conejo» Angstrom habla con su amigo Charlie sobre la reciente cirugía de éste:

—Válvulas de cerdo. —Conejo intenta ocultar su repulsión—. Debe de ser horrible. ¿Te abren el pecho en dos y pasan tu sangre por una máquina?

—Fue pan comido, te dejan frito. ¿Qué problema hay con que pasen la sangre por una máquina? ¿Qué crees acaso que eres, campeón?

—Una creación divina y única con un alma inmortal insuflada. Un vehículo de Su Gracia. Una batalla entre el bien y el mal. Un aprendiz de ángel...

—No eres más que una máquina blanda —insiste Charlie.[3]

Hay muchas maneras de reaccionar a todo esto. Sé de filósofos y psicólogos que están seguros de que no existe el libre albedrío ni la responsabilidad moral y he conocido a otros que rechazan la ciencia preocupados porque ese enfoque de la mente le arrebate a la gente su condición de «especial», que eso nos menoscabe de alguna forma. Es demasiado reduccionista, demasiado crudo. Nos reduce a ordenadores o montones de células o ratas de laboratorio. Éste es su argumento: «Si la psicología me va a decir que soy sólo una máquina, que los aspectos más íntimos de mi ser no son nada más que neuronas que se activan, pues a tomar viento la psicología».

Desde mi punto de vista, podemos quedarnos en un término medio. Creo que la perspectiva científica en la que se basa la psicología moderna es perfectamente compatible con la existencia de la elección, la moralidad y la responsabilidad. Sí, en última instancia somos máquinas blandas, pero no sólo máquinas blandas.

Quiero terminar este prólogo con una nota de humildad. Sabemos mucho del mundo físico y muy poco de la vida mental. Esto no es así porque los físicos sean inteligentes y los psicólogos unos estúpidos, es así porque mi campo de estudio es mucho más difícil que el de Barrow. Los misterios del espacio y el tiempo resultan ser más fáciles de comprender que los de la consciencia y la elección. En las siguientes páginas seré sincero sobre las limitaciones de nuestra joven ciencia y crítico con algunos colegas que piensan que ya lo hemos resuelto todo.

Pero formar parte de una ciencia joven es una verdadera alegría. Encuentro el estudio de la psicología tan apasionante como el del cosmos y espero que tú también llegues a opinar lo mismo. Hemos hecho progresos emocionantes en este campo y me muero de ganas de contártelos. Mi mayor esperanza al publicar este libro es que las teorías y los descubrimientos que se analizan aquí asombren un poco al lector, algo similar a lo que sentí cuando leí sobre los orígenes del universo bajo aquel árbol hace muchos años.

PAUL BLOOM

3. Updike, John, *Conejo en paz*, Tusquets Editores, Barcelona, 2010.

Parte 1

Los cimientos

1

El cerebro crea el pensamiento

La hipótesis revolucionaria

A primera hora de la tarde del 13 de septiembre de 1848, algo terrible y milagroso le ocurrió al joven capataz de una cuadrilla de obreros que trabajaban en Cavendish (Vermont). Phineas Gage estaba preparando la subestructura sobre la que irían las vías ferroviarias. Lo hacía siguiendo una rutina: perforaba agujeros en las rocas, les metía pólvora y una mecha, y les echaba arena y tierra por encima. Después, usaba un hierro para apisonar, un trozo de hierro que parecía una jabalina de alrededor de un metro de largo y de unos seis kilos de peso, para prensarlo todo y formar un tapón sobre el explosivo. A continuación, encendía las mechas y las explosiones despejaban las rocas.

Nadie sabe qué salió mal, quizá se distrajera, pero Gage clavó el hierro de apisonar en un agujero antes de verter la arena y la pólvora explotó. El hierro salió disparado hacia arriba con una fuerza tremenda, entró por la mandíbula izquierda de Gage, pasó por detrás del ojo izquierdo y por la parte izquierda del cerebro y finalmente salió por la parte superior del cráneo y cayó a varios metros de él.

Gage perdió la consciencia, pero sólo por un instante. Su cuadrilla lo subió a un carro y lo llevaron a la posada Cavendish, donde se hospedaba. Al llegar, se sentó en el porche y les contó a los presentes lo que le acababa de pasar. Cuando por fin llegó un médico, Gage le dijo: «Doctor, aquí hay trabajo de sobra para usted».

Estuvo en estado crítico durante un tiempo, no en vano Gage tenía una infección y requería un tratamiento considerable, pero meses después parecía haberse recuperado. No se quedó ciego ni paralizado, conservó la capacidad de hablar y comprender el lenguaje y no perdió sus capacidades intelectuales, al menos no de forma obvia; casi se podría pensar que fue muy afortunado.

Pero Gage no tuvo suerte en absoluto. Como escribió su médico, John Martyn Harlow, Gage solía ser «un hombre más que eficiente y capaz, un hombre de hábitos templados, considerable energía de carácter, un hombre de negocios astuto y perspicaz». Pero después del accidente, diría de él: «Gage ya no era Gage. Era inestable, irreverente, a veces se permitía ser blasfemo y grosero, mostraba muy poca deferencia por sus compañeros». Según Harlow, «intelectualmente, era un niño con las pasiones animales de un adulto fuerte».

Incapaz de regresar a su trabajo de capataz, Gage tuvo una ristra de trabajos en los siguientes años, incluyendo conductor de diligencia en Chile y servir de atracción en el museo Barnum de Nueva York, donde enseñaba su hierro de apisonar y contaba su historia. Once años después del accidente, comenzó a sufrir ataques y murió unos meses después en casa de su madre.

La historia de Phineas Gage es una vívida ilustración de cómo el daño cerebral (y, más específicamente, el daño en el lóbulo frontal, la zona que está justo detrás de la frente) puede tener un profundo efecto sobre algunos de los aspectos más importantes de lo que somos: nuestras inhibiciones, cómo tratamos a los demás, nuestro carácter.

Durante mucho tiempo, los detalles de lo que le sucedió a Gage fueron objeto de polémica y su historia se volvió más extravagante a medida que fueron pasando los años.[4] Yo he contado el relato de la forma más precisa que he podido. De todas formas, el mundo está lleno de miles de casos como el suyo, en los que el daño cerebral provoca serios cambios en la naturaleza de la persona.

He aquí otro caso, con diferente resultado esta vez. Ésta es la historia de Greg F. descrita por el neurocientífico Oliver Sacks en un artículo llamado «El último hippie».[5] De adolescente, Greg era inquieto y

4. Macmillan, Malcom, «Phineas Gage: Unravelling the Myth», *Psychologist*, 21 (2008), pp. 828-831.
5. Sacks, Oliver, «The last hippie», *New York Review of Books*, 26 de marzo de 1992, pp. 53-62.

rebelde; pronto dejó el colegio y se hizo hare krishna, luego se mudó a un templo en Nueva Orleans. Después de pasar un tiempo allí, el líder espiritual se quedó impresionado con Greg y le puso el sobrenombre de Hombre Sagrado. Tiempo después, Greg comenzó paulatinamente a perder la vista. Sin embargo, no lo vieron como algo que hubiera que tratar, sino como un acontecimiento espiritual.

> Él era «un iluminado», le dijeron; se trataba de su «luz interior», que iba en aumento... Y, en efecto, parecía estar volviéndose más espiritual cada día: una serenidad asombrosa se había apoderado de él. Ya no mostraba su anterior impaciencia ni sus impulsos, y se le encontraba a veces en una especie de trance con una extraña (muchos dijeron *trascendental*) sonrisa en la cara. «Es beatitud», dijo su *swami*: «Se está convirtiendo en un santo».

Después de cuatro años, el templo permitió a los padres de Greg ir a visitarlo y, cuando lo vieron,

> ... se quedaron horrorizados: su hijo delgado y peludo se había vuelto gordo y lampiño, con una perpetua sonrisa *estúpida* en la cara (ésta al menos fue la palabra con la que su padre la describió); se arrancaba constantemente a cantar y recitar en verso, a hacer comentarios *idiotas*, mientras mostraba muy pocas emociones profundas de cualquier tipo («como si lo hubieran vaciado, hueco por dentro», dijo su padre); había perdido el interés en todo lo actual; estaba desorientado y totalmente ciego.

Resultó que Greg tenía un tumor en el cerebro del tamaño de una naranja. Le había destruido la mayoría de las áreas cerebrales encargadas de la visión y se había extendido a los lóbulos frontales (en la parte delantera) y temporales (en los laterales). El tumor fue extirpado, pero el daño era irreversible: Greg F. quedó peor que Phineas Gage. No sólo estaba ciego, sino que además había perdido la mayoría de los recuerdos de su vida y era incapaz de formar nuevos. Era dócil y carecía de sentimientos, era incapaz de sobrevivir por su cuenta.

Phineas Gage, Greg F. y otros tantos ilustran lo que el biólogo ganador del Premio Nobel Francis Crick llama «la hipótesis revolucionaria»:

> Usted, sus alegrías y penas, sus recuerdos y ambiciones, su sentido de la identidad personal y del libre albedrío, no son en realidad nada más que el

esfuerzo colaborativo de un vasto conjunto de células nerviosas y sus moléculas asociadas.[6]

Hay una versión más corta de esta idea en uno de los cuadernos de apuntes de Charles Darwin, «El cerebro crea el pensamiento».[7]

El término filosófico para darle nombre a esta postura de Darwin y Crick es *materialismo* (esta palabra tiene otro significado, relacionado con el dinero, pero no viene al caso). Para el materialista, no hay más que objetos físicos, no existen almas inmateriales.

Esta visión es extraña y antinatural.[8] A la gente le atrae más la doctrina del dualismo, que consiste en que la mente (o el alma) es algo fundamentalmente distinto al cuerpo. No somos una cosa: somos dos, cuerpo y mente. Esta idea está presente en la mayoría de las religiones y de los sistemas filosóficos (Platón, por ejemplo, era en gran medida un dualista), pero el defensor más elocuente y detallado del dualismo fue el filósofo René Descartes. En su honor, la idea de que mente y cuerpo son distintos es a menudo descrita como «dualismo cartesiano».

Uno de los argumentos de Descartes sobre el dualismo, escrito en el siglo XVII, estaba relacionado con las limitaciones de los objetos físicos. Puede que te sorprenda enterarte de esto, pero Descartes estaba familiarizado con los robots. Había visitado los jardines reales franceses, que el filósofo Owen Flanagan describe como «un auténtico Disneyland del siglo XVII»,[9] y se quedó impresionado con los autómatas impulsados por fuerza hidráulica:

> Puede que usted haya visto en las grutas y fuentes que se hallan en nuestros jardines reales que la simple fuerza con la que el agua se desplaza al emanar del nacimiento es suficiente para poner en marcha varias máquinas e incluso hacer sonar varios instrumentos o hacerlos pronunciar palabras según la disposición de los tubos que transportan el agua... Al entrar [los visitantes], necesariamente ponen el pie sobre ciertas baldosas o lugares dispuestos de

6. Crick, Francis, *La búsqueda científica del alma: una revolucionaria hipótesis para el siglo XXI*, Editorial Debate, Madrid, 1994.

7. Cobb, Matthew, *The idea of the brain: The past and future of neuroscience*, Profile Books, p. 104, Reino Unido, 2020.

8. Bloom, Paul, *Descartes' baby: How the science of child development explains what makes us human*, Random House, Estados Unidos, 2005.

9. Flanagan, Owen J., *The science of the mind*, MIT Press, p. 1, Estados Unidos, 1991.

manera que, si se aproximan a una Diana bañándose, hacen que ésta se oculte en los rosales y, si tratan de seguirla, hacen que Neptuno se adelante a su encuentro amenazándolos con su tridente.[10]

Se establece una analogía con el cuerpo humano (los muelles y motores de los robots corresponden a los músculos y tendones; los tubos de los robots corresponden a los nervios) que le hace a uno preguntarse si acaso no seremos nada más que una máquina complicada.

La respuesta de Descartes fue que no. Esta analogía, argumentó, era correcta para animales no humanos cuyas acciones son únicamente el producto de su constitución física. No son nada más que *bêtes machines* ('bestias máquinas'). Hay historias escalofriantes, quizá incluso apócrifas, de Descartes participando en operaciones a perros vivos —vivisecciones—; al parecer, creía que sus alaridos de agonía eran similares al ruido que hace a veces una máquina averiada. Después de todo, al carecer de alma, eran incapaces de sentir.

Pero los humanos somos diferentes. Lo vemos en la naturaleza impredecible de nuestras acciones: el doctor nos da un golpecito en la rodilla y levantamos la espinilla, sí, esto lo puede hacer el cuerpo por sí solo, según los mismos principios que gobiernan los movimientos de la Diana y el Neptuno robot, pero también podemos elegir dar una patada en cualquier instante porque sí, porque nos da la gana. Ésta es la clase de acción deliberada que Descartes creía que nunca podría hacer un objeto físico, así que concluyó: «No somos objetos físicos».

El otro argumento principal de Descartes por el dualismo es más conocido. Empieza con la pregunta: «¿Qué podemos saber a ciencia cierta?» y la respuesta: «No mucho». Crees que naciste en tal o cual lugar, pero a lo mejor te mintieron. Quizá, como algunos niños fantasean, tengas sangre real, y sólo por algún infortunio tuviste que quedarte con la decepcionante familia de plebeyos que te crio. O, aún más turbador, quizá el universo fue creado hace cinco segundos y tus recuerdos son todos falsos. Esto es poco probable, pero es posible.

Puede que pienses que te encuentras en cierto entorno físico, sentado en una silla con tu leal sabueso al lado, mi libro en una mano y un puro en la otra (o lo que sea), pero Descartes observó que a veces creemos en esas cosas cuando estamos soñando. Podrías protestar y decir que no estás soñando ahora mismo, pero la mayoría de la gente que está soñando no sabe que lo está haciendo.

---

10. Citado por Flanagan, *op. cit.*, p. 2.

Podemos equivocarnos con la noción de estar en posesión de un cuerpo hasta el punto de que los filósofos han temido durante mucho tiempo que nuestra experiencia pueda ser una ilusión creada por el diablo. Una versión moderna de este temor se desarrolla en mi película favorita: *Matrix*, que imagina un mundo en el que la experiencia humana cotidiana es una ilusión creada por un ordenador malévolo. Algunos filósofos van más allá y dicen que formamos parte de simulaciones digitales, personajes de videojuego, esencialmente. Podemos estar de acuerdo en que parece una chaladura, pero ¿cómo podemos estar seguros?

La realidad es que no podemos. Sin embargo, Descartes apunta que hay una cosa de la que no se puede dudar: nuestra propia existencia como seres pensantes. La famosa cita es *Cogito ergo sum*, esto es, «pienso, luego existo». A lo mejor no podemos estar seguros de tener un cuerpo, pero podemos estarlo de que hay un «yo» que se hace esa pregunta. Partiendo de esta distinción entre cómo pensamos en nuestra mente y cómo pensamos en nuestro cuerpo, Descartes concluye:

> Yo supe que estaba hecho de la sustancia de la que la total esencia o naturaleza de lo que pensar supone y que para su existencia no hay necesidad de lugar ni depende de ningún objeto material... O lo que es lo mismo, el alma por la cual soy lo que soy es enteramente distinta al cuerpo.[11]

Esto nos parece correcto. Intuimos que no somos nuestro cuerpo, sino que habitamos ese cuerpo, que somos *ghosts in the shell* ('espíritus en el caparazón'), como en la evocadora frase del dibujante y guionista de manga Masamune Shirow. Por eso entendemos con facilidad las historias ficticias en las que cuerpo y mente se separan. Piensa en la *Metamorfosis* de Kafka, que empieza con: «Cuando Gregorio Samsa se despertó una noche de un sueño intranquilo, se encontró en su cama convertido en un monstruoso insecto». O la escena de la *Odisea* en la que la diosa Circe transforma a los hombres de Ulises en cerdos: «Tenían la cabeza, y la voz, y las cerdas y el cuerpo de puerco, pero su mente permanecía inmutada como era antes. Así que quedaron allí encerrados, sollozando». U otros innumerables relatos de posesión, intercambio de cuerpos, fantasmas terroríficos o amigables y similares.[12]

11. Descartes, René, *Descartes: Philosophical Essays and Correspondence*, Ariew, R. (ed.), Hackett Publishing Company, p. 61, Estados Unidos, 2000.

12. Bloom, *op. cit.* Hay una crítica de esta teoría del «dualismo intuitivo» en Barlev, Michael; y Shtulman, Andrew, «Minds, bodies, spirits, and gods: Does widespread belief

El dualismo tiene una consecuencia atractiva en el mundo real: si no eres tu cuerpo, puedes sobrevivir a su destrucción, existe la posibilidad de acabar en algún mundo espiritual, ascender al cielo u ocupar otro cuerpo. Ahora bien, hay formas ingeniosas por las que los materialistas también pueden llegar a creer en el más allá, quizá Dios pueda reanimar tu cadáver de alguna forma, repararlo como si fuera un reloj averiado. Pero, en líneas generales, el materialismo es una doctrina pesimista que vincula la supervivencia al destino de tu frágil carne.

Entonces, con todos los argumentos a favor del dualismo y todos sus atractivos, ¿por qué los profesionales de la psicología están tan seguros de que lo contrario, el materialismo, es lo correcto?

Volvamos a los argumentos de Descartes: tenía razón respecto a las limitaciones de lo material hace ya cientos de años, pero ahora tenemos un entendimiento más amplio de lo que son capaces tales ingenios mecánicos. Para Descartes, la idea de que una máquina pudiera hacer algo tan complejo como jugar al ajedrez sería disparatada. Después de todo, el ajedrez requiere deliberación racional, no es cuestión de buenos reflejos como en el caso de los animales, pero, por supuesto, ahora hay máquinas que juegan al ajedrez incluso mejor que cualquier humano, por lo cual uno podría, y con razón, preguntarse sobre otros límites de los objetos físicos (¿son los ordenadores capaces de sentir?). Trataremos estas dudas más tarde, pero lo que nos importa es que el argumento de Descartes ya no cuela, la complejidad de nuestras acciones no demuestra el dualismo.

En cuanto a lo que Descartes podía o no imaginar, muchos filósofos han apuntado que se apresuró al asumir que tal ejercicio conceptual podría desvelarnos información sobre la verdadera naturaleza de las cosas. Sí, se puede dudar de que se tenga cuerpo y uno se puede imaginar sin él, pero eso no significa que sea posible. Después de todo, yo puedo imaginar una nave espacial que viaje más rápido que la luz, hay muchas en la ciencia ficción. El método de Descartes refleja cómo pensamos sobre la mente, no lo que es cierto sobre la mente.

Considera todos los problemas del dualismo y todas las pruebas en su contra. Al hablar de un alma inmaterial cartesiana, el psicólogo Steven Pinker escribe: «¿Cómo interactúa el ánima con la materia sólida?

in disembodied beings imply that we are inherent dualists?», *Psychological Review*, 128, 6 (2021), pp. 1007-1021.

¿Cómo responde una nada etérea a destellos, punzadas y pitidos y le salen brazos y piernas para moverse?».[13] Estas críticas ya surgieron en aquella época: en 1643, Isabel Estuardo, la por entonces reina de Bohemia, escribió a Descartes para quejarse de la dificultad de tomarse en serio la idea de que «un ente inmaterial pudiera moverse y ser movido por un cuerpo».[14]

A decir verdad, la otra opción, la de que el cerebro crea el pensamiento, puede ser igualmente difícil de asimilar. Gottfried Leibniz escribe en 1712:

> Al imaginar que hay una máquina cuya estructura permitiera al individuo pensar, sentir y tener percepción, uno podría considerarla aumentada a la vez que preserva sus mismas proporciones, de tal forma que uno podría entrar en su interior de la misma forma que en un molino. Dentro, no deberíamos encontrar nada más que piezas empujándose las unas a las otras, no deberíamos hallar nada que mostrara un ejemplo tangible de percepción.[15]

Más de uno y más de dos neurocientíficos modernos se han visto tentados por el dualismo hacia el final de su carrera, a menudo con un argumento similar al de Leibniz: se han pasado la vida estudiando el cerebro, no han encontrado señales físicas de que la conciencia resida allí y, por lo tanto, quizá ésta se encuentre en el reino espiritual, después de todo.

Al final, lo que decide el asunto son todas las pruebas que respaldan la idea de que el cerebro está involucrado en el pensamiento, aunque no de manera evidente para alguien que le eche un vistazo a un cráneo abierto. La causa del cambio de carácter de Phineas Gage fue un muy tangible hierro de apisonar que atravesó su muy tangible cabeza, además de que, por supuesto, no se tuvo que esperar hasta 1848 para apreciar que un golpe en el cráneo podía afectar a la conciencia a la vez que a la memoria y que incluso podía eliminarlas para siempre si el golpe era lo suficientemente fuerte. Todo el mundo sabía que la demencia senil podía arrebatar el raciocinio o que el café y el alcohol pueden, de diferentes maneras, exaltar las pasiones. Como señala Pinker: «La supuesta alma inmaterial, ahora lo sabemos, puede disec-

---

13. Pinker, Steven, *Cómo funciona la mente*, Destino, Madrid, 2001.
14. Cobb, *op. cit.*, p. 42.
15. Ibídem, p. 43.

cionarse con un bisturí, alterarse con químicos, accionarse o paralizarse con electricidad y extinguirse por un golpe agudo o por falta de oxígeno».[16]

La novedad está en que ahora podemos observar el cerebro cuando está en funcionamiento. Se le puede hacer un escaneo cerebral a una persona, por ejemplo, y, según qué partes del cerebro estén activas, saber si está pensando en su canción favorita o en la disposición de su apartamento o en un problema matemático. Puede que no estemos muy alejados de poder llegar a observar el cerebro de una persona mientras duerme y saber qué está soñando.[17]

¿Hay esperanza para la postura de Descartes? Hay distinciones importantes entre eventos mentales y eventos físicos. Algunos filósofos contemporáneos defienden lo que ellos mismos describen como «formas tenues de dualismo»,[18] opiniones que merecen un debate, aunque no será aquí. Sin embargo, casi nadie defiende el dualismo extremo de Descartes, el conocido como «dualismo de sustancias», que sostiene que la mente está hecha de un material distinto al del cerebro, que el pensamiento ocurre en un mundo inmaterial, separado de las leyes de la naturaleza. Esta teoría está más que muerta.

La carne sintiente

Vale, entonces, ¿dónde reside físicamente el pensamiento?, ¿dónde surgen las emociones, las decisiones, las pasiones, el dolor y todo lo demás? Hasta un dualista tiene el deber de abordar la cuestión de alguna forma. El alma debe conectar con algún punto de nuestro ser material para hacer que el cuerpo actúe y reciba información sensorial (Descartes creía que este canal sería la glándula pineal).

Durante la mayor parte de la historia, la gente ha creído que la respuesta es el corazón. Era, al parecer, lo que creían diversas civilizaciones en todo el globo, incluyendo los mayas, aztecas, inuit, hopi, judíos, egipcios, indios y chinos. También es una idea fundamental de la filosofía occidental. Aristóteles escribió:

16. Pinker, *op. cit.*

17. Horikawa, Tomoyasu *et al.*, «Neural decoding of visual imagery during sleep», *Science*, 340, 6132 (2013), pp. 639-642.

18. Puede verse un análisis en Robinson, Howard, «Dualism», *Stanford Encyclopedia of Philosophy Archive*, 2020, Zalta, Edward N. (ed.), <https://plato.stanford.edu/archives/fall2020/entries/dualism/>.

Y, por supuesto, el cerebro no es responsable de ninguna de las sensaciones. La opinión correcta es que donde residen y de donde emanan las sensaciones es la región del corazón... Las pulsiones del dolor y el placer y, en general, toda sensación tienen su origen en el corazón.

Después de todo, el corazón responde a los sentimientos, late con fuerza cuando estás enfadado o excitado, late tranquilo cuando estás en calma.[19]

Pero el cerebro también es un serio candidato. Hay experimentos fisiológicos que sugieren que nuestra conciencia está localizada encima del cuello, lo cual parece ser de sentido común.[20] En estudios que he realizado con mi colega y esposa, Christina Starmans, hallamos que incluso los niños pequeños, cuando se les pide de diversas maneras que localicen *dónde* se encuentra una persona, tienden a responder que el lugar en realidad no es el pecho, sino justo entre los ojos.[21]

¿Cabeza o corazón? A lo largo de la historia, ése ha sido el epicentro de intensos debates, hermosamente representados en un verso de la obra *El mercader de Venecia*, escrita a finales del siglo XVI:

> *¿Dime dónde nace la pasión,*
> *en la cabeza o en el corazón?*[22]

Como probablemente hayas oído a estas alturas, ya sabemos la respuesta: en la cabeza. El cerebro es una mera quincuagésima parte de nuestro peso corporal, pero consume cerca de una cuarta parte de las calorías que quemamos cuando estamos inactivos, es un acaparador de energía. El cerebro humano también es gigantesco, la cabeza del bebé es del tamaño de una bola de bolos, razón por la que las hembras humanas, en comparación con las de otras especies, tienen un parto tan prolongado y doloroso.

Si nunca has visto un cerebro, puede que te lo imagines con un aspecto impresionante; después de todo, se describe a menudo como lo más complicado del universo conocido. Es posible que sea brillante, lle-

---

19. Cobb, *op. cit.*, p. 20.
20. Bertossa, Franco, *et al.*, «Point zero: A phenomenological inquiry into the subjective physical location of consciousness», *Perceptual and Motor Skills*, 107 (2008), pp. 323-335.
21. Starmans, Christina; y Bloom, Paul, «Windows to the soul: Children and adults see the eyes as the location of the self», *Cognition*, 123, 2 (2012), pp. 313-318.
22. Cobb, *op. cit.*, p. 32.

no de luces de colores destellando o algo así, pero no, es solamente carne. Los sesos se pueden comer, yo los he comido con salsa de nata —no sesos humanos, por supuesto, no son comestibles, se puede contraer una enfermedad terrible, kuru, muy similar a la enfermedad de las vacas locas y es motivo más que suficiente para no hacerse caníbal—. Cuando lo sacas de la cabeza, el cerebro es de un color gris soso; dentro de la cabeza es rojo fuerte por la sangre.

Hay un relato de ciencia ficción de Terry Bisson que ilustra muy bien lo extraño que es todo esto.[23] La historia se presenta en forma de diálogo entre un par de extraterrestres hiperinteligentes que viajan por el universo para encontrar a seres sintientes y llegan a la Tierra:

—Carne. Están hechos de carne.

—¿Carne?

—No cabe duda. Hemos escogido varios de diferentes partes del planeta, los hemos subido a bordo de nuestras naves de reconocimiento y los hemos sondado por completo. Son totalmente de carne.

—Eso es imposible, ¿qué me dices de las señales de radio? ¿Los mensajes a las estrellas?

—Usan las ondas de radio para hablar, pero las señales no vienen de ellos, vienen de máquinas.

—Entonces, ¿quién hizo las máquinas? Con ése es con quien queremos contactar.

—Ellos hicieron las máquinas, es lo que intento decirte, la carne hizo las máquinas.

—Eso es ridículo, ¿cómo puede la carne hacer una máquina? Me estás pidiendo que crea en carne sintiente.

Los extraterrestres al final se ponen de acuerdo para borrar los registros e informar de que nuestro sistema solar está habitado.

Para adentrarnos en el misterio de la «carne sintiente», comenzaremos por lo diminuto, las neuronas, e iremos hacia lo grande. En cuanto al peso, nuestro cerebro es en su mayoría grasa y sangre; hay otras células, aparte de las neuronas (cerca de la mitad del cerebro está compuesta por células gliales, que apoyan, limpian y nutren a las neuronas), pero el

23. Bisson, Terry, «They're made out of meat», *Voices-New York*, 39, 1 (2003), pp. 66-68.

relato de la vida mental es fundamentalmente el relato de las neuronas, razón por la que el estudio de la base biológica del pensamiento se llame neurociencia.[24] En la figura se muestran las partes de una neurona.

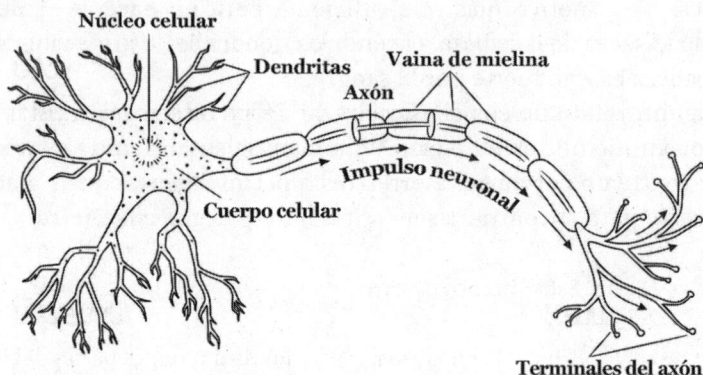

Como otras células, las neuronas tienen un cuerpo celular que mantiene la célula viva y acoge un núcleo que contiene los cromosomas, formados por ADN. El cuerpo celular también coordina los impulsos provenientes de otras neuronas o de los sentidos, recibe esta información a través de las dendritas, que sobresalen del cuerpo celular como si fueran las ramas de un árbol (*dendrita* proviene de la palabra griega para *árbol*). Si el cuerpo celular recibe el tipo adecuado de impulso de estas dendritas provoca que la neurona se active y entonces una señal eléctrica baja por una parte extensa de la neurona llamada axón. Mientras que las dendritas son diminutas, los axones son largos; hay axones que van por toda la columna vertebral hasta el dedo gordo del pie. Los axones tienen una vaina de mielina —recubrimiento de tejido adiposo— que funciona como el aislamiento de un cable, haciendo que las comunicaciones en la neurona funcionen de manera más eficiente. Hay enfermedades, como la esclerosis múltiple, que acarrean daño en la vaina de mielina, lo cual genera problemas en la acción, la percepción y el pensamiento.

24. Para revisiones accesibles de anatomía básica del cerebro y su fisiología, véase Beck, Diane; y Tapia, Evelina, «The Brain», en Biswas-Diener, Robert; y Diener, Ed (eds.), *Noba Textbook Series: Psychology*, DEF Publishers, Estados Unidos, 2022, <http://noba.to/jx7268sd>; Furtak, Sharon, «Neurons», en *Noba Textbook Series: Psychology*, <http://noba.to/s678why4>; y Frith, Uta; Frith, Chris; y Frith, Alex, *Two heads: A graphic exploration of how our brains work with other brains*, Scribner, Estados Unidos, 2022.

La neurona después se comunica con otras neuronas o, con menor frecuencia, con órganos y músculos.

Por lo tanto, en resumen, así es como fluye normalmente la información:

dendritas > cuerpo celular > axón > las dendritas de otras neuronas

Algunas neuronas son sensoriales y reciben información del mundo exterior, mientras que otras son motoras y salen al mundo exterior. Si tocas algo caliente y sientes dolor es debido a las neuronas sensoriales; si te estiras para alcanzar algo es debido a las neuronas motoras. Otras neuronas —las interneuronas— no conectan directamente con el mundo, sino que se conectan entre sí, y así es como se produce el pensamiento.

Nos encontramos con un enigma: cuando las neuronas hablan con estas otras neuronas o conectan con el mundo, su comunicación es total o nula. Las neuronas o bien se activan o no lo hacen, son como un arma —la bala no va más rápido si aprietas el gatillo con todas tus fuerzas—. Pero la percepción y la acción tienen grados, se puede percibir la diferencia entre tocar un plato caliente y una estufa caliente, entre pinchar a alguien con delicadeza o muy fuerte.

La solución a este enigma es que los conjuntos de neuronas tienen maneras de representar la intensidad de la experiencia o la acción. Una es el número de neuronas que se activan: si un número N de neuronas se corresponde a una experiencia moderada, entonces $N \times 100$ neuronas puede corresponder a una experiencia intensa. También está la frecuencia de activación de neuronas individuales: una neurona individual puede denotar una leve sensación con fuego... fuego... fuego... fuego y una sensación intensa con fuegofuegofuegofuego. Hay medios similares de codificación que explican de qué manera las neuronas motoras pueden codificar la intensidad, permitiéndote elegir dar un puñetazo a la pared o acariciar suavemente la mejilla de un recién nacido.

El neurocientífico Santiago Ramón y Cajal hizo un importante hallazgo sobre las neuronas en el siglo XIX. He mencionado antes que las neuronas hablan entre ellas cuando el axón de una se comunica con la dendrita de otra, pero las neuronas no se tocan. Hay un espacio diminuto entre el axón de una neurona y la dendrita de otra —normalmente, de entre 20 y 40 nanómetros— conocido como *sinapsis*.

Una de las grandes disputas científicas del siglo pasado trata de la manera en que el mensaje atraviesa este pasaje. Fue conocida como la Guerra de las Sopas y las Chispas, en la que las opciones eran o bien química (sopa) o bien eléctrica (chispa).[25] Para resumir, las sopas ganaron. Como descubrió Ramón y Cajal, cuando las neuronas se disparan, los axones liberan sustancias químicas que ahora llamamos neurotransmisores; éstos después cruzan las sinapsis para actuar en las dendritas de otras neuronas.

Antes he mencionado también que el cuerpo celular decide si activarse basándose en los impulsos que le transmiten las dendritas y ahora puedo explicarlo un poco más en detalle. El efecto de estos neurotransmisores entrantes puede ser estimulante, es decir, aumenta la probabilidad de que una neurona se active, o inhibidor, que hace que esa probabilidad disminuya. Los cuerpos celulares ponen todo esto junto y calculan si los aumentos o descensos suman lo suficiente como para activar.

Los neurotransmisores son una parte importante del funcionamiento del cerebro y tienen una repercusión práctica considerable. Hemos inventado fármacos que interactúan de diferentes maneras con el funcionamiento de los neurotransmisores y que pueden tratar enfermedades, aumentar el placer o incrementar la concentración.

O matar. Tomemos el curare como ejemplo de interacción letal, una sustancia que algunos pueblos indígenas de América del Sur emplean para cazar untándola en la punta de un dardo o una flecha. El curare es un antagonista, lo que significa que hace que los neurotransmisores estén menos disponibles para su uso; en concreto, inhibe la sensibilidad a un neurotransmisor llamado acetilcolina, el medio según el cual las neuronas motoras se comunican con los músculos, así es como el curare paraliza a la presa. De hecho, en dosis suficientemente grandes puede ser letal, ya que las neuronas motoras también son las que hacen que un animal siga respirando. Afortunadamente, el curare es inocuo en la comida, así que se puede ingerir un animal cazado con un dardo sumergido en curare.

Otras drogas son agonistas: incrementan la disponibilidad de neurotransmisores para el cerebro. Más específicamente, funcionan en neurotransmisores como la norepinefrina, que tiene que ver con la excitación, con lo que aumentan la euforia, la vigilia y el control de la atención. Así es como funcionan (de diferentes formas y hasta diferentes puntos) drogas como el *speed*, el Ritalin y la cocaína.

En esto consiste pensar, pues: las neuronas hablan con otras neuronas por medio de neurotransmisores. Se estima que el cerebro humano

25. Cobb, *op. cit.*

adulto contiene cerca de ochenta y seis mil millones de neuronas, cada una conectada con miles o decenas de miles de otras neuronas, lo que nos lleva a cientos de billones de conexiones, una explosión combinatoria que resulta abrumadora.[26]

Pero ¿cómo da esto paso a la experiencia? ¿Cómo se pasa de fuego, fuego, [no fuego], fuego, [no fuego], etcétera a reírse de un tuit excelente o al duelo por la muerte de un ser querido? ¿Y qué pasa con la acción? Nuestro cerebro es un objeto físico, pero está montado de tal manera que nos lleva a actuar de maneras que parecen trascender las leyes de la física. William James lo describe así:

> Si se esparcen unas virutas de hierro sobre una mesa y se pone un imán cerca, éstas volarán por el aire una cierta distancia y se pegarán a la superficie... Pero si se cubren los polos del imán con una tarjeta, las virutas seguirán presionando contra la superficie sin que se les ocurra pasar por los lados... Si pasamos de acciones como éstas a las de los seres vivos, nos damos cuenta de que hay una diferencia notable. Romeo desea a Julieta como las virutas desean al imán y, si no hay obstáculos que se interpongan, él se mueve hacia ella en una línea tan recta como la de las virutas. Pero Romeo y Julieta, si se construyera un muro entre ellos, no permanecerían presionando la cara contra el lado opuesto como dos idiotas, tal y como las virutas y el imán hacen con la tarjeta. Romeo encontraría rápidamente una forma de escalar el muro, o cualquier otra cosa, con tal de tocar los labios de Julieta directamente. Para las virutas, el camino es fijo; si alcanzan la meta es accidental. Para el amante, es la meta la que es fija, el camino puede modificarse indefinidamente.[27]

Otras criaturas con cerebro tienen capacidades similares respecto a los sentimientos y la acción racional: un chimpancé puede temblar de miedo o aullar de rabia; un guepardo que persigue a un antílope que se lanza detrás de un árbol no se estrella contra el árbol, sino que lo rodea, ¿cómo hace todo esto el cerebro?

La gente se queda a menudo estancada en la naturaleza aparentemente paradójica de esta pregunta: ¿no le parece raro que usemos nuestro cerebro para entender nuestro cerebro? Un físico, Emerson M.

26. Azevedo, Frederico A. C., *et al.*, «Equal numbers of neuronal and nonneuronal cells make the human brain an isometrically scaled-up primate brain», *Journal of Comparative Neurology*, 513, 5 (2009), pp. 532-541.

27. James, William, *Principios de psicología*, Fondo de Cultura Económica, México, 1989.

Pugh, escribió: «Si el cerebro humano fuera tan simple que lo pudiéramos entender, seríamos tan simples que no podríamos». El cómico Emo Phillips dice: «Antes, creía que el cerebro era el órgano más maravilloso de mi cuerpo; después, me di cuenta de quién me estaba diciendo eso».

Charles Darwin le dio otra vuelta de tuerca al insinuar que el cerebro humano era la *segunda* cosa más interesante de la naturaleza. ¿Qué podría ser más maravilloso? Pues mira al suelo que tienes debajo:

> Es cierto que puede haber una actividad mental extraordinaria en una masa absoluta muy pequeña de materia nerviosa: así, el instinto prodigiosamente diversificado, las facultades mentales y las aficiones de las hormigas son notorios, y aun así, sus ganglios cerebrales no son más grandes que la cuarta parte de la cabeza de un pequeño alfiler. Desde este punto de vista, el cerebro de una hormiga es uno de los átomos de materia más fabulosos del mundo, quizá incluso más que el cerebro del hombre.[28]

Hay razones para ser optimistas, sin embargo, cuando se trata de comprender de qué manera nos hace inteligentes el cerebro tanto a nosotros como a las hormigas. Cuando hablé sobre el dualismo de Descartes, señalé que los ordenadores demuestran que los objetos puramente físicos disponen de habilidades que asociamos con la inteligencia. En la actualidad, se puede llevar más allá, ya que sabemos que los ordenadores funcionan a través de procesos simples, cosas tontas como pasar de 0 a 1 o de 1 a 0; si se hacen suficientes procesos de este tipo y se colocan de la forma adecuada, se pueden llegar a ejecutar computaciones complejas como jugar al ajedrez, efectuar operaciones matemáticas, analizar sintácticamente y todas las habilidades procesales. Aquí nos topamos con la neurociencia, ya que estas operaciones binarias se parecen de manera misteriosa a la dicotomía básica que expresan las neuronas en el interior del cerebro: fuego contra no fuego. Vamos progresando, entonces: los ordenadores sugieren que el proyecto de la neurociencia es factible, que la inteligencia puede surgir de la interacción adecuada entre componentes carentes de inteligencia propia. Como el polímata Alan Turing especuló en los años cuarenta, puede que la mente humana sea una máquina computadora.[29]

28. Citado por Cobb, *op. cit.*, pp. 110-111.
29. Hodges, Andrew, «Alan Turing», en Zalta, Edward N. (ed.), *Stanford Encyclopedia of Philosophy*, 2019, <https://plato.stanford.edu/archives/win2019/entries/turing/>.

¿La mente? ¿Una computadora? Suele reaccionarse con desdén al mencionar la posibilidad: solíamos concebir el cerebro como una máquina hidráulica o un reloj, después como una red telegráfica, después como una centralita telefónica y ahora, finalmente, lo vemos como un ordenador. Quizá sea otra metáfora, una manera de hablar, una simple analogía a la que suplantará alguna otra.

Estoy de acuerdo con que ver el cerebro como algo similar a un Mac o un PC es sólo una metáfora y no precisamente muy buena. Las neuronas se comunican de manera más lenta que las partes del ordenador y el cerebro no está «cableado» como el ordenador que estoy usando para escribir estas palabras. Gran parte del cerebro opera simultáneamente, en paralelo, mientras que la mayoría de los ordenadores funcionan en serie.

El funcionamiento del cerebro se diferencia del de los ordenadores de miles de maneras. Por poner un ejemplo que estudiaremos más adelante, al hablar de la memoria, cuando le formulas a alguien una pregunta sobre una experiencia pasada, la pregunta en sí puede alterar la forma en que recuerda la situación. Si ves con alguien una película y luego le preguntas: «¿Has visto a los niños subiéndose al autobús escolar?», es más probable que esa persona recuerde después que en la película salía un autobús escolar, aunque no fuera así.[30] De hecho, los interrogatorios reiterados pueden promover la creación de recuerdos falsos. Los ordenadores no funcionan así, se puede buscar en el explorador del sistema operativo cien veces las palabras *autobús escolar*, que no va a aparecer una carpeta con las palabras *autobús escolar* en tu disco duro. La memoria humana y la computacional funcionan de manera muy diferente.

Sin embargo, el cerebro es en realidad un ordenador en otro sentido: procesa información, la *computa*. No hace mucho, en la época en la que Alan Turing hizo su trabajo pionero que puso los cimientos de la inteligencia artificial, *computadora* se refería a una clase de persona, alguien que trabajaba en computación. Llamar *computadora* al cerebro en este sentido no es una metáfora, sino una afirmación interesante. Significa que realiza cálculos matemáticos y lógicos, que manipula símbolos. Calcular que uno más dos son tres es computación, como también lo es razonar que si todos los hombres son mortales y Sócrates es un hombre, entonces Sócrates es mortal. La idea de que el

---

30. Loftus, Elizabeth F., «Leading questions and the eyewitness report», *Cognitive Psychology*, 7, 4 (1975), pp. 560-572.

cerebro es un ordenador en este sentido ha dado forma a teorías psicológicas sobre la vida mental a las que volveremos cuando hablemos de capacidades como el lenguaje y la percepción.

Considerar el cerebro como un ordenador implica algo interesante: del mismo modo que estudiar computación nos puede dar información sobre la psicología, los estudios sobre la mente nos pueden ayudar a construir mejores ordenadores. Si se quiere construir máquinas que anden en línea recta, reconozcan caras y entiendan el lenguaje, es sensato comprobar cómo lo hace la gente, igual que Leonardo da Vinci estudió las alas de las aves para averiguar cómo fabricar una máquina voladora.

El cerebro no es un gran bol de gachas. Se compone de partes que tienen diferentes funciones. A estas partes a veces se las llama áreas, sistemas, módulos o facultades —el lingüista Noam Chomsky las llamó *órganos mentales* para subrayar que pueden ser tan diferentes entre sí como los órganos del cuello para abajo, como el riñón o el bazo.[31]

En realidad, la idea de que la vida mental consta de partes ha sido común desde antes de que se conociera el cerebro. Platón, por ejemplo, habló de una trinidad: un «espíritu» que vive en el pecho y está involucrado en la ira justiciera; el «apetito», localizado en el estómago y relacionado con los deseos; y la «razón», en la cabeza (¡por fin!), que supervisa a las otras dos.

Uno de los intentos de subdividir el cerebro vino por parte de Franz Josef Gall, el fundador de la escuela de la frenología. Gall tuvo una idea muy buena y otra muy mala: la buena era que postuló que cada parte del cerebro estaba especializada en una función distinta, como la numérica, la temporal o el lenguaje, cosa con la que cualquier neurocientífico contemporáneo estaría de acuerdo. Las ideas de Gall fueron populares a principios del siglo xix y nos dejaron esos preciosos diagramas en los que se representa el cráneo con líneas de puntos segmentando diferentes áreas, como los dibujos de vacas que uno a veces se encuentra en un asador (delineando la espaldilla, el solomillo, el redondo y demás), excepto que en este caso las áreas son características mentales y capacidades.

La idea mala —la frenología— era que estas áreas del cerebro se hinchan a medida que se usan, lo que causa la aparición de bultos en el cráneo. Gall afirmaba que una persona versada en las técnicas de la fre-

31. R. Anderson, Stephen; y Lightfoot, David W., «The human language faculty as an organ», *Annual Review of Physiology*, 62, 1 (2000), pp. 697-722.

nología puede poner las manos en la cabeza de otra y describir su personalidad leyendo esos bultos. La frenología estuvo bastante de moda, Karl Marx era un converso y a veces palpaba la cabeza de la gente que conocía. La reina Victoria estaba fascinada también y contrató a frenólogos para que estudiaran el cráneo de sus hijos.[32]

No hace falta que te diga que esta noción es bastante tontorrona, pero, cuando insistía en que las diferentes áreas del cerebro se encargan de distintas funciones —y no sólo funciones generales como la razón o el apetito, sino también específicas como el lenguaje—, Gall fue un científico adelantado a su tiempo.

Si el cerebro está dividido en partes significa que podemos aprender cómo funciona desmontándolo. Esta idea la expresó de manera elocuente el anatomista Nicolaus Steno en 1669:

> El cerebro es, en efecto, una máquina, por lo que no debemos esperar descubrir su artificio por medios distintos a los que se emplean para descubrir el de otras máquinas. Queda pues por hacer lo que haríamos con cualquier otra máquina, es decir, desmantelarlo pieza por pieza y plantearse qué pueden hacer éstas por separado y juntas.[33]

Se podría decir que la neurociencia empezó propiamente cuando los académicos empezaron a poner en práctica esta estrategia estudiando los casos desafortunados en los que ese desmantelamiento se produjo por causas naturales. En 1861, un médico francés llamado Paul Broca descubrió a un paciente que, aunque conservaba su inteligencia y podía entender por completo lo que se le decía, sólo podía articular una palabra, *tan*, que usaba para cualquier interacción sin importar lo que se le dijera (a menudo dos veces seguidas: *tan, tan*). Después de morir, la autopsia encontró daño cerebral en parte del lóbulo frontal, ahora conocida como el área de Broca.

Años más tarde, el neurólogo Carl Wernicke descubrió a una paciente con un trastorno del lenguaje diferente: tenía problemas a la hora de entender el habla y, a pesar de que podía hablar rápidamente y con fluidez, todo lo que decía era un galimatías. Esto estaba asociado a otra parte del cerebro, localizada en la parte trasera del lóbulo tempo-

32. Cobb, *op. cit.*, p. 80.
33. Cobb, *op. cit.*, p. 40.

ral, normalmente, en el lado izquierdo del cerebro, que se conoce como el área de Wernicke. (Obsérvese que hallar la localización precisa de estas áreas tiene un valor práctico; cuando los médicos hacen alguna incisión en un cerebro para hacer una intervención quirúrgica, quieren evitar dañar áreas que desempeñan funciones valiosas.)

El lenguaje proporciona ejemplos de cómo las distintas partes del cerebro tienen capacidades diferentes. Te invito a estudiar otras partes y a hacer una breve excursión por el cerebro.

El córtex o corteza se encuentra en la superficie, justo debajo del cráneo. Muchas otras partes del cerebro que son muy relevantes para nuestra vida mental son subcorticales, lo que significa que se encuentran justo debajo del córtex. Una vez oí una hermosa metáfora que representa el cerebro como un melocotón: la piel es la corteza y las estructuras subcorticales son partes del hueso. (La pulpa del melocotón es la materia blanca, compuesta en gran parte por células gliales.) Tales estructuras subcorticales incluyen:

- **La médula,** que controla funciones automáticas como el pulso, la presión arterial y la acción de tragar.
- **El cerebelo,** involucrado en el movimiento, la postura, el aprendizaje motriz y ciertos aspectos del lenguaje. (Para hacerse una idea de cuán complejos son estos sistemas, recordemos que el cerebelo contiene cerca de treinta mil millones de neuronas.)
- **El hipotálamo,** implicado en el sueño, la vigilia, el hambre, la sed y el sexo. (Se correspondería con aquello de lo que hablaba Platón cuando especuló sobre la parte de los apetitos del alma, aunque él la situó en el estómago.)
- **El sistema límbico,** involucrado en las emociones.
- **El hipocampo,** implicado en el almacenamiento de memoria a largo plazo, en recuerdos de lugares y en objetos en el espacio.
- **La glándula pituitaria,** que secreta hormonas implicadas en el sexo, la reproducción y otras cosas. A los historiadores de la ciencia y la filosofía les resulta interesante porque, según Descartes, servía de conducto entre cuerpo y alma.

Ahora centrémonos en la piel del melocotón: lo primero que llama la atención si miras un cerebro es que está todo arrugado; esto es debido a que está hecho un gurruño. Si cogiéramos un cerebro, le sacáramos el córtex y lo plancháramos, mediría unos sesenta y un centímetros cuadrados.

El córtex se divide en diferentes lóbulos. Tenemos el lóbulo frontal (convenientemente al frente), el lóbulo parietal, el occipital y el temporal (junto a la sien).

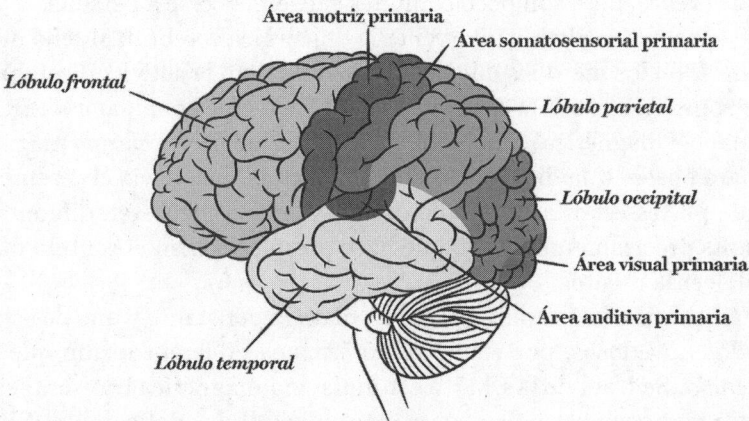

Área motriz primaria

Área somatosensorial primaria

Lóbulo frontal

Lóbulo parietal

Lóbulo occipital

Área visual primaria

Área auditiva primaria

Lóbulo temporal

Algunas zonas del córtex contienen *mapas*, áreas del cerebro que se corresponden con partes del cuerpo. Si se aplican leves descargas eléctricas a las neuronas en el área motriz primaria, las partes del cuerpo con las que están asociadas se contraen en consecuencia, mientras que las descargas eléctricas en el área somatosensorial primaria (soma = cuerpo) provocan sensaciones en las áreas correspondientes. Se las llama *mapas* porque son isomórficas con el cuerpo, por ejemplo, la parte del cerebro que representa el dedo índice derecho está cerca de la parte del cerebro que representa el pulgar derecho, la cual está cerca de la parte del cerebro que representa la muñeca derecha.

Mientras que la organización de estos mapas sensoriales y motrices se corresponde con la organización del cuerpo, con el tamaño no ocurre lo mismo: en realidad, el tamaño de las partes del cerebro se corresponde con la cantidad de control motriz o discriminación sensorial que utiliza la parte del cuerpo correspondiente. Por ejemplo, la parte del cerebro que se corresponde con la mano es más grande que la del pecho porque hay mucha más sensibilidad en la mano que en el pecho, así que ocupa más espacio cerebral.

Aparte de estos mapas, gran parte del resto del córtex está implicada en funciones de orden superior, como el lenguaje, el raciocinio y el juicio moral. Los peces no tienen córtex cerebral, los reptiles y las aves tienen un poco, los mamíferos tienen más y los primates, incluyendo a los humanos, tienen mucho.

¿Cómo sabemos de qué funciones se encarga cada parte del córtex? Ya hemos mencionado estudios que aplican impulsos eléctricos en partes del cerebro, pero son poco comunes, suelen hacerse a personas a las que se les practica alguna intervención quirúrgica cerebral. Mucho más comunes son los métodos que observan en directo la actividad cerebral de personas sanas, con la cabeza intacta. Una técnica popular es la IRM (resonancia magnética) funcional, que emplea un fuerte campo magnético para observar la distribución del flujo sanguíneo hacia el cerebro y ver qué partes están activas cuando una persona piensa en diferentes cosas. Es precisamente esto lo que hace posible, casi en el sentido más literal, leer la mente.

Van surgiendo nuevas técnicas de manera constante y uno de estos métodos novedosos, por ejemplo, no escanea el cerebro, sino que lo *influencia*. Se trata de la EMT o estimulación magnética transcraneal, que usa campos magnéticos para estimular células del cerebro. Si se aplica la EMT a una parte del cerebro puede afectar al lenguaje; si se aplica a otras áreas puede hacer que el cuerpo se mueva involuntariamente. (Yo mismo tuve la oportunidad de experimentarlo estando de visita en un laboratorio de Kioto y fue muy raro verme los dedos retorciéndose sin que yo hiciera nada.)

También sabemos mucho del cerebro gracias a los llamados «experimentos naturales», el nombre que reciben los estudios de las personas que tienen tumores o han sufrido un ataque o un accidente, individuos desafortunados como Phineas Gage o Greg F. De estos casos trágicos podemos aprender qué partes del cerebro se corresponden con qué funciones, lo que nos ayuda a entender las relaciones entre mente y cuerpo.

Por ejemplo, algunos tipos de daño cerebral provocan agnosia, trastornos en la percepción. Las personas con agnosia pueden ver perfectamente, pero a menudo fallan reconociendo objetos: cuando se les muestra una imagen, a menudo pueden describir las partes, pero no reconocer cómo dichas partes forman el conjunto. Un trastorno relacionado más específico es la prosopagnosia, que impide a las personas reconocer caras. Oliver Sacks escribió un libro clásico hace muchos años llamado *El hombre que confundió a su mujer con un sombrero*,[34]

---

34. Sacks, Oliver, *El hombre que confundió a su mujer con un sombrero*, Anagrama, Barcelona, 2008.

sobre personas con trastornos neurológicos sorprendentes, incluyendo un hombre cuya prosopagnosia era tan aguda que, como reza el título, no diferenciaba la cara de su mujer de un sombrero. En sus formas más leves y comunes, alguien que sufre de prosopagnosia puede reconocer las caras como tales, pero no a quién pertenecen. Todo esto ilustra la distinción entre sensación y percepción, tema que tocaremos más tarde.

Si se observa el cerebro en sí mismo, es decir, si se saca de la cabeza de alguien y se pone sobre una mesa, parece simétrico, pero no lo es. La asimetría del cerebro se manifiesta en la mano favorecida en cada persona: algunas son diestras y otras zurdas y, ya que el control motriz proviene del cerebro, esto sugiere que el propio cerebro es asimétrico: tiene un lado derecho y un lado izquierdo, y no son idénticos.

La diferencia entre ambos lóbulos suele exagerarse en los artículos populares: no hay personas en las que predomine un lado u otro del cerebro, la mayoría de las funciones cerebrales están en los dos.

Aun así, hay diferencias: el hemisferio izquierdo está en general más relacionado con el lenguaje, el razonamiento y la lógica, mientras que el derecho está más implicado en los procesos sociales, la imaginación y la música. Algunas de estas diferencias son innatas, otras las provoca la experiencia. Un caso llamativo de cómo la cultura da forma a nuestro cerebro es que aprender a leer, una invención humana relativamente reciente, lo reconfigura y crea una región, llamada buzón, que se activa cuando miramos una palabra en el hemisferio izquierdo y desplaza al derecho el procesamiento de los rostros.[35]

Las mitades del cerebro se conectan con el mundo según un principio de organización contralateral, lo que significa que, por caprichos de la historia evolutiva que no entendemos del todo, el cerebro derecho ve el lado izquierdo del mundo y el izquierdo ve el lado derecho del mundo; el hemisferio derecho controla el lado izquierdo del cuerpo y el hemisferio izquierdo controla el lado derecho del cuerpo.

Supongamos que un psicólogo te presenta muy rápidamente una imagen a la izquierda de tu campo visual, demasiado rápido para que tus ojos giren y lo vean de frente, y te pide que identifiques la imagen.

---

35. Dehaene, Stanislas, *et al.*, «How learning to read changes the cortical networks for vision and language», *Science*, 330, 6009 (2010), pp. 1359-1364.

La información iría al lado derecho del cerebro, ya que típicamente el lado izquierdo está implicado en el procesamiento del lenguaje, pero habría una fracción de segundo de retraso hasta nombrar la imagen porque la información tiene que llegar al lado izquierdo, donde se almacenan los nombres. Sin embargo, si se presenta al campo visual derecho, lo harías un poco más rápido.

La información viaja de un lado a otro del cerebro a través sobre todo del cuerpo calloso, una red neuronal que está en mitad del cráneo. Si imaginamos las dos partes del cerebro como una ciudad dividida por un río, como Budapest con el Danubio, el cuerpo calloso sería como miles de pequeños puentes que unen una orilla con otra.

¿Qué pasa si cortamos el cuerpo calloso? Esto se hacía como último recurso en casos extremos de epilepsia. Digamos que la epilepsia se consideraba una tormenta eléctrica en el cerebro y la idea de esta cirugía radical era aislarla y menguarla. Lo cierto es que no ayudaba con los ataques y, además, significaba que las dos mitades del cerebro no se podían comunicar de manera inmediata la una con la otra, lo que acarreaba serias consecuencias.

En un caso, por ejemplo, una paciente con el cerebro dividido se sorprendía a sí misma poniéndose ropa con la mano derecha y quitándosela con la izquierda; otro paciente, al ir de compras, ponía los objetos en el carrito con una mano y los sacaba con la otra; un tercero golpeaba de repente a su mujer con la mano izquierda, otro intentó estrangularse a sí mismo. Este tipo de comportamiento es tan común en los pacientes con el cerebro dividido que tiene un nombre: síndrome de la mano ajena.[36] Separadas, las dos partes del cerebro ya no actúan al unísono y puede considerarse que son dos individuos que ocupan el mismo cuerpo y a veces incluso luchan entre sí por controlarlo.

Algunos científicos y filósofos extraen una conclusión perturbadora de los casos de cerebro dividido. Argumentan que, para todos nosotros, incluso los que tenemos el cuerpo calloso intacto, cada mitad del cerebro puede considerarse como una persona aparte: está la que usa el lenguaje, la que lleva el mando y la que está leyendo estas palabras ahora mismo, pero hay otra más, un compañero silencioso, también consciente, al lado de la que usa el lenguaje. Cuando se divide el cerebro, este «yo» silencioso se libera del «yo» dominante y los dos pueden luchar por tomar el control. Pero esta conclusión radical es polémica y no hay

36. Biran, Iftah; y Chatterjee, Anjan, «Alien hand syndrome», *Archives of Neurology*, 61, 2 (2004), pp. 292-294.

consenso en cuanto a lo que realmente ocurre en la mente (o las mentes) de alguien con el cerebro dividido.[37]

Esta breve excursión por el cerebro ha llegado a su fin. Continuaremos analizando, a lo largo del libro, procesos psicológicos como la toma de decisiones, la memoria y la experiencia emocional. Sabemos que todos ellos son consecuencia de la actividad cerebral, de que haya unas neuronas colaborando con otras. Es un descubrimiento fabuloso.

Pero a veces la gente se interesa demasiado por el cerebro y se olvida de la mente. En ocasiones nos topamos con algún neurocientífico que afirma que la suya es la auténtica ciencia. Sí, claro, se puede hablar de ideas, emociones, memoria a corto plazo y demás, pero cuando nos ponemos serios, las teorías válidas son las que tratan de las áreas del cerebro, las neuronas y los neurotransmisores: esto es lo importante. La neurociencia convierte en irrelevante a la psicología.

Este ataque a la psicología surge por una confusión sobre cómo funciona la explicación científica. Que sepamos de biología molecular no significa que hayamos dejado de hablar del corazón, los riñones, la respiración, etc. Los coches están hechos de átomos, pero entender cómo funciona un coche requiere apelar a estructuras de más nivel como los motores, las transmisiones y los frenos, razón por la que la física nunca reemplazará a la mecánica. O, por usar una analogía más cercana a la psicología, se pueden entender mejor las estrategias que emplea un ordenador para jugar al ajedrez observando el programa que ejecuta, no el material del que está hecho. El mismo programa puede funcionar en un ordenador de los ochenta, un sobremesa de los noventa, un portátil de los dos mil o un smartphone actual. La estructura física de los componentes cambia en cada generación, pero el programa se puede mantener constante.

Si tu neurocientífico es escéptico, pregúntale cómo respondería a un físico que le dice que la ciencia real de la mente trata, en última instancia, de átomos y moléculas que, a su vez, están compuestos de partículas elementales, así que, ¿por qué pierden el tiempo hablando de neuronas, células gliales, hipocampo y demás? El neurocientífico no tardaría en contestar que ciertos hallazgos científicos importantes, como el des-

37. Haan, Edward H. F. de, *et al.*, «Split-Brain: What we know now and why this is important for understanding consciousness», *Neuropsychology Review*, 30, 2 (2020), pp. 224-233.

cubrimiento de que el hipocampo está involucrado en el almacenamiento de memoria o que la falta de dopamina está relacionada con la enfermedad de Parkinson, no se pueden representar en el lenguaje de la física, y sería una buena respuesta; pues bien, el psicólogo podría decirle lo mismo al neurocientífico.

De hecho, resulta que se puede practicar la psicología sin estudiar el cerebro, a pesar de que la mente *es* el cerebro. Algunos de los hallazgos más apasionantes de nuestro campo han sido realizados por académicos que no podían distinguir una neurona de un nematodo. Además, ya que estamos, se puede practicar psicología sin estudiar la evolución, a pesar de que el cerebro ha pasado por grandes cambios evolutivos, y se puede practicar psicología sin estudiar desarrollo infantil, aun cuando todos fuimos niños una vez. Como diría Yoda: «Muchas rutas el entendimiento tiene».

Creo que parte de ese entusiasmo por el cerebro refleja el dualismo de sentido común del que hablábamos antes. En ocasiones, cuando se presume del efecto de algún tipo de intervención terapéutica o pedagógica, la gente dice: «Transforma el cerebro», pero es que *todo* transforma el cerebro. Leer esta frase acaba de cambiarte el cerebro, ya que estás pensando en ella, y pensar tiene lugar en el cerebro. De hecho, leer esta frase provoca cambios de larga duración en tu cerebro, vas a recordar una parte de ella mañana (te lo prometo) y esto significa que esta experiencia ha modificado la estructura de tu cerebro. Si hubiera algún tipo de actividad mental que no modificara el cerebro, ese hecho demostraría el dualismo cartesiano y sería uno de los descubrimientos más increíbles de nuestro tiempo, pero eso no va a ocurrir porque el dualismo cartesiano es erróneo.

Por la misma razón, aunque los detalles de la relación entre la mente y el cerebro puedan ser interesantes, el hecho de que el cerebro se vea implicado en la vida mental debería parecer obvio y a veces no lo es. Hace muchos años se publicó un artículo en *The New York Times*, en la sección de ciencia, titulado «El cerebro podría estar relacionado con el dolor y el placer de la envidia», y mi reacción fue: «¿Podría?». ¿En qué otro sitio podrían estar el dolor y el placer de la envidia, en el dedo gordo del pie?

Hay quien cree que la neurociencia nos dice poco sobre la psicología. En particular, a la neurociencia no le interesan los hallazgos sobre la ubicación de la vida mental. El filósofo Jerry Fodor escribió: «Si la mente sucede en el espacio, lo hace en algún lugar al norte del cuello. ¿Qué se consigue averiguando cuánto al norte?».[38] Un perspicaz observador contemporáneo, Matthew Cobb, aporta una idea similar: «Un mapa (y en las mejores condiciones, eso es lo que son los datos de un IRMf) no te dice cómo funciona algo, el dónde no es el cómo. La próxima vez que leas que se ha localizado una habilidad en concreto, una emoción o un concepto en una región particular del cerebro humano usando un IRMf, pregúntate: "¿Y qué?"».[39]

Yo no soy tan escéptico. Aunque creo que la relevancia de la neurociencia a menudo se exagera, algunos de sus resultados sí que son importantes para la teoría psicológica.

Un ejemplo: en una investigación que hicieron Naomi Eisenberger y sus colegas, se les escaneó el cerebro a los participantes mientras jugaban a un juego virtual consistente en lanzarse una bola. Ellos creían estar jugando con otras dos personas.[40] En realidad se trataba de un programa informático diseñado para darles la sensación de estar excluidos, haciendo que los otros personajes se lancen la bola el uno al otro y dejando al humano fuera.

Eso duele. Que te marginen es doloroso, y este estudio fue diseñado para estudiar la teoría de que el dolor del rechazo se parece mucho al dolor físico auténtico. Y eso es lo que los escáneres cerebrales hallaron: en comparación con los participantes que no fueron marginados, a la gente que se sintió excluida socialmente le aumentó la actividad en partes del cerebro como el córtex del cíngulo anterior dorsal y la ínsula (o corteza insular) anterior, las mismas partes que se activan al sentir dolor físico. Este hallazgo tiene una sorprendente (aunque polémica) consecuencia: que las intervenciones que reducen un tipo de dolor deberían reducir el otro y, de hecho, hay pruebas de que fármacos como el Tylenol, diseñados para aliviar achaques físicos y dolores, pueden a su vez disminuir el dolor de la soledad.[41]

La psicología no se reduce a la neurociencia, pero lo cierto es que la neurociencia nos dice cosas interesantes sobre el funcionamiento de la mente.

38. Fodor, Jerry, «Diary: Why the brain?», *London Review of Books*, 21, 19 (1999), pp. 68-69.

39. Cobb, *op. cit.*, p. 236.

40. Eisenberger, Naomi I.; Lieberman, Matthew D.; y Williams, Kipling D., «Does rejection hurt? An fMRI study of social exclusion», *Science*, 302, 5643 (2003), pp. 290-292.

41. DeWall, C. Nathan, *et al.*, «Acetaminophen reduces social pain: Behavioral and neural evidence», *Psychological Science*, 21, 7 (2010), pp. 931-937.

Hemos visto los argumentos a favor del materialismo, la teoría de que el cerebro es el origen de la vida mental. Sabemos mucho de que algunas actividades específicas del cerebro se corresponden con la experiencia y podemos observarlo con herramientas como el IRMf. Igual que Santa Claus en la canción de Bing Crosby, un neurocientífico puede saber cuándo estás dormido y cuándo despierto y tal vez no esté lejos de distinguir si eres bueno o malo, o al menos si tienes buenos o malos pensamientos.

Pero nos queda lo que el filósofo David Chalmers llamó «el arduo dilema» de la consciencia.[42] ¿Cómo es que las actividades del cerebro se corresponden con las experiencias conscientes? Sabemos que lo hacen, sabemos que el funcionamiento de la materia física, la carne, da lugar a lo que se siente al pillarse la mano con la puerta del coche, comer huevos revueltos con salsa picante o besar a alguien por primera vez. Pero ¿cómo ocurre todo esto? Parece magia.

Por plantear el problema de otra manera, volvamos a los ordenadores: mi portátil puede hacer cosas inteligentes como jugar al ajedrez, lo cual refuta a Descartes, que dudaba de que los meros objetos físicos fueran capaces de efectuar acciones complejas. Pero, hasta donde sabemos, mi portátil no puede sentir el dolor de la soledad, el calor de la ira y demás. No siente nada cuando gana o pierde; si lo tiro por las escaleras, no va a sufrir nadie más que yo; si decido venderlo por piezas, no es ni de lejos un asesinato, así que, ¿qué falta?, ¿qué hay que añadirle a una máquina para darle la capacidad de sentir? ¿O es que esto no es posible y un ser consciente tiene que ser de carne y hueso?

Hay muchas vías que seguir, y veremos algunas en el siguiente capítulo, pero creo que la respuesta sincera, al menos de momento, es que nadie lo sabe todavía.

42. Chalmers, David, «The hard problem of consciousness», en Velmans, Max; Schneider, Susan; y Gray, Jeffrey (eds.), *The Blackwell companion to consciousness*, Blackwell Publishers, pp. 225-235, Reino Unido, 2007.

2

La consciencia

El tema de este capítulo puede verse como un desvío poco convencional. Veremos que los conductistas, como B. F. Skinner, creían que una ciencia de la psicología adecuada no se ocuparía de la experiencia consciente. Después de todo, no hablamos de consciencia cuando hablamos de las ratas y no somos muy diferentes a las ratas. Los psicólogos cognitivos que seguían a Skinner rechazaron prácticamente todas sus ideas, excepto ésa. A fin de cuentas, no hablamos de consciencia cuando hablamos de ordenadores y no somos muy diferentes a los ordenadores.

Yo hice mis estudios de posgrado en el MIT (Instituto de Tecnología de Massachusetts), que era la zona cero de la psicología cognitiva. Mi tesis era sobre el aprendizaje del lenguaje en los niños y, cuando me planteaba cómo averiguan los niños el significado de una palabra, nunca se me ocurrió plantearme cómo era la experiencia de aprender un lenguaje para un niño. Mis compañeros de posgrado y los profesores estudiaban el lenguaje, la percepción, la atención, la memoria y el raciocinio y, como yo, concibieron esas capacidades como procesos cerebrales y mecanismos computacionales. La consciencia no era relevante. Ya estaban para eso los filósofos en la otra punta del campus, en una antigua estructura de madera de la Segunda Guerra Mundial designada como Edificio 20: es cosa suya, que se ocupen ellos.

Si nos pidieran defender nuestra falta de aprecio por la consciencia, señalaríamos que la inteligencia no requiere sensibilidad. Una calculadora puede hacer cálculos matemáticos, un GPS puede evaluar trayectorias, un termostato puede ajustar la temperatura, y todo ello sin la más mínima chispa de consciencia. No son sólo las máquinas las que poseen inteligencia, pero no sentimientos: algunas criaturas del mundo natural también. Échale un vistazo a este extracto de una crítica a *La red oculta de la vida*, un libro reciente sobre hongos:

> Los hongos están acostumbrados a buscar alimento explorando ambientes tridimensionales complejos tales como el suelo, así que quizá no sea sorprendente que el micelio fúngico resuelva acertijos de forma tan precisa. También es muy bueno buscando la ruta más económica entre puntos de interés. La micóloga Lynne Boddy construyó una vez una maqueta del Reino Unido a escala usando tierra y poniendo bloques de madera con colonias de hongos en los puntos en los que estarían las ciudades principales, todos de un tamaño proporcional a los lugares que representaban. Las redes de micelio crecieron rápidamente entre los bloques y la que crearon reproducía el patrón de las autopistas del Reino Unido («Podías ver la M5, M4, M1, M6»). Otros investigadores dejaron suelto moho mucilaginoso (o moho del fango) en diminutas maquetas a escala de Tokio con comida en los centros de actividad principales (en un solo día reprodujeron la forma del sistema de metro) y sobre mapas de Ikea (hallaron la salida de forma más eficiente que los científicos que les habían presentado la prueba). Los mohos mucilaginosos son tan buenos resolviendo estos problemas que los investigadores los están usando ahora para planificar redes de transporte urbanas y vías de escape en caso de incendio para grandes edificios.[43]

Esto demuestra mucha inteligencia y, ya que el moho mucilaginoso carece de consciencia (al menos, que sepamos), sugiere que puede existir inteligencia sin consciencia. Así que, ¿por qué preocuparse por la consciencia si lo que nos interesa es cómo los humanos llegan a hacer cosas inteligentes?

Los tiempos han cambiado desde mis días de estudiante de posgrado. La consciencia es ahora una materia fundamental para la ciencia de la mente, como debe ser. Al margen de que sea esencial para la inteligencia, ninguna teoría de la psicología estaría completa sin ella. Después de

43. Gooding, F., «From its myriad tips», *London Review of Books*, 43, 10 (2021), pp. 68-69.

todo, es lo más cierto que hay. Como señaló Descartes, me puedo cuestionar casi todo, pero mi experiencia consciente está por encima de toda duda. Estoy más seguro de que ahora mismo estoy experimentando una punzada en el cuello que de cualquier otra cosa en el mundo.

Las preguntas sobre la consciencia tienen también una relevancia moral. Puedo darle hachazos a un árbol con comodidad porque confío en que no siente nada, pero, si descubriera que no es así, probablemente pararía. Como expuso el filósofo Jeremy Bentham, en lo que concierne a los asuntos de la moral, la pregunta pertinente no es si algo puede razonar o hablar, sino si es capaz de sufrir.[44] Sufrir requiere de consciencia.

El problema que surge de inmediato al tratar de entender la consciencia es que parece ser un acontecimiento en primera persona. Aunque yo estoy seguro de que soy un ser que experimenta, la vida interior de otras personas (lo siento, pero esto te incluye, querido lector) está más en entredicho.

Quizá haya un período en la vida de toda persona reflexiva en el que se preocupe por este tema, en el que se ponga un poco solipsista; se pregunta si está rodeado de trajes vacíos, criaturas que dicen *ooh* y *aah* y sonríen, chillan y lloran, pero que no tienen experiencias en realidad. Mi asistente virtual de IA —mi Alexa— me ha dado las gracias, me ha dicho que lo siente y que quiere ayudarme, pero sería un idiota si la creyera. Ella no siente agradecimiento ni pena ni desea nada. Puede que otras personas sean también así, sólo que actúan mejor.

Si esto te preocupa, vas camino de convertirte en un filósofo. Ahora bien, la mayoría de nosotros —y la mayoría de los filósofos también, cuando no están filosofando— dejamos a un lado estas preocupaciones escépticas y asumimos que los demás también son conscientes. Los humanos tenemos una apariencia similar y el mismo tipo de cerebro, y actuamos de forma parecida, así que tiene sentido que nuestra fenomenología también se comparta y, como veremos enseguida, podríamos estar constituidos naturalmente para asumir que los demás tienen mente y poseen creencias, deseos y experiencias. Tomarse demasiado en serio la noción de que los que nos rodean son autómatas sería una forma de locura.

Queda, sin embargo, una preocupación más razonable: podemos aceptar que los demás son conscientes y seguir preocupados por cómo se ajustan sus experiencias a las nuestras. Sabemos que hay diferencias;

44. Bentham, Jeremy, *The collected works of Jeremy Bentham: An introduction to the principles of morals and legislation*, Clarendon Press, Reino Unido, 1996.

hay variaciones genéticas que hacen que algunas personas, normalmente hombres, se vuelvan daltónicas, incapaces de distinguir una manzana roja de una verde; otros genes influencian el gusto (para algunos individuos desafortunados, el cilantro sabe a jabón). Hay gente que tiene poca o ninguna capacidad para recrear imágenes, otros las tienen vívidas. Hay unos cuantos que incluso tienen sinestesia, por lo que experimentan la información sensorial que reciben de forma inusual; más adelante conoceremos a alguien que saboreaba los colores.

Otras diferencias en nuestras experiencias pueden ser difíciles, incluso imposibles de percibir. Por tomar el caso clásico que desarrolló el filósofo John Locke, ¿y si lo que yo veo de un color lo ves tú de otro?[45] Ambos usamos *verde* para la hierba y *morado* para la berenjena porque son las palabras que hemos asociado a nuestra experiencia, pero ¿y si esa experiencia estuviera al revés, de forma que lo que tú describes como verde yo lo veo morado y viceversa? ¿Cómo podríamos saberlo?

Es difícil saber lo que ocurre en la mente de otra persona. Marcel Proust escribió:

> Una persona real, por mucho que empaticemos con ella, es en gran medida perceptible sólo a través de nuestros sentidos, es decir, permanece opaca, presenta un peso muerto que nuestra sensibilidad no tiene la fuerza de levantar.[46]

Ahora bien, no podemos fracasar por completo al intentarlo. La comunicación implica conjeturar de manera fundamentada sobre la mente del otro, y a menudo acertamos. «Bonito restaurante el tuyo», dice el gánster, «sería una pena que le pasara algo», y aunque no está explícito en la frase, el dueño entiende la amenaza alto y claro. A veces inferimos el estado mental de otros por su expresión, como cuando miramos a alguien a la cara y sabemos que está enfadado, aburrido o asustado; a veces lo conseguimos tomando como referencia nuestra propia experiencia. Cuando cocino pasta para otras personas pruebo la pasta y ese simple acto refleja la creencia tácita de que como me sabe a mí es prácticamente como les va a saber a ellos, es decir, podemos usar nuestra propia experiencia como sustituta de la experiencia de otros.

Pero a veces nos equivocamos, a veces confiamos demasiado en nuestra propia experiencia y no apreciamos cuán diferentes son los

45. Locke, John, *op. cit.* Puede verse un análisis en Shoemaker, Sydney, «The inverted spectrum», *Journal of Philosophy*, 79, 7 (1982), pp. 357-381.

46. Proust, Marcel, *Por el camino de Swann* (*En busca del tiempo perdido*, I), Alianza Editorial, Madrid, 2022.

otros. En mi clase de Introducción a la Psicología mi broma sobre Ross Perot fracasa por completo porque mis alumnos no están tan familiarizados como yo con las elecciones presidenciales de 1992; a mí me gusta el ajo, pero a mi amigo no, así que apenas toca la pasta a la *puttanesca* que le he preparado para cenar; una vez pensé que *El club de la lucha* era una película apropiada para una cita y me equivoqué y es que, a ver, el tráiler me pareció genial a mí.

El ejercicio de ponerse en el lugar de otra persona, lo que a menudo llamamos *empatía*, en realidad falla cuando intentamos darle sentido a la consciencia de personas que son muy diferentes a nosotros. ¿Puedes imaginarte lo que es ser Atila o alguien que sufre de esquizofrenia paranoide o un mono?

¿Qué me dices de un murciélago? Thomas Nagel, en el artículo clásico «¿Cómo es ser un murciélago?», admite que podemos imaginarnos volando y viendo el mundo a través de los ojos de un murciélago,[47] pero, aun así, no seríamos un murciélago, sino nosotros en el cuerpo de un murciélago. Para saber lo que es ser un murciélago, es necesario serlo.

A veces podemos hacer conjeturas fundamentadas. Piensa, por ejemplo, en lo que es ser un bebé. William James sugirió que la vida mental empieza como un puro caos: «El bebé, bombardeado por ojos, orejas, nariz, piel y entrañas a la vez, lo percibe todo como una gran confusión, creciente y aturdidora».[48] La psicóloga del desarrollo Alison Gopnik defiende una postura diferente:[49] la atención adulta puede dirigirse a voluntad (hablaremos de esto más adelante) y, aunque puede captarse por acontecimientos externos (como cuando percibimos que alguien pronuncia nuestro nombre), también controlamos a qué prestar atención, pero la parte del cerebro responsable de la inhibición y el control, el córtex prefrontal, es de las últimas en desarrollarse, lo cual lleva a Gopnik a sugerir que a los bebés les falta esa capacidad de control a voluntad y están, más bien, a merced del ambiente; están atrapados en el aquí y ahora. No me extraña que griten tanto.[50]

47. Nagel, Thomas, «What is it like to be a bat?», *Philosophical Review*, 83, 4 (1974), pp. 435-450.

48. James, William, *op. cit.*

49. Gopnik, Alison, *El bebé filosófico*, Temas de hoy, 2010.

50. Para más información, véase Bloom, Paul, «What's inside a big baby head?», *Slate*, 9 de agosto de 2009, <https://slate.com/culture/2009/08/alison-gopnik-s-the-philosophical-baby.html>.

Hasta ahora, gran parte de nuestro debate sobre la consciencia bebe de la filosofía, la literatura y la observación cotidiana, pero cuando llegamos al ejemplo del bebé empezamos a ver que la investigación científica, como los estudios de la estructura cerebral, nos puede dar algunas pistas sobre la naturaleza de la consciencia.

Un ejemplo está relacionado con la percepción subjetiva del paso del tiempo: piensa en la experiencia de lanzar una manzana al cielo y verla caer al suelo; es posible imaginar a una criatura para la que esta experiencia sea insoportablemente lenta y a otra que la vea como algo instantáneo. Si alguna vez nos encontramos con vida alienígena sintiente, el éxito de la comunicación requerirá que nuestra experiencia subjetiva del tiempo sea similar.[51] Si un segundo para nosotros parece un año para ellos o viceversa, nos será muy difícil interactuar.

Dejemos la vida extraterrestre. ¿Cómo se corresponde nuestra experiencia temporal con la de otras criaturas de nuestro propio planeta? Se podría pensar que es imposible contestar, pero hay esfuerzos, aunque provisionales y polémicos, para comparar la velocidad subjetiva de la experiencia entre diferentes especies.[52] Un método es mirar la «fusión crítica del parpadeo» (CFF, por sus siglas en inglés), el punto en el que una luz que parpadea rápidamente ya parece no hacerlo, sino sólo brillar, pues la mente no funciona tan rápido como para procesar conscientemente cada destello como un evento distinto. El CFF humano es de cerca de sesenta destellos por segundo, pero el de otras especies es diferente; para los perros es de cerca de ochenta. De acuerdo con esta prueba, entonces, su consciencia es más veloz que la nuestra: quizá, para ellos, los humanos nos movamos a cámara lenta.

Sabemos bastante sobre la expresión neural de la consciencia. Sabemos que lo consciente que uno es —despierto, dormido, atento, distraído— se refleja en los procesos que involucran a la mayor parte del cerebro. Un electroencefalograma registra las oscilaciones de la actividad eléctrica del córtex; la frecuencia de las oscilaciones revela lo conscientes que somos. Si la actividad se encuentra en Alfa, entre 8 y 15 Hz (picos/segundo), se corresponde con la relajación; si está en Theta, por debajo

51. Este problema se analiza muy bien en el libro de ciencia ficción de Weir, Andy, *Proyecto Hail Mary*, Nova, Barcelona, 2021.
52. Para ampliar información, véase Schukraft, Jason, «Does critical flicker-fusion frequency track the subjective experience of time?», *Rethinking Priorities*, 3 de agosto de 2020, <https://rethinkpriorities.org/publications/does-critical-flicker-fusion-frequency -track-the-subjective-experience-of-time>.

de 4 Hz, se corresponde con el sueño; y si es más alta, en Beta, entre 16 y 31 Hz, se corresponde con un estado agitado.

También sabemos que hay experiencias que se corresponden con actividad en áreas concretas del cerebro. Si estuvieras en una máquina de resonancia magnética funcional (IRMf) con una pantalla delante de cada ojo y un neurocientífico pusiera una imagen de una casa delante del ojo izquierdo y la de una cara delante del derecho, verías una u otra dependiendo de dónde enfocaras.[53] Se activan diferentes áreas del cerebro para las casas y las caras, así que un neurocientífico que analizara los datos de la máquina de resonancia magnética podría identificar de cuál eres consciente.

Tales hallazgos no tienen sólo un interés teórico. Un equipo de investigación usó este método para examinar a personas que supuestamente estaban en estado vegetativo permanente.[54] Estas personas están «encerradas», no pueden hablar ni moverse, pero los investigadores pueden usar la IRMf para demostrar la actividad cerebral. Resulta que, si alguien se imagina caminando por su casa, esto causa un pico de actividad en el giro parahipocampal, en el lóbulo frontal, mientras que, si se imagina jugando al tenis, activará el córtex premotor. En un estudio fascinante, los investigadores le dijeron a uno de estos pacientes —conocido como Paciente 23— que le iban a hacer preguntas y que podía dar la señal de «sí» imaginándose que jugaba al tenis o la de «no» imaginándose que caminaba por su casa. Éste fue su primer diálogo, iniciado por Martin Monti, un neurocientífico:

—¿El nombre de su padre es Alexander?

El córtex premotor del hombre se iluminó. Estaba pensando en el tenis.

—Sí.

—¿El nombre de su padre es Thomas?

Actividad en el giro parahipocampal. Se estaba imaginando que iba andando por su casa.

—No.

—¿Tiene hermanos?

Tenis.

—Sí.

—¿Tiene hermanas?

53. Tong, Frank, *et al.*, «Binocular rivalry and visual awareness in human extrastriate cortex», *Neuron*, 21, 4 (1998), pp. 753-759.

54. Owen, Adrian M., *et al.*, «Detecting awareness in the vegetative state», *Science*, 313, 5792 (2006), p. 1402.

Casa.

—No.

—Antes de su lesión, ¿sus últimas vacaciones fueron en Estados Unidos?

Tenis.

—Sí.

Las respuestas eran correctas. Asombrado, Monti llamó a Owen (su colaborador), que se encontraba fuera, en un congreso. Owen pensó que deberían hacer más preguntas y el grupo debatió varias posibilidades: «¿Le gusta la *pizza*?» se descartó por ser demasiado imprecisa y decidieron sondear con mayor profundidad. Monti volvió a encender el intercomunicador.

—¿Desea usted morir?

Por primera vez esa noche, no hubo una respuesta clara.[55]

La teoría del espacio global de trabajo es una propuesta de cómo la consciencia funciona en el cerebro.[56] Se basa en la idea de que las áreas sensoriales del cerebro se activan como respuesta a la información proveniente del mundo (como cuando estás en una fiesta y alguien está hablando cerca) y esto es en principio inconsciente, pero cuando se atiende esta información (como cuando nos concentramos en lo que están diciendo), las áreas prefrontal y parietal del cerebro se activan y la información se vuelve consciente. Acto seguido, esta información se transmite a otras partes del cerebro para su posterior procesamiento consciente (como cuando reflexionas sobre lo que te acaban de decir). La teoría del espacio global de trabajo hace predicciones comprobables y se establece un debate intenso y productivo sobre los méritos de esta teoría y sus competidoras.[57]

Pero hay una cuestión mayor mucho más difícil de manejar, que es cómo pensar sobre la consciencia de forma más general.[58]

55. Somers, James, «The science of mind reading», *The New Yorker*, 6 de diciembre de 2021.

56. Baars, Bernard J., «In the theatre of consciousness. Global workspace theory, a rigorous scientific theory of consciousness», *Journal of Consciousness Studies*, 4, 4 (1997), pp. 292-309.

57. Melloni, Lucia; Mudrik, Liad; Pitts, Michael; y Koch, Christof, «Making the hard problem of consciousness easier», *Science*, 372, 6545 (2021), pp. 911-912.

58. Puede consultarse una crítica accesible en Churchland, Paul M., *Materia; y consciencia: introducción contemporánea a la filosofía de la mente*, Gedisa, Barcelona, 2010.

Algunos filósofos alegan que la consciencia es el resultado de ciertos sistemas computacionales. La materia física subyacente a las computaciones no importa. En el cerebro, ocurre mediante neuronas, pero en otras criaturas, la consciencia puede surgir a través de otro medio —quizá, digamos, en las formas de vida basadas en el silicio descritas en la ciencia ficción—. No tiene ni que ser biológica. De hecho, según algunas versiones de esta idea, alguien podría escanearte el cerebro y subir toda la información a un robot, por lo que ese robot pasaría a ser tú —o un duplicado del original—. Esta noción de la consciencia hace que la inmortalidad sea posible.

Otros ven la consciencia como un fenómeno biológico, similar a la digestión o la mitosis. Esta perspectiva sostiene que esperar que un ordenador que simula procesos del pensamiento humano sea consciente es tan tonto como esperar que la simulación de una tormenta te moje.[59] Hablar de «subir» la consciencia de alguien a la nube es confuso; tu consciencia es producto de tu cerebro físico. Si se pierde el cerebro, se pierde la consciencia.

Todas las personas que conozco y participan en este debate creen que una de estas opiniones es ridícula,[60] pero no se ponen de acuerdo sobre cuál.

Si la perspectiva computacional es correcta, sugiere que, si se configura mi MacBook Pro de forma adecuada —y tal vez se le añada memoria extra y se acelere un poco la velocidad de procesamiento—, será entonces tan plenamente consciente y capaz de sentir dolor y de amar como cualquier persona (y destruirlo sería un asesinato). Esta conclusión parece estrambótica.

Por otra parte, si la materia física del cerebro es lo esencial, es imposible programar una máquina para que sea consciente. Un androide podría ser perfectamente indistinguible de una persona en su manera de actuar, de hablar, expresar emociones y demás, pero si esta perspectiva está en lo cierto, el androide, en realidad, no sería más sintiente que una roca. Para muchos, esta conclusión parece arbitraria y, en última instancia, inmoral.

Lo que resulta frustrante del asunto es que sería difícil averiguar cuál es la postura correcta. Si, en efecto, construyéramos una máquina que pudiera actuar de forma compleja (como los simpáticos y no tan

59. Searle, John R., «Minds, brains, and programs», *Behavioral and Brain Sciences*, 3, 3 (1980), pp. 417-424.

60. Mandelbaum, Eric, «Everything and more: The prospects of whole brain emulation», *Journal of Philosophy*, 119, 8 (2022), pp. 444-459.

simpáticos robots que nos encantan en las películas), ¿cómo sabríamos si son conscientes? El problema al que nos enfrentábamos como jóvenes sofistas vuelve para atormentarnos de nuevo.

Acabamos de incursionar en el difícil problema de la consciencia, la cuestión de cómo el cerebro físico puede hacer surgir la experiencia sintiente, así que demos un paso atrás y preguntémonos: ¿cuáles son los problemas *sencillos*?

El filósofo David Chalmers, que introdujo la distinción difícil/sencillo, describió los problemas sencillos como «la actuación de toda función conductual y cognitiva próxima a la experiencia: discriminación perceptiva, clasificación, acceso interno, informe verbal».[61] Explicar de qué manera el cerebro es el causante de la inefable experiencia de ver el color rojo es el problema difícil, pero averiguar cómo categorizamos algo como rojo, cómo los niños aprenden la palabra *rojo* o por qué hay gente daltónica son problemas sencillos. (Debería aclarar, por cierto, que lo de «sencillo» es una pequeña broma. Chalmers los consideraba extremadamente difíciles; lo que él quiere decir es que son manejables, resolubles con los métodos de nuestra ciencia.)

Otro punto de vista sobre todo esto es la distinción que el filósofo Ned Block hizo entre la conciencia fenoménica y la conciencia de acceso.[62] La fenoménica es «lo que supone estar en ese estado» (problema difícil); la de acceso se refiere a «la disponibilidad para razonar y guiar racionalmente el discurso y la acción» (problema más sencillo). Si se es consciente de algo en el sentido de que se puede contar a los demás (como las palabras que estás leyendo ahora mismo), entonces es conciencia de acceso, independientemente de cómo se sienta esa experiencia (si es que se siente).

Los psicólogos han hecho algunos descubrimientos sobre la conciencia de acceso (la llamaré simplemente *conciencia* a continuación). Primero, que es limitada. Vimos un ejemplo antes, cuando se ponía la imagen de una casa delante de un ojo y la de una cara delante del otro: se puede percibir la casa o la cara, pero no ambas. Otro ejemplo es que, al percibir el mundo, solemos ver objetos que resaltan sobre un fondo, figuras «separadas» de un «fondo». Normalmente, es obvio cuál es cuál,

61. Chalmers, David, «The hard problem of consciousness», en Velmans, Max; Schneider, Susan; y Gray, Jeffrey (eds.), *The Blackwell companion to consciousness*, pp. 203, 225-235, Blackwell Publishers, 2007.

62. Block, Ned, «On a confusion about a function of consciousness», *Behavioral and Brain Sciences*, 18, 2 (1995), pp. 227-247.

pero hay psicólogos ingeniosos que han ideado imágenes ambiguas en las que es razonable ver una parte como figura y otra como fondo, pero también lo es verlas al contrario. He aquí un ejemplo clásico, desarrollado por Edgar Rubin en 1915:[63]

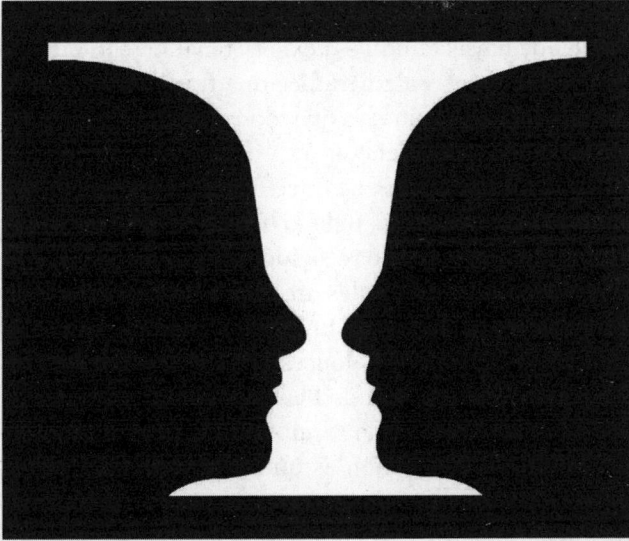

Se pueden ver dos caras negras mirándose la una a la otra sobre un fondo blanco o un jarrón blanco sobre un fondo negro, pero, de nuevo, no se pueden ver ambas imágenes al mismo tiempo, pues fluctúan en la mente.

Vemos los límites de la conciencia en otras manifestaciones. Un método ingenioso que se emplea en la psicología cognitiva es ponerles auriculares a las personas y hacerlas escuchar dos discursos diferentes, uno por el oído derecho y otro por el izquierdo. Sería estupendo que la gente pudiera atender ambos (imagina seguir dos pódcast simultáneamente), pero no podemos; si se fuerza a alguien a concentrarse en un oído —normalmente, pidiéndole que repita lo que está oyendo por ese oído, lo que se conoce como *seguimiento*—, la mayor parte de la información que entra por el otro oído queda desatendida.

Pero no por completo; tal vez no se pueda tener conciencia de acceso de esta otra información, pero, inconscientemente, se está atendiendo. Si se hace un seguimiento de las frases habladas en un oído y se oyen una

---

63. Rubin, Edgar, *Synsoplevede Figurer: Studier i Psykologisk Analyse*, Gyldendal, Nordisk Forlag, Dinamarca, 1915.

serie de palabras por el otro, en general no se sabe qué palabras son, pero si una es nuestro nombre, nos llamará la atención y nos daremos cuenta.[64]

Es probable que lo hayas experimentado en la vida real, es lo que se conoce como el efecto *cocktail party* ('fiesta de cóctel'). Si estás en una fiesta enfrascado en una conversación con alguien, sin escuchar a nadie más, percibirás ciertas palabras, como tu nombre o algunas palabras tabú.[65] Puede que hayas tenido esa experiencia: hay un bullicio de conversaciones y, de repente, alguien dice una frase muy escandalosa y se produce un silencio repentino, ya que todo el mundo se detiene y centra la atención en quien la ha dicho.

Resulta que sólo una pequeña fracción de la experiencia sensorial se abre paso hasta la consciencia, todo lo demás se ignora y se pierde para siempre. En un famoso estudio recogido en un artículo científico titulado «Gorilas entre nosotros», se les muestra a los participantes un vídeo en el que hay personas de pie, en un pasillo, con una camiseta blanca o negra y pasándose balones de baloncesto.[66] La tarea consiste en concentrarse en las personas que van de blanco y contar el número de pases que hacen; a la gente esto no le resulta difícil, pero sí requiere toda su atención. El quid de la cuestión es que, a la mitad del vídeo, alguien disfrazado de gorila irrumpe en la escena, se para en el centro de la sala, se golpea el pecho y se va. Casi la mitad de los participantes no lo ven, aunque la presencia del gorila sea obvia para cualquiera que no esté concentrado en los pases de balón.

No solemos ser conscientes de estas limitaciones. Nos parece que somos conscientes del mundo, no sólo de una pequeña parte de él; nos parece que podemos atender múltiples cosas a la vez, no que nos veamos forzados a dirigir la atención a una cosa u otra. Nuestras limitaciones son inocuas si escribimos un correo electrónico viendo la televisión o escuchamos un pódcast mientras cortamos el césped, pero pueden ser letales en casos que requieran toda nuestra atención, como por ejemplo conducir. Hablar por teléfono, incluso con manos libres, enlentece nuestra capacidad de reacción en la carretera, más o menos como conducir en estado de embriaguez.[67]

64. Arons, Barry, «A review of the cocktail party effect», *Journal of the American Voice I/O Society*, 12, 7 (1992), pp. 35-50.

65. Nielsen, Stevan L.; y Sarason, Irwin G., «Emotion, personality, and selective attention», *Journal of Personality and Social Psychology*, 41, 5 (1981), pp. 945-960.

66. Simons, Daniel J.; y Chabris, Christopher F., «Gorillas in our midst: Sustained inattentional blindness for dynamic events», *Perception*, 28, 9 (1999), pp. 1059-1074.

67. Strayer, David L.; Drews, Frank A.; y Johnston, William A., «Cell phone-in-

¿Cómo nos las arreglamos para vivir con una capacidad tan limitada de concentrarnos conscientemente? Pues resulta que nos valemos de un truco excelente: cuando hacemos algo de manera repetida, se vuelve inconsciente, lo cual libera a la mente consciente para otras cosas. Aprender a conducir un coche requiere toda nuestra atención y prácticamente no se puede hacer nada más a la vez, pero poco a poco, tras un largo período, se convierte en algo habitual, por lo que la mente puede divagar y hacer otras cosas, como tener una conversación o escuchar la radio: nos ponemos en modo piloto automático. Podemos hablar y mascar chicle, conducir y hablar, cortar el césped y escuchar un pódcast. Lo habitual puede estar eximido de consciencia.

El hábito nos libera. Aristóteles sostiene que la bondad es, en última instancia, una cuestión de hacer lo correcto de forma natural e instintiva, sin pensar. De forma similar, los confucianos sugirieron que la manera de encontrar el *wu wei*, la valiosa habilidad de actuar sin esfuerzo, es a través del ritual y la repetición.[68] Los mejores libros de autoayuda contemporáneos nos recuerdan que el truco para cualquier cambio de estilo de vida —dieta, ejercicio, el trato con los seres queridos— es convertir en habitual y, por tanto, sencilla, la conducta deseada.

William James, en *Principios de psicología*, publicado en 1890, defiende el hábito con elocuencia típica[69] (si se actualizara un poco la prosa, no desentonaría en un superventas actual del *The New York Times*):

> Cuantos más detalles de nuestra vida cotidiana podamos entregar a la custodia sin esfuerzos del automatismo, más se liberarán nuestras facultades mentales superiores para su funcionamiento adecuado. No hay ser humano más miserable que aquel para el cual nada es habitual, salvo la indecisión, y para quien el encender cada puro, beber cada copa, la hora de levantarse y acostarse cada día y el comienzo de cada pequeño trabajo son temas sometidos a la expresa deliberación volitiva. La mitad del tiempo de un hombre así se malgasta en decidir, o lamentarse, de asuntos que deberían estar tan integrados en él que prácticamente no existieran para su conciencia. Si al-

---

duced failures of visual attention during simulated driving», *Journal of Experimental Psychology: Applied*, 9, 1 (2003), pp. 23-32; Redelmeier, D. A.; y Tibshirani, R. J., «Association between cellular-telephone calls and motor vehicle collisions», *New England Journal of Medicine*, 336 (1997), pp. 453-458.

68. Slingerland, Edward Gilman, *Trying not to try: Ancient China, modern science, and the power of spontaneity*, Broadway Books, Estados Unidos, 2014.

69. James, William, *op. cit.*

guno de mis lectores no tuviera tales deberes integrados ya, que ésta sea la hora de enmendar esta cuestión.

Vamos camino de ponernos en forma cuando automatizamos la rutina de ejercicio; fracasamos si tenemos problemas para decidir qué hacer cada día. Lo primero que nos dirá un terapeuta si le consultamos cómo tratar el insomnio (y hablo por experiencia) es que nos acostemos y nos despertemos siempre a la misma hora. Yo aconsejo a mis estudiantes de grado que reserven cada día el mismo espacio de tiempo para escribir, de modo que puedan dedicarse a ello sin darle vueltas; la mañana es el mejor momento para eso, no sólo porque es cuando la mayoría de la gente está psicológicamente más dispuesta a trabajar de forma intensa[70] (que lo es) ni porque suele ser el momento en que hay menos distracciones (que lo es), sino más bien porque es el momento en que es más fácil establecer una rutina mecánica: levantarse, ir al baño, hacerse un expreso doble y sentarse al escritorio para trabajar (de hecho, así es como he escrito este libro: una hora cada mañana, tras despertarme).

Antes hemos visto que una de las diferencias entre nuestra consciencia y la de los bebés es que podemos controlarla; en su libro *¿Cómo pensar como Sherlock Holmes?*, Maria Konnikova empieza con una cita de W. H. Auden: «Controlar la atención —prestar atención a esto e ignorar aquello— es a la vida interior lo que elegir cómo actuar es a la vida exterior. En los dos casos, el hombre es responsable de lo que elige y debe aceptar las consecuencias».[71]

Pero este control no siempre está ahí: todos tenemos un poco de bebé; también tenemos una mente que el mundo exterior puede tomar como rehén, como en el efecto *cocktail party*. Si alguien te dice algo que no quieres oír, tu mejor baza es taparte los oídos, porque una vez que las neuronas auditivas reaccionan en respuesta a las palabras, estás atrapado, no puedes dejar de oírlas.[72] Lo mismo ocurre con la lectura, pues una vez que se aprende a leer y se convierte en algo automático, no puedes

70. Pink, Daniel H., *When: The scientific secrets of perfect timing*, Riverhead Books, Estados Unidos, 2019.

71. Konnikova, Maria, *¿Cómo pensar como Sherlock Holmes?*, Paidós Ibérica, Barcelona, 2013.

72. Fodor, Jerry, *La modularidad de la mente: Un ensayo sobre la psicología de las facultades*, Ediciones Morata, Las Rozas de Madrid, 1986.

evitar leer. Por mucho que quieras ignorar las siguientes palabras, en cuanto las veas, las leerás:

¡TIENES MONOS EN EL PELO!

Este dato sobre la lectura llevó a descubrir en 1935 «el efecto Stroop», llamado así en honor de su descubridor, John Ridley Stroop.[73] Supongamos que tenemos una lista de palabras escritas en diferentes colores: quizá la palabra *taza* está en rojo, la palabra *juego* en verde y la palabra *cuadrado* en amarillo. La tarea consiste en ignorar las palabras y decir únicamente los colores, lo cual no es tan difícil, rápidamente dirías: «Rojo, verde, amarillo».

Pero ahora imagina que las palabras en sí son los nombres de los colores —ahora, la palabra *verde* es roja, la palabra *azul* es verde y la palabra *roja* es amarilla—. La tarea es la misma: nombrar el color de las palabras. Pero esto es difícil y tardarías más. El problema es que como lector ejercitado leerías *verde* y querrías dar la respuesta habitual, *verde*. Puedes corregirte y decir la respuesta correcta, *rojo*, pero te frenará.

No puedo resistirme a contarte una idea sobre cómo emplear el efecto Stroop para desenmascarar espías: había una serie de televisión que me encantaba, llamada *The Americans*, que iba de una pareja de agentes rusos que vivían en Estados Unidos en los ochenta. Imagínate que eres el agente del FBI que ha de hacerse cargo del interrogatorio. Les preguntas si saben leer ruso y ellos lo niegan, por supuesto: te dicen que llevan toda la vida Estados Unidos y que no tienen interés en la Unión Soviética, pero sospechas que te están mintiendo. ¿Cómo averiguarlo?

Muy fácil. Dándoles una lista de palabras extranjeras en diferentes colores y pidiéndoles que digan los colores tan rápido como puedan. Después de hacerles practicar con palabras en hindi, coreano y finés, muéstrales lo siguiente:

красный (en verde)
зеленый (en morado)
синий (en amarillo)

Para mí, que no hablo ruso, es fácil, diría: verde, morado, amarillo. Pero el truco está, apuesto a que ya lo has averiguado, en que estas pala-

---

73. Stroop, J. Ridley, «Studies of interference in serial verbal reactions», *Journal of Experimental Psychology*, 18, 6 (1935), p. 643.

bras están en ruso —la verde dice *amarillo*, la morada dice *rojo* y la amarilla dice *azul*—. Si hablas ruso, no puedes evitar verlas como nombres de colores, así que, por la lógica del efecto Stroop, los espías leerán estas palabras más despacio que las demás.

La consciencia es un tema que abarca toda la psicología: los neurocientíficos estudian su encarnación en el cerebro; los psicólogos cognitivos investigan la conciencia de acceso en la sensación, la percepción, el juicio y la elección; los psicólogos del desarrollo estudian cómo surge en los niños, incluida la aparición de las llamadas emociones autoconscientes, como la vergüenza y el orgullo, y los psicólogos clínicos estudian los trastornos de la consciencia, como cuando la gente siente que su cuerpo no le pertenece.

Algunos de los hallazgos más interesantes son el resultado de la investigación llevada a cabo por los psicólogos sociales, que se preguntan por la naturaleza de nuestra experiencia consciente en la vida cotidiana. En un estudio, a varias personas se les instaló una aplicación en su iPhone que se activaba de forma aleatoria durante el día.[74] Cuando saltaba, tenían que reportar lo que estaban sintiendo, lo que estaban haciendo y si su mente estaba divagando («¿Está pensando en algo diferente a lo que está haciendo ahora mismo?»). Este estudio de «muestreo de experiencias» descubrió que nuestra mente divaga mucho, casi la mitad del tiempo. También resulta, por cierto, que nuestro estado mental cuando estamos divagando es menos placentero que cuando estamos concentrados en el aquí y ahora. El artículo se tituló «Una mente que divaga es una mente infeliz».

Cuando no estamos divagando, a menudo pensamos en lo que otros piensan y llegamos a la conclusión de que están pensando en nosotros. En el año 2000, el psicólogo Thomas Gilovich y sus colegas hicieron un estudio en el que les pedían a unos estudiantes universitarios que se pusieran una camiseta con una fotografía que les resultara embarazosa (resultó ser el nada guay cantautor Barry Manilow).[75] Los investigadores obligaron a los estudiantes a ir a clase con estas camisetas y después

74. Killingsworth, Matthew A. y Gilbert, Daniel T., «A wandering mind is an unhappy mind», *Science*, 330, 6006 (2010), p. 932.

75. Gilovich, Thomas; Husted Medvec, Victoria; y Savitsky, Kenneth, «The spotlight effect in social judgment: An egocentric bias in estimates of the salience of one's own actions and appearance», *Journal of Personality and Social Psychology*, 78, 2, (2000), pp. 211-222.

les preguntaron cuánta gente se había percatado de ellas. Las respuestas solían ser exageradas. En otro estudio, a los participantes se les permitió escoger una camiseta con un personaje guay, esta vez de Bob Marley, Martin Luther King Jr. o Jerry Seinfeld y, de nuevo, exageraron radicalmente hasta qué punto la gente se había dado cuenta.

Éste es el llamado efecto Spotlight o «efecto foco»: sobreestimamos la medida en que la gente se fija en nosotros, tanto de forma negativa como positiva.

El efecto foco surge de la naturaleza de la consciencia en primera persona. Gilovich y sus colegas citan a David Foster Wallace: «No tienes ninguna experiencia de la que no seas el centro absoluto». Soy muy consciente de mi propia apariencia, así que asumo que los demás también lo son, pero no me doy cuenta de que, como yo, ellos son conscientes de *su* apariencia.

Me gusta contarles estos hallazgos a los estudiantes. Muchos de ellos acaban de salir de la adolescencia, etapa en la que se tiene la sensación de que todos los ojos están puestos en ti juzgando tu apariencia, cómo actúas, cuándo metes la pata. Es reconfortante darse cuenta de que la gente no se percata de tus momentos embarazosos tanto como crees.

Estos hallazgos son relevantes para el resto de nosotros también. Gilovich y sus colegas relacionan este trabajo con estudios sobre el remordimiento.[76] Cuando se habla con alguien que va a morir pronto, lo que más lamentan es lo que no hicieron, y una de las razones por las que la gente no hizo esas cosas, es decir, no arriesgarse ni tomar ciertas decisiones, era que les preocupaba quedar como un idiota a los ojos de los demás. Descubrir que la mayor parte del tiempo la gente no te está observando es, repito, liberador.

¿Qué nos puede hacer apartar el foco de nosotros mismos? Una posibilidad es estar en medio de una muchedumbre. Como el psicólogo social Gustave Le Bon apuntó en 1895, estar en un grupo puede hacer que la consciencia de uno mismo desaparezca parcialmente: «Un individuo en una muchedumbre es un grano de arena entre otros granos de arena que el viento alborota a su gusto».[77]

76. Gilovich, Thomas; y Husted Medvec, Victoria, «The experience of regret: what, when, and why», *Psychological Review*, 102, 2 (1995), pp. 379-395.

77. Le Bon, Gustave, *Psicología de las masas*, Verbum, Madrid, 2018.

Esta pérdida de atención en uno mismo tiene consecuencias muy dispares: puede ser una fuente de placer, como cuando uno se mueve de forma sincronizada con otros en una *rave*, un concierto o en los marchosos bailes de un *bar mitzvah*. Se difuminan los límites entre el yo y el otro. Se pierde uno a sí mismo, «Lose yourself» como bien dijo Eminem.

Pero estar en una muchedumbre también puede hacer que la gente haga cosas estúpidas y crueles. Al irse la consciencia, también se va la conciencia y es menos probable que ayudemos a quien lo necesita, lo que se llama «apatía del transeúnte» o «efecto del espectador».[78] Cuanta más gente haya a nuestro alrededor, menos nos afectará. Una explicación es la difusión de la responsabilidad individual: si voy caminando a solas por el bosque y veo a un niño llorando porque se ha perdido, siento el impulso de ayudarlo, pero, si me hallo entre una multitud de gente, puedo decirme a mí mismo que no es problema mío y que mi pasividad no es tan relevante.

Otra manera de bajar el dial de la consciencia está a la distancia de tu minibar. Edward Slingerland, en su libro *Drunk* (*Borrachos*), tiene en cuenta los muchos problemas que causa el alcohol, pero defiende la embriaguez como una herramienta para liberarnos del estrés de ser conscientes de nosotros mismos.[79] Cita a Tao Yuanming, de su serie «Bebiendo vino»:

> *Viejos amigos comparten mi pobreza;*
> *Llegan con jarras de vino y acomodan unas mantas.*
> *Y nos acomodamos entre unos pinos y*
> *Tras unas cuantas rondas, ¡otra vez borrachos!*
> *Viejos amigos charlando todos a la vez*
> *Y perdido el orden de a quién le corresponde brindar esta vez.*
> *Pronto hasta el mismo sentimiento de existir desaparece.*

Y, finalmente, el dolor adecuado, en las circunstancias adecuadas, te sacará de tus casillas.[80] Hay una frase de una dominatriz a la que todo el

---

78. Hortensius, Ruud y De Gelder, Beatrice, «From empathy to apathy: The bystander effect revisited», *Current Directions in Psychological Science*, 27, 4 (2018), pp. 249-256.

79. Slingerland, Edward, *Drunk: How we sipped, danced, and stumbled our way to civilization*, Little Brown Spark, p. 290, Estados Unidos, 2021.

80. Baumeister, Roy F., «Masochism as escape from self», *Journal of Sex Research*, 25, 1 (1988), pp. 28-59.

mundo que estudia sadomasoquismo le encanta citar: «Un látigo es una manera estupenda de hacer que alguien se encuentre en el aquí y el ahora. No puede apartar la vista de él y no puede pensar en otra cosa».[81]

La conciencia de acceso tiene sus ventajas al tener información en una parte de nuestra psique disponible para otras partes de nuestra psique. Una ventaja tiene que ver con el lenguaje: comunicar, transmitir información de una cabeza a otra (el árbol frutal está ahí, tengo pescado que vender, tu amigo está herido). No es suficiente poseer esta información, debemos ser *conscientes* de que la tenemos.

No todo lo que hay en nuestra cabeza es accesible de esta manera. La gente no es directamente consciente de su presión arterial ni de su pulso, aunque a veces puede inferir esa información de forma indirecta. En capítulos sucesivos veremos que no somos conscientes de cómo el cerebro transforma una sensación visual en percepción visual o cómo convierte sonidos y símbolos en lenguaje; a veces no somos conscientes de ideas concretas que tenemos, prejuicios o incluso estados de ánimo. Hay una canción infantil que empieza con una orden: «Si eres feliz y lo sabes, da una palmada». Debe de haberla escrito un experto en la mente humana, alguien que se planteó la posibilidad de que algunos niños son felices, pero no lo saben.

¿Por qué no es consciente todo? Quizá nuestro sistema tenga un límite. Se pueden ver las dos caras o el jarrón, pero nunca ambos. Una criatura más inteligente o tal vez un humano con un implante neuronal futurista lo haría mejor.

Pero también hay que tener en cuenta que se nos puede dar mejor ocultarnos información a nosotros mismos. El siguiente capítulo es sobre Freud y veremos que afirmó que cierta información es demasiado perturbadora para que la mente consciente la aprecie, así que la reprime. Un chico puede odiar a su padre, lo cual es vergonzoso y peligroso, así que le oculta ese odio a la conciencia, aunque quizá lo revele de manera sutil, como un *lapsus linguae* o en sueños. Si le preguntaran, el niño insistiría en que ama a su padre. Después de todo, una mente sana puede guardar en secreto algunos pensamientos.

La teoría de Freud puede verse con escepticismo (yo lo hago), pero

---

81. Califia, Pat, «Doing it together: Gay men, lesbians and sex», *Advocate*, 7 (1983), pp. 24-27. Para más información, véase Bloom, Paul, *The sweet spot: The pleasures of suffering and the search for meaning*, Ecco/HarperCollins, Estados Unidos, 2021.

veamos una propuesta similar, desarrollada por el biólogo evolutivo Robert Trivers,[82] que propuso que la ventaja de conservar información inconsciente es que nos ayuda a engañar a otras personas.

Para ilustrar esto, imagina que estás jugando al póker, pero eres muy expresivo y tu reacción a las cartas que te tocan es obvia para todo el mundo; si existiera una manera de jugar una mano sin ser consciente de cuál es, tendrías una cara de póker perfecta. No podemos hacerlo en el póker, pero Trivers argumenta que esto sucede en otros aspectos de la vida, incluso las propuestas románticas y las confrontaciones agresivas.[83] ¿Quieres hacer creer a una persona que estás enamorado de ella? Créete de forma consciente que lo estás, esconde el engaño de la consciencia. ¿Quieres hacer creer a un adversario que nunca jamás te rendirás? Piensa conscientemente que es cierto, incluso aunque no sea así.

Por poner un ejemplo más sencillo sobre las ventajas de la ignorancia, cuando a una liebre la persigue un perro, se mueve formando un patrón aleatorio, se esfuerza en ser todo lo impredecible posible en su plan de huida en zigzag.[84] Supongamos que supiera en qué dirección va a saltar a continuación: su postura podría servir de pista y el perro podría olérselo, así que mejor que no lo sepa hasta el instante en que salta. La falta de consciencia de uno mismo puede ser clave para la supervivencia.

A veces buscamos la manera de eliminar toda consciencia. La forma más común es intentando dormirse, y es extraño que pueda resultarnos tan difícil, ya que nuestra mente no tiene un interruptor y debemos disponer meticulosamente el entorno para calmarla. El ejecutivo de publicidad Rory Sutherland resume muy bien lo raro de este asunto:[85]

Imagina una especie alienígena con el poder de dormirse a voluntad: consideraría el comportamiento humano a la hora de dormir como algo ridículo. «En vez de irse a dormir sin más, pasan por un extraño ritual religioso», señalaría un antropólogo alienígena, «apagan las luces, reducen el ruido a un mínimo y después apartan los siete cojines

82. Trivers, Robert, *La insensatez de los necios, la lógica del engaño; y el autoengaño en la vida humana*, Katz/Clave Intelectual, 2013.

83. Véase Pinker, Steven, *op. cit.*

84. Sutherland, Rory, *Alchemy: The surprising power of ideas that don't make sense*, Random House, Estados Unidos, 2019.

85. Ibídem, p. 17.

decorativos colocados sin razón aparente en el cabecero de la cama. Luego yacen en silencio en la oscuridad con la esperanza de que el sueño les sobrevenga y luego, en vez de despertarse cuando desean, se levantan a la hora programada en una extraña máquina que suena como un timbre para empujarlos de nuevo a la consciencia». Es ridículo.

Como insomne de toda la vida, me consuela saber que podría ser peor. Hay un mito alemán sobre una ninfa llamada Ondina que se enamora y se casa con un humano que después le es infiel. Ella lo castiga tomando algo que todos hacemos de forma inconsciente, respirar, y haciéndolo consciente: si su marido se queda dormido, perderá el control consciente de su respiración y morirá.

Por desgracia, resulta que existe una rara enfermedad muy similar a ésta, la llamada «maldición de Ondina» o síndrome de hiperventilación central.[86] Los afectados no respiran de forma regular cuando duermen, lo que suele provocar la muerte, aunque, si se diagnostica a tiempo, estas personas pueden mantenerse con vida mediante respiradores. La consciencia, tan a menudo una bendición, puede ser una carga terrible.

---

86. Moawad, Heidi, M. D., «Ondine's curse: Causes, symptoms, and treatment», *Neurology Live*, 17 de abril de 2018, <https://www.neurologylive.com/view/ondines-cur se-causes-symptoms-and-treatment>.

3

Freud y el subconsciente

Si hay un psicólogo del que todo el mundo ha oído hablar, ése es Sigmund Freud. Nació en 1856, pasó la mayor parte de su vida en Viena y murió en Londres en 1939, poco después de haberse retirado tras la caída de Austria en manos de los nazis. Durante la mayor parte de su vida adulta fue famoso; de hecho, se puede establecer un paralelismo, en influencia y popularidad, entre él y Albert Einstein. Sin embargo, mientras que Einstein nos hablaba del espacio, el tiempo y la energía, Freud nos revelaba los secretos del alma.

El psiquiatra Pete Kramer ofrece este resumen de Freud tal y como lo ven sus acólitos de ayer y hoy:

> Parecía poseer poderes de observación especiales que le permitían convertir su trabajo con los pacientes en ciencia innovadora. Usando métodos que él mismo había inventado, Freud había descubierto y mapeado el subconsciente. Dio nombre a los componentes de la mente y exploró los principios por los que operan. Había trazado la secuencia del crecimiento psicológico humano de la infancia a la edad adulta. Había identificado las causas de la mayoría de las enfermedades mentales e inventado un método para tratarlas.[87]

87. Kramer, Peter D., *Freud: Inventor of the modern mind*, HarperCollins, Estados Unidos, 2009, p. 2. Mucho de lo que viene a continuación está basado en este fantástico libro.

Y sus descubrimientos fueron extraordinarios:

Tras una aparente racionalidad, Freud había discernido impulsos oscuros y anhelos contradictorios que confluían en patrones predecibles que él llamó «complejos». Había demostrado que en la cultura y en la vida de los individuos, abundan los símbolos ocultos, que nuestra conducta y nuestras costumbres esconden y a la vez revelan impulsos sexuales y agresivos incompatibles con las exigencias de la sociedad civilizada. Las teorías de Freud parecían actualizar filosofías antiguas presentando nuestra vida como una tragedia decididamente moderna. Fue como si, hasta Freud, nunca nos hubiéramos conocido a nosotros mismos.[88]

Esta visión de Freud todavía la defenderían muchos, pero ya no es popular. A diferencia del irreverente y desgreñado Einstein, destinado a ser amado por todos para siempre, a Freud lo rechazan y desprecian muchas personas.

Esto es en parte debido a descubrimientos sobre su persona. Como Kramer apunta, se hallaron documentos que demostraban que Freud «había alterado hechos para acomodarlos a su teoría, dirigido terapias de maneras que guardaban escasa relación con sus preceptos y atribuido éxito a tratamientos que habían fracasado».[89] Tomó crédito de los logros de otros y culpó a otros de sus fracasos. Una vez engatusó a uno de sus pacientes (también colega) para que se casara con una mujer de fortuna —¡que era a su vez paciente de su colega!— y admitió que lo hizo con la esperanza de que ella diera dinero para financiar su programa psicoanalítico. Y esto es sólo el principio; un crítico, hablando de la biografía de Freud escrita por Frederick Crews, resume la opinión de Crews sobre el gran hombre así: «mentiroso, tramposo, pederasta incestuoso, misógino, venerador del dinero, plagiador crónico y, en general, un majadero desagradable».[90]

Y luego están sus teorías. Los estudiantes a menudo se sorprenden de que en las facultades de Psicología rara vez se impartan clases sobre Freud; en realidad, uno se puede sacar un grado en Psicología en una universidad importante sin oír su nombre (es más probable que hable sobre Freud un profesor de inglés que un psicólogo). Cuando empecé

88. Ibídem, p. 1.
89. Ibídem, p. 2.
90. Prochnik, George, «The curious conundrum of Freud's persistent influence», *The New York Times*, 14 de agosto de 2017. El libro es Crews, Frederick, *Freud, The making of an illusion*, Henry Holt, Estados Unidos, 2017.

como profesor asistente en la Universidad de Arizona, impartí un seminario titulado «Darwin, Freud y Turing: tres perspectivas sobre la mente» y más de uno de mis colegas sénior me dijo que el curso sería mejor si eliminaba el segundo nombre. Muchos psicólogos admitirían que el movimiento de la psicodinámica fundado por Freud es una parte esencial de la historia de nuestra disciplina, pero, aun así, lo ven como una vergüenza, como si una compañía farmacéutica tuviera sus orígenes en la venta de metanfetamina.

Y, a decir verdad, muchas de las ideas de Freud son muy extrañas: insistía en la importancia de la envidia del pene (el trauma resultante de que una chica descubra que carece de pene), la angustia de la castración (la preocupación de un chico de perder el suyo) y la *escena primaria* (término que acuñó para referirse a los niños que ven a sus padres teniendo relaciones sexuales). ¿Los efectos de que a un niño se le muera su madre y lo críe su padre? La homosexualidad, debida a «un complejo de castración exacerbado». ¿Una chica joven que durante una sesión de terapia se levanta el borde de la falda y muestra el tobillo? Tendencias exhibicionistas. ¿Un hombre joven que se alisa la raya del pantalón antes de tumbarse en el diván en su primera sesión? Freud escribe que ese hombre «revela haber sido con anterioridad un coprófilo de lo más refinado» (entiéndase que *coprófilo* hace referencia a ¡alguien con una fascinación erótica por las heces!).[91]

No hay nada de malo en hacer declaraciones sorprendentes; los mejores psicólogos se inventan teorías desconcertantes y nada intuitivas y eso es bueno, es señal de una ciencia madura que trasciende el sentido común, que nos cuenta algo que no sabíamos antes. Quizá el sexo sea más importante de lo que muchos piensan, pero Freud tenía pocos argumentos decentes para respaldar sus teorías fantásticas (a menudo no tenía ni argumentos) y pocas de sus propuestas radicales han sobrevivido el paso del tiempo.

A pesar de todo, opino que el pensamiento freudiano tiene mucho valor y creo que podemos quedarnos con algunas de sus reflexiones principales y descartar la morralla. Eso es lo que muchos de los propios seguidores de Freud hicieron: Alfred Adler, por ejemplo, puso más énfasis en la autoestima (acuñó el término *complejo de inferioridad*), mientras que Karen Horney se centró en la importancia de la cercanía y el afecto en los primeros años de vida.

Para mí, la mejor idea que nos ha quedado es la noción de que hay

91. Kramer, *op. cit.*, p. 52.

una mente inconsciente batallando contra sí misma. Para Freud y sus seguidores, no somos seres reflexivos singulares, sino que más bien nos dirige una agitación interna, oculta en gran parte. Freud no fue ni remotamente el primero en centrarse en la motivación inconsciente y el conflicto, pero el esfuerzo que puso en ese sentido no tenía precedentes. Su ciencia de la mente era, de forma radical, una ciencia del inconsciente indómito.

La prevalencia del inconsciente es una idea perturbadora, quizá incluso más que la noción del materialismo esbozada en el debate anterior sobre el cerebro. Si ya resultaba difícil renunciar al alma inmaterial e inmortal, lo es aún más renunciar a la idea de que no tenemos el control total sobre nuestra propia vida.

Supongamos que decides casarte y alguien te pregunta por qué; podrías decir algo como: «Pues estoy preparado para sentar la cabeza, es el momento adecuado, amo a esta persona y no quiero vivir sin su compañía». Pero un freudiano podría insistir en que te equivocas, quizá en realidad quieras casarte con John porque te recuerda a tu padre o casarte con Laura para vengarte de tu madre por traicionarte o por alguna otra razón esperpéntica. Puede que tu respuesta a estas posibilidades sea negarlo con ira, pero eso no disuadiría a un freudiano, que puede pensar que te conoce mejor de lo que te conoces tú mismo (de hecho, el freudiano diría que esa ira demuestra que sus teorías están en lo cierto).

El caso del matrimonio es extremo, pero hay muchos ejemplos más sencillos de cómo parecemos estar influenciados por fuerzas ajenas a nuestra consciencia. ¿Has experimentado alguna vez una poderosa atracción hacia alguien, o un profundo desprecio, pero no sabías por qué? ¿Te has olvidado alguna vez del nombre de alguien precisamente en el momento menos indicado? ¿Has faltado a una cita importante a pesar de que, aparentemente, tu intención era acudir?

El inconsciente, según Freud, impregna gran parte de nuestra vida cotidiana apareciendo, entre otros sitios, en sueños, chistes y algunos errores del habla, lo que ahora solemos llamar «lapsus freudiano». Como decía él mismo: «Todo el que tenga ojos para ver y oídos para oír se convencerá de que ningún mortal es capaz de guardar un secreto. Si sus labios callan, habla por las puntas de los dedos; hasta el último de sus poros lo delata».[92]

92. Freud, Sigmund, *Obras completas, vol. VII*, Amorrortu, 2000.

Donald Trump, hablando sobre su mujer, Melania, dijo: «Tiene un hijo», al parecer olvidándose de que ese hijo, Barron, también es suyo. Un neurocientífico, dando una conferencia ante cientos de personas, describía una serie de estudios realizados con gente con autismo y dijo: «Se han hecho estudios similares con humanos», dejando implícito que opina que la gente con autismo no es humana. En un episodio de la serie *Friends* (concretamente, el de la boda de Ross), Ross arruina su boda cuando, al pronunciar los votos ante Emily, dice: «Yo, Ross, te tomo a ti, Rachel», refiriéndose sin darse cuenta a la mujer que en realidad ama.

Ahora bien, cabe preguntarse si cada uno de estos ejemplos tiene en realidad algún significado, pero hay casos en los que el enfoque freudiano parece decirnos algo que no sabíamos. A continuación, veremos algunos ejemplos.

La primacía del inconsciente no supondría un problema si la mente inconsciente fuera un ordenador racional atento a tus intereses, pero para Freud es un desastre: una trinidad contenciosa, con tres procesos distintos que están en un conflicto violento.

El primer proceso es el *ello*, la parte animal del yo, presente ya en el nacimiento: el *ello* quiere comer, beber, excretar y recibir placer sensual; funciona según lo que Freud llamó «el principio del placer», es decir, busca la gratificación inmediata.

Desgraciadamente, el mundo no funciona así. Los deseos de incluso el más mimado de los bebés rara vez se satisfacen de inmediato. El bebé puede que quiera leche, pero el pecho de la madre no está presente; el bebé necesita un mimito, pero quien se los da está en otra habitación.

Cuando el mundo fracasa y no nos da lo que queremos nos dirigimos a un segundo sistema, el *yo*. Aquí es donde surge la consciencia, el yo es quienes somos. Con el surgimiento del yo, aparece cierta comprensión de la realidad; el yo te permite satisfacer pragmáticamente tus deseos o suprimirlos; aquí vemos el *principio de realidad* en funcionamiento.

Más tarde, durante el desarrollo, se completa la trinidad y surge el *superyó*: ésta es la parte de la mente que ha interiorizado un código moral, aprendido primero de los padres y después de la sociedad en general. Un bebé enfurecido puede que quiera golpear a su padre en la cara y, siendo nada más que *ello*, hará precisamente eso. Pero más tarde, al poseer un *yo*, la criatura puede razonar que eso va a tener consecuencias para ella, su padre se va a enfadar, así que se contiene. Pero mucho más tarde, al poseer un *superyó*, esa niña puede decidir refrenarse sólo porque eso no está bien. Llegados a cierto punto, nuestros deseos no se ven inhibidos sólo por miedo a las consecuencias, sino por algún tipo de código moral.

Para Freud, por consiguiente, el yo sirve a dos amos: está atrapado entre violentos deseos animales por un lado, el ello, y una consciencia por el otro, el superyó. Ahora bien, de la manera en que lo estoy presentando, es tentador pensar que el ello es estúpido y bestial y que el superyó es avanzado y civilizado, lo que nos recuerda la imagen de una persona (yo) con un diablo sobre un hombro (ello) y un ángel sobre el otro (superyó). Pero esto no es del todo así, pues muchas de las prohibiciones establecidas en el superyó están basadas en los prejuicios y las creencias de la sociedad y puede que no reflejen un entendimiento de la moral con una perspectiva lúcida y serena. Es posible creer intelectualmente que algún acto, quizá sexual, en el que se tome parte esté bien (nadie resulta herido), pero el superyó puede estar gritándote que es asqueroso y está mal, cosa que puede limitar tu felicidad y crecimiento personal.

Éstos son los rudimentos de la teoría del desarrollo de Freud: empezamos como un ello, desarrollamos un yo y después un superyó. Algunas de sus otras ideas sobre el desarrollo te resultarán familiares. Aunque inventadas en Viena hace más de cien años, han calado en la cultura popular de todo el mundo.

Freud propuso que existen cinco fases principales en el desarrollo, cada una asociada a una parte diferente del cuerpo. Si tienes un problema en una de las fases y no lo resuelves adecuadamente, te podrías quedar atascado en ella, o *fijado*, como lo llamaba él mismo, y, por consiguiente, intentarás conseguir placer de una forma que corresponde a ese período inmaduro de la vida.

La primera fase, que dura el primer año de vida, es la fase oral, que asocia la boca al placer. Para Freud, destetar a un bebé de forma incorrecta podría conducir a la fijación oral en la adultez. En un sentido literal, esto podría significar comer demasiado, masticar chicle o fumar, mientras que, en un sentido más metafórico, la persona podría ser dependiente o necesitada. Asimismo, la fijación oral está relacionada con problemas que tienen que ver con la confianza y la envidia.

La siguiente es la fase anal, que transcurre desde aproximadamente el primer año hasta alrededor del tercero, en la que es el ano el que se asocia con el placer. El desafío clave en esta fase es el control de los esfínteres. Los adultos que hayan tenido problemas en esta fase del desarrollo pueden ser compulsivos, limpios y tacaños porque les cuesta (metafóricamente) deshacerse de sus heces. Esta concepción ha terminado usándose en la lengua inglesa cuando se dice: «*Oh, he's so anal!*» ('Es que es muy anal') para referirse a alguien que se preocupa de forma obsesiva por hacer las cosas con extremada corrección.

Luego está la fase fálica, entre los años tercero y quinto, en la que el foco de placer pasa a los genitales. Para Freud, hay un momento importante en esta fase al que llamó *complejo de Edipo*, basándose en la obra de teatro *Edipo rey*, escrita por Sófocles en el año 439 a. C., sobre un hombre que, sin saberlo, mata su padre y se casa con su madre, Yocasta.

La idea de Freud es que a cada niño le ocurre un acontecimiento análogo: en la fase fálica, se centra en su pene y busca un objeto externo de afecto. ¿Quién es la mujer a la que ama y le corresponde? Mamá. Quiere dormir con mamá. Pero ¿qué pasa con su padre? Tres son multitud, así que, según Freud, el niño llega a odiar a su padre y a querer quitarlo de en medio. Asesina a papá, cásate con mamá.

Freud también decía que el niño creerá que sus pensamientos los conoce todo el mundo. Le preocupa que su padre descubra sus planes y tome represalias castrándolo, algo terrorífico. Así que el niño renuncia a sus planes de asesinato y se alía con su padre. ¿Qué ocurre si tiene éxito en esta etapa? Según Freud, se identificará como hombre y más tarde experimentará deseo heterosexual. ¿Si fracasa? Bien, puede que se convierta en homosexualidad o, por el contrario, en una especie de hipermasculinidad demasiado centrada en el poder y la autoridad.

Puede que te hayas dado cuenta de que esta teoría sólo se aplica a los niños. ¿Pasan las niñas por su propia fase del desarrollo? Hubo mucho debate al respecto en la comunidad del psicoanálisis: algunos hablaron del *complejo de Electra*, término no acuñado por Freud, sino por su famoso seguidor, Carl Jung (el concepto viene de otro mito griego, en el que Electra compite con su madre por el afecto de su padre). La historia de Jung es compleja, implica la envidia del pene, el deseo de concebir un hijo que tenga el pene que le falta, un cambio del clítoris a la vagina como una forma de madurez sexual y mucho más.

Después de todas las turbulencias de la fase fálica hay una tregua, la fase o estado de latencia, en la que la sexualidad es reprimida. El niño se identifica más con el progenitor de su mismo sexo y se centra en sus aficiones, en el colegio y en las amistades.

En la pubertad, los sentimientos sexuales resurgen y los adultos sanos encuentran placer tanto en las relaciones sexuales como en otras ocupaciones: ésta es la fase genital. Aquellos con la mala fortuna de haber tenido dificultades en fases anteriores, como con el amamantamiento o el control de esfínteres, tendrán, según Freud, problemas psicológicos a lo largo de toda su vida adulta.

Incluso para un adulto razonablemente sano siguen quedando todo tipo de retos. Uno de ellos es que el ello genera varios deseos, muchos de los cuales están prohibidos por el superyó. No se trata de que no puedas actuar sobre ellos, sino que ni siquiera deberías pensar en ellos, así que se reprimen. Pero parte de este material prohibido sale a la luz con los chistes, los *lapsus linguae* freudianos de los que hablábamos antes y con los sueños.

Freud tiene mucho que decir sobre los sueños. Uno de sus libros más conocidos fue *La interpretación de los sueños*, donde argumentó que éstos representan deseos tabú[93] que más tarde se camuflan en su camino hacia la consciencia. De la misma manera, Freud distinguía el *sueño manifiesto* —el sueño que se recuerda— del *sueño latente* —el que se tuvo de verdad.

También nos encontramos con lo que Freud describió como mecanismos de defensa, que desarrolló en más detalle su hija, Anna Freud, una gran teórica psicodinámica por derecho propio. Como ocurre con muchas de las teorías de Freud, los mecanismos de defensa puede que te resulten familiares, ya que han impregnado nuestra concepción cotidiana de la mente. He aquí los principales:

1. **Sublimación.** Tomar los deseos que son inaceptables y destinarlos a actividades más valiosas. Por ejemplo, alguien que tenga fuertes deseos sexuales puede invertir mucha energía en su trabajo o estudios.
2. **Racionalización.** Tomar los deseos que son inaceptables y reconstruirlos de una manera más aceptable. Un padre que disfruta castigando físicamente a sus hijos puede creer que sus actos violentos son por el bien de ellos.
3. **Desplazamiento.** Redirigir los pensamientos vergonzosos hacia objetivos más apropiados. Si un niño odia a su padre y le desea la muerte, este mecanismo de defensa puede reorientar su agresivi-

---

93. Freud, Sigmund, *Obras completas, vol. IV*, Amorrortu, 2000.

dad hacia objetivos más apropiados, como hacerlo más violenta-
mente competitivo con otros chicos, por ejemplo.

4. **Proyección.** Tomar los pensamientos bochornosos propios y
atribuírselos a otra persona. Imagina a una mujer que quiere tener relaciones sexuales con otras mujeres, pero que fue criada de
tal forma que su superyó le dicta que su deseo es inaceptable.
Puede ocurrir que acabe siendo inconsciente de esto y llegue a
creer que otras mujeres se sienten atraídas sexualmente por ella.

5. **Formación reactiva.** Sustituir pensamientos y fantasías vergonzosos por sus opuestos. Piensa en las comedias románticas en las
que las parejas que están en absoluto desacuerdo acaban cayendo
el uno en los brazos del otro: su aversión aparente enmascaraba
su verdadera atracción. O piensa en el cliché de que los hombres
que más repudian a los hombres gais son los que más luchan con
deseos homosexuales propios —una afirmación, por cierto, sobre
la que no hay apenas pruebas.[94]

Para los freudianos, estos mecanismos de defensa forman parte del
funcionamiento psicológico normal, pero a veces no consiguen reprimir
los impulsos del ello y pueden aparecer verdaderos problemas. A finales
del siglo XIX, los médicos franceses Jean-Martin Charcot y Pierre Janet
examinaron a pacientes, en general mujeres, que sufrían de *histeria*: se
quedaban amnésicas, ciegas o paralizadas, incluso aunque pareciera
que no les ocurría nada malo, al menos físicamente.

Freud estudió con Charcot y después desarrolló la teoría de que los
síntomas de la histeria son los mecanismos por los que mantenemos
bajo llave ciertos aspectos prohibidos de nosotros mismos. Un ejemplo
sencillo: alguien puede olvidarse de algo que sería demasiado doloroso
recordar. En principio, Freud relacionó muchos casos de histeria con
abusos infantiles auténticos, aunque más adelante cambió de opinión y
dijo que esos eventos no ocurrieron en realidad, sino que eran producto
de la fantasía de sus pacientes.

El tratamiento de la histeria nos lleva al desarrollo del modelo de
terapia propio de Freud, lo que una famosa paciente (conocida como
Anna O.) del colega de Freud, Josef Breuer, llamó «la cura del habla».
Mientras que en otros modelos modernos como la terapia conductista
cognitiva se tratan directamente las dificultades cotidianas del paciente,

94. MacInnis, Cara C.; y Hodson, Gordon, «Is homophobia associated with an implicit same-sex attraction?», *Journal of Sex Research*, 50, 8 (2013), pp. 777-785.

Freud veía estos problemas como meros síntomas. La meta del psicoanálisis era la introspección, traer a la consciencia del paciente el problema central, a menudo un trauma reprimido en las primeras etapas de la vida. A través de la introspección, Freud opinaba que los pacientes pueden liberarse en última instancia de los problemas que los hicieron empezar la terapia. Al principio de su carrera utilizaba la hipnosis para alcanzar esta comprensión, pero luego pasó a técnicas como la interpretación de los sueños y la asociación libre, con las que los pacientes reportan lo que les viene a la mente intentando no filtrarlo ni controlarlo.

Freud hablaba de transferencia, un fenómeno por el que se proyectan los deseos y sentimientos de una persona a otra. En el tratamiento, esto puede significar que el paciente pueda empezar a considerar al terapeuta como un individuo importante en su vida y tratarlo como a un padre o a una madre o incluso una pareja romántica. La transferencia puede ser útil e instar al paciente a estudiar esa reacción, pero tiene sus peligros y los terapeutas se preparan para estar alerta por si ocurre lo contrario, una contratransferencia, es decir, que el terapeuta pueda empezar a sentir algo inapropiado por el paciente.

La terapia freudiana, incluso su vertiente más ortodoxa, continúa hoy en día, pero no es común, al menos en Norteamérica. A la mayoría de los lectores todo esto les resultará familiar por las películas y la televisión (las sesiones retratadas en la serie de HBO *Los Soprano*, sobre todo en la primera temporada, ilustran a la perfección muchos temas de la terapia freudiana).

¿Qué deberíamos sacar en claro de la teoría de Freud? ¿Qué tiene de cierto? ¿En qué medida es una buena ciencia?

Una de las inquietudes al respecto proviene del filósofo Karl Popper:[95] la noción de *falsabilidad*. Popper sostenía que lo que distingue a la ciencia de lo que no es ciencia es que las teorías científicas afirman cosas sobre el mundo que corren el riesgo de ser desmentidas.

Pensemos en afirmaciones como las siguientes: en todo el mundo, los hombres son por término medio más violentos físicamente que las mujeres. Una proporción elevada de las primeras palabras de los niños son sustantivos. El cociente intelectual pronostica la esperanza de vida. Ciertos fármacos hacen disminuir los síntomas de la esquizofrenia. Hablaremos de todo esto más adelante, pero lo pertinente es que todas es-

95. Popper, Karl, *La lógica de la investigación científica*, Tecnos, Madrid, 2008.

tas hipótesis son buenas, en parte porque puede demostrarse que son falsas. Esto las convierte en materia de la ciencia.

Ahora bien, pocos filósofos creen hoy en día que la falsabilidad sea el criterio absoluto para distinguir la ciencia de la pseudociencia.[96] Es más complicado que eso; las teorías a gran escala tienen margen de maniobra, maneras de explicar pruebas aparentemente contradictorias. No hay una sola observación que pueda falsar, por ejemplo, la teoría de los gérmenes de la enfermedad y, aun así, se produce una verdadera revelación: «Deberíamos sospechar de las teorías cuya falsabilidad no puede demostrarse». El físico Wolfgang Pauli se burló del trabajo de un colega diciendo: «No tiene razón. Ni siquiera se equivoca», un insulto incisivo, porque a lo que aspiran los científicos es a generar teorías que sean lo bastante sólidas como para ponerlas a prueba contra el mundo.

Como simple ejemplo al margen de Freud, he oído a menudo esta declaración en diferentes versiones: «Las personas somos hedonistas, sólo hacemos lo que nos produce placer», idea que podría ser interesante si se acotara lo suficiente como para que ciertas cosas que la gente hace pudieran concebirse en su contra. Pero esta visión se presenta con frecuencia de tal manera que no es falsable, por lo que cualquier acción cuenta como prueba a su favor. Si un escéptico del hedonismo psicológico (como yo) señalara que la gente a veces decide morir por una causa o sufrir para ayudar a un ser amado, el defensor del hedonismo podría responder: «No lo habrían hecho si no les hubiera producido placer de alguna forma». Si una afirmación sigue siendo verdadera ocurra lo que ocurra, entonces no es interesante desde una perspectiva científica.

Esto nos lleva de nuevo a Freud, ya que una de las principales críticas que se hacen a su teoría es que no es falsable, lo que queda más claro con ejemplos de introspecciones terapéuticas: imagina tratar con un terapeuta —supongamos que te trata el mismísimo Sigmund Freud— que te dice que la raíz de tus problemas es el odio a tu padre. Supongamos que esto te escandaliza y lo niegas enfurecido. Freud podría decirte: «Tu ira demuestra que esta idea te duele, lo cual prueba que estoy en lo cierto». Pero Freud también vería respaldada su idea si no dijeras nada o si estuvieras de acuerdo con él, no habría nada que demostrara que se equivoca. De la misma forma, Freud podría haber dicho lo contrario: que tienes una obsesión romántica malsana con papá, que lo quieres demasiado, y habría utilizado las mismas respuestas para demostrar su punto de vista.

96. Para más información, véase Gordon, Michael D., «The quest to tell science from pseudoscience», *Boston Review*, 23 de marzo de 2021.

Si eso te parece caricaturesco, considera este ejemplo de *La interpretación de los sueños*, de Freud; en primer lugar, he aquí el sueño tal y como lo tuvo la persona que lo soñó, una mujer joven que sufría de agorafobia, miedo a estar en espacios públicos:

> Voy caminando por la calle en verano; llevo un sombrero de paja con una forma peculiar, la parte del centro está doblada hacia arriba, mientras que los lados cuelgan (aquí duda) de tal forma que un lado queda más bajo que el otro. Estoy alegre, siento confianza en mí misma y, al pasar por delante de un grupo de jóvenes oficiales, pienso: «No me podéis hacer nada».[97]

Ahora Freud pasa a explicar lo que significa. Le dice: «El sombrero es en realidad el órgano genital masculino, con la parte central elevada y los dos lados colgando... Si usted tuviera un marido con tan espléndidos genitales, no tendría por qué temer a los oficiales, esto es, no tendría nada que desear de ellos». Su agorafobia, concluye, se fundamenta en la tentación, en fantasías sexuales con desconocidos.

Guau, menuda teoría. Tanto por el sueño como por el origen de los problemas de la mujer. No estoy diciendo que esté mal, ¿quién sabe? Pero ¿qué podría convencer a Freud para que la reconsiderara? ¿Qué prueba podría disuadirlo? Ninguna. Así que pierde todo valor.

Esta objeción de la falsabilidad es potente, pero un defensor de la teoría del psicoanálisis podría objetar que, en gran parte, se corresponde con la práctica de Freud y sus colegas, sobre cómo tratan ellos sus hipótesis. En manos de un científico objetivo, la verdadera teoría de Freud parece hacer predicciones falsables. Así que, por ejemplo, si Freud tiene razón, la experiencia con la lactancia y el control de esfínteres debería ser un indicador fiable de la personalidad que se va a tener en el futuro. Influirá en que seas una persona oral o anal. Si Freud tiene razón, el hecho de ser criado por un padre o dos, por una mujer y un hombre o por dos hombres o dos mujeres debería tener consecuencias importantes.

Así que podemos derivar hipótesis falsables. Por desgracia para los freudianos, ninguna de estas afirmaciones tiene un respaldo empírico real. En general, cuando se prueban empíricamente estas hipótesis freudianas, salen mal paradas.[98]

97. Freud, Sigmund, *La interpretación de los sueños*, Akal, 2013.
98. Crews, Frederick, «The verdict on Freud», *Psychological Science*, 7, 2 (1996), pp. 63-68.

En una investigación esclarecedora, el científico de datos Seth Ste-phen-Davidowitz utilizó el análisis computacional para investigar otras afirmaciones freudianas.[99] Por ejemplo, estudió las comidas menciona-das en los relatos de los sueños. Desde una perspectiva freudiana, sería de esperar que hubiera mucha imaginería sexual, quizá cuando soña-mos con comer tenderíamos a hacerlo con alimentos con forma fálica como plátanos, pepinos o salchichas. Stephens-Davidowitz averiguó que esto es falso: no hay pruebas de una abundancia de alimentos fáli-cos en la imaginería. Más bien, la recurrencia de los alimentos en los sueños corresponde a su sabor y a la frecuencia con que los comemos, así que los dos más frecuentes son la *pizza* y el chocolate.

O veamos los lapsus freudianos. Stephens-Davidowitz examinó cua-renta mil errores tipográficos encontrados por Microsoft (los que conta-ba como error eran erratas que se corrigen inmediatamente tras come-terlas). Algunos sí que tienen un toque freudiano, tales como *penetón* (en vez de «peatón») y *sexuridad* (en lugar de «seguridad»), pero la mayoría de los errores no presentaban cualidades lascivas, como *pen-tanas* (en vez de «ventanas»), y varios análisis computacionales reve-lan que los errores relacionados con el sexo no eran más frecuentes de los que cabría esperar por azar.

No estoy seguro de que estos análisis puedan preocuparle a un freu-diano, que puede decir, y no le falta parte de razón, que el contenido sexual de los sueños y los errores del habla no tienen por qué mostrarse de una forma tan reduccionista (recordemos que el símbolo del pene en el sueño citado antes era un sombrero, no precisamente un símbolo fá-lico corriente). Pero ahora nos retrotraemos al problema original, el de la incapacidad de proveer predicciones falsables.

En general, la teoría de Freud es o bien imprecisa o bien carente de pruebas que la respalden. Por eso ya no estudiamos a Freud en la mayo-ría de los departamentos de Psicología.

¿Por qué, entonces, acabo de dedicarle tanto tiempo?

Una respuesta es que es una parte importante de nuestra historia, y no sólo de la historia de la psicología, sino también del pensamiento occidental en general. Incluso aunque todo lo que dijo fuera incorrec-to, ha dejado su impronta: ¿le has dicho a alguien alguna vez «yo no

---

99. Stephens-Davidowitz, Seth, *Todo el mundo miente: lo que internet y el Big Data pueden decirnos sobre nosotros mismos,* Capitán Swing Libros, 2017.

soy tu madre» o has dicho de alguien que tiene una «personalidad anal»? Incluso aunque se rechace a Freud por completo, sus ideas son dignas de ser conocidas, igual que un ateo debería leerse la Biblia.

Merece la pena leer a Freud; después de todo, fue un escritor magnífico. No sólo fue candidato en múltiples ocasiones al Nobel de Medicina, sino también al de Literatura y ganó el codiciado Premio Goethe. Sus libros, como mi favorito, *La civilización y sus descontentos*, están repletos de ocurrencias brillantes y han inspirado todo tipo de ideas valiosas a otros escritores y pensadores.

Como simple ejemplo al azar, leí hace poco un artículo que decía que los profesores distraídos son unos capullos. Aseguraba que ser olvidadizo e irresponsable no es una característica, sino algo que se elige para tratar mal a los demás y priorizar tus propios intereses egoístas.[100] Que a la vez es algo que suelen elegir las personas con poder. No existen los estudiantes universitarios distraídos porque los estudiantes universitarios no pueden librarse de ese comportamiento. Durante esta argumentación, el autor señaló que Freud había llegado antes a esa conclusión en su libro *Psicopatología de la vida cotidiana*, del que cita este fragmento:

> Existen individuos a los que todo el mundo califica de olvidadizos y a quienes, por ser así, se les disculpan generalmente sus faltas como se disculpa al corto de vista que no nos ha saludado en la calle. Estas personas olvidan todas las pequeñas promesas que han hecho, dejan incumplidos todos los encargos que reciben y demuestran de este modo ser indignos de confianza en las cosas pequeñas; pero al mismo tiempo exigen que no se les tomen a mal tales pequeñas faltas, esto es, que no se les explique por su carácter personal, sino que se les atribuya a una peculiaridad orgánica. Personalmente no pertenezco a esta clase de individuos ni tampoco he tenido ocasión de analizar los actos de ninguno de ellos para descubrir en la selección verificada por el olvido los motivos del mismo. Sin embargo, no puedo dejar de formar, *per analogiam*, la hipótesis de que en estos casos es una gran cantidad de desprecio hacia los demás el motivo que el factor constitucional explota para sus fines. [101]

100. Heath, Joseph, «Absent-mindedness as dominance behaviour», *In Due Course*, 5 de septiembre de 2017, <http://induecourse.ca/absent-mindedness-as-domin ance-be-haviour/>.

101. Freud, Sigmund, *The basic writings of Sigmund Freud*, Modern Library, p. 109, Estados Unidos, 1995.

O veamos cómo enfoca Freud la complejidad y crucial importancia de la sexualidad. Yo he sido crítico con su obsesión, pero el ensayista George Prochnik aporta un enfoque más empático:

> Al identificar el deseo sexual como un impulso universal con objetos idiosincrásicos infinitos determinados por las experiencias y los recuerdos individuales, Freud, más que nadie, no sólo hizo posible concebir el deseo sexual femenino como una fuerza no menos potente o válida que el masculino, sino que hizo que *todas* las variantes de proclividad sexual bailaran a lo largo de un continuo erótico compartido. Al hacerlo, Freud articuló premisas conceptuales básicas que redujeron la influencia de los expertos que atribuían los diversos impulsos sexuales a una degeneración hereditaria o a patologías delictivas. Su trabajo ha permitido que mucha gente se sienta menos aislada y rara respecto a sus anhelos y miedos más profundos.[102]

Hay algo liberador en la apertura de Freud a la sexualidad, particularmente para las personas marginadas sexualmente, a las que muchos tildan de degeneradas. Si todo el mundo es un pervertido, quizá nadie lo sea.

Por último, y más importante a los efectos que aquí nos ocupan, su gran idea de la primacía del inconsciente continúa viva. En los capítulos siguientes trataremos todo tipo de aspectos de la mente —lenguaje, prejuicios, emociones y mucho más— y un tema recurrente en todos ellos es que casi siempre funcionan bajo la superficie, inaccesibles a la mente consciente. Freud se equivocó en muchas cosas, pero en esto tenía razón.

102. Prochnik, George, «The curious conundrum of Freud's persistent influence», *The New York Times*, 14 de agosto de 2017.

4

La revolución de Skinner

Se puede considerar a B. F. Skinner como el Freud estadounidense. Burrhus Frederick Skinner, nacido en 1904 y fallecido en 1990, fue tan famoso como Freud. Salió en la portada de la revista *Time*, lo reconocían por la calle, se escribieron artículos de opinión sobre él y fue motivo de conversación en las residencias universitarias. Si siguiera entre nosotros, tendría un canal popular en YouTube y un millón de seguidores en Twitter.

Como Freud, Skinner era conocido por sus opiniones radicales sobre la psicología, pero las teorías de ambos eran opuestas. Un pasaje típico de un libro de Freud detallaría que si un joven sueña que se ahoga está reflejando su deseo de tener relaciones sexuales con su madre, mientras que un pasaje de un artículo de Skinner describiría las condiciones precisas necesarias para conseguir que unas palomas picoteen un cuadrado negro con más frecuencia. Mientras Freud ampliaba nuestra concepción de la vida mental y defendía un inconsciente rico y dinámico, Skinner quería deshacerse por completo de la atención a los procesos psicológicos internos. Él creía que la auténtica psicología no haría distinciones de fondo entre las personas y los animales como las ratas.

Ambos también tenían una relación diferente con las teorías con las que se identificaban. Aunque tuvo sus influencias, el propio Freud inventó gran parte de la perspectiva psicoanalítica. Por su parte, cuando Skinner se adentró en este campo, la mayoría de las ideas centrales del conductismo ya habían sido desarrolladas por estudiosos como Iván Pávlov, John Watson o Edward Thorndike. Freud fue el primero en hablar de teoría psicoanalítica, mientras que Watson escribió un artículo clásico, «La psicología vista por los conductistas», cuando Skinner era apenas un crío. Freud fue un creador, mientras que Skinner adoptó las ideas existentes del conductismo, las hizo suyas y las defendió tanto ante la comunidad científica como ante el resto del mundo.

¿Y qué ideas eran ésas? Aunque el conductismo tiene varias escuelas, todas suelen coincidir en tres afirmaciones radicales e interesantes.

La primera es la relevancia del aprendizaje y el correspondiente rechazo de las ideas o diferencias innatas, idea muy bien resumida por John Watson, que escribió:

> Dadme una docena de niños sanos, bien formados, para que los eduque, y yo me comprometo a elegir uno de ellos al azar y adiestrarlo para que se convierta en un especialista de cualquier tipo que yo puedo escoger —médico, abogado, artista, hombre de negocios y, sí, incluso mendigo o ladrón— independientemente de su talento, inclinaciones, tendencias, aptitudes, vocaciones y raza de sus antepasados.[103]

Este punto de vista no carece de atractivo. Watson escribía, nada menos que en 1930, que todos los hombres tienen no sólo los mismos derechos, sino también las mismas capacidades. La raza, decía, no impedirá alcanzar el destino que se elija (cabe imaginar que, si Watson escribiera ahora, diría lo mismo respecto a la identidad sexual). Esta visión encaja con la sensibilidad igualitaria actual.

La segunda idea es que no se dan diferencias interesantes entre especies. El psicólogo cognitivo Ulric Neisser escribió que cuando era estudiante en Swarthmore, a principios de los años cincuenta, el consenso era que «ningún fenómeno psicológico era real a menos que pudiera demostrarse con una rata».[104] Hubo décadas en las que dedicarse a la investigación psicológica básica era sinónimo de llevar una bata blanca y trabajar con ratas de laboratorio. Después de todo, las ratas son mucho más fáciles de estudiar que los humanos: no hay que pagarles, obtener su consentimiento ni informarlas sobre los resultados del estudio.

Todos los psicólogos actuales están de acuerdo en que algunas capa-

---

103. Watson, John, *Behaviorism*, Transaction Publishers, p. 82, Estados Unidos, 1998.

104. Citado por Schultz, Duane P.; y Schultz, Sydney Ellen, *A history of modern psychology*, Cengage Learning, Estados Unidos, 2015.

cidades mentales propias del ser humano también están presentes en otros animales: muchos de los estudios más relevantes sobre la percepción visual se han hecho con gatos, por ejemplo, y en la mayor parte de los departamentos de psicología hay investigadores que estudian a no humanos; uno de mis colegas favoritos es famoso por su investigación con monos y perros. Pero los conductistas llevaron esta teoría al extremo. Una vez, pregunté a un conductista por qué una rata no llega a entender el lenguaje o a apreciar argumentos lógicos o a crear arte como hace una persona. Él se encogió de hombros y me dijo que criamos a las ratas y a los niños en un entorno diferente. Iván Pávlov —del que hablaremos más tarde— le dijo en una ocasión a un periodista: «Lo que veo en los perros lo transfiero inmediatamente a mí mismo, pues, ya sabes, lo esencial es idéntico».[105]

La tercera idea del conductismo, que defienden algunos, pero no todos sus adeptos, es lo que podríamos llamar «antimentalismo». Para hacernos una idea de lo que implica y de lo radical que es, veamos este pasaje de la primera página de *La señora Dalloway*, de Virginia Woolf, que describe el diálogo interno de Clarissa Dalloway:

> Después de haber vivido en Westminster —¿cuántos años llevaba ahora allí?, más de veinte—, una siente, incluso en medio del tránsito, o al despertar en la noche, y de ello estaba Clarissa muy cierta, un especial silencio o una solemnidad, una indescriptible pausa, una suspensión (aunque esto quizá fuera debido a su corazón, afectado, según decían; por la gripe), antes de las campanadas del Big Ben. ¡Ahora! Ahora sonaba solemne. Primero un aviso, musical; luego la hora, irrevocable.[106]

Dicen que este tipo de prosa modernista refleja cómo piensan las personas y ¿quién podría decir que nuestra mente no divaga así, que nuestros pensamientos no fluyen como una corriente? Recordemos que Descartes dijo que lo único que no podemos negar es que somos seres pensantes. Y este ser es *activo*. He aquí mi intento de describir un día perezoso en la vida de un estudiante de posgrado:

> Te despiertas tarde el domingo, de mal humor, tras pasar la noche casi sin dormir. Sabes que deberías limpiar el apartamento o trabajar en tu tesis, pero, en vez de eso, te tumbas en la cama y navegas por internet sin buscar

---

105. Specter, Michael, «Drool», *The New Yorker*, 24 de noviembre de 2014.
106. Woolf, Virginia, *La señora Dalloway*, Planeta, Barcelona, 2021.

nada en concreto, intentando no enfadarte al ver que todo el mundo parece llevarse un premio, excepto tú. El desayuno consiste en comer unos cereales apoyado en la encimera de la cocina. Decides ir de compras a Ikea, así que te vistes y sales del apartamento, pero te entra pánico cuando ves que tu coche no está donde lo dejaste. ¡Lo han robado! Pero entonces te acuerdas de que no había aparcamiento cuando volviste anoche, así que el coche está aparcado en la siguiente manzana. Encontrar el vehículo te ha animado y, a medida que te incorporas a la autovía, empiezas a pensar en las vacaciones que estás planeando con un amigo.

Sí, ya sé que no soy Virginia Woolf y que esto de prosa modernista tiene poco, pero la mayoría vemos la vida mental así. Tomamos decisiones, consultamos nuestros recuerdos, nos acordamos de cosas, soñamos despiertos, etc. Nos aburrimos, nos ponemos celosos, nos sorprendemos, sentimos placer. Somos seres conscientes, pensantes.

«Tonterías», diría un conductista. La única teoría digna de la psicología es la de la conducta, ninguna más. «Parece que ha llegado el momento de que la psicología descarte cualquier referencia a la conciencia; de que no necesite ya engañarse al creer que su objeto de observación son los estados mentales», escribió John Watson en 1913.[107] Los conductistas también admiten que necesitamos explicar por qué el estudiante se quedó en la cama, caminó hasta el coche, etc., pero dichas explicaciones no apelarán a los sentimientos, la planificación, los recuerdos ni nada parecido. (Algunos conductistas admitirían, cuando se les cuestiona, que existe una vida interior, sólo que no es el objeto propio de la ciencia; otros negarían por completo su existencia.)

El antimentalismo propio del conductismo se considera a menudo una reacción a los excesos de Freud, que planteó todo tipo de construcciones mentales —el ello, el yo, el superyó, los mecanismos de defensa y mucho más— que suelen salir a la luz de una forma misteriosa. Para responder a esto, los conductistas dijeron: «Queremos hacer ciencia de verdad, así que tenemos que deshacernos de esta jerigonza freudiana y, ya puestos, de todo lo no científico de lo que hablan los demás, como los deseos, las metas, los recuerdos y las emociones».

Algo hay de cierto en esta reconstrucción histórica. En su libro *Conductismo*, James Watson se mofa de Freud y llama «vuduismo»[108] al

107. Watson, John B., «Psychology as the behaviorist views it», *Psychological Review*, 20, 2 (1913), pp. 158-177.

108. Overskeid, Geir, «Looking for Skinner and finding Freud», *American Psychologist*, 62, 6 (2007), pp. 590-595.

psicoanálisis. Pero, como ocurre con la mayor parte de los relatos sobre el origen, esto es simplificar demasiado las cosas. Por un lado, como ya hemos señalado, el conductismo y el psicoanálisis compartían una idea importante: que el pensamiento consciente no es tan importante como creíamos. (Más adelante veremos que ese rechazo a la importancia de la consciencia ha resurgido en el siglo XXI, en algunas escuelas de psicología social.)

Además, los conductistas simpatizaban más con Freud de lo que cabría esperar. Al principio de su carrera, Watson elogió a los psicoanalistas y el propio Skinner fue admirador de Freud toda su vida y lo citó más que cualquier otra persona. Incluso solicitó someterse a psicoanálisis, que ofreció de forma gratuita el Gobierno de Estados Unidos, como parte de la Ley de Reajuste de Militares. Pero había demasiadas solicitudes y no lo aceptaron. (¿Por qué lo solicitó? «Mis motivos son complejos», escribe Skinner, «pero el primero de todos es la creencia de que al extrapolar el comportamiento humano (como veo que hago cada vez más), puedo beneficiarme de primera mano de la experiencia desde un punto de vista freudiano».[109]

El conductismo se basa en la relación entre el estímulo y la respuesta, en cómo la experiencia de un animal con su entorno determina su comportamiento futuro. En otras palabras, se basa en el aprendizaje. Los conductistas se centraron en dos tipos importantes de aprendizaje que pueden aplicarse a todo tipo de criaturas, incluidos nosotros.

El primero es el condicionamiento clásico, que podemos ilustrar con un experimento de laboratorio, del que seguramente hayas oído hablar, del fisiólogo Iván Pávlov.

Pávlov ganó el Premio Nobel en 1928 por sus estudios sobre la fisiología de la digestión. Para su investigación necesitaba recoger saliva de perro, así que inventó un aparato para hacerlo, atando al perro y dándole carne en polvo. Cuando el perro salivaba, recogía la baba a través de una cánula que le había colocado en la boca.

Mientras se dedicaba a esto, Pávlov se dio cuenta de que el perro no necesitaba la carne en polvo para producir saliva: salivaba cuando la persona que la llevaba se acercaba. Movido por la curiosidad, Pávlov empezó a experimentar y a probar si podría entrenar a los perros para responder a otros estímulos y descubrió que sí. Por ejemplo, después de

109. Ibídem.

traer la comida varias veces mientras sonaba un metrónomo, el perro acababa salivando sólo con oír el metrónomo.

(Al margen de la importancia de este descubrimiento, este maravilloso caso de serendipia científica es digno de admiración: un investigador que anda buscando una cosa es lo suficientemente inteligente para darse cuenta de algo que no esperaba. Todos deberíamos aspirar a ser así de receptivos. En el trabajo de Pávlov también hubo una mezcla de interés comercial y científico. Los rusos de la época creían que los fluidos gástricos de los perros constituían un buen tratamiento para la dispepsia o indigestión, así que Pávlov vendía la baba de perro y dedicaba ese dinero a hacer funcionar su laboratorio.)[110]

El proceso de condicionamiento clásico puede dividirse en tres etapas:

PRIMERA ETAPA: ANTES DE QUE OCURRA NADA

El animal empieza respondiendo de forma natural, no condicionada, a algún estímulo, ya sea innato o aprendido en el pasado. En el caso de Pávlov, era la comida en la boca (el estímulo no condicionado) y la salivación en respuesta (la respuesta no condicionada). Eso es lo que el animal aporta al estudio antes de que nadie intervenga.

SEGUNDA ETAPA: EL CONDICIONAMIENTO

A continuación, el investigador añade un estímulo neutro, algo que no evoca respuesta alguna, como una campana. (En realidad, Pávlov nunca usó una campana, pero es lo que la mayoría de la gente cree y sirve de ejemplo.) Este estímulo neutro (la campana) y el estímulo no condicionado (la comida) se presentan a la vez. Debido a la presencia del estímulo no condicionado, el animal responderá de forma no condicionada (la salivación). Pero, con el tiempo, el animal asociará también el estímulo neutro (la campana) con el estímulo no condicionado (la comida), de manera que...

TERCERA ETAPA: DESPUÉS DEL CONDICIONAMIENTO

... la campana pasará de estímulo neutro a estímulo condicionado y provocará la salivación, que, en este caso, será la respuesta condicionada.

A modo de ejemplo, imagina que vas al dentista por primera vez. Enciende la fresa, que emite un sonido particular, pero para ti no significa nada; ese sonido es un estímulo neutro. Cuando la fresa te toca los dientes, sientes dolor y te estremeces. La presión es un estímulo no

110. Specter, *op. cit.*

condicionado y el estremecimiento, una respuesta no condicionada. Te encuentras en la primera etapa.

A medida que la fresa te presiona en los dientes, oyes cómo chirría y lo que comenzó siendo un estímulo neutro se asocia ahora con un estímulo no condicionado, la presión de la fresa. Estás en la segunda etapa. Los conductistas hablan de ensayo reforzado, que es lo que ocurre en la segunda fase, cuando el estímulo condicionado y el no condicionado se presentan juntos. Para el perro, la campana y la comida van juntas; para ti, el chirrido y la presión de la fresa, y eso incrementa las conexiones. Así se produce el aprendizaje.

Y entonces, gracias a la magia del condicionamiento clásico, lo que acabará ocurriendo será que el sonido de la fresa hará que te estremezcas y te apartes: estás en la tercera etapa, has sido condicionado. El sonido, indoloro de por sí, es ahora un estímulo condicionado que da lugar a una respuesta condicionada que antes sólo aparecía cuando te perforaba el diente.

También puede haber ensayos no reforzados, cuando el estímulo condicionado tiene lugar sin la concurrencia del estímulo no condicionado; esto hace que la asociación disminuya. Imagina que tocas la campana de Pávlov, pero no le das comida al perro y lo repites una y otra y otra vez. Con el tiempo, el perro producirá cada vez menos saliva. Del mismo modo, si fueras dentista, oirías el sonido de la fresa, pero no sentirías dolor, y si esto ocurriera repetidamente, irías respondiendo a él cada vez menos y acabaría desapareciendo toda respuesta. La lógica consiste en que las cosas cambian y deberíamos ser flexibles hasta el punto de aprender cuándo dos cosas que solían ocurrir juntas dejan de hacerlo. Si X ya no es señal de que Y está por llegar, acabarás desvinculando X de Y.

Ahora bien, para que el condicionamiento sirva de algo, debe poder generalizarse ante diferentes estímulos. Heráclito decía que no nos podemos bañar dos veces en el mismo río, es decir, no existen dos experiencias que sean idénticas por completo. El condicionamiento clásico no serviría de nada si no reaccionáramos a la fresa del dentista cuando emite un sonido ligeramente distinto o si el perro no salivara ante un sonido algo diferente.

El potencial de la generalización en el contexto del condicionamiento clásico lo ilustró John Watson con un experimento clásico en el que colaboró su alumna Rosalie Rayner.[111] En el artículo que describía este

111. Watson John B.; y Rayner, Rosalie, «Conditioned emotional reactions», *Journal of Experimental Psychology*, 3, 1 (1920), pp. 1-14.

estudio, se decía del sujeto que era un niño normal y sano de once meses al que se le puso el seudónimo de Pequeño Albert. Al principio del experimento, le mostraron a Albert una rata blanca, un perro, varias máscaras y un periódico ardiendo (!). Albert estaba tranquilo. Luego le permitieron jugar con la rata y permaneció tranquilo, así que podemos ver la rata como un estímulo neutro, ya que no provocó ninguna respuesta.

Pero tras esta primera interacción, cada vez que Albert alargaba la mano para tocar a la rata, Watson golpeaba una barra de acero y hacía tanto ruido que el pequeño lloraba y temblaba. Si nos atenemos al lenguaje del condicionamiento clásico, el ruido era un estímulo no condicionado que daba lugar a una respuesta no condicionada: el ruido fuerte asusta a los niños. Poco después, Albert retrocedía, aterrorizado al ver a la rata. Se convirtió en un estímulo condicionado que conducía a una respuesta condicionada, el miedo. Watson y Rayner generaron una fobia en este pequeño.

Albert también llegó a tener miedo de un conejo blanco, un abrigo de piel y una máscara de Papá Noel sólo porque se parecían a la rata. Es decir, el miedo del niño se generalizó.

Este experimento constituye una demostración conocida y potente, pero muchas cosas se hicieron mal: por un lado, la mayoría de los experimentos, en la actualidad, no se hacen con un solo sujeto, sino con docenas, cientos o más, porque queremos saber si nuestros resultados son válidos para la gente en general. El hecho de valerse de un solo sujeto es una cuestión particularmente delicada en este caso, puesto que hay psicólogos que han conjeturado que el Pequeño Albert, al que describían como un crío normal y sano, era un niño llamado Douglas Merritte que en realidad estaba muy enfermo antes de que comenzara el experimento, que nunca aprendió a caminar ni a hablar y que murió unos años más tarde de hidrocefalia.[112] Además, y espero que esto le parezca obvio al lector contemporáneo, fue un estudio carente de toda ética. Lo primero que les decimos a los alumnos recién llegados es: «No está permitido generar fobias a los niños pequeños».

Por contar un chisme, Watson —elegido el «profesor más guapo» en 1919 en la Johns Hopkins— y Rayner, su alumna, tuvieron una aventura por aquel entonces y la esposa de Watson lo descubrió. Durante el doloroso divorcio, se publicaron en la prensa las cartas de amor de Wat-

---

112. Beck, Hall P.; Levinson, Sharman; y Irons, Gary, «The evidence supports Douglas Merritte as Little Albert», *American Psychologist* (2010), pp. 301-303. Para un análisis crítico, véase Powell, Russell A., «Little Albert still missing», *American Psychologist* (2010), pp. 299-300.

son a Rayner. Él perdió su trabajo y acabó dedicándose a la publicidad, labor adecuada para un especialista en influir en el comportamiento humano. Le asignaron vender café Maxwell House y utilizó los principios del condicionamiento clásico para dar con uno de los mejores inventos del puesto de trabajo: la pausa para el café.[113]

El conductismo explica las fobias de una forma problemática, pues muchas no están originadas por una mala experiencia. Hay gente que les tiene miedo a las serpientes y a las arañas, por ejemplo, sin que haya tenido una experiencia negativa con ellas. Más adelante veremos que eso se ajusta más al enfoque que hace la psicología evolutiva, que postula que algunos miedos surgen por una adaptación biológica.

Ahora bien, se puede desarrollar una fobia como consecuencia de una experiencia negativa concreta: el ataque de un perro con rabia, estar a punto de ahogarse, un accidente aéreo... ¿Esto no lo explica el condicionamiento clásico de Pávlov? Pues la verdad es que no. Los ensayos múltiples son fundamentales para el condicionamiento clásico. Es necesario tener un amplio historial de vinculación entre el estímulo condicionado y el no condicionado. Desarrollar una fobia basándose en una sola mala experiencia es incongruente con esta teoría.

Independientemente de lo que pensemos de esta forma de explicar el origen de las fobias, el condicionamiento clásico es la lógica que subyace a ciertos tratamientos. Uno de ellos, conocido como «desensibilización sistemática», consiste en enseñar a las personas a relajarse cuando se exponen a lo que las atemoriza.[114] Se trata de que, con el tiempo, dejen de vincularlo al miedo.

Pero en la vida real no es tan sencillo. Un amigo, también profesor de Psicología, con el que iba paseando por Toronto, señaló un apartamento y dijo que había vivido allí, en la planta 54.

—Espera —le dije, recordando una conversación anterior—, pero ¿tú no tenías miedo a las alturas?

113. Harcourt, Laura, «Creating the coffee break: Marketing and the manipulation of demand», *Isenberg Marketing*, 28 de enero de 2016, <https://isenbergmarketing.wordpress.com/2016/01/28/creating-the-coffee-break-marketing-and-the-manipulation-of-demand/>. Pero también hay otros relatos sobre su origen; véase «Who invented the coffee break», *Coffee for Less*, 18 de diciembre de 2017, <https://www.coffeeforless.com/blogs/coffee-for-less-blog/who-invented-the-coffee-break>.

114. Wolpe, Joseph, *et al.*, «The current status of systematic desensitization», *American Journal of Psychiatry*, 130, 9 (1973), pp. 961-965.

—Así es —dijo orgulloso—. Por eso elegí ese lugar. Supuse que, si pasaba mucho tiempo en ese balcón, perdería el miedo. Ensayos no reforzados, ya sabes.

—Impresionante —le dije.

—No tanto —dijo él—. Nunca salí al balcón.

No cabe duda de que el condicionamiento clásico como método de aprendizaje es una realidad. Puede usarse para enseñar cosas a todo tipo de animales, no sólo perros, chimpancés, caballos y demás, sino incluso a criaturas aparentemente más simples como las cucarachas.[115] Haber descubierto este mecanismo de aprendizaje es uno de los grandes hallazgos de la psicología.

Pero es limitado, un tipo de aprendizaje pasivo: te sientas y observas cómo interactúan los estímulos y acabas aprendiéndote qué indica qué y te ayuda a responder de forma adecuada, pero ¿cómo aprendemos a hacer cosas en la vida? ¿Cómo se explica la *acción*?

Esta pregunta nos lleva al segundo tipo de aprendizaje, diferente, que constituye el fundamento del conductismo: el condicionamiento operante o instrumental.

Las bases teóricas del condicionamiento operante las estableció el psicólogo Edward Thorndike,[116] que preguntó: ¿cómo resuelven los problemas los animales? Para averiguarlo, utilizó cajas de rompecabezas en las que atrapó a gatos y dejó que ellos mismos descubrieran cómo escapar, cosa que requería presionar cierta palanca de cierta manera.

Lo consiguieron, pero no por pensar en cómo encontrar la solución, sino porque la mayoría se sacudía hasta que pulsaban la palanca y salían disparados de la jaula. Al encerrarlos de nuevo, no volvían a pulsar la palanca enseguida, sino que volvían a realizar varias acciones y acababan dando en la tecla un poco más rápido. De forma gradual, fueron aprendiendo que si pulsaban la palanca, salían de la jaula de inmediato. Según el análisis de Thorndike, las acciones que conducían al resultado positivo se volvían más frecuentes y las inútiles, menos frecuentes. Basándose en estos estudios y en algunos otros, Thorndike formuló la famosa ley del efecto:

115. Watanabe, Hidehiro; y Mizunami, Makoto, «Pavlov's cockroach: Classical conditioning of salivation in an insect», *PLoS One*, 2, 6 (2007), p. e529.

116. Thorndike, Edward Lee, *The fundamentals of learning*, AMS Press, Estados Unidos, 1971.

Si una consecuencia percibida como positiva (y, por tanto, satisfactoria) ocurre justo después de una acción, es más posible que esa misma acción vuelva a producirse. En cambio, si después de una acción llega un estímulo desagradable o doloroso, las posibilidades de repetir esa acción disminuirían.

Presentamos a Skinner, un graduado en Lengua Inglesa por Harvard que aspiraba a ser novelista. Dio el salto a la psicología a los veintitrés años, tras leer un ensayo de H. G. Wells sobre Pávlov. Después asistió a una conferencia de Pávlov y consiguió una foto firmada del fisiólogo que tuvo colgada en su despacho el resto de su vida.[117]

A pesar de esto, el programa principal de investigación de Skinner no trataba del condicionamiento clásico, sino que analizaba de qué manera el condicionamiento operante podría forjar el comportamiento del ser humano y de otros animales.

Supongamos, por ejemplo, que queremos entrenar a un cerdo para que dé un paso adelante cada vez que demos una palmada: el condicionamiento operante nos dice cómo hacerlo. Damos una palmada y luego recompensamos o castigamos al cerdo en función de la reacción aleatoria que tenga: si no hace nada o retrocede, se le castiga; si avanza, se le recompensa. El término conductista para referirse a la recompensa es *refuerzo*, que puede ser de dos tipos: positivo, cuando le damos al animal algo que quiere, y negativo, cuando lo liberamos de algo desagradable (por ejemplo, si el cerdo lleva un objeto muy pesado en el lomo, una recompensa sería quitárselo). El «castigo» es cualquier cosa que disminuya las probabilidades de que el cerdo siga comportándose así, como pincharlo de alguna manera que no le guste.

Ahora, supongamos que queremos enseñar al cerdo a bailar cuando damos una palmada. No parece buena idea que sencillamente demos la palmada y esperemos a que el cerdo baile para reforzarlo cuando lo haga. Es evidente que eso no va a funcionar. Un comportamiento complejo como bailar no surge de forma espontánea.

La solución que aporta Skinner consiste en un proceso denominado «moldeamiento»: cuando el cerdo se mueva de cierta manera que parezca —aunque sea mínimamente— que baila (sólo se inclina hacia la izquierda), lo recompensaremos, así el cerdo será más propenso a repetir esa conducta. Luego, cuando se mueve hacia la izquierda y se balancea hacia la derecha y vemos que esa conducta es más parecida a un

117. Specter, *op. cit.*

baile, lo recompensamos de nuevo. A medida que el cerdo se acerca gradualmente al comportamiento que buscamos, lo recompensaremos paso a paso. Así trabajan los entrenadores de animales. Y sí, gracias al moldeamiento, podemos conseguir que un cerdo baile el foxtrot.

Existe una anécdota, probablemente apócrifa, sobre una clase magistral numerosa en la que los estudiantes decidieron moldear a su profesor. Cuando éste se dirigía al lado derecho del estrado, fingían aburrirse, hablaban entre ellos y revolvían los papeles, pero cuando se dirigía a la izquierda, se mostraban atentos, asentían a sus explicaciones y se reían de sus chistes. Cuando terminó la clase, el profesor estaba en el extremo izquierdo del estrado, aunque, según cuenta la historia, no tenía ni idea de cómo había acabado allí. Gracias al moldeamiento, los alumnos lo habían llevado a ese lugar valiéndose sigilosamente del refuerzo y el castigo.

Lo que ocurre con el condicionamiento operante es que hay conductas aleatorias que se refuerzan y, con el tiempo, sirven para conseguir algo bueno. Skinner lo llamó «selección por consecuencias»[118] y así tituló un artículo que escribió en 1981 para la prestigiosa revista *Science* en el que estableció la analogía entre el condicionamiento operante y la selección natural. En ambos casos se produce una variación aleatoria y parte de ella se ve favorecida (en el caso del condicionamiento operante, por la recompensa; en el de la evolución, por el éxito reproductivo), de modo que, con el tiempo, el comportamiento o la especie se va adaptando al entorno.

Es una analogía bonita, no hay biólogo evolutivo que crea que un animal ha sufrido una sola mutación y por eso tiene un ojo completamente funcional que le da una ventaja reproductiva sobre otros animales. Más bien, los animales desarrollan una sensibilidad a la luz que les da una pequeña ventaja reproductiva. Generación tras generación, esa característica del animal se va haciendo más compleja; el éxito reproductivo diferencial guía al organismo para que pase de no tener ojo a tener un ojo completo. De igual modo, ningún conductista piensa que un cerdo se pone a bailar sin más; más bien el entorno (el entrenador) recompensa la conducta que se asemeja al baile y el comportamiento se va haciendo más complejo con el tiempo, por lo que pasa de no bailar a marcarse un foxtrot.

El condicionamiento operante suele inducir al animal a comportar-

118. Skinner, B. F., «Selection by consequences», *Behavioral and Brain Sciences,* 7, 4 (1984), pp. 477-481.

se de forma más compleja y adaptativa, pero no siempre. En un artículo antiguo titulado «La "superstición" de las palomas», Skinner puso varias palomas en un aparato que les suministraba comida a intervalos regulares, sin importar lo que estuvieran haciendo.[119] Descubrió que las aves desarrollaron un comportamiento extraño: volaban alrededor de la jaula en el sentido contrario a las agujas del reloj o se sacudían o metían la cabeza por una esquina de la jaula.

La explicación de Skinner fue que eso era lo que las palomas estaban haciendo cuando recibían alimento y, por tanto, era más probable que ocurriera a causa de la ley del efecto —incluso aunque, en este caso, a diferencia de los gatos de Thorndike, no existiera una relación real entre la acción y el resultado—. Skinner, como era habitual en él, estableció una analogía con los seres humanos y puso el ejemplo de un jugador de bolos que se contorsiona y gira mientras la bola recorre la pista. Si derriba los bolos, este comportamiento se refuerza y podría continuar, aunque, por supuesto, no tenga nada que ver con el éxito de la jugada.

El ejemplo de los bolos plantea una cuestión importante sobre el refuerzo. En los ejemplos con animales que hemos visto hasta ahora, el refuerzo era naturalmente agradable, como recibir comida. Pero, en el de los bolos, el refuerzo consiste en derribar los bolos. ¿Qué tiene eso de natural? Skinner observó que se puede reforzar y castigar de mil maneras que no tienen por qué ser un refuerzo o un castigo innato. A un perro se le puede premiar con una palmadita en la cabeza o diciéndole «muy bien». No necesita una golosina. ¿Cómo es posible esto?

Estos casos aúnan el condicionamiento operante y el clásico, es decir, un conductista puede valerse del condicionamiento clásico para asociar un estímulo neutro con un estímulo positivo no condicionado. Así que, por ejemplo, cada vez que le des a tu perro una deliciosa golosina, dale una palmadita en la cabeza. Muy pronto, esa palmadita se convertirá en la recompensa para el perro. Lo mismo ocurre con el castigo: se puede conseguir que un perro se acobarde nada más ver un collar de adiestramiento si previamente se ha tenido la crueldad de hacerle asociar el collar con una descarga eléctrica. Así, los estímulos que antes eran neutros pueden acabar convertidos en una recompensa o un castigo.

En los ejemplos que hemos puesto hasta ahora, siempre hay un refuerzo. Pero la vida real no funciona así. Algunas acciones son buenas

---

119. Skinner, B. F., «"Superstition" in the pigeon», *Journal of Experimental Psychology*, 38, 2 (1948), pp. 168-172.

para un organismo, pero la compensación no es inevitable. Y esto nos lleva a hablar del efecto de reforzamiento parcial (ERP).

Si quieres enseñar algo rápidamente, refuérzalo todas las veces. Pero si quieres fijarlo después de que acabe la fase de enseñanza, refuérzalo de vez en cuando. Intuitivamente, tiene sentido: si recibo una recompensa cada vez que hago algo y luego dejo de recibirla, lo intento alguna vez más y luego me rindo («esto no funciona», podría pensar). Pero si obtengo la recompensa sólo de vez en cuando y luego dejan de dármela, lo seguiré intentando, pues asumiré que debe de estar al caer (por supuesto, «pensar» y «asumir» no es como lo describiría un conductista).

Imagina un niño que tiene unas rabietas terribles y los padres responden prestándole atención y accediendo a sus exigencias todas las veces, pero luego deciden que ya está bien y dejan de hacerle caso. Esta forma de cortar por lo sano, aunque resulte difícil para todos al principio, es probable que salga bien: el niño se dará cuenta de que las rabietas ya no funcionan y acabará por dejar de tenerlas.

En cambio, supongamos que los padres desde el principio recompensan las rabietas sólo de vez en cuando. Cuando dejan de capitular, han de esperar un buen rato hasta que el niño decide rendirse y renunciar a esta estrategia. Es como si —y, de nuevo, no es como lo dirían los conductistas— el niño razonara: «Vale, hace tiempo que no recibo un refuerzo, pero seguramente sea una racha de mala suerte y la recompensa esté al caer, así que seguiré intentándolo». En pocas palabras: los padres son la máquina tragaperras que da premio de vez en cuando y el niño es un jugador empedernido.

Una vez recibí un correo electrónico de una adolescente de China que vio una conferencia mía por internet en la que hablaba sobre el efecto del reforzamiento parcial. Me dijo que le había ayudado a solucionar una situación sentimental. Estaba coqueteando con un chico por mensajes de texto y se dio cuenta de que, cada vez que el chico le escribía, ella le respondía con un corazón. Le preocupaba que, si alguna vez se le pasaba algún mensaje, se cansara de ella. Pero si respondía con un corazón sólo a veces (refuerzo parcial), él insistiría en ponerse en contacto con ella y entonces —y esto lo digo al margen de lo que dije en la charla— acabaría por enamorarse de ella.

El condicionamiento clásico es real; el condicionamiento operante, también. ¿Qué ocurre, entonces, con las premisas teóricas más genera-

les que subyacen a este enfoque de la psicología: la importancia del aprendizaje, la ausencia de diferencia entre personas, ratas y palomas, la idea
de que se puede hacer psicología sin plantear nada sobre la vida mental?
¿Puede esto constituir una buena teoría del comportamiento para las
personas y para los animales no humanos?

Lo cierto es que no. Antes de referirme a las personas, pondré tres
ejemplos de cómo los animales presentan comportamientos que desa-
fían el conductismo.

El primero proviene del trabajo de Marian y Keller Breland, dos
antiguos alumnos de Skinner que se dedicaban a adiestrar animales
para la televisión y el cine. Los Breland observaron que su experiencia
cotidiana contradecía la idea conductista de que todos los animales
aprenden de la misma manera. Es muy difícil, por ejemplo, recurrir a
los principios del condicionamiento operante para conseguir que un
mapache meta monedas en una caja, pues ellos más bien se las frotarían
entre las patas. En un artículo titulado intencionadamente «La mala
conducta de los organismos» (retomaba con ironía el título del primer
libro de Skinner, *La conducta de los organismos*), los Breland señalaron
que esto reflejaba el comportamiento natural de los mapaches como resultado de la evolución.[120] No es casualidad que los logros del condicionamiento operante consistieran en conseguir que los animales hicieran
lo que suelen hacer de forma natural: que las palomas picoteen o que las
ratas corran buscando comida. Los conductistas, lo supieran o no, dise-
ñaron sus investigaciones para aprovechar la propensión natural de las
criaturas con las que trabajaban.

Mientras los Breland descubrieron que hay criaturas que se resisten
a aprender de una forma que sorprendería a los conductistas, el psicólogo John Garcia descubrió que los animales tienen una forma de aprender
mucho mejor de lo que cualquier conductista podría esperar.[121] Expuso
ratas a estímulos con distintos sabores y olores (como agua azucarada) y
les administró toxinas o radiación que las hacía caer enfermas unas horas después. Tal como predijo, las ratas llegaron a evitar el agua que tenía
ese sabor, desarrollaron una aversión. Pero si Garcia intentaba asociar
algo que no fuera comida con la enfermedad, como una luz o un sonido,
no funcionaba: la rata no desarrollaba aversión alguna.

120. Breland, Keller; y Breland, Marian, «The misbehavior of organisms», *American Psychologist*, 16, 11 (1961), pp. 681-684.

121. Garcia, John; Kimeldorf, Donald J.; y Koelling, Robert A., «Conditioned aver-
sion to saccharin resulting from exposure to gamma radiation», *Science*, 122, 3160 (1955),
pp. 157-158.

Esto es inesperado desde el punto de vista del condicionamiento clásico, que, como hemos visto, requiere de múltiples ensayos cuando los estímulos condicionados y los no condicionados se presentan a la vez y el tipo de estímulo no es relevante. Pero ninguna de estas condiciones se cumple en los estudios de Garcia. Se trataba de un aprendizaje único; entre el sabor y la enfermedad transcurrían horas y sólo funcionaba con comida. Como él mismo señaló, este tipo de aprendizaje tiene sentido desde una perspectiva evolutiva. Si comes algo y te pones muy enfermo unas horas después es señal de que el alimento estaba en mal estado y lo evitarás desde ese momento.

(Hay personas que rechazan ciertos sabores; cuando era adolescente, vomité por beber demasiado ouzo —tuve amigos griegos en el instituto— y, durante mucho tiempo después, me daban arcadas cada vez que me llegaba ese característico olor a regaliz. A los enfermos de cáncer se les aconseja que tengan cuidado con lo que comen antes de una sesión de quimioterapia para que no desarrollen aversión a alimentos que antes les gustaban.)

El tercer ejemplo presenta el que quizá sea el error fatal del conductismo. Se refiere a la propuesta de rechazar toda mención a las representaciones mentales.

Supongamos, por echar mano de un viejo supuesto filosófico, que un perro persigue a una ardilla por el bosque y que empieza a ladrarle a un árbol. Una interpretación razonable sería que el perro cree que la ardilla está subida en el árbol, es decir, tiene en la cabeza la representación que expresa la proposición «la ardilla está en el árbol». Esto es lo que mejor explica lo que hace el perro. O, volviendo a una analogía anterior, supongamos que tenemos que averiguar cómo funciona una máquina de ajedrez. Diríamos que tiene este tipo de algoritmo incorporado, este tipo de estrategia, etc. (sabe que los alfiles sólo se mueven en diagonal, le gusta deshacerse pronto de la reina). Apelaríamos a estas representaciones internas al explicar y predecir sus movimientos y tendríamos razón, porque hay objetos como los ordenadores que poseen representaciones internas. De hecho, nosotros se las programamos.

¿Cómo podríamos convencer a un escéptico de que esas representaciones se dan en los seres humanos y en los animales? Aquí es donde entra el ingenioso trabajo del psicólogo Edward Tolman,[122] que hacía que unas ratas recorrieran un laberinto para aprender a conseguir una

122. Tolman, Edward C., «Cognitive maps in rats and men», *Psychological Review*, 55, 4 (1948), pp. 189-208.

recompensa. Un grupo de ratas recibía siempre un premio al final del laberinto y fueron entrenadas durante dos semanas. Tal como se preveía, cada vez tardaban menos en recorrer el laberinto. Perfecto: condicionamiento operante, ley de efecto, lo de siempre. A otro grupo de ratas no se les dio comida los primeros diez días, sólo deambulaban. Cuando Tolman empezó a darles una recompensa los últimos cuatro días, estas ratas se aprendieron el camino tan bien como el primer grupo. Esto significa que, mientras iban de acá para allá, debían estar aprendiéndose los recovecos del laberinto ¡sin refuerzo!

Tolman fue más allá y sugirió que las ratas estaban construyendo una representación del laberinto en su pequeño cerebro, lo que ahora se conoce como «mapa cognitivo». Para hacernos a la idea, olvidémonos de las ratas un momento e imaginemos que vives en Manhattan y que tienes que ir andando a diario desde tu lujoso ático de la Décima con la Sexta hasta tu trabajo en un fondo de inversión en la Undécima con la Quinta. ¿Cómo irías? Podrías ir andando hacia el norte una manzana (de la Décima a la Undécima) y luego una manzana hacia el este (de la Sexta a la Quinta). Un conductista lo vería como dos comportamientos...

> Camina una manzana hacia el norte.
> Gira a la derecha y camina una manzana.

... que presumiblemente se habrían establecido a lo largo de tu historial de refuerzo.

Pero apuesto a que tú eres más listo. Supongamos que los edificios que has ido rodeando desaparecen de repente y se convierten en zonas verdes. Tomarías un atajo, caminarías en diagonal y atravesarías el parque. Lo harías porque tienes una representación mental de la relación espacial entre tu ático y la oficina.

Pues bien, Edward Tolman descubrió que las ratas razonaban de forma muy parecida. Supongamos que las ponemos en un laberinto complicado con la comida en un ángulo de 45 grados con respecto al punto de partida (noreste), pero sin que haya un acceso directo; para llegar a la comida, tienen que subir y luego girar a la derecha. Se lo aprenderán, pero si cambiamos el laberinto para que haya una ruta directa, tomarán la diagonal, igual que tú cuando atravesaste el parque.

Muchos años después, los neurocientíficos estudiaron el cerebro de la rata, en concreto el hipocampo, la estructura cerebral encargada de la comprensión espacial. Resulta que ciertas células —las «células de lugar»— se activan en función de la ubicación exacta de la rata, al margen de lo que esté viendo y haciendo.[123] Basándonos en todas estas pruebas, podemos asegurar que las ratas, igual que las personas, tienen una representación mental del mundo en la cabeza, lo que tiene perfecto sentido desde el punto de vista darwiniano. En su entorno natural, necesitan saber cómo llegar a su fuente de alimento y volver al nido aun encontrando obstáculos o amenazas por el camino. Si lo único que supieran fuera «continúa recto, gira a la izquierda, sigue durante un metro, busca la entrada al nido», estarían completamente perdidas cada vez que tuvieran que desviarse de la ruta habitual.

Los conductistas decían que los principios del condicionamiento clásico y del condicionamiento operante se aplican a los seres humanos, y tenían razón. Como descubrió Pávlov con los perros, los estímulos neutros, como el chirrido de la fresa del dentista, pueden adquirir significado asociándolo a algo que nos hace daño. Y como Skinner descubrió con las ratas, los humanos respondemos a las contingencias del entorno. Si la comida es deliciosa, volvemos al restaurante; si nos quemamos con la estufa, nos alejamos de ella; si me cortas, ¿no sangro?; si me refuerzas parcialmente, ¿acaso no persisto?

Pero ¿son remotamente adecuados estos sencillos mecanismos de aprendizaje a la hora de describir nuestra psicología? Acabamos de ver que, en muchos casos, no funcionan con las ratas ni con las palomas y no parece posible que funcionen con las personas. Los gatos de Thorndike salen de la caja rompecabezas revolviéndose hasta que dan con una acción que les proporciona cierto refuerzo, pero las personas pueden probar las alternativas en la cabeza hasta dar con la correcta. La gente puede superar un laberinto sólo con pensar mucho.

Y también pueden aprender observando a otras personas. «Deja que te enseñe», dice una madre cuando ve que su hijo no sabe lanzar un *frisbee,* «no, cariño, no lo lances como si fuera una pelota» y gira la muñeca mientras él la observa atentamente y capta la idea. Aprendemos incluso cuando no queremos: muchos cinéfilos le cogieron miedo a meterse en el mar después de ver la película *Tiburón,* y las escenas de tortura dental de *Marathon Man* me hicieron posponer bastante la siguiente cita para una limpieza dental.

123. Puede verse un análisis en Nadel, Lynn; y Eichenbaum, Howard, «Introduction to the special issue on place cells», *Hippocampus,* 9, 4 (1999), pp. 341-345.

¿Y los mapas espaciales? Todo el mundo admira los brillantes experimentos de Tolman con ratas y los estudios neurocientíficos que demuestran que las células de lugar suenan cuando estás en un lugar específico, pero nada de eso hace falta para alegar que poseemos representaciones mentales de las cosas. Lo más probable es que seas capaz de dibujar un plano rudimentario de tu casa, apartamento o dormitorio compartido, y es difícil plantearse cómo explicar esto si no es porque posees una representación mental del espacio (un mapa cognitivo) en la cabeza. Hace ya bastante tiempo, mi esposa y yo estábamos haciendo un crucigrama del *The New York Times* y la pista era «dirección de Yemen a Zimbabue». Sin dudarlo, ella escribió SSO (sur-suroeste) porque juega a concursos de geografía en línea en los que le preguntan constantemente por la ubicación de los países del mundo y, vaya, nos vino de perlas.

También tenemos la afirmación de Skinner, más amplia, de que estamos bajo el «control de los estímulos», es decir, que todo lo que hacemos está determinado por el entorno. Podemos decir lo que queramos de las ratas, pero decir algo así de las personas es audaz. Sin duda, lo que escribo ahora, sentado ante mi ordenador en una fría mañana de invierno en Canadá, está guiado por lo que pienso y no por el posible «estímulo» que se apodera de mis sentidos.

Skinner no estaría de acuerdo. De hecho, un desacuerdo sobre esta cuestión fue lo que le llevó a escribir, cuando tenía treinta años, el que él creía que era su mejor libro, *Conducta verbal*. Así lo relata él:

En 1934, mientras cenaba en la Harvard Society of Fellows, me encontré sentado junto al profesor Alfred North Whitehead. Caímos en una discusión acerca del conductismo, que en esa época era todavía considerado como un «ismo» más, del cual yo era un devoto ferviente. Allí se me presentó una oportunidad para defender la causa que no podía dejar pasar por alto; entonces comencé a presentar con entusiasmo los principales argumentos en favor del conductismo. El profesor Whitehead tenía igual entusiasmo, no en defender su propia posición, sino en tratar de entender lo que yo estaba diciendo y (supongo) en descubrir cómo podía yo decir eso. [...] Terminó la discusión con un reto amable: «Déjeme ver la forma en que usted explica mi conducta cuando yo me siento aquí y digo: "No existe escorpión negro alguno que esté cayendo sobre esta mesa"».[124]

124. Skinner, B. F., *Conducta verbal*, Trillas, 1981.

A la mañana siguiente, Skinner comenzó el borrador de *Conducta verbal*, que fue publicado más de veinte años después, en 1957. Se trata de un libro ambicioso, en gran parte demasiado técnico (introdujo terminología nueva, como *mando* y *tacto*), y fue muy alabado por los conductistas como un intento satisfactorio de extender los principios de Skinner al más complejo de los comportamientos humanos.

La publicación del libro también sirvió para que el conductismo dejara de ser la perspectiva dominante en la psicología. En 1958, un joven lingüista llamado Noam Chomsky escribió una mordaz crítica del libro de Skinner y no es exagerado decir que fue una de las críticas literarias más importantes de la historia intelectual contemporánea.[125]

Recomiendo leer la crítica, aunque tenga sus fallos. Muchos conductistas dijeron más tarde, no sin razón, que era injusta y que mezclaba por error las ideas de Skinner con las de otros conductistas.[126] No obstante, el argumento es sólido y contundente y suelen malinterpretarlo quienes han oído hablar del tema, pero no se han leído el libro. Chomsky se dio a conocer más tarde por su idea de que el lenguaje es una capacidad innata (lo veremos más adelante), pero, a pesar de lo que suele decirse de su crítica, él apenas habla de su postura nativista. También argumentaría, más adelante, que el conductismo tiene algo moralmente sospechoso, pero esto tampoco aparecía en la crítica. Tampoco analiza ninguna prueba experimental nueva ni cuestiona ningún estudio anterior hecho en un laboratorio.

El principal argumento de Chomsky es más bien el siguiente: en *Conducta verbal*, Skinner examina innumerables ejemplos de lo que dice la gente y, uno a uno, hace una reconstrucción conductista para mostrar que el estímulo, causado por el entorno, controla esa conducta verbal. Por ejemplo, Skinner señala que se puede reaccionar a cierta música diciendo «Mozart» o a un cuadro determinado diciendo «holandés» y que esto se debe a las «propiedades extremadamente sutiles de los estímulos». Podemos hablar solos o darle malas noticias al enemigo o imitar a alguien y en todos los casos esto se debe a alguna consecuencia que refuerza la acción. Con estos ejemplos, Skinner pretende demostrar que nuestro comportamiento verbal puede explicarse según la noción conductista de estímulo y respuesta.

Lo que le preocupa a Chomsky es que esto no es sólo falso, sino que

125. Chomsky, Noam, «A review of Skinner's verbal behavior», *Language*, 35, 1 (1959), pp. 26-58.
126. MacCorquodale, Kenneth, «On Chomsky's review of Skinner's verbal behavior», *Journal of the Experimental Analysis of Behavior*, 13, 1 (1970), pp. 83-99.

carece de sentido. Pone el ejemplo de la persona que dice «holandés» ante un cuadro y aclara que la persona también podría haber dicho:

> Desentona con el papel pintado de la pared.
> Creía que te gustaba el arte abstracto.
> Nunca lo había visto.
> Está torcido.
> Lo han colgado demasiado bajo.
> Hermoso.
> Espantoso.
> ¿Te acuerdas de cuando nos fuimos de acampada el verano pasado?

¿Supone esto un problema para Skinner? En cierto sentido, no, en absoluto. Podría decir que cada una de estas respuestas, todas diferentes, está controlada por diferentes aspectos del entorno, pero lo que Chomsky planteaba era que si se puede explicar todo, no se explica nada. Como él mismo puntualiza: «De estos ejemplos, que abundan, se desprende con claridad que hablar de control de estímulos simplemente oculta una retracción completa a la psicología mentalista. No podemos predecir la conducta verbal en función de los estímulos del entorno del hablante, ya que desconocemos qué estímulos son ésos hasta que él responda».[127] Por decirlo de otra manera, si se puede tomar cualquier cosa que diga alguien (incluso un comentario que no tenga nada que ver con el entorno en el que se encuentra, como el de la acampada) y decir que está bajo el control de algún estímulo, entonces la noción de control del estímulo no tiene capacidad explicativa ni predictiva, es sólo una manera sofisticada de decir que lo que hablamos tiene sentido para nosotros en ese momento.

O tomemos la noción de refuerzo. La gente a veces habla sola o compone música en privado, y a los niños les gusta a veces imitar el sonido de un coche o de un avión. Skinner explicó todo ello en términos de autorrefuerzo; hacemos todo eso porque nos refuerza. De nuevo, Chomsky dice que esto puede «explicarlo» todo porque en realidad no dice nada:

> Cuando leemos que una persona toca la música que le gusta... piensa lo que le gusta, lee los libros que le gustan, etc., PORQUE le parece reforzante hacerlo, o escribimos libros o informamos a otros de los hechos PORQUE nos refuerza la que esperamos que sea la conducta final del lector o del

127. Chomsky, *op. cit.*

oyente, sólo podemos llegar a la conclusión de que el término *refuerzo* tiene una función puramente ritual. La oración «X es reforzado por Y» (un estímulo, las circunstancias, un acontecimiento, etc.) se emplea para encubrir «X quiere Y», «a X le gusta Y», «X desearía que se diera Y», etc. Invocar el término *refuerzo* carece de fuerza explicativa, y la idea de que esta paráfrasis aporta una novedosa claridad y objetividad a la descripción del deseo, del gusto, etc., es un grave engaño.[128]

Ahora bien, las nociones de *estímulo* y *refuerzo* tienen un claro significado técnico cuando Skinner habla de sus experimentos con ratas, pero estas definiciones tan estrictas no aplican en los ejemplos de Skinner. Lo que decimos en sentido literal o lo que cantamos para nosotros no nos refuerza. Lo esencial de la crítica de Chomsky es que el conductismo aplicado al comportamiento humano o bien es falso (cuando los términos se interpretan literalmente) o es trivial y tediosamente cierto (cuando se interpretan metafóricamente).

Tomemos un ejemplo de lo que preocupa a Chomsky casi al final de *Conducta verbal*, cuando Skinner retoma el reto que planteó Whitehead: «No existe escorpión negro alguno que esté cayendo sobre esta mesa». Skinner dice, con bastante sensatez, que Whitehead dijo esto (o, en palabras de Skinner, «la respuesta fue emitida») para demostrar algo. Pero ¿por qué no dijo «hoja de otoño» o «copo de nieve»? Skinner llega a la conclusión de que «el escorpión negro era una respuesta metafórica al tema que se debatía. El escorpión negro era el conductismo». Por lo que sé, eso podría ser cierto, pero recurrir a la metáfora ilustra en qué medida nos hemos alejado de la ciencia del conductismo tal como se aplica a las criaturas no humanas. Y fíjate que Skinner empieza a sonar un poco como Freud, y no precisamente para bien.

Al analizar la observación de Whitehead, Skinner se queja y dice: «Puede que el estímulo no haya sido mucho, pero en un sistema determinado, debe de haber sido algo».[129] En cierto sentido, parece ser así: todo tiene *alguna* causa. Supongo que Chomsky estaría de acuerdo con esto; Freud, seguro. Pero si esto fuera lo único que Skinner dijo, carecería de interés. Lo interesante de su idea era que la causa de que Whitehead hiciera ese comentario tenía que ser un *estímulo*.

128. Chomsky, *op. cit.*, pp. 26-58.
129. Skinner, B. F. *Conducta verbal, op. cit.*

Esto, simplemente, no es cierto. En ciertos casos, el entorno está relacionado con nuestra conducta, pero esto se consigue pensando mucho. Hace poco estaba charlando con unos amigos y alguno mencionó que el personaje televisivo favorito de Obama era Omar, de la serie *The Wire*, y a medida que la conversación avanzaba, me acordé de que en esa serie salía un tipo llamado Bill Rawls que me hizo pensar en el filósofo John Rawls, lo que me recordó que yo quería añadir algo sobre la imparcialidad a una conferencia que iba a dar el mes siguiente, así que escribí una nota al respecto varias horas más tarde, ya ante mi escritorio. En cierto sentido, la nota que escribí (y la conferencia que di un mes después) se vieron influidas por el «estímulo» de lo que mi amigo había dicho, pero, sin duda, no en el mismo sentido que el metrónomo de Pávlov hacía que el perro babeara. Más bien, y aquí un psicólogo podría usar los mismos términos que cualquier otra persona, se puso en marcha una cadena de pensamientos. Pero no se puede describir lo que ocurrió a menos que se admita que los pensamientos son reales y que, en general, la vida mental es real.

La mente es bastante más complicada de lo que permitía el marco planteado por Skinner. Si el problema de Freud es que sus teorías eran demasiado generales, demasiado vagas y sin base empírica como para constituir una forma de explicar la mente, el problema de Skinner es que sus teorías no consiguen explicar la riqueza de la psicología humana. A medida que este libro avance, hablaremos de todo tipo de aspectos de la mente que las ideas del conductismo simplemente no pueden abordar.

Pero voy a terminar señalando que, como ocurre con Freud, las ideas de Skinner continúan vivas, y merecidamente.

Por un lado, nos ha hecho comprender mejor algunos mecanismos de aprendizaje importantes.

Por otro, con independencia de lo que se piense del constructo teórico de Skinner, tiene sus implicaciones prácticas: por ejemplo, sus ideas entran en juego en algunos tratamientos eficaces de las fobias y se utilizan para tratar problemas de conducta en los animales.

Por último, como ocurre con Freud, a veces las ideas de Skinner se hacen relevantes en la vida cotidiana. Con frecuencia pienso en el poder del refuerzo parcial, cómo una dieta a base de recompensas aleatorias y escasas puede hacer que una conducta sea difícil de erradicar. Ahora no tengo que lidiar con niños pequeños con berrinches y nunca me han atraído las máquinas tragaperras, pero a veces me sorprendo a mí mismo perdido en internet, mirando el móvil, haciendo clic en algún enlace sin pensarlo, viendo vídeos, haciendo el gesto de arrastrar el dedo para refrescar la pantalla con la esperanza de ver algo que me haga sentir bien y, cuando hago todo esto, me acuerdo de la rata metida en la jaula del conductista.

Parte 2

El pensamiento

5

El proyecto de Piaget

Toda la psicología es fascinante, pero el estudio de los niños tiene algo especial para mí. Empecé a investigar la psicología del desarrollo hace muchos años, cuando aún estudiaba en la Universidad McGill, y desde entonces, mi fascinación por la mente de los niños no ha flaqueado jamás.

Apuesto a que también te interesa este tema. ¿A quién no le hacen gracia las locuras que a veces dicen los niños? ¿A quién no le maravilla lo rápido que aprenden a entender el mundo, pero también lo tontos que pueden parecer? ¿Quién no ha mirado a un bebé a los ojos y se ha preguntado qué (si es que hay algo) le está devolviendo la mirada?

Seré franco y admitiré que la psicología del desarrollo no es tan respetada como otras áreas de la psicología, no sé muy bien por qué. En parte puede ser una cuestión sexista, pues a los niños los han cuidado tradicionalmente las mujeres y tal vez haya personas que crean lo mismo del estudio de la mente infantil y se lo tomen menos en serio de lo que debieran. Otro factor que juega en contra de los desarrollistas es que este campo suele ser poco tecnológico. Los psicólogos del desarrollo suelen trabajar en salas de pruebas, en guarderías y en escuelas. Salvo contadas excepciones, no hacemos esos escáneres cerebrales tan coloridos que tanto impresionan a los organismos que conceden subvenciones, a la administración universitaria y a los medios de comunicación.

Al margen de las razones, esa falta de respeto es un error. El estudio de los niños tiene el potencial no sólo de satisfacer nuestra curiosidad sobre esas criaturitas que viven entre nosotros, sino de responder a cuestiones más generales que la gente se ha planteado durante mucho tiempo.

Sirva como ejemplo la cuestión del destino. ¿Qué parte de nuestro destino se decide en los primeros años de vida, queda grabado en piedra por nuestros genes y nuestras primeras experiencias?

Nadie puede predecir con exactitud cómo será alguien basándose en cómo es de bebé o de niño, pero veamos un estudio dirigido por Avshalom Caspi.[130] Se hizo sobre unos datos recogidos en 1975 por unos psicólogos que habían entrevistado durante noventa minutos a niños de tres años en Dunedin, en Nueva Zelanda. Los investigadores originales se valieron de las respuestas de los niños para clasificarlos en alguna de estas tres categorías:

1. **Subcontrolado**: impulsivo, inquieto, emocionalmente lábil.
2. **Inhibido**: tarda en ser cálido, temeroso, se altera fácilmente ante los extraños.
3. **Bien adaptado**: correcto, capaz de controlarse, relativamente seguro de sí mismo y tranquilo.

A estos mismos individuos se los sometió a una serie de pruebas y cuestionarios dieciocho años más tarde y Caspi indagó si había alguna relación entre la primera evaluación y cómo habían evolucionado los niños. Descubrió que los «subcontrolados» a los tres años tendían, a los veintiuno, a reportar más problemas laborales, de abuso de alcohol y problemas legales. Los clasificados como «inhibidos» tenían más probabilidad, de adultos, de estar deprimidos y contaban que apenas recibían apoyo. Y los afortunados que entraron en la categoría de «bien adaptados» parecían tener menos probabilidades de tener alguno de estos problemas.

A ver, los efectos no son para llevarse las manos a la cabeza (hay muchísimos niños de tres años subcontrolados y desinhibidos que crecen bien y otros bien adaptados que acaban teniendo problemas). Aun así, existe una correlación. Conforme a esto, Caspi utiliza una cita de Wordsworth para titular su artículo: «El niño es el padre del hombre».

---

130. Caspi, Avshalom, «The child is father of the man: Personality continuities from childhood to adulthood», *Journal of Personality and Social Psychology*, 78, 1 (2000), pp. 158-172.

Que se mantenga esa estabilidad con el paso del tiempo puede explicarse de varias formas. Podría ser algo genético (nuestros genes no cambian), podría ser ambiental (solemos sentir apego por nuestro entorno, sobre todo de jóvenes: vamos al mismo colegio, vivimos en el mismo barrio, nos rodeamos de casi la misma gente). O podrían ser ambas cosas. Como apunta Caspi, los genes y el entorno, la naturaleza y la crianza, se refuerzan mutuamente. Solemos meternos en grupos, por ejemplo, que coinciden con nuestras propensiones naturales, y éstos, a su vez, pueden hacer que esas propensiones florezcan. Un joven agresivo puede elegir un grupo afín en el que vea recompensada su actitud (una pandilla de gamberros, como diría mi abuela), por lo que esa agresividad podría fijarse. Del mismo modo, un chico aficionado a la lectura y a los debates puede elegir una comunidad y, más tarde, una profesión que favorezca esos rasgos y, quién sabe, lo mismo hasta se convierte en profesor de psicología y escribe el libro que estás leyendo ahora mismo.

Retomaremos el tema del destino más adelante. Este capítulo se centra en varias cuestiones que tal vez sean más fundamentales: ¿de dónde procede el conocimiento? ¿Qué parte de lo que sabemos de adultos es innata y qué parte es aprendida? Y, en general, ¿qué diferencia hay entre la mente de un niño y la de un adulto?

Los bebés no parecen inteligentes ni se portan como si lo fueran. Un periódico de tirada nacional publicó una demostración sorprendente de las limitaciones de los bebés hace unos veinte años. En el Instituto de Desarrollo Infantil de la UCLA se puso a prueba la capacidad cerebral de los bebés exponiéndolos a varias situaciones difíciles en las que tenían que emplear la inteligencia para sobrevivir. Los bebés tenían que escapar de una habitación llena de gas cianuro, usar un abrelatas para conseguir comida y no pasar hambre y saber bucear para respirar bajo el agua. Fracasaron: murieron todos. La conclusión de los investigadores fue: «El bebé humano, al que durante tanto tiempo los psicólogos han considerado un ser muy curioso y adaptable, es en realidad extraordinariamente estúpido».

El periódico que publicó esta historia era satírico, *The Onion*, y el objeto de burla era la investigación sobre la inteligencia de los bebés, que se estaba debatiendo en la prensa popular, investigación de la que nos ocuparemos más adelante. Pero la conclusión a la que llegó este estudio inventado, que los bebés son estúpidos, habría calado en muchos investigadores a lo largo de la historia. En un capítulo anterior vimos que, en 1890, William James describió la vida mental de un bebé como «una confusión floreciente y apabullante».[131] Un siglo antes, Jean-Jacques Rousseau se refirió a ello en términos aún más duros diciendo que si un niño naciera en el cuerpo de un adulto, «ese hombre-niño sería un perfecto imbécil, un autómata, una estatua inmóvil y casi insensible; no vería nada, no entendería nada, no conocería a nadie».[132]

La perspectiva de que el origen del conocimiento radica en la exposición al entorno se conoce como *empirismo*. Se asemeja al punto de vista de los conductistas, como John Watson y B. F. Skinner, que pensaban que el entorno era primordial, pero no queda claro que los conductistas puedan considerarse empiristas, ya que siempre evitaban hablar del conocimiento (me imagino a Skinner mofándose sólo con la idea de «el conocimiento de una rata»).

En realidad, los primeros representantes de esta perspectiva fueron un grupo de filósofos conocido como «los empiristas británicos», del que formaban parte expertos como John Stuart Mill, David Hume y John Locke. Suelen expresar su visión con la frase clásica «la mente es una pizarra en blanco», atribuida a Locke. «Supongamos, pues, que la mente es un papel en blanco, sin caracteres, sin ideas, ¿cómo se amuebla? A esto respondo con una sola palabra: *experiencia*.»[133] Seguro que un empirista moderno diría que la mente de un bebé es como un iPhone sin aplicaciones.

La postura opuesta es el *nativismo*, que propone que gran parte de nuestros conocimientos y capacidades son dones naturales, nacemos con ellos. Cuando te compras un iPhone nuevo, ya viene con algunas aplicaciones, contactos preinstalados, mapas, un diccionario, etc. El nativismo cree que nuestro cerebro es así. Los primeros filósofos, como Platón, explicaban que las ideas innatas son el resultado de que las almas recuerdan conocimientos aprendidos en vidas pasadas; los nativistas modernos las consideran un producto de nuestra historia evolutiva, están codificadas en nuestros genes.

Hay escépticos de esta dicotomía naturaleza-crianza. Un libro de texto excelente de introducción a la Psicología indica que plantearse cuál de las dos es más importante «es como preguntarse qué es más

131. James, William, *op. cit.*
132. Citado por Rochat, Phillipe, *El mundo del bebé: el desarrollo en el niño*, Morata, Las Rozas de Madrid, 2004.
133. Locke, John, *op. cit.*

importante para definir el área de un rectángulo, si el largo o el ancho. El desarrollo requiere ambas cosas y, de hecho, la naturaleza y la crianza se necesitan mutuamente».[134]

Esto es una verdad como un templo. No hay aprendizaje (crianza) sin la maquinaria inicial (naturaleza). Incluso Skinner estaría de acuerdo con que las ratas aprenden a recorrer un laberinto y las piedras no, y esto se debe a que, de las dos, sólo las ratas tienen un cerebro con capacidad para el condicionamiento operante (y patas para correr). Y esta maquinaria inicial (la naturaleza) suele pedir cierto contacto con el mundo (la crianza) para funcionar. Incluso sistemas mentales como la visión del color, que nos vemos tentados a ver como algo programado e integrado, no funcionarían sin la experiencia (los gatitos criados en la oscuridad se quedan ciegos). Hay casos horribles de padres crueles o desquiciados que aíslan a sus hijos de todo estímulo social. La ausencia de un entorno normal provoca terribles daños en el cuerpo y en el alma.[135]

Un buen ejemplo de que la maquinaria innata es sensible al entorno es el ciclo de sueño y vigilia. Hemos desarrollado un ritmo circadiano de veinticuatro horas como respuesta a un hecho del entorno: la duración de la rotación de la Tierra. Está programado. Pero si metemos a alguien en un cuarto oscuro, sin pistas ambientales de luz y oscuridad, el reloj interno se desincronizará unas horas. Como explica el neurocientífico David Eagleman, «esto demuestra que el cerebro encuentra una solución sencilla: construye un reloj que no es preciso y lo calibra en función del ciclo solar. Con este elegante truco, no hay necesidad de codificar genéticamente un reloj perfectamente calibrado: el mundo le da cuerda».[136]

La naturaleza y la crianza también se complementan de una manera más general: el cerebro humano ha evolucionado para incorporar nueva información y nuevas capacidades. Se dice que somos una especie cultural y que nuestra capacidad de aprendizaje supera con creces la de cualquier otra mente del planeta, sea natural o artificial. El aprendizaje del lenguaje, uno de los temas que veremos en el próximo capítulo, es un caso paradigmático: algunos universales del lenguaje ya es-

134. Gross, James J., *et al.*, *Interactive psychology: People in perspective*, W. W. Norton, unidad 11.1., Estados Unidos, 2020.
135. Curtiss, Susan, Genie: *A psycholinguistic study of a modern-day wild child*, Academic Press, Estados Unidos, 2014.
136. Eagleman, David, *Livewired: The inside story of the ever-changing brain*, Doubleday Canada, p. 26, Canadá, 2020.

tán presentes en el cerebro de los bebés (naturaleza), pero el lenguaje concreto que aprenden está influido por el entorno en el que se encuentran (crianza).

Así pues, no existe crianza sin naturaleza ni naturaleza sin crianza. Aun así, no es disparatado decir que algo es aprendido o algo es innato en ciertos casos. Me sé la trama de todas las películas de John Wick y ni el más nativista de los nativistas diría que eso es innato. No ocurre lo mismo siempre. El libro de texto de los mismos autores que nos advertían que no confrontáramos la naturaleza y la crianza incluye una sección llamada «Nací preparado: primeras capacidades del recién nacido». Señalan que, si ponemos un dedo en la palma de la mano de un bebé, éste lo agarra instintivamente. Luego, los autores aseguran, bastante sensatos ellos, que se trata de «un reflejo probablemente heredado de nuestros antepasados simiescos, que necesitaban agarrarse a la madre desde que nacían para ir de un sitio a otro».[137] Al parecer, lo consideran innato.

Debemos ser conscientes de que la naturaleza y la crianza interactúan, saber que no se puede dar la una sin la otra, pero eso no cierra el debate naturaleza-crianza.

Ya dije en un capítulo anterior que si has oído hablar de un solo psicólogo, seguro que es Sigmund Freud. Si has oído hablar de dos, lo más probable es que sean Freud y Skinner. Y si has oído hablar de un psicólogo del desarrollo, lo más probable es que sea el polímata suizo Jean Piaget, nacido en 1896 y fallecido en 1980. Piaget era, a todas luces, un genio. A los diez años, cuando era estudiante, escribió su primer artículo científico sobre el gorrión albino. Se aburría en las clases, era infeliz en casa (su madre era estrictamente religiosa, él no, y es muy probable que ella padeciera una enfermedad mental), pero fue un erudito entregado desde el principio. Un observador, hablando de los primeros años de Piaget, escribió: «Tal vez no sea justo decir que Piaget era un empollón»,[138] que es lo que suele decirse de alguien cuando se cree que lo es. Cuando Piaget se graduó en el instituto, ya era un reputado experto en moluscos y había publicado veinte trabajos científicos sobre el tema. Se doctoró en Ciencias Naturales a los veintiún años.

---

137. Gross, *et al.*, *op. cit.*, unidad 11.6.
138. Dixon, W. E., *Twenty studies that revolutionized child psychology*, Pearson, p. 13, Estados Unidos, 2015.

Piaget fue un investigador y escritor productivo a lo largo de sus sesenta años de carrera: publicó más de cincuenta libros y quinientos artículos. Sus alumnos y asistentes de investigación, e incluso gente que no lo conocía, lo llamaban Le Patron ('el jefe'). Era un apelativo cariñoso, más en la línea de Bruce Springsteen que la de Tony Soprano. Sus alumnos lo adoraban y, a diferencia de su homólogo austriaco más famoso, no tenía fama de imbécil.

De hecho, Piaget y Freud se conocieron. Piaget dio una conferencia en el Congreso Internacional de Psicoanálisis de 1922 y fue una experiencia tensa para él, ya que estaba en desacuerdo con Freud en cuestiones críticas y le preocupaba que los psicoanalistas lo hicieran pedazos. La cosa fue bien, pero Piaget describió su encuentro con Freud así:

> Freud estaba sentado a mi derecha, en una butaca, fumando puros, y yo estaba dirigiéndome al público, pero el público no miraba al conferenciante. Miraba únicamente a Freud, tratando de descifrar si lo que se estaba diciendo le gustaba o no. Cuando Freud sonreía, todos los asistentes sonreían; cuando Freud se ponía serio, todos los asistentes se ponían serios.[139]

El interés último de Piaget no era el desarrollo infantil, eso sólo fue el medio para alcanzar un fin. Más bien le interesaba el desarrollo del conocimiento en la especie humana, la *epistemología genética*, como él lo llamó, refiriéndose con *genética* a los orígenes y con *epistemología* al conocimiento. Él creía que la mejor manera de perseguir ese interés era observando el desarrollo intelectual de los individuos humanos.

La lógica que subyace a su estrategia se resume en una frase muy grandilocuente acuñada por el zoólogo Ernst Haeckel: la ontogenia recapitula la filogenia. Esto significa que el desarrollo de la especie (filogenia) se repite —recapitula— en el desarrollo de cada individuo (ontogenia). ¿Te interesan las primeras etapas de la humanidad? Presta atención a lo que ocurre en los corralitos, en las guarderías y en los colegios de primaria.

En cuanto al debate innatismo-empirismo, Piaget simpatizaba con las teorías empiristas. El núcleo de su teoría era la idea de que la interacción continua con el entorno físico y social es lo que nos hace llegar a pensar como adultos. A diferencia de los empiristas británicos, Piaget

---

139. Citado por Kohler, Richard, *Jean Piaget*, Bloomsbury Publishing, p. 72, Reino Unido, 2014.

no consideraba el aprendizaje como un mero registro de asociaciones y, a diferencia de los conductistas, no pensaba en términos de refuerzo y castigo.

Piaget propuso que la vida mental incluye estructuras cognitivas complejas a las que él denominó *esquemas* y postuló dos mecanismos psicológicos que acaban transformando esos esquemas y creando otros nuevos. El primero de ellos, la *asimilación*, consiste en utilizar esquemas ya existentes para hacer frente a situaciones nuevas. Tomemos a un bebé que tiene un esquema simple: sabe cómo succionar el pecho de su madre. La asimilación se produce cuando chupa un sonajero o se chupa los dedos de los pies, pero, para conseguirlo, debe modificar su comportamiento, y eso es la *acomodación*, el mecanismo que modifica los esquemas existentes o crea esquemas nuevos para adaptarse a la nueva información y a la nueva experiencia.

Esto es un ejemplo concreto, pero Piaget sostenía que la asimilación y la acomodación se aplican a logros más abstractos. Hay esquemas que tienen que ver con objetos, números y personas, y los procesos de ampliación y modificación (asimilación y acomodación) permiten al niño alcanzar una cota intelectual cada vez mayor. Como Skinner, Piaget se sintió tentado por la analogía entre el aprendizaje y la evolución biológica y a veces dijo que, mediante estos dos procesos de aprendizaje, puede considerarse que el niño en desarrollo está «adaptándose» al entorno, esforzándose por hallar un equilibro adecuado entre la mente y el mundo.

Piaget también propuso que el niño pasa por varias etapas. Cada una corresponde a un estilo de pensamiento distinto, a una forma diferente de entender cómo funciona el mundo. (Las etapas tienen, a su vez, subetapas —a veces, la teoría de Piaget alcanza un nivel de complejidad digno de Borges—, pero aquí no las vamos a analizar.) Ya hemos visto que la teoría de Freud también establecía etapas, pero era psicosexual y se centraba en los apetitos y en los deseos sexuales. Las etapas de Piaget son aptas para todos los públicos y tienen que ver con diferentes formas de pensar.

El recién nacido empieza en la *etapa sensoriomotora*. Durante los dos primeros años de vida, el bebé es una criatura puramente sensorial. Al principio de esta etapa, percibe y manipula, pero no razona. No tiene sentido del tiempo ni distingue entre sí mismo y los demás y, lo que es más importante, no tiene sentido de la permanencia del objeto.

Esto último ha fascinado durante mucho tiempo a los psicólogos por ser una idea atrevida. Si una pelota sale rodando y se mete debajo de un mueble, por supuesto que sabemos que sigue ahí, ¿puede haber algo más obvio? Pero lo que Piaget decía era que, hasta los seis meses, el bebé no comprende que los objetos existen al margen de lo que haga o de cómo los perciba. Ojos que no ven, corazón que no siente (literalmente). Tal vez por eso les divierte tanto jugar al cucú-tras: nos tapamos la cara y luego la descubrimos, y el bebé se parte de risa o grita porque cuando nos la tapamos se cree que nos hemos ido.

Piaget no fue el primero en defender esta postura sobre nuestra naturaleza inicial. George Berkeley, uno de los empiristas británicos, creía que la comprensión de los objetos surge sólo cuando el bebé empieza a moverse por el espacio y a manipular el mundo. Después de todo, la experiencia visual es bidimensional: la luz que incide sobre nuestros ojos es similar a los patrones de pintura que salpican dos lienzos, así que Berkeley sostuvo que el tacto es necesario para que apreciemos que vivimos en un mundo tridimensional.[140]

La segunda etapa de Piaget, la *preoperacional*, abarca desde los dos años hasta los siete, aproximadamente. El bebé ya es un niño y empieza a razonar. Los niños de esta edad pueden pensar, diferenciarse de los demás, comprenden el tiempo de forma rudimentaria y entienden que los objetos siguen existiendo cuando los pierden de vista, pero tienen ciertas limitaciones interesantes.

Una de ellas es lo que Piaget llamó *egocentrismo*. No lo decía en el sentido que lo digo yo cuando me quejo de que uno de mis colegas es un egocéntrico porque se pasa todo el tiempo presumiendo de sus logros y nunca se da cuenta de que me he cortado el pelo. Piaget quería decir que los niños no pueden literalmente entender que los demás ven y entienden el mundo de otra forma; no pueden adoptar la perspectiva de otras personas.

Una demostración clásica es la tarea de las tres montañas, que puede hacerse con niños de tres y cuatro años. Se le muestra al niño un diorama con montañas de diferentes alturas, por ejemplo, de izquierda a derecha, pequeñas, medianas y grandes y se le pide que las dibuje. A continuación, se le pregunta cómo cree que las dibujaría una persona que estuviera al otro lado de las montañas. Un adulto respondería invirtiendo la orientación y diría que esa persona las dibujaría, de izquierda a derecha, grandes, medianas y pequeñas. Pero los niños no pueden hacer eso, sólo dibujan las montañas como las ven ellos. La

140. Berkeley, George, *Tratado sobre los principios del conocimiento humano*, Losada, Argentina, 2004.

conclusión de Piaget es que los niños creen que los demás ven el mundo como ellos.

Cualquiera que pase un rato con niños se dará cuenta de su egocentrismo. Persiste, de forma más leve, mucho después de la etapa preoperativa. Hace poco, mi sobrina me hizo una videollamada para contarme los regalos que le habían hecho por su sexto cumpleaños y estaba emocionada, hablaba a una velocidad vertiginosa de este juguete, esta muñeca o esta bolsa de chuches y de lo que le había regalado Sophie y de lo que le había regalado Sheri. Yo no conocía a ninguna de esas personas y a ella no le importaba, ignoraba todas las reglas de la conversación, a su encantadora manera, era como si yo no estuviera allí. Que esto lo haga una niña de seis años tiene gracia, pero si lo hiciera un adulto, sería chocante.

Otra limitación, según Piaget, es que los niños, en esta etapa, no llegan a comprender que intervenir en las cosas modifica algunas propiedades, pero no todas: no entienden que hay propiedades que se *conservan*. Si tengo un montón de caramelos y esparzo unos cuantos para que ocupen más espacio y luego te pregunto si ahora hay más caramelos, te reirás y me dirás: «Claro que no, sólo los has esparcido». Pero los niños pequeños suelen decir que *sí* que hay más caramelos ahora. De forma similar, si se vierte agua de un recipiente bajo y ancho a otro largo y alto, un adulto sabe que el volumen de agua es el mismo, pero un niño pequeño dirá que ahora hay más agua porque el recipiente es más alto.

Una tercera limitación que se encuentra en la etapa preoperacional es la incapacidad de distinguir la apariencia de la realidad, de apreciar que algo puede parecer una cosa y en realidad ser otra. En el momento en que escribo esto, hay vídeos virales en los que aparece un objeto que parece un libro, un zapato o un portátil, pero aparece un cuchillo, corta el objeto y, ¡guau, es una tarta! Tiene su gracia, pero si Piaget estaba en lo cierto, eso desconcertaría a un niño: si parece un libro, tiene que ser un libro.

Una prueba fehaciente de que los niños están limitados en esta etapa se encontró en los años sesenta, en un estudio clásico.[141] Rheta De Vries llevó un gato llamado Maynard a un laboratorio y dejó que niños de varias edades jugaran con él. Todos estuvieron de acuerdo en que Maynard era un gato. Luego, delante de los críos, De Vries le puso a

141. De Vries, Rheta, «Constancy of generic identity in the years three to six», *Monographs of the Society for Research in Child Development*, 34, 3 (1969), pp. Iii-67.

Maynard la máscara de un perro con cara de pocos amigos: muchos de los niños de tres años (pero no los de seis) dijeron que el gato se había convertido en un perro. Cuando les preguntaron qué tenía Maynard debajo de la piel, contestaron que tendría los huesos y el estómago de un perro. Si parece un perro debe de ser un perro.

Las etapas sensoriomotora y preoperacional constituyen el núcleo de la mayoría de las investigaciones de Piaget, las de sus defensores y las de sus detractores. Hay dos etapas más, que repasaré brevemente en aras de la exhaustividad. Al llegar a la *etapa de las operaciones concretas*, que comienza sobre los siete años, el niño es sofisticado, pero tiene dificultades con el razonamiento abstracto e hipotético. La madurez cognitiva completa llega con la *etapa de las operaciones formales,* que se dice que se alcanza alrededor de los once años, aunque Piaget observó que «no todas las personas en todas las culturas alcanzan operaciones formales, y la mayoría de las personas no utilizan operaciones formales en todos los aspectos de su vida».[142]

Al esbozar su teoría he dado edades aproximadas, pero Piaget no se pronunció sobre el momento exacto en que los niños alcanzan y superan estas etapas. Le divertía una pregunta que le hacían mucho: «¿Qué hacemos para acelerar cada etapa?». Y su respuesta a lo que él llamaba «la pregunta americana» era: «¿Por qué íbamos a querer hacerlo?».[143]

Piaget no fue un teórico humilde, pero, a diferencia de Freud o de Skinner, nunca aspiró a elaborar una teoría grandiosa sobre la naturaleza humana. No fue de los que escribieron una psicohistoria de Leonardo da Vinci como Freud ni de los que intentaron reformar el sistema penal como Skinner. Se ciñó a lo suyo.

Pero en lo suyo fue un teórico audaz. De hecho, un experto escribió entusiasmado que «el conjunto de la obra de Piaget constituyó, quizá, la integración teórica más intensa, coherente y arrolladora de todas las ciencias de la vida que el mundo había visto hasta entonces».[144] A mí me parece que es exagerar —¿nos hemos olvidado de Darwin o qué?—, pero estoy de acuerdo con el planteamiento general. Las ideas de Piaget son tan ricas que merece la pena sumergirse en ellas. Si te entran ganas de

142. Jenson Arnett, Jeffrey, *Adolescence and emerging adulthood: A cultural approach*, Prentice Hall, p. 89, Estados Unidos, 2010.

143. Hopkins, J. Roy, «The enduring influence of Jean Piaget», *Psychology Today*, 1 de diciembre de 2011, <https://www.psychologicalscience.org/observer/jean-piaget>.

144. Dixon, *op. cit.*, p. 12.

hacerlo, te recomiendo que busques fuentes secundarias, pues Le Patron fue un escritor terrible, tanto cuando traducía al inglés como (según me han contado) en su lengua original, el francés.

El trabajo de Piaget lo continuaron varias generaciones de psicólogos del desarrollo, reproduciendo y ampliando sus hallazgos, tratando de explicarlos y, a menudo, de refutarlos. Ya nos hemos quejado de que las teorías de Freud y Skinner no pueden ser falseadas. El problema de decir que todos los sueños son deseos insatisfechos o que todo lo que hacemos está controlado por un estímulo no significa que estuvieran equivocados, sino que es algo tan vago, algo que cae tanto por su propio peso, que ni siquiera se equivocaban. Con Piaget, en cambio, no hay problema, pues planteó cosas interesantes y falsables. Si se descubriera, por ejemplo, que los niños de un año comprenden la permanencia de los objetos o que los de tres años son capaces de retener una tarea, la teoría de Piaget sufriría un serio revés, y él lo sabía.

Se ha demostrado que muchas de las observaciones de Piaget están fundamentadas. Por ejemplo, puede demostrarse que un niño pequeño cooperativo tiene fallos de retención. Pon unos cuantos caramelos delante de ti y luego la misma cantidad de caramelos delante del niño y ponlos en pareja. Pregúntale quién tiene más y el niño dirá que los dos igual. Ahora separa un poco los caramelos de una fila y hazle la misma pregunta; la respuesta más habitual es que en la fila más larga hay más caramelos, que es lo que averiguó Piaget. Son descubrimientos sorprendentes sobre cómo funciona la mente de un niño.

Hay mucho de cierto en su teoría, sí, pero la ciencia evoluciona y en la actualidad hay pocos estudiosos que acepten sin reservas los postulados de Piaget sobre el desarrollo infantil.

Una de esas limitaciones es teórica. Piaget hablaba del desarrollo en términos de asimilación y acomodación, pero no dejó claro cómo concretar esas nociones. A menudo se basaba en ideas biológicas, pero nunca superaron la categoría de metáfora. Ni Piaget ni sus seguidores explicaron de qué manera se produce esa transformación y reestructuración a un nivel neurológico; no existen modelos computacionales universalmente aceptados para explicar de qué manera tiene lugar ese cambio.

También preocupa la metodología. Piaget desarrolló sus teorías basándose sobre todo en su propia interacción con bebés y niños, en su gran capacidad de observación. Cuando trataba con niños con edad suficiente para hablar, los entrevistaba y les pedía que resolvieran problemas y explicaran qué pensaban mientras. No cabe duda de que así recabó información, pero estos métodos tienen sus pros y sus contras. Ya se sabe que los pequeños no se expresan con elocuencia y que para ellos suele ser difícil, más que para los adultos, explicar lo que les pasa por la cabeza. También son bastante sensibles a lo que los psicólogos llaman la *exigencia de la tarea* o la *exigencia del investigador*: a veces intentan dar la «respuesta correcta» en lugar de decir lo que piensan.

Por último, Piaget y sus colegas no fueron a veces benévolos a la hora de interpretar por qué un niño piensa o actúa de una u otra manera; se apresuraban a atribuirlo a la inmadurez cognitiva, aunque pudiera haber otra explicación. Retomemos la idea de que los niños no saben distinguir la apariencia de la realidad, volvamos al estudio de De Vries, el que le puso una máscara al gato Maynard. Los niños más pequeños dijeron que se había convertido en un perro. ¿Se equivocaban? Cambiemos un poco el ejemplo con este diálogo inventado entre un padre y su hija de cuatro años:

> PADRE: ¿Quién soy?
> HIJA: Papá.
> PADRE [se pone una máscara de Darth Vader]: ¿Y ahora?
> HIJA: ¡Darth Vader!
> PADRE [para sí mismo]: Guau, vaya lío que tiene. Supongo que Piaget tenía razón. Ya se le pasará cuando crezca.

Eso es injusto, la niña no tiene por qué tener un lío. De hecho, si de verdad creyera que su padre se ha convertido en Darth Vader, estaría aterrorizada, no encantada. Tal vez lo que se desarrolle de forma más general no sea una comprensión estricta de la realidad, sino la capacidad de identificar situaciones en las que la pregunta esté pensada para ser tomada al pie de la letra. Una niña mayor, sabiendo que la están poniendo a prueba, se cuidaría de responder que él *en realidad* no es Darth Vader, sólo finge serlo. Y lo cierto es que no sería incorrecto llamarlo Darth Vader ni que los niños de De Vries dijeran que el gato es un perro (si no, ¿para qué le puso la máscara al gato sino para que el niño viera que, en ese momento, era un perro?).

Los avances de la psicología no se limitan a publicar nuevas teorías o descubrir cosas nuevas, sino también a desarrollar métodos, como la interpretación de los sueños de los psicoanalistas, las técnicas de imagen cerebral de los neurocientíficos y los estudios del tiempo de reacción de los psicólogos cognitivos. Igualmente, los psicólogos del desarrollo han inventado formas ingeniosas de sondear la mente del bebé y del niño que, cuando se ponen en práctica, permiten demostrar que son mucho más inteligentes de lo que Piaget afirmaba.

¿Qué sabe el ser humano desde su nacimiento? ¿Cómo podemos abordar el gran debate, desde Platón hasta Locke, pasando por los psicólogos y científicos cognitivos modernos, acerca de si parte del conocimiento es innato? Una posibilidad es observando a los bebés.

Ya hemos visto que hay muchas maneras de aprender cosas de la vida mental de otras criaturas, aparte de hablar con ellas, como cuando los conductistas pusieron a las ratas a dar vueltas por un laberinto, pero un bebé es harina de otro costal. Los bebés no hablan, no andan, no saben picotear ni tirar de una palanca; los más creciditos pueden gatear, pero no mucho, ni rápido, y no siempre en línea recta. La mayor parte del tiempo están sentados, demostrando lo monos que son, llorando, haciendo gorgoritos o excretando.

¿No podemos estudiar lo que pasa en su cerebro y ya está? Podría parecer la forma más refinada de investigar la vida mental de una criatura que todavía no puede contarte lo que está pensando y, de hecho, se está desarrollando mucho trabajo en esta línea. Hay estudios que emplean la resonancia magnética funcional, el mismo método que se usa con los adultos, para ver qué parte del cerebro del bebé se activa según mire distintas imágenes. Un método desarrollado hace poco es la espectroscopia funcional del infrarrojo cercano, que estudia los procesos mentales irradiando luz infrarroja en la cabeza (este método funciona mejor con personas calvas y con el cráneo fino, así que es perfecto para los bebés). Y hace tiempo que se investiga con métodos como el del potencial relacionado con el evento (ERP, por sus siglas en inglés), que observa patrones de actividad eléctrica, los cuales indican mejor el curso temporal de la actividad mental que su localización.

Son métodos apasionantes y con ellos hemos aprendido mucho de las áreas cerebrales involucradas en acciones como escuchar a alguien hablar o prestar atención a los números,[145] pero, al menos de momento, los descubrimientos más interesantes sobre la mente del bebé se han hecho con métodos más sencillos que se las apañan con lo poco que un bebé sabe hacer bien, como succionar el chupete o mover los

145. Véase un análisis en Spelke, Elizabeth S., *What babies know: Core knowledge and composition, vol. 1*, Oxford University Press, Reino Unido, 2022.

ojos. Puede que no parezca gran cosa, pero puesto en manos de investigadores competentes sirve para descubrir los secretos del alma infantil.

Supongamos que queremos saber si un bebé prefiere oír la voz de su madre a la de un desconocido. Un método consiste en ponerle un chupete en la boca y unos auriculares en los oídos y configurarlos de forma que si el bebé succiona el chupete, oye algún sonido por los auriculares. A veces, ese sonido será la voz de mamá y otras, la de un desconocido. ¿Te acuerdas de la ley del efecto? Los bebés, como las ratas y las palomas, deberían repetir una conducta si obtienen una recompensa, y así, comparando qué hace con el chupete en diferentes situaciones, sabremos a quién prefiere oír. También podemos saber qué lenguaje prefiere: ¿un bebé anglohablante prefiere oír inglés antes que ruso? (En el siguiente capítulo, sobre el lenguaje, sabrás la respuesta).

Otro método es la *habituación*, que consiste en la tendencia decreciente a responder a un estímulo que nos es familiar por exposición repetida, una forma sofisticada de decir que nos acostumbramos a las cosas. Si en mitad de una clase dejara de hablar ante el micrófono y gritara ¡BUUU!, los alumnos pegarían un salto, pero, si volviera a hacerlo un minuto más tarde y otra vez y otra vez, ya no les sorprendería. Se acostumbrarían. Se habituarían.

La habituación es un recurso psicológico esencial porque nos mantiene centrados en lo novedoso. Algo que lleva cierto tiempo en el entorno no debería captar tanto nuestra atención, ya lo hemos registrado y procesado como es debido, pero algo nuevo puede ser importante, tal vez peligroso, y merece la pena prestarle atención. Un verano, cuando era adolescente, trabajé en una fábrica de chapas metálicas muy ruidosa; había chispas que saltaban y máquinas en funcionamiento y, al principio, todo captaba mi atención (y mi ansiedad), pero enseguida me acostumbré. Me habitué. Y si surgía algo distinto, un ruido nuevo o una máquina que sonaba de otra manera, enseguida me llamaba la atención, como tiene que ser.

Pues resulta que la habituación es una forma estupenda de averiguar lo que saben los bebés. Imagínate que eres un bebé y te enseñan varias imágenes:

un círculo rojo,
otro círculo rojo,
otro círculo rojo...

Te aburrirías, mirarías para otro lado, buscarías algo nuevo. Pero ahora te enseñan un círculo verde y reaccionas: «¡Anda, otro color!». Un psicólogo sabrá, a partir de tu reacción (tal vez porque mires más tiempo la pantalla, tal vez porque te suba el ritmo cardiaco), que distingues el rojo del verde. Si no percibieras los colores, no reaccionarías, seguirías aburrido.

O imagínate que te enseñan esto:

dos gatos,
dos gatos,
dos gatos,
dos gatos...

Otra vez te aburrirías, pero entonces te enseñan tres gatos. Si eso capta tu atención, sabremos que sabes diferenciar entre dos y tres gatos.

¿Esto significa que sabes distinguir el concepto de dúo y trío, que entiendes de números? No tan rápido. A fin de cuentas, tres gatos siempre ocupan más espacio que dos, así que lo mismo has reaccionado por la diferencia de tamaño. Vale, entonces el psicólogo puede mostrar a continuación tres gatos más pequeños, que ocupen el mismo espacio que dos. Pero entonces puede que el bebé lo que perciba sea la diferencia de tamaño. ¿Cómo se diseña un estudio que pruebe la sensibilidad a los números y a la vez evite la posibilidad de que otros indicios ayuden a distinguirlos? Hay soluciones (creo), pero son experimentos sumamente complicados.[146]

Tenemos la ley del efecto, la habituación y la sorpresa. Los bebés, como todos nosotros, se quedan mirando algo que no esperan. Imagínate que estás observando a un hombre por la calle y que poco a poco se coloca un sombrero en la cabeza. Qué aburrimiento. Ahora imagínate que estás mirando a un hombre que tiene un sombrero en la mano y que el sombrero empieza a flotar despacio, sube y acaba en su cabeza. Te quedarías mirándolo y esa mirada nos diría cómo funciona la mente, pues lo que has visto vulnera tus expectativas. Los bebés también se quedan mirando lo que les parece extraño, así que los psicólogos aprovechan esa realidad para averiguar cómo comprenden los objetos.

146. Para entrar en detalles, véase McCrink, Koleen; y Wynn, Karen, «Large-number addition and subtraction by 9-month-old infants», *Psychological Science*, 15, 11 (2004), pp. 776-781. Para la postura opuesta, véase Yousif, Sami R.; y Keil, Frank C., «Area, not number, dominates estimates of visual quantities», *Scientific Reports*, 10, 1 (2020), pp. 1-13.

En un estudio clásico, se puso a unos bebés frente a un bloque colocado sobre una mesa con una pantalla plana delante del bloque. La pantalla empezaba a girar hacia arriba hasta ocultar el bloque y luego continuaba girando.[147] Supongamos que es cierto que los bebés creen, como dijo Piaget, que lo que no se ve no existe: en ese caso, los bebés deberían esperar que la pantalla siga girando hacia abajo porque ya no hay bloque que se interponga en su camino. Cuando los bebés de cinco meses ven que eso, efectivamente, sucede (se ha hecho caer el bloque por una trampilla), se quedan mirando más tiempo. Es como si pensaran: «Oye, qué raro, debería haber un bloque ahí que impidiera a la pantalla moverse».

Y a ver qué te parece esto: hay un escenario vacío. Una mano sitúa un Mickey Mouse en él y se coloca un biombo delante del muñeco para que no se vea. Luego la mano saca otro muñeco de Mickey Mouse y lo oculta tras el biombo. A continuación, se retira el biombo. Si eres adulto, sabes que un Mickey más otro Mickey es igual a dos Mickeys, así que debería haber dos, no uno ni tres. Los bebés de cinco meses también lo saben; se quedan sorprendidos cuando se retira el biombo y hay un Mickey o tres, lo que parece indicar que saben que, aunque Mickey esté detrás del biombo, sigue existiendo.[148]

Basándose en estos estudios y en muchos otros, la psicóloga del desarrollo Elizabeth Spelke ha propuesto que existe un sistema innato de razonamiento sobre los objetos, presente en bebés tan pequeños como los investigadores son capaces de comprobar (y también en otras especies no humanas, como los polluelos recién nacidos).[149] Spelke sostiene que los bebés comprenden el mundo físico de una forma básica que incluye los siguientes principios:

1. **Los objetos están cohesionados**: son masas conectadas; si tiras de una parte de un objeto, el resto vendrá con él.
2. **Los objetos son sólidos, no son permeables**; si tocas un objeto con un dedo, el dedo no lo atravesará.
3. **Los objetos se mueven formando una trayectoria continua**: no desaparecen de un lugar y reaparecen en otro.

147. Baillargeon, R.; Spelke, E. S.; y Wasserman, S., «Object permanence in five-month-old infants», *Cognition*, 20, 3 (1985), 191-208.
148. Wynn, Karen, «Addition and subtraction by human infants», *Nature*, 358, 6389 (1992), pp. 749-750.
149. Spelke, Elizabeth, «Initial knowledge: Six suggestions», *Cognition*, 50, 1-3 (1994), pp. 431-445.

4. **Los objetos se mueven por contacto**: no se mueven espontá-
neamente. (A diferencia de otros principios, éstos sólo se pueden aplicar a determinados objetos, no a criaturas animadas, como
las personas o los perros, ni a ciertos artefactos complejos, como los
robots o los coches.)

Las numerosas investigaciones que sugieren que estos principios se
manifiestan antes del primer año de vida refutan las afirmaciones de Piaget sobre las limitaciones de los bebés, pero, además, esta investigación
ha dado paso a uno de los grandes descubrimientos de la psicología moderna: la prueba de que existe un conocimiento innato del mundo físico.

Hasta ahora nos hemos ocupado de lo que saben los bebés sobre los
objetos, así que a continuación nos fijaremos en los niños un poco mayores y analizaremos las pruebas que demuestran que existe un ámbito
de comprensión diferente que guarda relación con la forma en que damos sentido a determinadas categorías. Vamos a plantearnos la idea de
que todos somos esencialistas por naturaleza.[150]

Suele pensarse que el esencialismo es una doctrina metafísica, una
forma de entender cómo funcionan las cosas. Se presenta de varias formas, pero la idea principal es que hay categorías en el mundo que no se
reducen a sus cualidades superficiales, a lo que se puede ver o tocar, sino
que también poseen propiedades más profundas que las convierten en
lo que son. Como dijo John Locke: «La verdadera, interna pero por lo
general... desconocida constitución de las cosas, de la que dependen sus
cualidades descubribles, puede llamarse su *esencia*».

El oro, por ejemplo, suele ser un metal de un color determinado, pero
sabemos que un objeto puede ser de oro y no parecerlo o puede parecer de
oro y no serlo, como ocurre con la pirita, el oro de los tontos. Lo que hace que
un gato sea un gato no es sólo su aspecto, sino las propiedades más profundas que posee el animal, por eso los adultos, al menos, comprenden que
Maynard no deja de ser un gato cuando se le pone una máscara de perro.

Puede que nos hagamos a la idea de lo que es la esencia, la mayoría
de las personas con conocimientos científicos daría por sentado que se
trata de la estructura atómica en el caso del agua y del oro y del ADN en
el caso de los gatos, pero se puede ser un esencialista sin disponer de

---

150. Este estudio está resumido en Gelman, Susan A., *The essential child: Origins of
essentialism in everyday though*t, Oxford University Press, Estados Unidos, 2003.

esos conocimientos. Mucho antes de que existiera la ciencia moderna, la gente ya sabía que no es oro todo lo que reluce.

La gente, pues, sabe que hay dos maneras de comprender el mundo: por un lado, la apariencia —lo que las cosas parecen ser superficialmente— y, por otro, su verdadera naturaleza. A veces se separan, y por eso la ciencia, que se dedica a investigar la naturaleza esencial de las cosas, descubre cosas sorprendentes, como que el colibrí, el avestruz y el halcón, por muy diferentes que parezcan, son todas aves, pero el murciélago, que parece un pájaro, no lo es. Confiamos en estos descubrimientos en la vida diaria. Si acudimos al médico con una erupción cutánea, no nos quedaremos tranquilos si nos dice que parece una quemadura solar; queremos saber si *es verdad* que lo es, y para eso están los análisis de sangre y las biopsias.

El esencialismo no es sólo una creencia moderna de Occidente: aparece, en mayor o menor medida, en todas las culturas que se conocen. En todas partes, la gente entiende que algo puede parecer X, pero ser en realidad Y; sabe que siempre se puede preguntar «pero ¿qué es en realidad?». En todas partes se cree en las esencias, aunque su definición depende del sistema de creencias de cada cultura. Por ejemplo, cuando hablan de especies, los yoruba no hablan de genes, sino de «estructuras celestiales».[151]

Este carácter universal plantea la posibilidad de que el esencialismo refleje una forma natural de concebir el mundo, planteamiento nativista que habría sido anatema para Piaget, que sostenía que los niños parten de una visión superficial del mundo, limitada a lo que pueden ver, oír y tocar. Sin embargo, hay pruebas de que Piaget se equivocaba, de que el esencialismo ya aparece en los años preescolares.[152]

En un estudio, se les mostró a unos niños de tres años la imagen de un petirrojo y se les dijo que tenía una característica escondida, una determinada sustancia química en la sangre. Luego les enseñaron otras dos imágenes: una de un animal que se le parecía, pero de otra categoría, como un murciélago, y la otra, de un animal que parecía distinto, pero que era de la misma categoría, como un flamenco. ¿Cuál de ellos tenía la misma característica escondida? Los niños solían generalizar

151. Walker, Sheila J., «Culture, domain specificity and conceptual change: Natural kind and artifact concepts», *British Journal of Developmental Psychology*, 17, 2 (1999), pp. 203-219.

152. Puede verse un análisis de estos estudios en Gelman, Susan A., «Learning from others: Children's construction of concepts», *Annual Review of Psychology*, 60 (2009), pp. 115-140.

basándose en la categoría y elegían el flamenco. Eso no demuestra que fueran completamente esencialistas, pero sí que eran sensibles a algo más que la apariencia. Otros estudios que emplean procedimientos modificados han constatado el mismo efecto en niños que aún no han cumplido los dos años.

Otros experimentos revelan que los niños pequeños creen que, si se le sacan las entrañas a un perro (la sangre y los huesos), deja de ser un perro, pero, si se le quitan los rasgos exteriores, sigue siéndolo. Estos mismos estudios también revelan que los niños son más propensos a dar un nombre común a las cosas que comparten alguna propiedad oculta («tienen el mismo tipo de cosas por dentro») frente a las que comparten propiedades superficiales («viven en el mismo tipo de zoo y en el mismo tipo de jaula»).

Un colega mío de Yale, Frank Keil, es autor de algunas de las demostraciones más sorprendentes del esencialismo infantil.[153] Mostraba a los niños imágenes de varias transformaciones, como la de un puercoespín convertido en cactus tras una operación o la de un perro de verdad convertido en un juguete. La conclusión principal que sacó fue que los niños rechazaban que esa modificación tan radical los convirtiera en otra categoría: sin importar lo que pareciera, seguía siendo un puercoespín o un perro. Sólo cuando se les decía que los cambios habían tenido lugar por dentro —que las entrañas de esas criaturas se habían modificado— se convencían de que habían cambiado de categoría.

En todos estos ejemplos, los niños aciertan; su intuición coincide con la de un adulto, incluso con la de un científico. Aprecian la importancia de las categorías, pero el esencialismo puede pasarse de la raya y convertir a los niños, y a los adultos, en un poco estúpidos. Un ejemplo sería cuando reducimos a un grupo de personas a su esencia, a eso llegaremos más adelante. Otro ejemplo es lo que opinamos del trasplante de órganos. Resulta que los niños pequeños, y algunos adultos, creen que un trasplante implica que se transfieren las propiedades más profundas del animal. Por ejemplo, los niños de cuatro años suelen creer que a quien le trasplantan el corazón de un cerdo acabará pareciéndose a un cerdo.[154] ¡El esencialismo se descontrola!

153. Keil, Frank, *Concepts, kinds, and cognitive development*, MIT Press, Estados Unidos, 1989.

154. Meyer, Meredith, *et al.*, «My heart made me do it: Children's essentialist beliefs about heart transplants», *Cognitive Science*, 41, 6 (2017), pp. 1694-1712.

Hemos hablado del conocimiento del mundo físico y del esencialismo. Ahora llegamos a un tercer programa de investigación que a veces se conoce como *psicología ingenua* o *teoría de la mente*. Se trata de cómo entendemos a los demás.

Existen pruebas de que somos criaturas sociales desde que venimos al mundo. Apenas unos minutos después de nacer, los bebés mueven los ojos para detectar toda forma que parezca una cara (dos ojos, una nariz y una boca) antes que cualquier otra cosa que no lo parezca y tenga los rasgos mezclados.[155] Prefieren las caras que los miran a ellos directamente, no de perfil, lo que indica que les interesa la comunicación social.[156] Después, esperan que las caras se comporten de forma diferente a otros objetos. Los bebés pierden interés si un objeto en movimiento se queda quieto, pero si interactúan con una persona que deja la cara quieta y permanece así, suelen enfadarse.[157]

Los bebés suponen que la gente tiene objetivos. Imagina una mesa con dos objetos encima y una mano que intenta alcanzar uno de ellos. ¿Adónde dirías que se dirigiría la mano más tarde si los objetos se intercambiaran de lugar? A ver, los adultos sabemos que las manos van unidas a las personas; las personas tienen objetivos, y un objetivo razonable para una persona es alcanzar un objeto concreto, no ir a un lugar específico (si yo estuviera intentando coger unas palomitas y cambiaras de sitio el cuenco y pusieras en su lugar un jarrón de flores, lo más probable es que cuando quiera más palomitas alcance el cuenco, no las flores). Los bebés de seis meses tienen las mismas expectativas.[158]

Y también tienen expectativas sobre cómo responderán los individuos a las personas que apoyan o entorpecen sus objetivos. En una investigación de la que formé parte hace muchos años, Valerie Kuhlmeier, Karen Wynn y yo hicimos varios estudios en los que unos bebés veían cómo una pelota subía una colina y un personaje la ayudaba a subir y otro la empujaba hacia abajo. Luego les mostrábamos a los bebés otras

155. Johnson, Mark H., *et al.*, «Newborns' preferential tracking of face-like stimuli and its subsequent decline», *Cognition*, 40, 1-2 (1991), pp. 1-19.

156. Farroni, Teresa, *et al.*, «Eye contact detection in humans from birth», *Proceedings of the National Academy of Sciences*, 99, 14 (2002), pp. 9602-9605.

157. Adamson, Lauren B.; y Frick, Janet E., «The still face: A history of a shared experimental paradigm», *Infancy*, 4, 4 (2003), pp. 451-473.

158. Woodward, Amanda L., «Infants selectively encode the goal object of an actor's reach», *Cognition*, 69, 1 (1998), pp. 1-34. Véase también Gergely, G.; y Csibra, G., «Teleological reasoning in infancy: the naïve theory of rational action», *Trends in Cognitive Sciences*, 7, 7 (2003), pp. 287-292.

dos situaciones: en una, la pelota se acercaba al personaje que la ayudaba a subir y en otra se acercaba al personaje que la obstaculizaba. Como
se pronosticó, el patrón de tiempo de mirada de los bebés sugería que,
igual que los adultos, ellos asumen que alguien se acercará a un individuo que lo ayude a conseguir un objetivo, no a uno que lo impida.[159] En
investigaciones posteriores, dirigidas por Kiley Hamlin, se descubrió
que los niños mayores apreciaban más a los personajes que ayudaban a
los demás que a los que no.[160]

Otros aspectos de la comprensión social de los bebés están ahí, a la
vista de cualquiera (no se necesita un laboratorio). En los primeros meses de vida, generalmente antes de cumplir un año, los bebés intentan
llamar la atención de los adultos respecto a algo de su entorno. Gesticu-
lan, saludan, gruñen y, con el tiempo, son capaces de señalar cosas. A
veces lo hacen para conseguir lo que desean; un bebé sentado en una
trona puede mirarte fijamente y gruñir mientras intenta alcanzar su biberón; el mensaje está claro: «¡Tío, pásame el biberón!». Otras veces se
trata solamente de compartir algo, señala un dibujo e intenta enseñár-
telo: «¡Oye, mira esto!».

Estos ejemplos revelan algo muy importante sobre la mente de los
bebés. Sugieren que entienden que los demás son seres pensantes cuya
atención puede atraerse. Esta apreciación parece ser exclusivamente
humana. Los chimpancés maduros tienen mucha más capacidad que
los bebés humanos en muchos aspectos, pero en la naturaleza no muestran, ofrecen ni señalan objetos.[161]

Cuando empiezan a hablar, se hace evidente que los niños desarrollan la comprensión de su propia mente y la de los demás.[162] Aquí
tenemos a Eve, de dos años, demostrando que comprende lo que le
gusta:

> ADULTO. ¿Te apetece una galleta?
> EVE. Quiero galleta. Las galletas me hacen feliz.

---

159. Kuhlmeier, Valerie; Wynn, Karen; y Bloom, Paul, «Attribution of dispositional
states by 12-month-olds», *Psychological Science*, 14, 5 (2003), pp. 402-408.

160. Hamlin, J. Kiley; Wynn, Karen; y Bloom, Paul, «Social evaluation by preverbal
infants», *Nature*, 450, 7169 (2007), pp. 557-559.

161. Tomasello, Michael, «Uniquely primate, uniquely human», *Developmental
Science*, 1, 1 (1998), pp. 1-16.

162. Todos los ejemplos, de Bartsch, Karen; y Wellman, Henry M., *Children talk
about the mind*, Oxford University Press, Reino Unido, 1995.

Éste es Abe, de tres años, que parece darse cuenta de que otras personas pueden tener un punto de vista sobre algo que no coincida con el suyo:

> ABE. Hay gente a la que no le gustan los halcones. Creen que tienen... que son traicioneros.
> MADRE. ¿Y tú qué crees?
> ABE. Yo creo que son buenos animales.

Adam, de tres años, reconoce explícitamente que su yo del pasado puede tener una opinión que ahora no tiene. Había estado comiendo pegamento:

> ADAM. No me gusta.
> ADULTO. ¿Por qué te metes eso en la boca?
> ADAM. Pensé que estaría bien.

Por último, me parto de risa con esta ocurrencia de Abe, que yo diría que es una broma:

> ABE. Me las he pintado (las manos).
> ADULTO. ¿Por qué?
> ABE. Porque creía que mis manos eran de papel.

El lector atento habrá percibido cierta contradicción. Empecé hablando de los hallazgos de Piaget sobre las graves limitaciones de los niños, incluida (como en el caso del egocentrismo) su incapacidad para comprender la mente de los demás. Ya dije que esos hallazgos son reales y replicables, pero ahora estoy contando lo inteligentes que son los bebés socialmente y estoy dando ejemplos de niños de dos y tres años que reflexionan sobre su propia mente y se dan cuenta de que sus pensamientos están relacionados con los de los demás y con los de su yo anterior.

Entonces, ¿en qué quedamos? ¿Los niños son tontos y no saben cómo funciona la mente o son inteligentes?

Es complicado responder, pero esa pregunta nos lleva a uno de los debates más interesantes de la psicología del desarrollo. Échale un vistazo a esta historia:

Sally y Anne están en la misma habitación; Sally tiene una cesta y Anne, una caja. Sally mete una canica en su cesta y sale de la habitación. Mientras está fuera, la traviesa Anne saca la canica y la mete en su caja. Sally regresa. ¿Dónde buscará la canica?[163]

Esto puede que no sea difícil para ti. Es cierto que la canica está en la caja, pero Sally no lo sabe; ella cree que está en la cesta y, por tanto, la va a buscar en la cesta. Tiene una falsa creencia que va a determinar su conducta.

Esta tarea basada en la «falsa creencia» tiene su historia. Se le ocurrió al filósofo Daniel Dennett durante un debate sobre si los chimpancés —no los niños— son capaces de opinar sobre el estado mental de alguien.[164] Dennett señaló que si alguien alberga una creencia correcta sobre el mundo, se puede prever su comportamiento sin adentrarse en su mente. Supongamos que la canica no hubiera cambiado de sitio. Si los niños o los chimpancés predicen que Sally se dirigiría luego a la cesta para cogerla, ¿demostraría eso que están razonando sobre la mente de Sally? Lo cierto es que no. Puede que la predicción esté basada en los hechos (la canica está en la cesta), pero cuando te piden que pronostiques el comportamiento de Sally basándote en sus falsas creencias, no basta con pensar en la ubicación real de la canica. La única manera de dar la respuesta correcta en una tarea basada en falsas creencias es razonando sobre el comportamiento mental de Sally.

Y esto parece ser difícil. Cuando se representa la historia delante de ellos, los niños de cinco años (y de cuatro si la simplificamos) suelen superar la prueba, pero los más pequeños no. Contestan que Sally va a mirar en la caja, donde está la canica. (Los chimpancés también suelen fallar, por cierto, incluso simplificando la tarea para que la entiendan.)[165]

Estos mismos problemas con las falsas creencias los encontramos fuera del laboratorio. A los niños pequeños se les da fatal mentir: insisten en que no han comido galletas cuando tienen la cara llena de chu-

163. El primer experimento de «falsa creencia» fue realizado por Wimmer, Heinz; y Perner, Josef, «Beliefs about beliefs: representation and constraining function of wrong beliefs in young children's understanding of deception», *Cognition*, 13, 1 (1983), pp. 103-128. El escenario específico aquí descrito es de Baron-Cohen, Simon; Leslie, Alan M.; y Frith, Uta, «Does the autistic child have a "theory of mind"?», *Cognition*, 21, 1 (1985), pp. 37-46.

164. Premack, David; y Woodruff, Guy, «Does the chimpanzee have a theory of mind?», *Behavioral and Brain Sciences*, 1, 4 (1978), pp. 515-526.

165. Por ejemplo, Krachun, C.; Call, C.; y Tomasello, M., «A new change-of-contents false belief test: children and chimpanzees compared», *International Journal of Comparative Psychology*, 23, 2 (2010), pp. 145-165.

rretes de chocolate. Tampoco se les da bien jugar al escondite, que también implica jugar con la mente de los demás para ocultarles la verdad. Los niños pequeños simplemente parecen no entenderlo; se esconden otra vez en el mismo sitio en el que acaban de pillarlos o se esconden con las piernas o el culo a la vista o le dicen al adulto que se esconda en un sitio concreto. Uno tiene la impresión de que disfrutan del juego no porque implique engañar a alguien, sino por el teatro, como cuando los padres fingen no saber dónde están («¿Dónde se habrá escondido Timmie? ¡No lo encuentro!») y luego parecen sorprendidos al descubrirlos («¿Estabas debajo de la manta todo el tiempo? ¡No me lo puedo creer!»).

Algunos psicólogos defienden la teoría de Piaget de estas limitaciones. Los niños, sencillamente, no entienden la mente. Carecen de una apreciación completa de los estados mentales y les confunde la disparidad entre las creencias sobre el mundo y el mundo en sí. Tal vez sea así porque no disponen de la experiencia necesaria para razonar sobre otras personas o porque las regiones cerebrales implicadas en ello tardan en desarrollarse.

En cambio, otros psicólogos proponen que los niños sí entienden la mente de los demás. Al fin y al cabo, en ciertos contextos del mundo real, parecen ser sofisticados con respecto a las creencias, incluidas las falsas creencias (acuérdate de Abe, el niño de dos años que dijo que creía que tenía las manos de papel). Además, otros estudios constatan que los bebés, en torno a su primer cumpleaños —mucho antes de la edad a la que logran resolver la tarea de las falsas creencias—, muestran signos de comprender las falsas creencias: el patrón mirada-tiempo da a entender que se sorprenden cuando alguien que debería creer que la canica está en un lugar (que tiene una falsa creencia) busca en el lugar en el que en realidad está.[166]

¿Cómo explican los partidarios de la perspectiva de que los niños son inteligentes que éstos fracasen en la tarea de las falsas creencias? Muchos de esos partidarios —entre los que me incluyo, escribí hace tiempo un artículo sobre ello— han señalado que se trata de una tarea difícil por razones que poco tienen que ver con las falsas creencias.[167] Para tener éxito se deben mantener en la mente, de forma simultánea, dos imágenes contradictorias: el mundo tal como es en realidad (la ca-

166. Onishi, Kristine H.; y Baillargeon, Renée, «Do 15-month-old infants understand false beliefs?», *Science*, 308, 5719 (2005), pp. 255-258.
167. Bloom, Paul; y German, Tamsin, «Two reasons to abandon the false belief task as a test of theory of mind», *Cognition*, 77, 1 (2000), pp. B25-B31.

nica está en la caja) y el mundo tal y como es en la mente de otra persona (la canica está en la cesta). Es complicado incluso para los adultos porque es como llevar una especie de doble contabilidad.[168] Con sus limitadas facultades cognitivas, a los niños les resulta difícil.

Además, razonar sobre falsas creencias comporta anular lo que a veces se denomina *la maldición del conocimiento*, es decir, la suposición generalizada de que los demás poseen los mismos conocimientos que tú. Varios estudios realizados con adultos han llegado a la conclusión de que, cuando alguien sabe algo, como la respuesta a una pregunta o que alguien miente, tiende a asumir que los demás también lo saben.[169] (Ésta es una de las razones por las que enseñar es tan difícil.) Así que la cuestión de dónde buscará Sally la canica supone un reto en parte porque el niño tiene que anular la suposición errónea de que Sally sabe, como él, dónde está la canica.

En cierto sentido, sin embargo, quejarse de lo difícil que es la tarea de las falsas creencias no hace más que replantear la pregunta. ¿Por qué los niños tienen más problemas con las tareas complicadas que los adultos? La respuesta podría devolvernos al cerebro. El cerebro de un niño pequeño no está tan desarrollado como el de un niño mayor o el de un adulto. Recordemos que las neuronas tienen una capa de grasa a su alrededor —la mielina— que permite transferir información de forma más eficiente. Resulta que el proceso de desarrollo de esa envoltura —la mielinización— es lento, de ahí que el cerebro no funcione de forma tan eficiente en los jóvenes; en concreto, los lóbulos frontales tardan mucho en desarrollarse y no están completamente maduros ni siquiera en la adolescencia. Cada niño es, entonces, una suerte de Phineas Gage; no es tonto, pero carece de control de los impulsos y lo manifiesta con rabietas o risitas que no desaparecen, pero también causa problemas con tareas psicológicas que implican anular la tentación de responder, como la de la falsa creencia, en la que el impulso consiste en decir dónde está en realidad la canica.

He expuesto dos puntos de vista diferentes: uno, que los niños no entienden las falsas creencias; el otro, que sí lo hacen, pero tienen otros problemas, y parece que ninguna de las dos posturas es exactamente correcta. Si los niños no comprenden las creencias falsas, ¿cómo se explican los logros de los bebés, además de algún atisbo esporádico de

---

168. Birch, Susan A. J.; y Bloom, Paul, «The curse of knowledge in reasoning about false beliefs», *Psychological Science*, 18, 5 (2007), pp. 382-386.
169. Ibídem.

conocimiento que presentan niños como Abe? Si los niños entienden las creencias falsas, ¿por qué tienen dificultades con ellas en el laboratorio y en la vida real? A algunos investigadores los tienta la teoría de que existe un sistema innato sencillo que puede llevar a cabo ciertos razonamientos sobre falsas creencias (explicaría los aciertos de los bebés) además de un sistema más elaborado, flexible y consciente que tarda años en desarrollarse (explicaría los fallos de los niños).[170] Pero todo esto es objeto de debate permanente.

Para terminar, volvamos a una cuestión fundamental para la psicología del desarrollo: ¿piensan de forma diferente los niños y los adultos?

Hay quien dice que no. Los empiristas creen que los niños y los adultos (de cualquier especie) aprenden a partir de los mismos principios generales. Y muchos nativistas también dirían que no: para ellos, la mente de un niño de cuatro años contiene conocimiento innato, módulos especializados y mecanismos de aprendizaje específicos que no difieren de los que se encuentran en la mente de una persona de cuarenta años.

Y hay quien dice que sí. Como hemos visto, Piaget era un gran defensor de la idea del cambio cognitivo radical en el trascurso del desarrollo, y muchos psicólogos contemporáneos, aunque más reacios a hablar de etapas, están de acuerdo con Le Patron en este punto.

En mi opinión, la versión más prometedora de las propuestas del cambio radical la desarrolló Susan Carey, mi propia asesora de posgrado hace muchos años. Carey sostiene que el cambio conceptual en los niños debe considerarse similar a los cambios en el proceso mental de los científicos adultos: la teoría del niño científico.[171] Su trabajo se vio influido por el clásico libro de Thomas Kuhn *La estructura de las revoluciones científicas,* que describe la diferencia entre las sucesivas visiones científicas del mundo, como la física de Newton y la de Einstein, en términos de cambio de paradigma.[172] Para Kuhn, no se trata

170. Saxe, Rebecca, «The new puzzle of theory of mind development», en Banaji, Mahzarin; y Gelman, Susan (eds.), *Navigating the social world: what infants, children, and other species can teach us,* Oxford University Press, pp- 107-112, Estados Unidos, 2013.

171. Carey, Susan, *Conceptual change in childhood,* MIT Press, Estados Unidos, 1985. Carey, Susan, *The origin of concepts,* Oxford University Press, Estados Unidos, 2009. Véase también Karmiloff-Smith, Annette; y Inhelder, Bärbel, «If you want to get ahead, get a theory», *Cognition,* 3, 3 (1974), pp. 195-212.

172. Kuhn, Thomas S., *La estructura de las revoluciones científicas,* Fondo de Cultura Económica, México, 2019.

solamente de que los físicos de la última generación sepan más que sus predecesores, sino de que ven el mundo de forma completamente diferente.

Carey propone que empezamos la vida con teorías intuitivas del mundo, que esas teorías se desarrollan durante la infancia y que a veces se transforman de forma muy similar a las teorías científicas más formales. En la actualidad existen muchos análisis sofisticados en los que los psicólogos del desarrollo explican el «cambio de teoría» en diferentes ámbitos de la comprensión, como por ejemplo qué piensan los niños de otras mentes, de la biología, de la muerte y de Dios.

Antes, cuando hablábamos del esencialismo ingenuo, vimos otra forma de demostrar la perspectiva del niño científico. Varios estudios sugieren que, igual que los científicos, los niños creen que las cosas poseen una naturaleza más profunda.

La visión del niño como científico también ha cambiado nuestra concepción del aprendizaje y nos ha orientado hacia una idea que muchos padres ya te habrán contado: que los niños no se limitan a absorber información, sino que más bien hacen experimentos y prueban hipótesis. De hecho, de «los terribles dos años» se cree que los niños son tan desagradables con sus padres porque están analizando el funcionamiento de la mente adulta, viendo qué les sorprende, divierte y molesta.[173]

La temprana aparición de esta mentalidad científica la ilustra muy bien un ingenioso experimento con niños de once meses.[174] Los investigadores mostraban a los bebés varios sucesos que vulneraban las leyes de la física, como un objeto que atravesaba una pared o que flotaba. Ya sabemos que los niños, a esa edad, se quedan más tiempo mirando esas cosas, pero este estudio fue más allá: se descubrió que los bebés preferían jugar con esos objetos extraños. Y los manipulaban basándose en lo que habían visto. Por ejemplo, si se les daba el objeto que se suponía que había atravesado una pared sólida, lo golpeaban contra otros objetos, como una mesa; si se les daba el objeto que había estado flotando, lo dejaban caer. Era como si se preguntaran si había ocurrido eso de verdad, si podrían repetirlo. Este sentido de la curiosidad y de la experimentación tan focalizado convierte en muy adecuada la analogía del niño con el científico.

173. Gopnik, Alison, «Explanation as orgasm», *Minds and Machines*, 8, 1 (1998), pp. 101-118.
174. Stahl, A. E.; y Feigenson, L., «Observing the unexpected enhances infants' learning and exploration», *Science*, 348, 6230 (2015), pp. 91-94.

Uno de los atractivos de la perspectiva del niño científico es que cierra el círculo, nos retrotrae al proyecto de Piaget de aprender los orígenes del conocimiento estudiando a bebés y niños. Si el cambio experimentado por los niños durante el desarrollo es similar al cambio de teoría de los científicos adultos, entonces resulta que existe una profunda conexión entre la psicología del desarrollo y el crecimiento intelectual de nuestra especie. Piaget tenía razón: estudiar a los bebés y a los niños pequeños puede desvelar muchas cosas de la naturaleza humana, y eso no es moco de pavo.

6

El simio que habla

El lenguaje está donde hay acción. Cualquier teoría de la mente que se precie debe encarar el reto de explicar cómo aprendemos el lenguaje y lo utilizamos. Esto ya se aplicaba a las teorías de filósofos como Locke, Hume y Leibniz y a las teorías psicológicas desarrolladas el siglo pasado. De hecho, como hemos visto, el programa conductista se vino abajo, en gran parte, porque Skinner no cumplió su promesa de explicar el lenguaje o, como él lo llamaba, la conducta verbal.

Y sigue aplicándose en la actualidad. Ahora mismo hay psicólogos que defienden distintas teorías de la mente, como el aprendizaje bayesiano y el procesamiento predictivo. El grado en que nos tomemos en serio estas posturas de aquí a diez años dependerá, en gran medida, de cómo aborden los muchos misterios del lenguaje.

Antes de profundizar en esos misterios, debemos tener claro qué entendemos por *lenguaje*, palabra a la que se le dan muchos significados. La gente habla del lenguaje de los pájaros y de los chimpancés, del lenguaje corporal y del lenguaje de programación como R o Python. Las señales de tráfico pueden considerarse un lenguaje, lo mismo que la moda, la música y el ADN. El lingüista David Crystal señala el título de dos libros publicados: *La gramática de la cocina* y *La sintaxis del sexo*[175]

---

175. Crystal, David, *How language works: how babies babble, words change meaning, and languages live or die*, Penguin, p. 1, Estados Unidos, 2007.

(y añade: «El primero es una recopilación de recetas, lo mismo que el segundo»).

No pasa nada si se quiere hablar del lenguaje dándole ese sentido general, yo no soy policía, cada uno que haga lo que quiera, pero a partir de aquí nos vamos a centrar en un concepto más restrictivo, lo que suele llamarse *lenguaje natural*. Nos referimos a los sistemas de comunicación como el inglés, neerlandés, hindi, turco o coreano, lenguas que los niños aprenden de pequeños y que casi todo el mundo utiliza como principal instrumento de comunicación. Si estás escuchando el formato audio de este libro, nos estamos comunicando con un lenguaje de ese tipo; si lo estás leyendo, estamos utilizando un sistema diferente (la palabra escrita), pero basado en un lenguaje natural.

Cuando me toca enseñar la parte dedicada al lenguaje en mi asignatura de Introducción a la Psicología, en un aula grande, muestro esta frase (en inglés) en la pantalla:

The girl thinks that the house is big ('la niña piensa que la casa es grande').

Y, a continuación, me doy un garbeo por el auditorio, entre quinientos alumnos, más o menos, y pido voluntarios para que digan esta oración en su lengua materna. Es un grupo heterogéneo: puede que el primer estudiante la diga en español y el siguiente en ruso, japonés, alemán, tamil o sueco. Sigo recorriendo los pasillos, micrófono en mano, como si fuera el presentador de un programa de entrevistas de los años ochenta, hasta que la han pronunciado en unos veinticinco idiomas diferentes. Siempre procuro preguntar si hay alguien que sepa lengua de signos (hay muchas diferentes, pero en este grupo suele ser la estadounidense, ASL por sus siglas en inglés) y, entonces, alguien se levanta y la signa para todos. Cuando hemos terminado, la clase aplaude a los voluntarios; es una experiencia emocionante.

Esta sencilla demostración ilustra la diversidad del lenguaje; casi todas estas lenguas son incomprensibles para mí y para la mayoría de los estudiantes que hay en la clase. No se trata solamente de que no me sepa las palabras, sino de que ni siquiera las distingo, sólo oigo una cadena de sonidos. Y esa cadena de sonidos va cambiando: no hablo vietnamita ni alemán, pero soy capaz de distinguirlos.

Esta demostración también nos permite ver los rasgos que comparten las lenguas. Se hablan casi seis mil idiomas en el mundo y hay unas trescientas lenguas de signos, pero nadie dice: «Eso no se dice en mi idioma». La frase que elegí transmite una idea compleja (lo que alguien piensa sobre la propiedad de un objeto) y, curiosamente, puede expresarse en cualquier lengua.

Cada lengua lo hace a su manera. La oración de ocho palabras que muestro en la pantalla no se dice con ocho palabras en todos los idiomas; algunas lenguas expresan mucha más información con una sola palabra que otras. También se ordenan las palabras de distintas formas: en inglés la frase empieza con la persona que realiza la acción, pero en otras lenguas no. Y si pusiera otro ejemplo, me encontraría con que hay nociones en algunos idiomas que no tienen una correspondencia natural en otros. El yidis, por decir uno, tiene la palabra *nachas* (orgullo por los logros de alguien cercano a ti, generalmente los hijos), que no puede traducirse al inglés con una sola palabra. Los hablantes del antiguo etrusco no tenían palabras para expresar lo que significan los términos ingleses *escrow* ('fideicomiso') y *retweet* ('retuit') porque entonces no existían ni las hipotecas ni Twitter, así que nadie acuñó las palabras para designar esos conceptos. Cuando se creó el hebreo moderno, se basó en el hebreo bíblico, y para poder expresar ciertas ideas actuales hubo que tomarlas prestadas de lenguas modernas. Moisés no utilizaba el transporte público; la palabra *autobús* en hebreo moderno es un préstamo del francés, סובוטוא, y se pronuncia /ótobus/.

Aun así, todas las lenguas recogen las mismas ideas y eso posibilita la traducción de incluso las ideas más abstractas. Basta con pensar en la interpretación simultánea que se hace en las Naciones Unidas: aunque puedan perderse algunos matices, deberíamos maravillarnos de su eficacia.

Todos los lenguajes naturales —sólo los lenguajes naturales— tienen ese poder. Sería absurdo esperar que un intérprete de la ONU tradujera un discurso del presidente de Francia a un concierto de piano, al lenguaje informático Python o al canto de los pájaros. Esos otros sistemas no están por la labor.

Hay sociedades que no tienen matemáticas complejas, donde la gente no lleva mucha ropa o donde cualquier atisbo de tecnología brilla por su ausencia, pero ningún grupo humano carece de lenguaje.

Ahora bien, sería simplista sacar la conclusión, a partir de esa verdad universal, de que el lenguaje forma parte de la naturaleza humana.[176] En la actualidad, sería muy difícil encontrar una sociedad sin fút-

176. Para ampliar información, véase Pinker, Steven, *El instinto del lenguaje*, Alianza, Madrid, 2005.

bol o sin Coca-Cola (también son universales, o casi), pero no porque la idea de fútbol o de Coca-Cola estén integradas en el cerebro, sino porque ambos se inventaron en su momento y nos parecieron tan excepcionalmente atractivos que los extendimos por el globo. Tal vez al lenguaje le haya pasado lo mismo. Otra posibilidad es que el lenguaje sea tan útil que cada cultura lo haya desarrollado por su cuenta. Después de todo, en casi todo el mundo se usa algún instrumento para comer, ya sea un tenedor, unos palillos o una hoja, y no porque hacerlo sea algo innato, sino porque es un recurso tan útil que las culturas lo siguen redescubriendo. Quizá el lenguaje sea así.

Hay razones, sin embargo, para creer que la universalidad del lenguaje se debe, de hecho, a que éste forma parte de nuestra naturaleza. Ésa era la opinión de Charles Darwin: «El hombre tiene una tendencia instintiva a hablar, como puede observarse en el balbuceo de los bebés; sin embargo, ningún niño tiene una tendencia instintiva a hacer cerveza, a hacer pan o a escribir».[177] Al fin y al cabo, casi todo el mundo aprende un idioma de pequeño, excepto en los casos trágicos en los que hay daño cerebral o alguna anomalía genética.

Además, como ya hemos visto, hay partes del cerebro especializadas en el lenguaje, como el área de Broca y el área de Wernicke. También hay genes específicos implicados en casos de trastornos del lenguaje en niños.[178] Todo esto corrobora la idea de que el lenguaje forma parte de nuestra naturaleza casi como forman parte de la suya los sistemas de comunicación innatos de otras criaturas, como los pájaros y las abejas.[179]

También encontramos las huellas de la evolución específica del lenguaje en otros lugares, aparte del cerebro. Nuestra laringe ha sufrido cambios a lo largo de la evolución para emitir los sonidos del habla. La mayor parte de los mamíferos tienen la laringe en la parte superior de la garganta, lo que les permite comer y respirar al mismo tiempo. ¿Alguna vez te has preguntado cómo puede mamar tanto tiempo un bebé sin detenerse a tomar aire? Yo tampoco, pero es una buena pregunta, y la respuesta es que los bebés humanos tienen, como los ejemplares adultos de otros primates, la laringe muy elevada. Desciende a medida que crecemos y el riesgo de atragantarse con los alimentos se incrementa, pero permite al niño que se está desarrollando producir la música del

177. Darwin, Charles, *El origen del hombre*, Austral, Madrid, 2020.
178. Bishop, Dorothy V. M., «What causes specific language impairment in children?», *Current Directions in Psychological Science*, 15, 5 (2006), pp. 217-221.
179. Pinker, Steven; y Bloom, Paul, «Natural language and natural selection», *Behavioral and Brain Sciences*, 13, 4 (1990), pp. 707-727.

lenguaje. Eso nos hace suponer que los beneficios de la comunicación oral superan el coste de una posible muerte por asfixia y sería un buen argumento a favor de que el poder del habla evolucionó gracias a la selección natural, a las ventajas adaptativas que nos proporcionó.[180]

El lenguaje no es un monolito: lo conforman diferentes elementos, entre ellos la fonología, la morfología y la sintaxis.[181]

La *fonología* es el aspecto de la lengua relacionado directamente con su realización física. Podemos producir muchos sonidos, pero sólo un pequeño subconjunto se utiliza en una lengua determinada. Llamamos *fonemas* a esos sonidos y, en la mayoría de los idiomas, un fonema puede definirse como un sonido que distingue una palabra de otra. El inglés, por ejemplo, tiene los fonemas /p/ y /b/, y lo sabemos porque *pat* y *bat* son palabras diferentes. Las lenguas de signos también tienen fonemas, gestos con las manos y otras señales que ejercen la misma función.

Los idiomas tienen distinto número de fonemas, desde menos de una docena, como el rotokas, que se habla en Bougainville, una isla de Papúa Nueva Guinea, hasta más de cien, como el taa, que se habla mayoritariamente en Botsuana. El inglés tiene unos cuarenta y cuatro (el número varía según la zona en la que se hable).[182] Sólo hay veintiséis letras en el alfabeto inglés y no coinciden con los fonemas, razón, entre otras muchas, por la que es tan complicado aprender a leerlo y escribirlo.

Los sonidos constituyen palabras, y el aspecto del lenguaje relacionado con las palabras se denomina *morfología*.

Con ella aparece uno de los rasgos fundamentales del lenguaje, lo que el lingüista Ferdinand de Saussure llamó «la arbitrariedad del signo», que quiere decir que la forma del símbolo no suele tener nada que ver con su significado. La relación entre el sonido *perro* y las criaturas de cuatro patas que ladran es completamente arbitraria: la palabra *perro* no se parece a un perro ni suena como tal. Así que, salvo contadas excepciones, como *groan* ('gruñir'), que suena casi como un gruñido, no hay forma de saber el significado de una palabra a partir de su forma

---

180. Lieberman, Philip, «The evolution of human speech: its anatomical and neural bases», *Current Anthropology*, 48, 1 (2007), pp. 39-66.
181. Gran parte de la discusión se ha tomado de Pinker, Steven, *op. cit.*
182. Crystal, *op. cit.*

física, cosa que también ocurre con las lenguas de signos: mientras que algunos signos pueden interpretarse nada más verlos (el signo de un martillazo puede ser un gesto similar a darlo), la gran mayoría son incomprensibles a menos que se conozca la lengua. Si no lo tienes claro, observa un discurso con interpretación simultánea en lengua de signos con el sonido apagado y a ver qué te parece.

Este principio de arbitrariedad se manifiesta también en otros ámbitos. Que un semáforo en verde signifique «pase» o que levantar las comisuras de los labios exprese felicidad no tiene ninguna razón lógica. Esas relaciones surgieron a lo largo de la historia (culturales en el caso de las luces, evolutivas en el caso de las caras) y ahora significan lo que significan.

Una pregunta que se hace todo el mundo es cuántas palabras conoce la gente. La historia está repleta de personas inteligentes que creían que la respuesta era «pocas». Un intelectual del siglo XIX decía que los campesinos saben menos de cien palabras y logran comunicarse porque «la misma palabra sirve para una multitud de propósitos y los mismos burdos improperios se repiten con una frecuencia terrible en cualquier parte del discurso». El lingüista Max Müller estimó que las personas muy cultas conocen unos cuantos miles de palabras y los demás adultos, unas trescientas. El escritor Georges Simenon decía que escribía sus libros con lenguaje corriente porque el ciudadano francés de a pie conoce menos de seiscientas palabras.[183]

Estas estimaciones son ridículamente bajas y demuestran que no podemos fiarnos de nuestra intuición. Es mejor responder a la pregunta poniendo a prueba a la gente, y eso se hace tomando una muestra aleatoria de palabras de un diccionario lo más completo posible, preguntar si se sabe el significado de esas palabras y extrapolar. Supongamos que tenemos una muestra que supone la milésima parte del diccionario; entonces podemos tomar la cifra media de palabras que la gente conoce de la muestra y multiplicarla por mil. Hay que reconocer que así obtenemos, como mucho, una respuesta aproximada. Depende en gran medida del diccionario que se utilice y de lo que se considere «conocer» el significado de una palabra: ¿basta con reconocerla y tener una vaga idea de lo que significa o hay que ser capaz de definirla bien? Al margen de lo que se elija, la cifra acaba siendo razonablemente grande. De varias estimaciones que he visto, para un anglohablante adulto, sesenta mil

183. Bloom, Paul, *How children learn the meanings of words*, MIT Press, Estados Unidos, 2000.

palabras son una buena cifra orientativa.[184] Y nos referimos a un hablante monolingüe. Si se hablan dos o tres idiomas con fluidez, hay que multiplicar la cifra por dos o tres.

Hasta ahora he hablado de *palabras*, pero no es un término preciso. La lingüística habla de *morfología*, no de *palabrología*, y todo lo que he dicho antes sobre la arbitrariedad del signo y el número de palabras que las personas conocen se refiere en realidad a los morfemas. La diferencia es que un morfema es la unidad más básica que se debe aprender. Tanto *can* como *canes* son palabras, pero *can* es un solo morfema, mientras que *canes* se compone de dos: *can* y el morfema de plural *-es*. Un *morfema* se suele definir como la unidad mínima con significado. Algunos son palabras en sí mismos y otros son prefijos o sufijos que deben combinarse con otros morfemas para formar palabras más complejas.

Cuando se está aprendiendo un idioma, lo primero que hay que aprender son los morfemas; muchas otras palabras vienen después por libre. En cuanto oigas *perro*, comprenderás *perros*; cuando oigas *tuit*, emplearás las reglas de formación de palabras (la morfología) para usar y comprender *tuits*, *tuiteó* o *tuitear*. Así que ahora sí que puedo dar una estimación más aproximada del vocabulario que dije antes: son unos sesenta mil morfemas, no palabras.

Las reglas morfológicas del inglés son relativamente sencillas, como «se añade -s para formar el plural de un sustantivo» o «se añade -ed para poner un verbo en pasado». En su obra *El instinto del lenguaje*, Steven Pinker dice así:

> El poder creador de la morfología de algunas lenguas (como el inglés) es insignificante en comparación con otras. Así, en inglés los nombres sólo tienen dos formas (*duck, ducks*) y los verbos, cuatro (*quack, quacks, quacked, quacking*). En cambio, en el italiano y el español modernos, cada verbo consta de unas cincuenta formas, cifra que en griego clásico se eleva hasta trescientas cincuenta y, en el turco, nada menos que a dos millones.[185]

Sin embargo, incluso con un lenguaje morfológicamente insignificante como es el inglés, podemos generar y comprender nuevas palabras, a menudo de forma creativa. Hace poco leí la palabra *doom-scrolling* (de *doom*, 'destrucción', 'desastre' y *scroll*, 'desplazarse por una

---

184. Bloom, Paul, «Myths of word learning», en Hall, G.; y Waxman, S. (eds.), *Weaving a lexicon*, MIT Press, pp. 205-224, Estados Unidos, 2004.
185. Pinker, *op. cit.*

página web para ver el contenido') y pude inferir su significado a partir de los dos morfemas que la componen (más o menos, 'navegar por las redes sociales o las webs de los periódicos para empaparse de malas noticias'). Conociendo la morfología del inglés, ahora puedo crear nuevas palabras a partir de ésta: *I doom-scrolled for much of yesterday* o *She really loves to doom-scroll.*

En la época de la COVID-19, cuando se escribió gran parte de este libro, se acuñaron muchas palabras nuevas o se rescataron del pasado, como:[186]

> *Coronospeck* (alemán): grasa acumulada por quedarse en casa durante la cuarentena (de 'corona' y *speck*, 'tocino').
> *Hamsteren* (neerlandés): acaparamiento; palabra inspirada en cómo los hámsteres utilizan las mejillas para almacenar comida.
> *On-nomi* (japonés): socializar en línea mientras se consume alcohol.[187]

Las palabras por sí solas no van muy lejos. El lenguaje despliega gran parte de su poder generador con la sintaxis, el sistema que rige cómo combinar las palabras y las frases para formar nuevas frases y oraciones. Esto nos permite crear, comunicar y comprender un número virtualmente infinito de ideas. La mayoría de las frases de este libro, incluida la que estás leyendo ahora mismo, son únicas: si escribes una entre comillas en Google, no obtendrás nada. Y, sin embargo, entiendes las ideas que transmiten.

Lo conseguimos gracias a reglas abstractas e inconscientes. Cuando los lingüistas hablan de las normas del lenguaje, no suelen referirse a las llamadas «reglas prescriptivas», como las normas de acentuación o que no se debe terminar una oración con una preposición (algo muy habitual en inglés). Más bien les interesan las reglas que usamos de forma natural cuando nos comunicamos. Veamos este par de oraciones:

> *The pig is eager to eat* ('el cerdo está loco por comer').
> *The pig is easy to eat* ('el cerdo es fácil de comer').

186. «Do you speak corona? A guide to COVID-19 slang», *The Economist*, 8 de abril de 2020, <https://www.economist.com/1843/2020/04/08/do-you-speak-corona-a-guide-to-COVID-19-slang>.
187. Nagase, Youka, «There's a Japanese word for drinking online with friends: on-nomi», *Time Out*, 25 de marzo de 2020, <https://www.timeout.com/tokyo/news/theres-a-japanese-word-for-drinking-online-with-friends-on-nomi-032620>.

Si sabes inglés, tras leer la primera oración habrás sabido, en una fracción de segundo, que el que va a comer es el cerdo. Y tras leer la segunda, aunque ambas oraciones sean prácticamente iguales (sólo las diferencia una palabra), te habrás dado cuenta de que el significado ha cambiado de repente: el cerdo es ahora la comida. Veamos otro ejemplo:

> *I heard that it was raining outside* ('oí que fuera estaba lloviendo').
> *I heard that was raining outside.*

¿Por qué la segunda oración suena peor que la primera? ¿Por qué hace falta poner ese *it* ahí si no parece tener un referente? Más bien refleja una regla del inglés (pero no de otras lenguas, como el italiano): que los verbos necesitan un sujeto manifiesto, regla que se aplica incluso a un verbo como *rain*, que no tiene ningún agente asociado en sentido real (no hay nada que llueva). Pero la norma es la norma, así que mantenemos el pronombre *it*.

Estas normas lingüísticas se refieren a las partes de la oración, como los sustantivos o los verbos. Las palabras intervienen sólo en la medida en que pertenecen a una categoría lingüística, lo que significa que la misma norma lingüística que puede generar una frase razonable como

> *Large angry dogs bark loudly* ('los perros grandes furiosos ladran con fuerza'),

también puede generar una frase absurda si metes diferentes palabras en las categorías de adjetivo, adjetivo, sustantivo, verbo, adverbio, como en el célebre ejemplo de Noam Chomsky:

> *Colorless green ideas sleep furiously*[188] ('ideas verdes incoloras duermen con furia').

Aunque carente de sentido, entendemos que se trata de una oración correcta en inglés.

La interacción de distintas reglas da lugar al extraordinario poder generador del lenguaje. Para ilustrarlo, imaginemos un lenguaje simple. Tiene tres sustantivos, dos verbos y una norma.

---

188. Chomsky, Noam, *Estructuras sintácticas*, Siglo XXI, México, 2004.

Sustantivos: *Canadians, Italians, Germans.*
Verbos: *like, fear.*
Norma: llamamos oración a un sustantivo seguido de un verbo seguido de un sustantivo.

Puedes usar la norma para producir oraciones como:

Canadians like Italians ('a los canadienses les gustan los italianos').

¿Cuántas oraciones pueden generarse según esta norma? Tenemos tres sustantivos y dos verbos. Por tanto, si una oración ha de tener un sustantivo + un verbo + un sustantivo, obtendremos $3 \times 2 \times 3 = 18$ oraciones. Debíamos aprender seis cosas —cinco palabras y una regla—, pero hemos conseguido el triple de oraciones. Plantéate qué podrías hacer con 100 sustantivos y 50 verbos y la misma norma: tras memorizar 151 elementos, obtendríamos medio millón de oraciones ($100 \times 50 \times 100$), cada una expresando una idea diferente.

Ahora, imagínate otro idioma.

Sustantivos: *Canadians, Italians, Germans.*
Verbo: *know.*
Norma 1: llamamos oración a un sustantivo seguido de un verbo.
Norma 2: llamamos oración a un sustantivo seguido de un verbo seguido de una oración.

Así que, por ejemplo, podríamos evocar la norma 1:

Canadians know Germans ('los canadienses conocen a los alemanes').

O la norma 2 seguida de la norma 1:

Canadians know Germans know Italians ('los canadienses saben que los alemanes conocen a los italianos').

O la norma 2 seguida de la norma 2 seguida de la norma 1:

Canadians know Germans know Italians know Canadians ('los canadienses saben que los alemanes saben que los italianos conocen a los canadienses').

Y así sucesivamente; como no hay límite a la frecuencia con la que se puede emplear esta norma de forma repetida, hay un número infinito de oraciones (en este caso, muy aburridas). Este lenguaje posee la propiedad de la *recursividad*; tiene una norma que se alimenta de sí misma y puede repetirse eternamente. La recursividad nos permite elaborar frases tan complejas como sea necesario para expresar nuestros pensamientos.

El lenguaje en principio es infinito en el sentido de que una oración siempre puede ser más larga, pero no lo es en la práctica; el tiempo, la memoria y la atención nos obligan a terminarlas. Sin embargo, estas normas nos ofrecen extraordinarios recursos expresivos. Pinker ha calculado cuántas oraciones de veinte palabras existen y ha llegado a estimar que unos 100 trillones.[189] (Y veinte palabras no son muchas; la oración anterior, «Pinker ha calculado...», tiene dieciocho). A una media de cinco segundos por oración, para decirlas todas harían falta unos cien billones de años.

Podemos encontrarnos esta creatividad expresada en cifras más pequeñas. Volviendo al tema de la COVID-19, *The New York Times* pidió a sus lectores que expresaran recuerdos de su experiencia durante la pandemia usando seis palabras. Sólo seis palabras, pero cada una cuenta una historia.[190]

Tired of hearing, 'Mark, you're muted' ('cansado de oír: «Mark, estás silenciado»'). — Mark, Milwaukee

New baby. New mother. Absent grandmother ('bebé nuevo. Madre nueva. Abuela ausente'). — Lydia, Carolina del Norte

My dad's last breath, on FaceTime ('último aliento de papá, en FaceTime'). — Bob K., Atlanta

Graduated college in my living room ('me he graduado en el salón'). — Emma Garcia

Quedémonos con el poder generador de la morfología y de la sintaxis, porque ambas están relacionadas con un antiguo debate sobre cómo funciona la mente.

No cabe duda de que el cerebro es, al menos en parte, una máquina de fabricar asociaciones. Esta idea fue fundamental para los empiristas

189. Pinker, *op. cit.*

190. Harris, Rachel L.; y Tarchak, T., «Showers and pants are so 2019», *The New York Times*, 11 de septiembre de 2020, https://www.nytimes.com/2020/09/21/opinion/corona virus-six-word-memoirs.html.

británicos y, más tarde, para los conductistas. El aprendizaje consiste en gran parte en percibir y registrar asociaciones, es decir, las relaciones que se dan entre diferentes aspectos de la experiencia. Si oyes la canción de un anuncio, piensas en el producto; el perro de Pávlov saliva al oír la campana; la rata de Skinner se dirige al lado del laberinto que asocia con una rica recompensa. Algunos enfoques computacionales actuales, como los llamados «conexionismo»[191] o el «aprendizaje profundo»,[192] se basan en esta idea y conciben el cerebro como una potente máquina de aprendizaje estadístico capaz de percibir patrones en el entorno. Hay quien llega a afirmar que, en esencia, eso es lo único que hace el cerebro.

Otros psicólogos se basan en una tradición filosófica cuyos orígenes se remontan a Aristóteles y continúan hasta Alan Turing: la que ve el pensamiento como la manipulación de símbolos,[193] perspectiva esencial para el funcionamiento del pensamiento lógico. Si crees que todas las X son Y, entonces puedes inferir, dada una X, que será una Y. (Todos los hombres son mortales; Sócrates es un hombre, luego...) Los juegos tienen normas: tres *strikes* y te expulsan; un peón, en el primer movimiento en una partida de ajedrez, puede avanzar una o dos casillas; tres cartas iguales ganan a dos parejas y así sucesivamente. La legislación tiene normas: hay criterios estrictos sobre qué cuenta como pareja casada, qué es un vehículo motorizado, qué un pariente cercano, etcétera.

Es habitual que las normas y las asociaciones coexistan en nuestro cerebro.[194] Todos tenemos una idea mental del abuelo, la casa o el vehículo típicos por haber visto un millón de ellos y observar lo que suelen tener en común, pero sabemos que lo que importa de verdad son las condiciones que establecen qué entra en esas categorías. Cuando Pierce Brosnan hizo a los 44 años de James Bond en *El mundo nunca es suficiente,* no parecía el típico abuelo, pero ése era el papel que interpretaba. Una amable anciana a la que le brillan los ojos y hornea galletas puede

191. Por ejemplo, Smolensky, Paul, «On the proper treatment of connectionism», *Behavioral and Brain Sciences*, 11, 1 (1988), pp. 1-74.

192. Por ejemplo, Marblestone, Adam H.; Wayne, Greg; y Kording, Konrad P., «Toward an integration of deep learning and neuroscience», *Frontiers in Computational Neuroscience* (2016), pp. 1-41.

193. Pinker, Steven, *Words and rules: the ingredients of language*, Basic Books, Estados Unidos, 2015.

194. Pinker, Steven; y Prince, Alan, «The nature of human concepts: evidence from an unusual source», en Van Loocke, P. (ed.), *The nature of concepts*, Routledge, pp. 20-63, Estados Unidos, 1999.

parecer la típica abuela, pero si no cumple las condiciones, no lo es ni por asomo.

Ahora bien, una gran parte del lenguaje, como hemos visto, no depende de las normas. Existe la memoria (es necesario recordar que la palabra inglesa para «perro» es *dog* o que el pasado del verbo *see* es *saw*) y existe la asociación: si yo digo «médico», tú dices «enfermero»; si yo digo «estirar la», tú dices «pata». De hecho, uno de los aspectos más importantes del aprendizaje de idiomas, el análisis de los sonidos para formar palabras distintas, probablemente requiera recordar las asociaciones que hacemos entre los diferentes sonidos que conforman las palabras.

Pero las normas son las que confieren a la lengua su poder comunicativo. En inglés hay una regla que establece que, para formar el pasado de un verbo, se añade «ed» al infinitivo, como en *walk-walked*; y otra que establece que el adjetivo precede al sustantivo en frases sencillas, como en *a round table* ('una mesa redonda'), que no se dice *a table round (en francés es justo al contrario). Podemos aplicar estas normas del inglés de forma generativa aunque nos inventemos las palabras: si poseo un *flibget* y es muy *smorky*, tendré un *smorky flibget*. Si me gusta *gorp* y vivo *gorping* todos los días, entonces ayer *gorped*.

¿Qué importancia tienen estas reglas para comprender el lenguaje? A veces puedes llegar lejos sin ellas. Si oyes...

Dogs bite men ('los perros muerden a los hombres'),

probablemente adivines el significado basándote en las palabras individuales y en cómo suelen juntarse (si le presentaran estas palabras a alguien en orden alfabético —BITE, DOGS, MEN—, sabría descifrarlo).

Pero eso ocurre sólo hasta cierto punto. Los anglohablantes también pueden entender la siguiente frase (que es improbable), y para hacerlo han de prestar atención al orden de las palabras y a la forma en que corresponden a las reglas de la gramática inglesa:

Men bite dogs ('los hombres muerden a los perros').

Y no se trata solamente del orden de las palabras, porque también podemos entender la frase siguiente, que se parece mucho a *Dogs bite men*, pero en realidad es la forma en voz pasiva de *Men bite dogs*:

Dogs are bitten by men ('los perros son mordidos por los hombres').

Cuando escribo estas palabras, algunos sistemas de inteligencia artificial (IA) no usan reglas para entender oraciones, por eso es fácil hacerlos tropezar.

Hay un popular sistema de IA llamado Delphi que responde de forma correcta si se le hace una pregunta moral. Si introduces: «Copiar en un examen», te responde: «Eso no está bien»; si introduces: «Copiar en un examen para salvarle la vida a alguien», te responde: «Eso está bien».

Pero Delphi no se basa del todo en la sintaxis para entender las preguntas. El científico cognitivo Tomer Ullman publicó en Twitter que se puede engañar a Delphi empleando palabras asociadas a la crueldad o la amabilidad incluso aunque no influyan en el significado del dilema moral de forma relevante. Por ejemplo, si le damos a Delphi esta oración: «Presiona una almohada con dulzura y suavidad sobre la cara de un bebé dormido», responderá: «¡Eso está bien!». Emplear la sintaxis correcta en este caso es una clara cuestión de vida o muerte.

¿Y qué pasa con los sistemas de comunicación de otras criaturas? ¿Podemos denominarlos «lenguaje»? Claro. ¿Son lenguajes en el mismo sentido que el inglés, el tailandés, el ruso, la lengua de signos y demás? No. Otras criaturas disponen de sistemas de comunicación muy ricos que merecen una gran atención científica, pero son diferentes del lenguaje humano. Hay animales que emplean una lista limitada de reclamos, como los cercopitecos verdes, unos primates que hacen una llamada para las serpientes y otra para las águilas. Se encuentran todo tipo de formas de amenazar y de llamadas para aparearse, pero nada de fonología, morfología, sintaxis, nombres arbitrarios, sintaxis recursiva, etcétera.

Se ha intentado muchas veces enseñar el lenguaje a no humanos, sobre todo a otros primates como los chimpancés, y fue un tema que apasionó hace años. El consenso en la actualidad es que esos intentos fracasaron. Estos animales pueden desarrollar un vocabulario limitado, pero aprenden palabras lentamente y con dificultad. Hay escasos indicios de algo similar a la sintaxis de una lengua como el inglés.[195]

Aunque parezca extraño, lo más parecido a un intento no fallido no proviene de nuestros parientes evolutivos más cercanos, sino de los

---

195. Véase, por ejemplo, Terrace, Herbert S., *Why chimpanzees can't learn language and only humans can*, Columbia University Press, Estados Unidos, 2019.

perros. Hay un caso muy conocido, un *border collie* llamado Rico que adquirió un vocabulario de más de doscientas palabras.[196] Si ponías diez objetos en una habitación y le pedías que te diera uno en concreto, solía correr a por él y traértelo. Y es muy interesante cómo aprendía más palabras: si ponías un objeto nuevo junto a otros siete que ya conocía y le pedías que te trajera uno empleando un nombre que no había oído nunca, solía traer el nuevo, por lo que entendía, como les ocurre a los niños pequeños, que la palabra desconocida se refería al objeto nuevo. (Si ponemos una galleta, un calcetín y una herramienta rara delante de un niño de tres años y le decimos: «Dame el *flerpo*», lo más probable es que nos dé la herramienta, pues habrá inferido que, si hubiésemos querido la galleta o el calcetín, se los habríamos pedido por su nombre.)[197]

Las habilidades del perro Rico dan a entender que parte del aparato mental implicado en el aprendizaje del lenguaje no es exclusivo de los humanos, pero es ilustrativo de lo diferente que era este *collie* de un niño. Un bebé de dos años conoce palabras no sólo para designar objetos, sino también para identificar personas, sus pertenencias, poner nombre a sus actos y a sus relaciones. En cambio, Rico sólo respondía a palabras que designaban objetos específicos. Los niños pueden aprender vocabulario de muchas maneras, incluso oyendo cosas por casualidad, pero Rico sólo aprendía si se empleaba un procedimiento específico.

Quizá lo más importante, cuando un niño de dos años aprende una palabra como *calcetín*, sea que la puede usar para señalar un calcetín («ahí calcetín»), pedir un calcetín («quiero calcetín») o decir que no lleva calcetines («¡no calcetín!»). Los pequeños saben, al menos de forma implícita, que «calcetín» no es una orden ni la respuesta a un estímulo, sino un símbolo que hace referencia a algo.[198] Por lo que sabemos, Rico no comprendía esta relación abstracta «referencial» o de «intencionalidad»; lo que hizo el animal fue asociar la palabra *calcetín* con la acción de traer un calcetín —«calcetín» significa «trae el calcetín»—. Como una vez comentó la lingüista y psicóloga del desarrollo Lila Gleit-

196. Kaminski, Juliane; Call, Josep; y Fischer, Julia, «Word learning in a domestic dog: evidence for "fast mapping"», *Science,* 304, 5677 (2004), pp. 1682-1683; véase también Bloom, Paul, «Can a dog learn a word?», *Science,* 304, 5677 (2004), pp. 1605-1606.

197. Bloom, Paul; y Markson, Lori, «Capacities underlying word learning», *Trends in Cognitive Sciences,* 2, 2 (1998), pp. 67-73.

198. Macnamara, John, *Names for things: a study of human learning,* MIT Press, Estados Unidos, 1982; Bloom, *op. cit.*

man refiriéndose al aprendizaje del lenguaje en los simios, si un niño aprendiera vocabulario de esa forma, los padres saldrían disparados a buscar a un neurólogo.

El aprendizaje del lenguaje comienza en el útero. Los recién nacidos succionan el chupete con más intensidad cuando oyen la voz de su madre y no la de un desconocido porque es la que más acostumbrados estaban a oír antes de nacer.[199] Y también prefieren el idioma que oían en el vientre materno. Los bebés nacidos en una familia francohablante prefieren escuchar el francés y no el ruso,[200] y los nacidos en una familia que habla español prefieren escuchar el español antes que el inglés.[201]

Los bebés nacen con la capacidad de distinguir los sonidos de todos los idiomas. Un niño nacido en Estados Unidos, de padres anglohablantes, es capaz de distinguir los fonemas del hindi, capacidad de la que carecen los hablantes de inglés adultos.[202] Del mismo modo, un bebé japonés puede percibir la diferencia entre «l» y «r» (fonemas distintos en español, razón por la que *lío* y *río* son palabras diferentes), pero un japonés adulto no. Éste es uno de los pocos casos en que los bebés tienen más facultades mentales que los adultos.

Los bebés emiten sonidos por la boca desde el principio (los arrullos), pero los sonidos del lenguaje propiamente dicho aparecen sobre los seis meses, lo que llamamos *balbucir*. Uno de los hallazgos más fascinantes sobre la adquisición del lenguaje ha sido que ese mismo hito fonológico aparece en los niños sordos que aprenden a signar: balbucen con las manos y producen el equivalente a *ba-ba-ba-pa-pa-pa* en lengua de signos.[203]

Pocos meses después de la aparición del balbuceo, los niños empiezan a aprender el significado de las palabras. Coloca dos pantallas de ordenador delante de un bebé, una a la derecha y otra a la izquierda. Di

199. DeCasper, Anthony J.; y Fifer, William P., «Of human bonding: newborns prefer their mothers' voices», *Science*, 208, 4448 (1980), pp. 1174-1176.

200. Mehler, Jacques, *et al.*, «A precursor of language acquisition in young infants», *Cognition*, 29, 2 (1988), pp. 143-178.

201. Moon, Christine; Panneton Cooper, Robin; y Fifer, William P., «Two-day-olds prefer their native language», *Infant Behavior and Development*, 16, 4 (1993), pp. 495-500.

202. Werker, Janet F., *et al.*, «Developmental aspects of cross-language speech perception», *Child Development* (1981), pp. 349-355.

203. Petitto, Laura Ann; y Marentette, Paula F., «Babbling in the manual mode: evidence for the ontogeny of language», *Science*, 251, 5000 (1991), pp. 1493-1496.

una palabra y muestra imágenes en las pantallas (sólo una corresponde a la palabra). Por ejemplo, pregúntale: «¿Dónde está el perro?» y enséñale la imagen de un zapato en una pantalla y la de un perro en la otra. Cuando tienen unos seis meses, los bebés suelen mirar más al perro, dando a entender que ya comprenden el significado de esa palabra.[204]

Alrededor del primer año de vida —aunque hay mucha variabilidad, que no cunda el pánico si tu hijo tarda más—, el niño empieza a pronunciar sus primeras palabras.[205] Disponemos de muchos registros, a los psicólogos del desarrollo les encanta grabar las primeras palabras de sus hijos, yo mismo lo hice con los dos míos. Se ha investigado lo suficiente y se ha descubierto que esas primeras palabras son similares en todo el mundo. Éstas son las diez primeras palabras más frecuentes en tres idiomas (traducidas al español de España):[206]

> **Inglés americano**: *mamá, papá, pelota, adiós, hola, no, perro, bebé, guau guau, banana.*
>
> **Hebreo**: *mamá, ñam ñam, yaya, brrrum brrrum,* yayo, *papá, banana, esto, adiós.*
>
> **Suajili**: *mamá, papá, coche, gato, miau, moto, bebé, bicho, banana, bee bee.*

Se observan aspectos culturales; las palabras que los niños aprenden reflejan el entorno en el que han crecido. Al parecer, en Israel, los abuelos se involucran mucho en la crianza de los niños. Y debe de haber un montón de motos en los países africanos en los que se habla suajili. Pero también hay rasgos universales. Las palabras que surgen primero suelen incluir nombres de personas, animales, juguetes, alimentos y términos para socializar como *hola, adiós, esto* y *no.* Y *mamá* suele ser la primera que dicen todos.

Al cumplir los dos años los niños saben, de media, unas trescientas palabras (muchas más que Rico, el perrito listo).

Hemos hablado del balbuceo y de las primeras palabras y ahora llegamos al aprendizaje de la sintaxis. En inglés, si quieres expresar que Bill

204. Bergelson, Elika; y Swingley, Daniel, «At 6-9 months, human infants know the meanings of many common nouns», *Proceedings of the National Academy of Sciences,* 109, 9 (2012), pp. 3253-3258.

205. Bloom, *op. cit.*

206. Frank, Michael C., *et al., Variability and consistency in early language learning: the wordbank project,* MIT Press, pp. 57-58, Estados Unidos, 2021.

le dio un golpe a John, empezarías nombrando a la persona que realiza la acción, luego la acción en sí misma y después la persona que recibe la acción del verbo («Bill golpeó a John»). Pero, en otros idiomas, puede expresarse la misma idea ordenando las palabras de otra manera. Por ejemplo, «Bill golpeó a John» se diría con la palabra para «Bill», luego la palabra para «John» y luego la palabra para «golpear».

Los niños que aprenden inglés conocen algunas reglas sintácticas poco después de cumplir un año. Esto se ha investigado empleando el mismo método de «mirada preferente» que acabamos de describir para el aprendizaje de vocabulario. En un estudio, se les mostraban dos vídeos a unos pequeños de entre trece y quince meses de edad, uno de una mujer besando un juego de llaves mientras sujeta una pelota y otro de la misma mujer besando una pelota mientras sujeta un juego de llaves.[207] Luego oían algo así como: «¡Está besando las llaves!». Fíjate en dónde radica lo interesante de este estudio: para averiguar con qué vídeo se corresponde lo que han oído, no basta con saber qué significan las palabras (en ambos hay una mujer, unas llaves y un beso), sino que es necesario tener nociones de sintaxis. Los niños miraban más tiempo la pantalla en la que la mujer besaba las llaves y no la otra, aunque hubiera los mismos elementos, porque la escena no coincidía con lo que habían oído.

Los niños mayores pueden usar la sintaxis incluso cuando no saben lo que significan todas las palabras.[208] Si oyen: «¡Mira! El conejito está *lorteando* al patito», con el verbo inventado *lortear*, saben, como los adultos, que la sintaxis del inglés señala que esa oración se refiere a un vídeo en el que un conejito está haciéndole algo a un patito y no a otro en el que el patito es quien está haciéndole algo al conejito.

Alrededor del año y medio, el niño empieza a aumentar el ritmo de aprendizaje de vocabulario y produce oraciones de dos palabras. Veamos algunos ejemplos del inglés:[209]

> *All dry* ('todo seco')
> *I sit* ('me siento')

207. Hirsh-Pasek, Kathy; y Michnick Golinkoff, Roberta, «The intermodal preferential looking paradigm: a window onto emerging language comprehension», en McDaniel, D.; McKee, C.; y Smith Cairns, H. (eds.), *Methods for Assessing Children's Syntax*, MIT Press, pp. 105-124, Estados Unidos, 1996.

208. Gertner, Yael; Fisher, Cynthia; y Eisengart, Julie, «Learning words and rules: abstract knowledge of word order in early sentence comprehension», *Psychological Science*, 17, 8 (2006), pp. 684-691.

209. Pinker, *El instinto del lenguaje, op. cit.*

No pee ('no pis')
More cereal ('más cereales')
Mail come ('viene correo')
All messy ('todo sucio')
I shut ('yo cierro')
See baby ('veo bebé')
More hot ('más calor')
Airplane all gone ('avión marchado')

All wet ('todo mojado')
No bad ('no mal')
See pretty ('veo bonito')
Hi Calico ('Hola, Calico')
Bye-bye car ('adiós, coche')

Las palabras más cortas, como *in* ('en', 'dentro'), *of* ('de'), y *a* ('un', 'uno', 'una') y las marcas morfológicas como la «-s» para el plural o «-ed» para poner el verbo en pasado empiezan a aparecer después de forma gradual. *All dry* ('todo seco') se convierte en *It's all dry* ('todo está seco'); *No bad* ('No mal') pasa a ser *It's no bad* ('no está mal'), etcétera.

Más o menos al mismo tiempo, los niños se familiarizan con las reglas morfológicas y pueden por tanto producir y comprender palabras que nunca habían oído. Hace muchos años, la lingüista Jean Berko Gleason creó el test Wug.[210] Consiste en mostrarle a alguien la imagen de una criatura extraña y ponerle un nombre («Esto es un *wug*») y luego decir:

Ahora hay otro más.
Hay dos de ellos.
Hay dos _____.

Los niños pequeños dicen *wugs* y crean así una nueva palabra según las reglas de la morfología.

Esta forma de aplicar las normas lleva a veces a los niños a cometer errores a los que llamamos sobregeneralizaciones, como cuando crean palabras como *rompido* o *cabo*, sin saber o sin acordarse de que tienen

210. Berko, Jean, «The child's learning of English morphology», *Word*, 14, 2-3 (1958), pp. 150-177.

una forma irregular que es la que deberían usar («roto, quepo»).[211] Estos errores demuestran una vez más que los niños no se dedican sólo a repetir como un loro, sino que aplican normas generativas.

Hay cierto período en la vida en el que se aprende mejor una lengua, llamado a veces «período crítico» o «período sensible».[212] Una de las preguntas más frecuentes que me hacen los alumnos es cuál es la mejor manera de aprender un segundo idioma, y mi respuesta, poco práctica, es que deberían retroceder en el tiempo y aprenderlo cuando eran niños. Es el caso, en concreto, de la fonología: si aprendes un idioma demasiado tarde, siempre lo hablarás con acento. El margen temporal para la sintaxis es más largo; hay datos recientes que sugieren que el período de aprendizaje efectivo se prolonga hasta los 17 años.[213] El vocabulario podría ser la excepción, puesto que aprendemos palabras nuevas durante toda la vida.

¿Qué tiene el niño en el cerebro que le permite recibir información del exterior y convertirla en conocimientos fonológicos, morfológicos y sintácticos?

La respuesta de Skinner fue el condicionamiento operante: refuerzo y castigo. Pero esto es inviable por tres razones principales.

En primer lugar, si el lenguaje se aprende usando la misma maquinaria mental con la que aprendemos todo lo demás, no deberían existir las deficiencias puntuales del habla. Pero existen. Cuando eres adulto, puede ocurrirte alguna desgracia, como un traumatismo o un derrame cerebral, que dañe tu capacidad para el lenguaje, igual que hay trastornos genéticos en los niños que provocan serios problemas con el lenguaje, pero mantienen más o menos intactos otros tipos de aprendizaje.[214] Es difícil explicar esto basándose en una teoría que dice que el aprendizaje del lenguaje se produce gracias a los principios generales del condicionamiento o, ya puestos, por poseer cierto tipo de inteligencia o simples ganas de comunicarse.

211. Pinker, *Words and rules*, op. cit.
212. Newport, Elissa L.; Bavelier, Daphne; y Neville, Helen J., «Critical thinking about critical periods: perspectives on a critical period for language acquisition», en Dupoux, E. (ed.), *Language, brain and cognitive development: Essays in honor of Jacques Mehler*, MIT Press, pp. 481-502, Estados Unidos, 2001.
213. Hartshorne, Joshua K.; Tenenbaum, Joshua B.; y Pinker, Steven, «A critical period for second language acquisition: evidence from 2/3 million English speakers», *Cognition*, 177 (2018), pp. 263-277.
214. Bishop, «What causes specific language impairment in children?».

En segundo lugar, el refuerzo y el castigo no son necesarios. Sí, hay padres que creen que deben obligar a sus hijos a hablar, pero también hay diferencias interculturales en la forma en que los padres se relacionan con sus hijos. Entre los tsimané, una sociedad de la Amazonia boliviana, los niños son relativamente indiferentes; las madres cargan con sus bebés, pero no interactúan mucho con ellos, ni siquiera les ponen nombre hasta que cumplen un año. (Puede ser debido a la alta tasa de mortalidad, es posible que las madres no quieran apegarse demasiado a sus hijos.) Los adultos hablan con estos niños una décima parte de lo que las madres estadounidenses les hablan a sus hijos y, por supuesto, no les enseñan a hablar a base de refuerzo y castigo. Y aun así, esos niños, como los de cualquier parte, adquieren el lenguaje.[215]

Y en tercer lugar, como acabamos de ver, los niños no aprenden conductas, sino normas. El niño de dos años que oye la palabra *wug* para designar a un animal raro y dice que dos de ellos son *wugs* no está mostrando una conducta moldeada a base de refuerzo (nunca había dicho la palabra, así que no se le puede haber reforzado). Más bien está aplicando una norma del tipo «se añade -s al singular para formar el plural de los sustantivos». El niño de tres años que oye y comprende una oración que nunca ha sido pronunciada antes (por ejemplo, «Ya es muy tarde para que te pongas a jugar con las cartas de Pokémon») no está respondiendo a un estímulo familiar, sino que está aplicando las normas sintácticas para transformar un grupo de palabras en un enunciado con sentido (al que podría responder de muchas maneras, incluso haciéndose el sordo).

Ya está bien de Skinner, pues. Ahora, vayámonos al extremo opuesto. Hemos visto que el lenguaje es complejo y está muy estructurado, parcialmente separado de otras capacidades mentales, así que tal vez deberíamos dejar de entender la aparición del lenguaje como un *aprendizaje*. Tal vez se trate de crecimiento. El lingüista Noam Chomsky presenta una perspectiva nativista:

> Es un hecho curioso acerca de la historia intelectual de los últimos siglos que se hayan seguido caminos diferentes en el estudio del desarrollo físico

---

215. Cristia, Alejandrina, *et al.*, «Child-directed speech is infrequent in a forager-farmer population: a time allocation study», *Child Development*, 90, 3 (2019), pp. 759-773. Puede verse un enfoque más popular en Smith, Dana G., «Parents in a remote Amazon village barely talk to their babies —and the kids are fine», *Scientific American*, 5 de diciembre de 2017, <https://www.scientificamerican.com/article/parents-in-a-remote-amazon-village-barely-talk-to-their-babies-mdash-and-the-kids-are-fine/>.

y en el del desarrollo mental. Nadie se tomaría en serio la hipótesis de que el organismo humano aprende a través de la experiencia a tener brazos y no alas ni que la estructura básica de los órganos particulares es el resultado de una experiencia accidental. Por el contrario, se da por supuesto que la estructura física del organismo está genéticamente determinada, aunque, evidentemente, la variación de magnitudes tales como el tamaño, el grado de desarrollo y otras dependerán en parte de factores externos. [...] Los sistemas cognitivos humanos, cuando se investigan con seriedad, demuestran no ser menos maravillosos y complejos que las estructuras físicas que se desarrollan en la vida del organismo. ¿Por qué, entonces, no deberíamos estudiar la adquisición de una estructura cognitiva como el lenguaje más o menos de la misma manera como estudiamos un órgano corporal complejo?[216]

Me encanta esta cita. Demuestra que se aprecia la riqueza del lenguaje; es toda una regañina a las explicaciones simplistas del aprendizaje. Le rinde a la mente el debido respeto.

Pero no puede ser cierto. Pocos de nosotros creamos nuestro propio idioma: obtenemos el lenguaje del entorno. Después de todo, los idiomas difieren, tienen diferentes fonemas, diferentes palabras, las palabras y los sintagmas se ordenan según diferentes reglas sintácticas. Y acabamos aprendiendo los fonemas, las palabras y la sintaxis de nuestro idioma prestando atención al mundo que nos rodea, cosa que no guarda ninguna analogía con el crecimiento de estructuras físicas como los brazos o el corazón. Si buscáramos una palabra para referirnos al proceso de llegar a conocer cosas a fuerza de exponerse al tipo adecuado de información en el entorno, yo recomendaría *aprendizaje*.

Hemos de tener en cuenta, sin embargo, que la necesidad de aprender no rechaza el enfoque nativista. Simplemente sugiere que, en algunos casos, lo que es innato no es el conocimiento, sino la capacidad de adquirir conocimientos. Capacidad muy valiosa, por cierto. Veamos el ejemplo de dos investigaciones sobre los mecanismos de adquisición del lenguaje.

Uno de los problemas a los que se enfrentan los niños, antes de aprender el significado de las palabras y la sintaxis, es averiguar qué son las palabras. Sí, puede que no quede claro por qué es un problema, ¿acaso no es obvio qué son las palabras? Al fin y al cabo, cuando al-

---

216. Chomsky, Noam, *On language,* New Press, pp. 9-10, Estados Unidos, 1998.

guien se dirige a ti, percibes las palabras por separado. Si estuvieras escuchando este libro leído por alguien en voz alta, las últimas palabras de la oración anterior las oirías así:

Percibes. Las. Palabras. Por. Separado.

Pero se trata sólo de una ilusión causada por el hecho de que ya conoces las palabras. Un hablante no nativo oiría algo así como:

percibeslaspalabrasporseparado

Es fácil comprobarlo si escuchas un idioma que no conoces. Si no hablas francés ni alemán, estas oraciones te sonarán a chino, es imposible saber dónde acaba una palabra y empieza la siguiente:

Je ne sais pas (francés).
Sprichst du Deutsch? (alemán).

Si me viera en una sinagoga oyendo oraciones en hebreo, no sería capaz de distinguir una palabra de otra ni aunque me fuera la vida en ello.

Entonces, ¿cómo resuelve el niño, ignorante del lenguaje, este problema? Una sugerencia esperanzadora es que los niños consiguen sacar estadísticas de los sonidos del lenguaje. Para demostrarlo, veamos un experimento en el que los investigadores crearon un nuevo lenguaje que incluía cuatro palabras inventadas de tres sílabas, como *bidaku*.[217] Se las presentaban a los bebés en orden aleatorio, juntándolas sin pausas, sin ritmo y sin diferencias de acento. Los bebés oirían esto:

bidakupadotigolabubidaku...

Y fueron capaces de averiguar las palabras atendiendo a patrones estadísticos. Si las sílabas suelen ir juntas, significa que forman parte de una sola palabra. Así, en este ejemplo, cada vez que el niño oía *bi*, le seguía la sílaba *da* y luego *ku*, por lo que el bebé infería que *bidaku* probablemente era una palabra. En cambio, algunas veces oían *kupa*, pero la

217. Saffran, Jenny R.; Aslin, Rilhard N.; y Newport, Elissa L., «Statistical learning by 8-month-old infants», *Science*, 274, 5294 (1996), pp. 1926-1928.

mayor parte de esas veces *ku* no iba seguido de *pa*, así que no creían que *kupa* fuera una palabra.

Es de suponer, pues, que así es como descomponen las palabras. El niño puede oír, por ejemplo:

> ¡Eres un bebé bueno! (eresunbebébueno)
> Mami te quiere (mamitequiere)
> Vaya, el bebé acaba de escupirle a mami (vayaelbebéacabadeescupirleamami)

Notarán que con frecuencia *ma* y *mi* van juntas (las sílabas de «mami»), lo mismo que *be* y *bé* (las de *bebé*) e inferirán que *mami* y *bebé* son palabras. Otros sonidos también pueden ir juntos (como *bé* y *bue* en *bebé bueno*), pero la relación no es tan estable, por lo que los bebés no los aprenden como palabras.

Una vez que los niños empiezan a oír el lenguaje como una sucesión de palabras, ¿cómo llegan a saber lo que significan?

Creo que es una pregunta interesante, como cabría esperar de alguien cuyo primer libro publicado se tituló *How children learn the meaning of words* [Cómo aprenden los niños el significado de las palabras].[218] Dejemos a un lado la cuestión de cómo aprenden los niños las palabras funcionales (como *un* y *de*) o las abstractas (como, ejem... *abstractas*) y tomemos un caso aparentemente sencillo: el aprendizaje del nombre de las cosas.

Aprenderse una palabra como *conejo* puede parecer fácil; si hay un conejo corriendo alrededor del niño y un adulto dice: «Oye, mira el conejo», el niño asocia la palabra con la realidad y deduce que *conejo* se refiere a los conejos. El filósofo John Locke realmente pensaba que era así de simple y escribió, en 1690:

> Si observamos cómo aprenden los niños los lenguajes, encontraremos que, para hacerles comprender lo que significan los nombres de las ideas simples o sustancias, la gente les muestra normalmente la cosa de la que quieren que aquél se forme una idea, y luego les repite el nombre que la significa, como *blanco, dulce, leche, azúcar, gato, perro*.[219]

218. Bloom, Paul: *How children learn the meanings of words*.
219. Locke, John, *op. cit.*

Pero no puede ser tan sencillo.[220] Hay innumerables objetos en el entorno, a fin de cuentas. Locke imaginó que la figura paterna colocaba con cuidado el objeto delante del niño mientras pronunciaba la palabra, pero eso no siempre ocurre. El simple hábito de asociar una palabra con lo que se está mirando podría conducir al desastre si, digamos, cuando el adulto dice: «Oye, mira el conejo» el niño está mirándose el pie.

Una teoría mejor es que los niños tienen la capacidad de darse cuenta de que la palabra se refiere a lo que el hablante está mirando cuando la utiliza y por eso se fijan en la mirada del orador. Un adulto dice: «Oye, mira el conejo», el niño presta atención a lo que está mirando el adulto cuando lo pronuncia —se supone que a un conejo— y así el niño asocia la palabra con el animal usando el tipo de inteligencia social o «teoría de la mente» de la que hablamos en el capítulo anterior.

Hay numerosas pruebas que respaldan esta teoría, pero también tiene sus inconvenientes. Por un lado, los niños ciegos aprenden el significado de las palabras sin seguirle la mirada a nadie.

Además, los niños tienen que averiguar el significado exacto de las palabras, labor más difícil de lo que parece. Este problema lo ilustra muy bien un ejemplo del filósofo Willard V. O. Quine.[221] Imaginemos a un lingüista en una sociedad que le es ajena; pasa un conejo y un nativo dice: *Gavagai*. El lingüista es adulto y sus capacidades cognitivas están intactas, sabe cómo funcionan los idiomas e interpreta la escena como probablemente haríamos todos: anota «conejo» como una posible traducción.

Pero ¿puede estar seguro? Pues no. Incluso aunque el lingüista vaya por buen camino al observar que el enunciado lo ha provocado la aparición del conejo, *Gavagai* podría significar algo así como «Vamos a cazar» o, según las supersticiones del lugar, «Esta noche habrá tormenta». O lo mismo no significa «conejo», sino que se refiere a este conejo específico (hay palabras que son nombres propios, como Bugs Bunny). También podría ser «mamífero», «animal», «comida» o incluso «objeto». Podría referirse al color (blanco) o al movimiento (brinco). Y también hay posibilidades absurdas: tal vez Gavagai se refiera a la mitad superior del conejo, o a su superficie visible, o, como el propio Quine sugiere jocosamente, a «las partes inseparables del conejo».

---

220. Para más información, véase Bloom, *How children learn the meanings of words*.

221. Van Orman Quine, Willard, *Palabra y objeto*, Herder, Barcelona, 2001.

¿Cómo es que los niños aciertan tan a menudo? Una posibilidad es que el significado de algunas palabras sea más creíble que el de otras. Por ejemplo, cuando oímos una palabra nueva que se refiere a una categoría, solemos pensar en un nivel intermedio de abstracción, ni demasiado general ni demasiado específico. Ni animal ni *collie*, sino «perro»; ni mueble ni mecedora, sino «silla». Se dice que categorías como «perro» y «silla» pertenecen a este nivel *básico* de categorización.[222] Es natural, por tanto, que el niño suponga que el nativo utilizaría una palabra como *Gavagai* para referirse a la categoría de conejo, no a la de animales ni al subtipo de conejo.

Otros posibles significados lógicos no son psicológicamente viables en absoluto. Ningún niño va a suponer nunca que una palabra nueva se refiera a las partes inseparables del conejo o a la mitad superior del animal, pues nuestra mente no esculpe el mundo de esa manera.

Otro elemento que puede guiar al aprendiz de vocabulario es la sintaxis. Rara vez nombramos las cosas de forma aislada. Lo más probable es que el nativo diga (en su propio idioma) algo como «Mira el *gavagai*» o, si se refiere a una propiedad, «Eso es muy *gavagai*» o, si se refiere a una acción, «Vaya, mira cómo *gavagais*». Si el lingüista conoce bien la sintaxis de la lengua, puede utilizar esa información para conjeturar qué significan; por ejemplo:

> Si es un sustantivo, es probable que se refiera al objeto (conejo).
>
> Si es un adjetivo, es probable que se refiera a una propiedad del objeto (blanco).
>
> Si es un verbo, es probable que se refiera a una acción que realiza el objeto (brincar).

Los niños pequeños resultan ser receptivos justo a esos detalles cuando aprenden vocabulario. En un estudio pionero realizado en 1957, se les mostraron a unos niños de entre tres y cinco años de edad imágenes que representaban sustancias, objetos y acciones. Si se les preguntaba: «¿Ves *sib*?» (lugar en el que sintácticamente debe ir un sustantivo incontable, como *agua*), solían señalar la sustancia; si se les preguntaba: «¿Ves algún *sib*?» (lugar donde debe ir sintácticamente un sustantivo contable, como *perro*), solían señalar el objeto; y cuando se les pre-

---

222. Por ejemplo, Murphy, Gregory L.; y Smith, Edward E., «Basic-level superiority in picture categorization», *Journal of Verbal Learning and Verbal Behavior*, 21, 1 (1982), pp. 1-20.

guntaba: «¿Qué está *sibeando*?» (lugar sintáctico para un verbo, como *saltando*), solían señalar la acción.[223] Es decir, empleaban la sintaxis para deducir el significado general de las palabras.

Los niños más pequeños saben utilizar la sintaxis para distinguir si una palabra es un sustantivo común o un nombre propio. En otro estudio con niños de un año, se les mostraba un muñeco nuevo y oían: «Esto es un *zav*» o «Éste es *zav*». En el primer caso, solían interpretar *zav* como sustantivo común que hacía referencia al tipo de objeto, como «muñeco»; en el segundo, solían interpretarlo como un nombre propio, como si fuera «Juan».[224]

La psicóloga Lila Gleitman afirma que las pistas sintácticas pueden resolver un problema grave en el desarrollo del lenguaje.[225] ¿Cómo aprenden los niños palabras que designan entidades y acciones invisibles? ¿Cómo aprenden, por ejemplo, un verbo como *pensar*? Podemos apuntar a alguien que esté pensando y decir: «¡Pensando!», pero, a no ser que estés señalando la estatua de Rodin, no hay nada palpable ahí fuera que se le parezca a «pensar».

La sintaxis puede acudir al rescate. Si un niño oye la palabra *pensando* en una oración, como en «está pensando que es hora de cenar» o en «está pensando en ti», ese contexto singular le puede hacer entender que se trata de un verbo que describe cierto estado mental.

El argumento en este caso, respaldado por numerosos experimentos, es que, una vez que los niños aprenden la sintaxis de su lengua, pueden utilizarla para ayudarles a asimilar el significado de palabras que sería imposible aprender de otro modo.

Hablar del aprendizaje de vocabulario nos lleva a hablar de la relación entre lengua y pensamiento. Se trata de un ámbito fascinante y quiero abordar algunos de los debates al respecto, pero antes, respondamos algunas preguntas que tienen fácil respuesta.

La primera es: ¿existe el pensamiento sin lenguaje? Sí. Otros animales tienen la capacidad de pensar —pueden rastrear una presa, recorrer un laberinto, aprender a pedir una golosina, etcétera—. Un perro

---

223. Brown, Roger W., «Linguistic determinism and the part of speech», *Journal of Abnormal and Social Psychology*, 55, 1 (1957), pp. 1-5.

224. Katz, Nancy; Baker, Erica; y Macnamara, John, «What's in a name? A study of how children learn common and proper names», *Child Development* (1974), pp. 469-473.

225. Gleitman, Lila, «The structural sources of verb meanings», *Language Acquisition*, 1, 1 (1990), pp. 3-55.

persigue a una ardilla hasta un árbol y ladra como un descosido al árbol; está claro que el perro piensa que la ardilla está subida al árbol. También hemos visto que los bebés, mucho antes de aprender a hablar, saben razonar sobre el mundo social y físico.

Los adultos reflexionan sobre un montón de cosas sin lenguaje, como cuando planean lanzar una herradura, subir un sofá por las escaleras y un millón de tareas más que implican comprensión espacial. Muchas veces nos resulta imposible describir con palabras lo que estamos haciendo.

Además, sabemos que el lenguaje no puede ser el vehículo del pensamiento porque el lenguaje es ambiguo y los pensamientos no. La palabra *banco* puede referirse a un asiento, a una entidad financiera o a un conjunto de peces, pero cuando pensamos en un banco, pensamos sólo en uno. El titular periodístico «Patrick Stewart sorprende a un fan con una enfermedad terminal» puede significar dos cosas, una más agradable que la otra (alguien colgó esto en Twitter y comentó «Patrick Stewart hace los peores regalos del mundo»). Y no es que quien escribiera el titular no tuviera claro lo que hacía Stewart, la idea estaba clara; es la frase la que era ambigua.

Por último, si no hubiera pensamiento sin lenguaje, ¿cómo podríamos aprender el lenguaje, entonces? ¿Cómo podría alguien aprenderse la palabra *perro* si no pudiera pensar en un perro? ¿Cómo podría aprenderse la palabra *beso* sin tener la capacidad de pensar en un beso?

Y, aún más polémico, incluso el pensamiento abstracto parece existir sin el lenguaje. Los datos en este caso proceden de una fuente poco habitual: el relato autobiográfico de personas que han vivido sin lenguaje. El caso más conocido es el de Helen Keller, que se quedó sorda y ciega a los dieciocho meses de edad y no aprendió hasta los seis años gracias a una extraordinaria profesora, Anne Sullivan, que le enseñó un lenguaje táctil. Aprendió a leer y escribir, fue a la universidad y escribió varios libros, entre ellos su autobiografía, *La historia de mi vida*.[226] A veces se menciona esta biografía como ejemplo de las limitaciones del pensamiento sin lenguaje, ya que Keller se describió a sí misma como «a la deriva en una densa niebla». Pero antes de aprender el lenguaje táctil, fue capaz de desarrollar su propio sistema de comunicación (por ejemplo, temblar para pedir helado). Ella sabía que era diferente de los demás y que ellos (de alguna manera) se comunicaban con la boca. Su propia incapacidad para comunicarse la frustraba. Era capaz de gastar

226. Keller, Helen, *The story of my life*, vol. 1, Library of Alexandria, Egipto, 2004.

bromas pesadas, como encerrar a su madre en la despensa y reírse mientras aquélla daba golpes en la puerta pidiendo salir. Nadie podía considerarla realmente una autómata descerebrada.

Segunda pregunta fácil de responder: ¿refleja el lenguaje el pensamiento? ¿Revelan las palabras y la estructura de las lenguas cómo funciona la mente? La respuesta es que sí, de innumerables maneras. Todos los idiomas tienen medios para referirse a objetos como un perro o un árbol, a propiedades como ser grande o ser verde y a acciones como caminar o hablar. Y eso se debe a que pensamos de forma natural en tales objetos, propiedades y acciones. No hay ninguna palabra que se refiera a la mitad superior de un conejo y eso no tiene nada que ver con el funcionamiento del lenguaje. Se debe a cómo pensamos. Vemos a Bugs Bunny y pensamos en un conejo, no en la mitad de un conejo.

La conexión entre el lenguaje y el pensamiento significa que el estudio del lenguaje puede aportar información interesante sobre nuestra forma de pensar. Por poner un ejemplo, los idiomas a menudo utilizan las mismas palabras para hablar del tiempo (la duración de algo) y del espacio, como el sistema preposicional del español (la preposición *en* puede usarse tanto para decir «en un minuto» como para decir «en una caja»; *dentro* puede usarse en «dentro de un momento» o en «dentro de una caja», etcétera). Es probable que esta fusión lingüística del tiempo y el espacio refleje que ambos están estrechamente conectados en nuestra mente.[227]

O pensemos en lo que es tabú, palabras prohibidas que ilustran rasgos universales. En cualquier lengua, una lista de palabras prohibidas incluirá las que se refieren al acto sexual y a las partes del cuerpo relacionadas con el sexo; es interesante porque nos permite ver que la gente le otorga al sexo una importancia particular en todas partes, pero el lenguaje tabú también nos informa de los cambios culturales que se producen con el paso del tiempo. El lingüista John McWhorter dice que, en inglés, palabras como *God* ('Dios'), *Jesus* ('Jesús') o *damn* ('maldición') tuvieron un gran peso emocional en su momento (jamás las habrías encontrado en un libro para todos los públicos como el que tienes en tus manos).[228] Para evitar esas expresiones tabú, la lengua inglesa desarro-

227. Leonard, Talmy, «Fictive motion in language and "ception"», *Language and Space*, 21 (1996), pp. 1-276.
228. McWhorter, John, *Nine nasty words: English in the gutter: then, now, and forever*, Penguin Books, Estados Unidos, 2021.

lló eufemismos como *gosh, gee, golly, jeez, gee willikers* o *darn* ('caramba', 'mecachis', 'caray', 'diantres', 'jolín'...). Pero los tiempos han cambiado: si alguien usara alguno de esos sustitutos en la actualidad, parecería un mojigato. El lenguaje revela cosas muy importantes sobre nuestros cambios de actitud en materia religiosa.

Como ejemplo final, los lingüistas han documentado los patrones metafóricos que aparecen en muchas lenguas, como la noción de que el tiempo es similar al dinero. Lo vemos en las siguientes expresiones:

> *You're wasting my time* ('estás haciéndome perder el tiempo').
>
> *This gadget will save you hours* ('ahorrarás mucho tiempo con este cacharro').
>
> *I don't have the time to give you* ('no tengo tiempo para dedicártelo').
>
> *How do you spend your time these days?* ('¿cómo pasas el tiempo ahora?').
>
> *That flat tire cost me an hour*[229] ('perdí una hora arreglando el pinchazo').

No es un rasgo universal (en algunas sociedades no existe el dinero), así que también en este caso podemos considerar que los patrones lingüísticos expresan ciertos patrones de pensamiento culturalmente específicos.

Noam Chomsky tenía razón, entonces, cuando dijo que el lenguaje era «el espejo de la mente».[230] Cualquier persona interesada en la vida mental puede progresar bastante si se mira detenidamente en ese espejo.

Tercera pregunta: ¿influye el lenguaje en el pensamiento? Tercer sí. Lo hace comunicando información. Eso es lo que estoy tratando de hacer ahora: te estoy soltando una parrafada para que pienses en algo en concreto.

Ahora bien, el lenguaje no es necesario para transmitir el pensamiento. Puedes enseñarle a tu hijo a sostener una raqueta de tenis sin decirle nada; puedes mirar fijamente a un conductor que te está cortando el paso y expresar tu actitud sin decir ni pío. Pero el lenguaje es una magnífica herramienta de comunicación. De hecho, el propio diseño del

---

229. Lakoff, George; y Johnson, Mark, «Conceptual metaphor in everyday language», *Journal of Philosophy*, 77, 8 (1980), 453-486.

230. Chomsky, Noam, *Lenguaje y entendimiento*, Seix Barral, Barcelona, 1986.

lenguaje —la fonología, la morfología y la sintaxis— refleja su papel como ese dispositivo complicado que se dedica a la tarea de coger una idea que alguien quiere expresar («la niña piensa que la casa es grande»), convertirla en un discurso o en un signo («la niña piensa que la casa es grande» en español, *Nwa agbọghọ ahụ chere na ụlọ ahụ buru ibu* en igbo, otra cosa distinta en innumerables lenguas) y a continuación transformar las palabras de nuevo en pensamientos en la mente del receptor del mensaje.

Cuando hablamos, adaptamos nuestro lenguaje a los demás, lo configuramos para hacerles pensar determinadas cosas, a menudo de una manera que trasciende el significado literal de las palabras. Esto nos lleva al estudio de la *pragmática*, que analiza la parte del lenguaje que nos permite decir cosas sin decirlas literalmente. Alguien te dice:

—Él estudió en Harvard, pero es una persona muy agradable.

Y, aunque no esté explícito, ese «pero» transmite lo que esa persona piensa de la mayoría de los graduados por esta excelente universidad de la Ivy League.

Veamos otros dos ejemplos. Una pareja en la cocina:

—No nos quedan bolsas de basura.
—He estado ocupado.

Y dos catedráticos en un congreso:

—¿Qué opinas de su investigación?
—Pues la gente dice que tiene una gran personalidad.

En ambos casos, si entendemos el par de oraciones literalmente, la segunda no tiene nada que ver con la primera, pero las entendemos porque el lenguaje no es sólo el significado directo de las oraciones. «He estado ocupado» responde a la insinuación del hablante de que el oyente debería haber comprado bolsas de basura. «Pues la gente dice que tiene una gran personalidad» expresa —por lo que no se dice— que el oyente no tiene en alta estima la investigación de la persona de la que hablan.[231]

231. Grice, Peter, «Logic and conversation», en Cole, P.; y Morgan, J. (eds.), *Speech Acts*, Brill, pp. 41-58, Países Bajos, 1975.

El lenguaje se ocupa de las sutilezas del comportamiento humano gracias a la pragmática. Si quieres pasarme la sal, ¿por qué digo «¿puedes pasarme la sal?» en lugar de «pásame la sal»? Preguntarte si eres capaz de hacerlo (pregunta que, tomada al pie de la letra, es una tontería, es obvio que puedes) es una forma educada de pedirte que hagas algo. Una pregunta así es el equivalente lingüístico de regalarle a alguien una tarjeta regalo (algo respetable) en lugar de dinero (una grosería).[232]

Si todos estamos de acuerdo en que el pensamiento existe sin lenguaje, en que el lenguaje puede expresar el pensamiento y en que el lenguaje puede influir en cómo pensamos, ¿dónde está el problema?

Existe, desde hace mucho, una suposición sobre el lenguaje bastante polémica: se trata de la hipótesis Sapir-Whorf. Basada en las ideas de los lingüistas Edward Sapir y Benjamin Lee Whorf, esta postura defiende que el lenguaje no sólo cambia la mente al transferir pensamientos de una cabeza a otra, sino que configura la manera en que las personas le dan sentido a las cosas, incluidos el espacio, el tiempo y la causalidad. Como dijo Whorf en 1956, «el lenguaje no es un mero instrumento que reproduce las ideas, sino más bien es, en sí mismo, el formador de ideas, una suerte de programa que guía la actividad mental del individuo».[233]

Se trata de una idea con fundamento y existen varias hipótesis concretas de a qué podría referirse la formación de ideas. Quizá el contraste en francés entre el *tu* (coloquial) y el *vous* (formal) oriente a los hablantes de esa lengua a pensar en términos de esta distinción social de manera diferente a la de los hablantes de inglés, que carece de este contraste. Tal vez la distinción binaria singular/plural del castellano (es un perro o muchos perros) nos obligue a pensar en términos de uno frente a muchos, mientras que los hablantes de un idioma que ofrezca más alternativas, como un marcador de plural específico para dos cosas, podrían percibirlo con más matices. En inglés, muchos verbos de movimiento incorporan el tipo de movimiento, como *walk* ('caminar'), *jog*

232. Clark, H. H.; y Schunk, D. H., «Polite responses to polite requests», *Cognition*, 8 (1980), pp. 111-143.

233. Whorf, Benjamin Lee, *Language, thought, and reality: selected writings of Benjamin Lee Whorf*, ed. John Caroll, MIT Press, p. 212, Estados Unidos, 1956. Véase un análisis crítico en Pinker, Steven, *The stuff of thought: language as a window into human nature*, Viking Penguin, Estados Unidos, 2007.

('trotar'), *hop* ('dar saltitos'), *amble* ('pasear sin prisa'), *creep* ('deslizarse'), *spring* ('saltar'), *run* ('correr'), etcétera. Otros idiomas no funcionan así, simplemente tienen un verbo y añaden palabras para especificar el tipo de movimiento empleando sintagmas que equivalen a «moverse dando saltitos». Quizá esto signifique que los anglohablantes piensan más en el tipo de movimiento; quizá, en términos más generales, la forma que tiene cada lengua de hablar del color, el tiempo, la causalidad y lo hipotético implique que así es como sus hablantes conciben esas nociones fundamentales.

Todo esto son hipótesis empíricas, pero comprobarlas es más difícil de lo que parece. Para demostrar uno de los efectos del lenguaje sobre el pensamiento no basta con demostrar que, por ejemplo, los hablantes de coreano y los de hebreo entienden, en general, el mundo de forma diferente. Es evidente que sí, en todos los sentidos, pero puede deberse a que acostumbran a vivir en diferentes sociedades y tienen diferentes culturas.

En el peor de los casos, los defensores de la hipótesis de Whorf no consiguen separarlas; describen las diferencias lingüísticas y simplemente asumen que éstas reflejan distintos pensamientos. El psicólogo Gregory Murphy hace una parodia mordaz de este tipo de argumento:

> WHORFIANO: A los esquimales les influye mucho el lenguaje en su forma de percibir la nieve. Por ejemplo, tienen N palabras para designar la nieve... mientras que el inglés sólo tiene una, *snow*. Tener todas estas palabras los hace pensar en la nieve de una manera completamente diferente a la de, por ejemplo, los estadounidenses.
>
> ESCÉPTICO: ¿Cómo sabe que piensan en la nieve de forma tan distinta?
>
> WHORFIANO: ¡Fíjese en todas las palabras que tienen para nombrarla! ¡Un número N![234]

Cuando se estudian minuciosamente hablantes de distintas lenguas, se suelen encontrar sutiles efectos whorfianos, es decir, un patrón de pensamiento diferente que parece deberse al idioma en sí.[235] Los mejores ejemplos tienen que ver con los colores: el ruso tiene una palabra

234. Murphy, Gregory L., «On metaphoric representation», *Cognition*, 60, 2 (1996), pp. 173-204.

235. Puede analizarse una crítica en Pinker, *The stuff of thought*; Lupyan, G. *et al.*, «Effects of language on visual perception», *Trends in Cognitive Sciences*, 24, 11 (2020), pp. 930-944; McWhorter, John H., *The language hoax: Why the world looks the same in any language*, Oxford University Press, Estados Unidos, 2014.

para el azul claro (*goluboy*) y otra para el azul oscuro (*siniy*); en inglés se suele utilizar sólo una (*blue*). Debido a esto, los colores se recuerdan con más precisión en ruso, puesto que solemos recordar escenas por una descripción verbal y esa descripción, en ruso, sería más detallada.[236] O compara a un experto en vinos, que recuerda una copa como «un Merlot con pasas negras y fascinantes notas florales», conmigo, un lerdo respecto al vino, que lo recuerda como «un tinto en una botella bonita»; la descripción de la persona experta le permitirá recordar el sabor de una forma que para mí es imposible.

Pero no es sólo cuestión de memoria. Si en ruso hay dos palabras para designar dos colores y en inglés una, los hablantes de ruso las distinguen una fracción de segundo antes.[237]

Estos hallazgos tienen un considerable interés teórico, pero son delicados, el tipo de resultados que sólo se pueden obtener en un laboratorio. Hasta donde yo sé, nada respalda una versión fundada de la hipótesis whorfiana de que las formas de pensar que son completamente diferentes se originan por estar expuestos a diferentes lenguas. Como resume John McWhorter, los efectos que encontramos de la influencia lingüística son «un destello pasajero que sólo un experimento minucioso puede revelar, sin crear de ninguna manera una forma diferente de ver el mundo».[238]

Sin embargo, otras variantes de la idea de que el lenguaje tiene efectos radicales sobre el pensamiento son más prometedoras. No se centran en las diferencias entre los idiomas, sino que estudian los efectos que tiene en sí poseer una lengua.

Pensemos en la diferencia entre dos y tres. Fácil, ¿verdad? Podemos valorarla en un sentido abstracto, percibir que el tres es superior al dos, o podemos imaginar sin dificultad dos galletas por un lado y tres por otro. Ahora, pensemos en la diferencia entre noventa y noventa y uno. No puede contrastarse de forma intuitiva: mi imagen de noventa galletas y mi imagen de noventa y una galletas son idénticas: muchas galletas.

No obstante, entendemos que son diferentes, que noventa y uno es más que noventa; uno más, para ser precisos.

236. Winawer, Jonathan, *et al.*, «Russian blues reveal effects of language on color discrimination», *Proceedings of the National Academy of Sciences*, 104, 19 (2007), pp. 7780-7785.
237. Ibídem.
238. McWhorter, *op.cit.*, p. 149.

Y esta valoración se debe, posiblemente, a que hemos aprendido un lenguaje que es capaz de codificar esos conceptos numéricos. El neurocientífico cognitivo Stanislas Dehaene lo expresa así:

> Los símbolos lingüísticos dividen el mundo en categorías discretas. Por tanto, nos permiten referirnos a números exactos y separarlos categóricamente de sus vecinos más cercanos. Sin símbolos, no podríamos discriminar el 8 del 9, pero con la ayuda de nuestras elaboradas notaciones numéricas, podemos expresar pensamientos tan precisos como «la velocidad de la luz es de 299.792.458 metros por segundo».[239]

Esta propuesta sobre la importancia del lenguaje para comprender los números encaja con lo que sabemos de los bebés como criaturas no lingüísticas. En el capítulo anterior vimos que los bebés saben sumar y restar; pones una pelota detrás de la pantalla, luego otra, y esperan ver dos, no una ni tres.[240] Pero ahí se acaban sus capacidades. Los bebés no saben, por ejemplo, que ocho más ocho son dieciséis. Es posible que la raíz de ese entendimiento sea un sistema simbólico que no es innato, un sistema simbólico como el lenguaje natural.[241]

O consideremos lo que dijimos en el capítulo anterior sobre por qué los niños pequeños tienen tantas dificultades para entender la mente de otra persona, la denominada teoría de la mente. De nuevo hay quien dice que el ingrediente que falta es la competencia en el lenguaje. Resulta que hay una fuerte correlación entre el desarrollo del lenguaje y varias habilidades de la teoría de la mente; cuanto mejor se les dé el lenguaje a los niños, mejor razonarán sobre la mente de los demás.[242] Y los niños sordos que aún no han aprendido una lengua de signos presentan un retraso considerable en la comprensión de las falsas creencias.[243]

¿Por qué el lenguaje nos permitiría pensar mejor en otras mentes? La respuesta más obvia sería que implicarse en la comunicación lingüís-

239. Dehaene, Stanislas, *The number sense: how the mind creates mathematics*, Oxford University Press, pp. 91-92, Estados Unidos, 1997.

240. Wynn, Karen, «Addition and subtraction by human infants», *Nature*, 358, 6389 (1992), pp. 749-750.

241. Para ampliar información, véase Spelke, Elizabeth S., *What babies know: core knowledge and composition*, vol. 1, Oxford University Press, Reino Unido, 2022.

242. De Villiers, Jill G.; y De Villiers, Peter A., «The role of language in theory of mind development», *Topics in Language Disorders*, 34, 4 (2014), pp. 313-328.

243. Pyers, Jennie E.; y Senghas, Ann, «Language promotes false-belief understanding: evidence from learners of a new sign language», *Psychological Science*, 20, 7 (2009), pp. 805-812.

tica transmite cada vez más información sobre la mente de otras personas, pero una respuesta más radical diría que es la estructura del lenguaje la que hace el trabajo.[244] La sintaxis del lenguaje permite comprender mejor cómo ven el mundo los demás.

Tal vez, pues, el lenguaje sea esencial para codificar ciertos pensamientos complejos sobre otras mentes. Igual que una criatura sin lenguaje no podría entender lo siguiente:

La velocidad de la luz es de 299.792.458 metros por segundo,

quizá tampoco entendería un diálogo como éste (de la serie *Friends*):

—Jo, tío, ¡se creen muy listas jugándonosla! ¡Pero lo que ellas no saben es que sabemos que lo saben!

Queda mucho por decir al respecto; se sigue debatiendo hasta qué punto los idiomas posibilitan nuestras facultades para el pensamiento numérico y social, exclusivas de los humanos, pero lo que no admite discusión es lo mucho que el lenguaje ha transformado la vida humana. Sin él no tendríamos cultura, religión, ciencia, gobierno ni muchas otras cosas. El filósofo Daniel Dennet escribió en una ocasión: «Puede que el tipo de mente que se tiene cuando se le añade el lenguaje sea tan diferente del tipo de mente que se puede tener sin lenguaje que llamarlas "mentes" a las dos sea un error».[245] No creo que esto sea literalmente cierto —sin duda, los chimpancés y los perros tienen mente—, pero es una bonita forma de expresar la importancia de esta asombrosa capacidad humana.

244. De Villiers y De Villiers, *op. cit.*
245. Dennett, Daniel C., *Kinds of minds: toward an understanding of consciousness*, Basic Books, p. 17, Estados Unidos, 2008.

7

El mundo en tu cabeza

Perspectiva general

El mundo se abre paso para entrar en tu cabeza. A veces, se queda.

Asómate a la ventana y observa los coches que circulan por la calle, escucha el zumbido del aire acondicionado y el ruido de los edificios en construcción, saborea la acidez de un café caliente, siente la silla presionándote el trasero. Ésas son mis experiencias en este momento. Las tuyas serán otras, dependiendo de dónde estés mientras lees o escuchas estas palabras: en la cola de Correos, descansando en el bosque tras una larga caminata, sentado en tu camastro en prisión, donde sea. Tendrás una idea del mundo que te rodea, lo que los filósofos llaman «una representación mental».

Ahora, cierra los ojos y tápate los oídos e intenta revivir la experiencia. Sigue ahí, más o menos. No es tan vívida como cuando le estás prestando atención, sabes que estás recordando y no percibiendo, pero, aun así, algo sigue ahí. Parte de lo que recuerdes durará apenas unos latidos; en otras circunstancias, tus recuerdos se quedarán hasta el fin de tus días.

Vamos a explicar cómo sucede todo esto.

Hay un mundo real ahí fuera. Lo sentimos porque entra en contacto con nuestros órganos sensoriales en forma de luz, ondas sonoras y presión en la piel. Este contacto hace que las neuronas se activen; la experiencia que surge tras esta activación se conoce como *sensación* —experiencias de luz, sonido y tacto—. El cerebro se pone en marcha y procesa la información combinando la sensación con cómo creemos que funcionan las cosas y a continuación surge una rica experiencia del mundo que nos rodea, proceso al que llamamos *percepción*.

El mundo cambia —las nubes tapan el sol, el aire acondicionado se apaga automáticamente, los coches se alejan— y tu cerebro se va acomodando a esos cambios. Otros los provocas tú mismo —mueves la cabeza, entrecierras los ojos, te bebes el café, andas por la habitación...—. Puedes cambiar esas percepciones a voluntad (ya lo tratamos en un capítulo anterior, cuando hablamos de la ciencia de la consciencia). En la intimidad de tu cabeza, puedes prestarles atención a ciertas cosas y olvidarte del resto: *ahora* cuento los coches, *ahora* saboreo mi Nespresso. A este proceso lo llamamos *atención*. William James describió la *atención* como «la toma de posesión, por parte de la mente, de forma clara y vívida, de uno de los objetos o líneas de pensamiento posibles simultáneamente».[246] Se suele emplear la metáfora de un foco.

Por último, cuando cierras los ojos o te tapas los oídos, parte de la información sigue ahí, se codifica en tu cerebro físico. A esto lo llamamos *memoria*. Más tarde, si algo nos hace recordarlo o hacemos un esfuerzo consciente, podremos recuperar algunos de esos recuerdos y el mundo del pasado resucitará.

En resumen: existe un mundo, lo percibes, le prestas atención, eres consciente de él, lo recuerdas.

Todo esto puede parecer obvio, pero, a decir verdad, no todo el mundo aceptaría ese relato. Para empezar, se refiere a la información que hay en la mente, por tanto, se pierde al conductista, que dirá que la percepción, la atención y la memoria son conceptos inventados que no tienen cabida en nuestra ciencia de la psicología, tan avanzada ella. Que deberíamos ceñirnos al estímulo y la respuesta.

Además, hemos convertido la vida mental en un proceso físico en desarrollo, sin añadirle nada, y así hemos perdido también al dualista. Según nuestra teoría, la luz rebota en los objetos, alcanza la retina, hace que las neuronas se activen, el cerebro se pone en marcha y enseguida estamos pensando: «¡Hala, qué rápidos van esos coches!». Pero ¿qué pasa con el alma? ¿Dónde está la transición cuando esas experiencias salen del cerebro físico y marchan a algún reino espiritual? No existe tal transición, así que Descartes diría que te estás perdiendo algo.

246. James, William, *op. cit.*

Por último, nuestra teoría da por sentado que hay un mundo físico ahí fuera, algo con lo que entramos en contacto y que llegamos a conocer, así que también hemos perdido a ciertos escépticos. Si todos vivimos en Matrix, entonces no experimentamos el mundo externo en absoluto. («No hay cuchara», le dice el niño a Neo.) Mucho antes de Keanu Reeves, el filósofo George Berkeley afirmó que lo único que existe es la mente de los humanos y la de Dios: *Esse est percipi*, escribió, las cosas sólo existen cuando se perciben.[247] Y no son pocos los estudiosos que continúan la tradición escéptica de dudar de que haya un mundo ahí fuera independiente de nuestra percepción de él.[248]

Creo que podemos responder con confianza algunas de estas críticas. No deberíamos ser conductistas (se equivocan, nuestro cerebro contiene una representación del mundo) ni dualistas (se equivocan, nuestra mente es nuestro cerebro). Una ciencia adecuada de la mente no es conductista ni dualista; incluirá procesos de percepción, atención y memoria y los entenderá como el funcionamiento de nuestro propio cerebro físico.

¿Y qué hay del escepticismo? Pues podemos descartar la versión radical. Existe un mundo externo y lo aprehendemos. Hay una anécdota en el libro *Vida de Samuel Johnson*, de Boswell, publicado en 1791, en la que Boswell y Johnson discuten la idea de Berkeley de que no existe la materia física, y Johnson responde dándole una patada a una piedra y diciendo: «¡Yo la refuto así!».[249] Incluso los escépticos aceptan, al menos hasta cierto punto, la existencia de un mundo fuera de su cabeza. Thomas Reid escribió en 1785: «Nunca oí que un escéptico se golpeara la cabeza contra un poste... porque no creía lo que veía».[250] ¿Qué es la realidad? Me gusta la respuesta del novelista Philip K. Dick: «Es aquello que, incluso aunque dejes de creer en ello, sigue existiendo y no desaparece».[251]

De hecho, que tengamos órganos sensoriales se debe a que la selección natural favorece a las criaturas que hacen bien las cosas. En igual-

247. Berkeley, George, *Tratado sobre los principios del conocimiento humano*, Losada, Argentina, 2004.

248. Horgan, John, «Do our questions create the world», *Scientific American*, 6 de junio de 2018, <https://blogs.scientificamerican.com/cross-check/do-our-questions -create-the-world/>.

249. Boswell, James, *Vida de Samuel Johnson*, Acantilado, Barcelona, 2021.

250. Reid, Thomas, *Essays on the intellectual powers of man*, Cambridge University Press, p. 45, Estados Unidos, 2011.

251. Citado en Pinker, Steven, *Rationality: what it is, why it seems scarce, why it matters*, Viking Penguin, p. 298, Estados Unidos, 2021.

dad de condiciones, los animales que distinguen lo que es real tienen más probabilidades de sobrevivir y reproducirse que los que no lo hacen.

Y aun así, una versión más moderada del escepticismo es cierta. Deberíamos rechazar la postura, a veces llamada «realismo ingenuo», de que nuestros sentidos captan, sin poder evitarlo, el mundo tal cual es. En la imagen de abajo, conocida como la ilusión de la pared de la cafetería, las líneas horizontales son rectas, pero no lo parecen. Esta ilusión y muchas otras demuestran que podemos equivocarnos de manera sistemática.

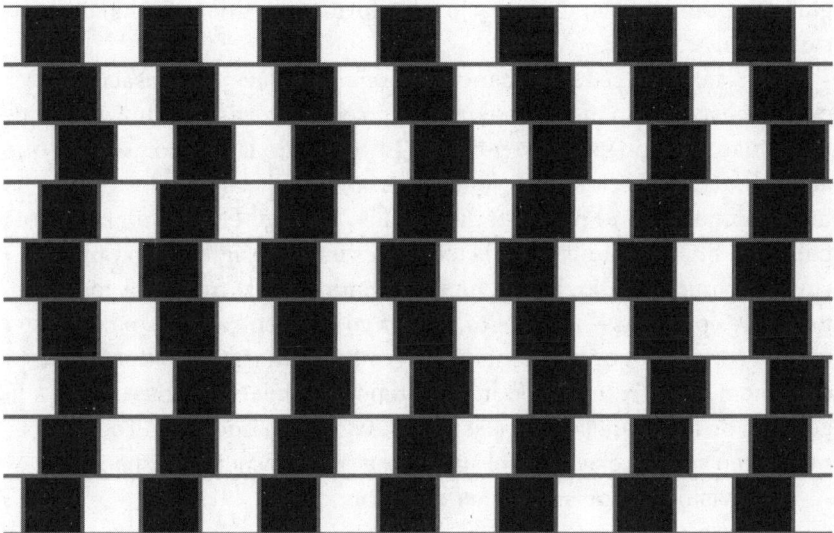

También puedes pensar que una caca de perro es repugnante, que tu hijo es adorable y que la cima de la montaña a la que te diriges caminando está a una distancia desalentadora. Pero estas interpretaciones son fruto de la mente. Sin ir más lejos, el color es un caso fascinante; nuestra experiencia no es una transcripción fiel de la longitud de onda real del mundo. Recordemos el fenómeno de internet de hace unos años: unas personas veían un vestido de color negro y azul y otras lo veían de color blanco y dorado y todos se quedaban asombrados al ver que había gente que lo percibía de otra manera distinta a la suya.[252] El

252. Véase Aston, Stacey, *et al.*, «Exploring the determinants of color perception using #thedress and its variants: the role of spatio-chromatic context, chromatic illumination, and material-light interaction», *Perception*, 49, 11 (2020), pp. 1235-1251; Gegenfurt-

escepticismo radical es erróneo, pero también lo es el realismo ingenuo. Hay algo de cierto en el aforismo de Anaïs Nin: «No vemos el mundo como es, lo vemos como somos».

La sensación y la percepción

Empecemos nuestro viaje desde el mundo hacia la mente considerando el contraste entre la sensación y la percepción. La sensación es la primera etapa, cuando los receptores de la piel, la retina, los oídos y otros órganos captan algo del mundo y lo transforman en una experiencia: presión, color, etcétera.

No solemos acceder de manera consciente a nuestras sensaciones. Mi experiencia cuando me bebo lo que tengo en la taza es la de una determinada marca de café, oscuro y fuerte. El rostro de las personas a las que amo me parece hermoso; no puedo ver a mis hijos sin verlos como mis hijos. Si me dices «Fuera está lloviendo», no oigo el sonido real de tus palabras; mi conocimiento de la lengua les infunde significado y un cierto ritmo; no puedo evitar, por ejemplo, entender que la frase está compuesta por tres palabras —*fuera*, *está*, *lloviendo*—, mientras que, para alguien que no conozca nuestro idioma, sería un galimatías. Como dijo en cierta ocasión el filósofo Jerry Fodor: «No tenemos prácticamente acceso a la acústica de los enunciados en las lenguas que hablamos».[253] (Todos sabemos cómo suenan el chino y el sueco, pero ¿cómo suena el español?)

O la visión. Stanislas Dehaene escribe:

> Nunca vemos el mundo tal como lo capta nuestra retina. De hecho, la vista sería horrible: un montón de píxeles claros y oscuros distorsionados, ampliados hacia el centro de la retina, enmascarados por los vasos sanguíneos, con un enorme agujero en la ubicación del «punto ciego», donde los cables salen hacia el cerebro; la imagen se desenfocaría y cambiaría constantemente a medida que desplazáramos la mirada.[254]

No importa las veces que lo intentes, es imposible experimentarlo. Más bien tenemos:

---

ner, Karl R.; Bloj, Marina; y Toscani, Matteo, «The many colours of "the dress"», *Current Biology*, 25, 13 (2015), pp. R543-R544.

253. Fodor, Jerry A., *op. cit.*

254. Dehaene, Stanislas, *La conciencia en el cerebro: descifrando el enigma de cómo el cerebro elabora nuestros pensamientos*, Siglo XXI, Argentina, 2015.

una escena tridimensional, con los defectos de la retina corregidos, reparada en el punto ciego, estabilizada conforme a los movimientos de los ojos y la cabeza y reinterpretada a gran escala en función de nuestra experiencia con escenas visuales similares.

El mundo nos llega preprocesado.

Hay quien dice que las cosas eran distintas cuando éramos bebés. Recordemos que Piaget decía que los bebés no ven el mundo como objetos persistentes y que William James opinaba que para el bebé todo es «una confusión floreciente y bulliciosa». Sin embargo, como hemos visto, es probable que este punto de vista sea erróneo. Un bebé no puede evitar ver los objetos como tales, no como imágenes fugaces de la retina. Los bebés *perciben*.

Aun así, hay casos en los que incluso los adultos tienen sensación sin percepción. Volviendo al ejemplo de Fodor, mi desconocimiento del sueco y del chino significa que sólo oigo los sonidos, no hay percepción que valga. Un psicólogo puede alumbrarte un ojo con una linterna o ponerte una pesa en la mano y tu experiencia sería, de nuevo, una sensación pura.

La *psicofísica* es la ciencia que estudia la relación entre las sensaciones y los estímulos que las generan. Se centra en los límites de la capacidad sensorial. Si sostienes dos pesas, una en cada mano, ¿puedes percibir la diferencia? ¿Cuánto azúcar puedo echarte en el café antes de que te des cuenta de que se lo estoy poniendo?

La mejor respuesta a estas preguntas se conoce como ley de Weber, ideada en la década de 1830 por Ernst Weber.[255] Esta ley establece que el menor cambio discernible en la magnitud de un estímulo es proporcional a la magnitud del estímulo.

Para que lo entendamos, coge una pesa con la mano izquierda. ¿Cuánto debe diferir el peso de la mano derecha para que percibas la diferencia entre una y otra? Si estás pensando responder en gramos, la ley de Weber te dice que por ahí no vas bien. La cantidad que hay que añadir no es una constante, sino una proporción del primer peso. Si sostienes una moneda de un dólar en la mano derecha y dos en la izquierda, es probable que notes la diferencia de peso: la proporción es de 1:2. Pero si coges un ladrillo con una mano y un ladrillo con una moneda de dólar encima con la otra, tendrás la sensación de que pe-

255. Ekman, Gösta, «Weber's law and related functions», *Journal of Psychology*, 47, 2 (1959), pp. 343-352.

san lo mismo, aunque la diferencia absoluta de peso sea idéntica a la del primer caso.

O tomemos el ejemplo de un sonido que aumenta de volumen en incrementos absolutos, del 1 al 10. Percibimos la diferencia entre 1 y 2 como mayor que entre 2 y 3, debido a que el primero es un cambio del cien por cien y el segundo sólo del 50 por ciento (la diferencia entre 1 y 2 es, psicológicamente hablando, la misma que entre 2 y 4).

La relevancia de las proporciones se hace extensiva a valoraciones más abstractas. Un café caro en la cafetería de mi barrio cuesta 4 dólares. Si lo subieran a 104 dólares, me quedaría estupefacto y no volvería allí en la vida, pero si estuviera comprando una casa anunciada en 426.000 dólares y al día siguiente viera que el precio ha subido a 426.100 dólares, me reiría. ¡Qué más da, sólo son 100 dólares más! Eso quiere decir que no estoy cabreado porque el café haya cambiado de precio 100 dólares (si lo estuviera, me pasaría lo mismo con el precio de la casa), sino que estoy flipando con que un café cueste veinticinco veces más de lo normal.

(El contexto suele ser relevante cuando hablamos de dinero. En *Double down*, un libro de memorias sobre la adicción al juego, Frederick y Steven Barthelme escriben:

> En la mesa, perdiendo dinero, todo eran sonrisas, como si no ocurriera nada. De hecho, era lo que sentíamos. El dinero no es dinero en un casino. Cuando estás en casa eres capaz de ir a la otra punta de la ciudad para ahorrarte un dólar en un bote de detergente, pero en la mesa le das una propina de cinco dólares a la camarera por traerte unos cuantos refrescos; y haces las dos cosas el mismo día.)[256]

Terminemos el análisis de las sensaciones con un acertijo que nos remite a los misterios de la conciencia de que ya hemos tratado. No hay nada más diferente que la experiencia de percibir con los distintos sentidos (por ejemplo, el olor de una rosa y la sensación al besar; mirar un arcoíris y oír la risa de un bebé), pero todas esas experiencias llegan al cerebro de la misma forma, son neuronas que se activan. Como apunta un equipo de psicólogos, «las señales no se dan un apretón de manos en secreto para decir que pertenecen al club de la visión o al de la audición».[257]

256. Barthelme, Steven; y Barthelme, Frederick, *Double down: reflections on gambling and loss*, Houghton Mifflin Harcourt, p. 25, Estados Unidos, 2001.

257. Gross, James J., et al., *Interactive psychology: people in perspective*, W. W. Norton, Estados Unidos, 2020.

Así que la diferencia fenomenológica tiene que surgir a través de varios cálculos neuronales. El lóbulo occipital recibe el mensaje... mensaje... mensaje y lo convierte en la experiencia del color y la luz; el lóbulo parietal recibe el mensaje... mensaje... mensaje y lo convierte en un sabor y un olor, y así sucesivamente.

Y ahora, llegamos al acertijo. ¿Qué pasaría si pusiéramos el nervio óptico en el lóbulo parietal y las neuronas de los oídos en el occipital? ¿Oiríamos la luz y degustaríamos el sonido? ¿Y si cambiáramos otras neuronas? ¿Sentiríamos el aroma del pollo vindaloo o podríamos probar a qué sabe un arcoíris?

No es pura fantasía; hay personas que tienen sinestesia, es decir, experimentan de forma automática e involuntaria una sensación que no corresponde con el sentido que se estimula. Un caso extremo es el de un famoso paciente neurológico conocido como S: su sinestesia era tan intensa que no leía el periódico mientras desayunaba porque los sabores que percibía al leer modificaban el sabor de su desayuno.[258]

En 1966, un prestigioso investigador en inteligencia artificial del MIT (Instituto de Tecnología de Massachusetts) estaba trabajando en un sistema inteligente y quería que la máquina interactuara con el mundo, así que le encargó a un alumno un proyecto de verano que consistía en conectar un ordenador a una cámara para que pudiera «describir lo que veía».[259]

A los psicólogos les encanta esta historia porque ilustra muy bien lo sencillo que parece el problema de la percepción y lo difícil que es en realidad. (Por supuesto, el estudiante nunca terminó el proyecto, aunque añadiré que él —Gerald Sussman— es ahora un destacado especialista en inteligencia artificial.) De hecho, llevamos más de medio siglo trabajando en el reconocimiento de objetos por ordenador y los avances han sido lentos y difíciles.

Antes les decía a mis alumnos que ese programa fue un fracaso rotundo, pero ya no. Ha habido avances, ya hay algoritmos que nombran imágenes con cierto grado de precisión; hay coches que se conducen solos y saben abrirse paso entre el tráfico. Quizá dentro de un año o

258. Johnson, Reed, «The mystery of S., the man with an impossible memory», *The New Yorker*, 12 de agosto de 2017.

259. Singh, Annu, «Computer vision: from a summer intern project to redefining AI future», *Medium*, 6 de agosto de 2019, <https://medium.com/analytics-vidhya/computer-vision-from-a-summer-intern-project-to-redefining-ai-future-5dc87fdc9f72>.

menos haya algoritmos en Facebook, Google o alguna otra empresa que sean capaces de reconocer un objeto igual que lo hace una persona.

O no. Desde luego, no hemos llegado todavía a ese punto. Un ordenador puede hablar o entender el lenguaje al nivel de un niño de tres años, pero no hay máquina que sepa percibir el mundo tan bien como un niño pequeño. Cuando escribo estas palabras, los sitios web filtran posibles *bots* pidiéndonos que identifiquemos unas letras en distintos ángulos, una tarea trivial para una persona, pero lejos del alcance de la mayoría de los algoritmos.

El problema de la percepción parece tan sencillo porque lo resolvemos de forma natural. Es un ejemplo de lo que los psicólogos evolucionistas Leda Cosmides y John Tooby llamaron «ceguera instintiva»: «Intuitivamente, todos somos unos realistas ingenuos», escriben. «Experimentamos el mundo como si ya estuviera dividido en objetos, relaciones, metas, alimentos, peligros, humanos, palabras, oraciones, grupos sociales, motivos, artefactos, animales, sonrisas, miradas, relevancia y prominencia, lo conocido y lo obvio.»[260] Los procesos que dan lugar a estas experiencias son automáticos e inconscientes, por eso cuesta mucho trabajo apreciar su complejidad. Sólo cuando intentamos implantarlos en un ordenador, construir algo que distinga las palabras a partir de un caudal de sonido o las sonrisas en un mar de caras, nos vemos obligados a enfrentarnos a lo difíciles que son estos problemas.

La luz suele incidir en los ojos porque rebota en algo. Atraviesa las córneas, pasa por las lentes (que disponen de músculos que permiten enfocar los objetos cercanos y lejanos) y llega a la parte trasera de los ojos, llena de fotorreceptores. Hay muchos: cada ojo tiene unos 120 millones de bastones en el anillo exterior (son muy sensibles y se encargan de la visión en condiciones de poca luz) y unos 6 millones de conos (la mayoría en el centro, se encargan de la visión en color).

A partir de estos conos y bastones se produce una activación neuronal que va a la parte posterior de la cabeza (es un poco extraño, cualquiera diría que el proceso tiene lugar más cerca de los ojos). Esto conduce a la experiencia. En la película *Matrix*, unos agentes entrenados miran la pantalla de un ordenador con millones de números en movimiento y ven un mundo en ellos. Si vemos los patrones de activación

260. Cosmides, Leda; y Tooby, John, «Beyond intuition and instinct blindness: toward an evolutionarily rigorous cognitive science», *Cognition*, 50, 1-3 (1994), pp. 41-77.

neuronal como la expresión de un código numérico, eso es precisamente lo que hace nuestro cerebro todo el tiempo, inferir un mundo tridimensional a partir de una matriz bidimensional en movimiento.

Y este problema es muy difícil. Entre otras cosas, un buen perceptor tiene que recopilar información sobre propiedades fundamentalmente estáticas, pero nuestra percepción cambia constantemente. Imaginemos que miramos a un perro que pasa corriendo por la calle. La imagen del perro se va haciendo más pequeña en la retina a medida que se aleja, pero no sacamos la conclusión de que el perro se esté encogiendo. Al doblar una esquina, pasamos de verle la cola y los cuartos traseros a ver al perro entero de perfil —un cambio radical de forma—, pero no deducimos que el propio perro esté cambiando de forma. Cuando el perro se refugia a la sombra de un árbol, su cuerpo refleja menos luz, pero no pensamos que el perro esté cambiando de color. De alguna forma, el cerebro toma la información cambiante y calcula que existe un ser singular inmutable que se mueve a través del espacio y del tiempo. (Para complicar aún más este problema, tenemos que ser capaces de percibir los objetos que realmente cambian, como cuando vemos a alguien inflar un globo, transformar un pedazo de arcilla en estatua o pintar un lienzo.)

Si supiéramos cómo hace todo eso la mente, seríamos capaces de programar los ordenadores para que lo replicaran, pero no lo sabemos y por eso no podemos. Aunque sí tenemos una ligera idea, pues percibir algo correctamente implica coordinar dos tipos de información:

1. La entrada al sistema visual; la actividad neuronal basada en la luz que golpea la retina (llamada a veces información ascendente o *bottom-up*).
2. Nuestras suposiciones. Algunas pueden formar parte del propio sistema visual, conectadas al córtex visual; otras pueden provenir de los recuerdos y las expectativas (información descendente o *top-down*).

Veamos algunos sencillos ejemplos. Estás sentado en una habitación llena de luz y se oscurece por completo, se ilumina de nuevo y se oscurece. Ésta es la información ascendente. ¿Qué ocurre aquí? Puede que esté pasando algo, puede que alguien esté encendiendo y apagando las luces, pero si sabes que lo que estás haciendo es abrir y cerrar los ojos, inferirás que nada ha cambiado, tienes una forma mejor de darle sentido a la experiencia. O imagina que estás en una habitación a oscuras y hay un círculo blanco ante ti que se expande. Lo verías como si se estuviera acercando; a menos que estuvieras yendo hacia él, en cuyo caso lo verías estable.

Veamos ahora un ejemplo menos aparatoso. Sabemos que un trozo de carbón es negro y que una bola de nieve es blanca. La explicación más sencilla es que la bola de nieve refleja más luz que el carbón y nuestros ojos captan esa diferencia. Pero eso es sólo parte de la historia: para percibir el brillo de un objeto no basta con la cantidad de luz que refleja, somos sensibles al contexto en el que se encuentra el objeto. De noche, una bola de nieve puede ser más oscura (reflejar menos luz) que un trozo de carbón en un día soleado.

Una impresionante forma de ilustrar cómo el contexto influye en la experiencia perceptiva es el siguiente ejemplo del científico cognitivo Edward Adelson. Observa las baldosas identificadas con las letras A y B:

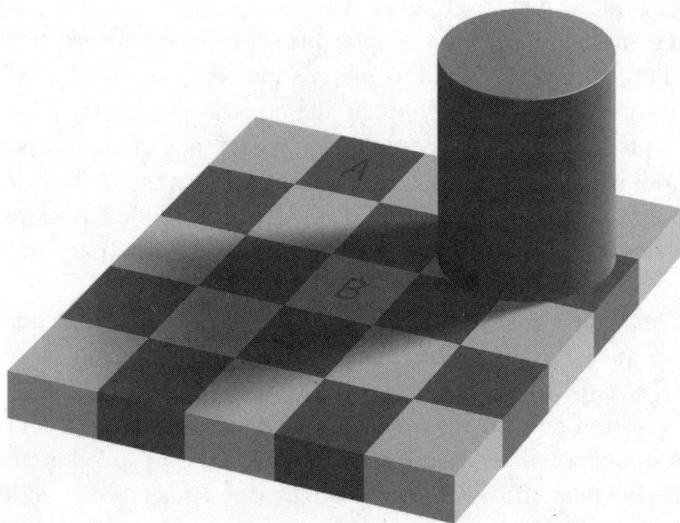

La A parece ser más oscura que la B. ¿Será porque A envía menos luz al ojo que B? No, ambas reflejan la misma cantidad de luz; son del mismo color. (Si no me crees, tapa la imagen de forma que sólo veas las dos baldosas.)

Entonces, ¿por qué parece una más oscura que la otra? Porque la B está en la sombra. Como la sombra oscurece las superficies, el cerebro compensa y la percibe como más brillante. Para ponerlo en el contexto que acabamos de presentar:

1. **Ascendente**: Las baldosas emiten la misma cantidad de luz.
2. **Suposiciones**: Una está en la sombra. Sabemos que la sombra hace que algo parezca más oscuro de lo que es, por lo que deducimos que en realidad debe de ser más claro.

Piensa ahora en el ambicioso proyecto de segmentar el mundo visual en objetos distintos y apreciar las relaciones entre ellos. Podrías mirar una mesa y ver una taza de café, un libro y una manzana, todos en fila. Sin embargo, para la retina sólo hay una mancha de luz indefinida. ¿Cómo pasamos de ver una mancha a percibir tres objetos distintos?

Un enfoque general de este problema fue desarrollado a principios del siglo XX por una comunidad de estudiosos conocidos como los psicólogos de la Gestalt.[261] Propusieron unas reglas de agrupamiento perceptivas que nos guían para darle sentido al mundo, para organizar nuestras percepciones de forma adaptativa. Como simple ilustración, echa un vistazo a las oes que aparecen a continuación:

O O O O   O O O O

Desde una perspectiva lógica, hay muchas maneras de agrupar estos ocho elementos. Tal vez podamos dividirlos en tres grupos, uno de ellos formado por las dos primeras oes («O O»), otro por las cuatro siguientes («O O O O») y un tercero por las dos últimas («O O»). Pero nadie lo vería así. Somos proclives a segmentar los elementos en función de factores como la proximidad, así que las vemos así de forma natural:

Grupo 1:   O O O O   Grupo 2:   O O O O

O mira este otro ejemplo, aquí las letras están a la misma distancia unas de otras:

B B B B T T T T T W W

De nuevo hay muchas maneras de dividir estas letras, pero la tendencia natural es agruparlas en tres bloques, uno de B, otro de T y otro de W, por similitud.

261. Koffka, Kurt, *Principles of Gestalt psychology*, Routledge, Reino Unido, 2013.

Estos principios de la Gestalt captan las regularidades de la distribución normal de los objetos. Volviendo a nuestro ejemplo, el color y la textura de la taza de café serán distintos de los del libro, que a su vez serán distintos de los de la manzana. Además, los tres objetos estarán probablemente separados en el espacio, por tanto, los mismos principios de similitud y proximidad harán que los percibas como tres objetos distintos: taza, libro, manzana.

Mira la siguiente imagen. Es perfectamente posible que veas una figura compleja compuesta de tres piezas: un bloque y dos barras móviles separadas, una en la parte superior y otra en la inferior.

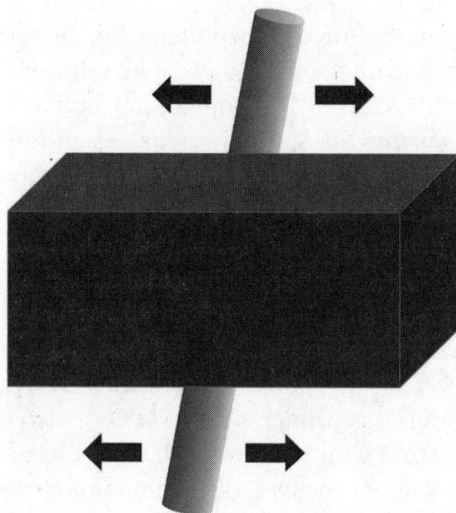

Pero no sería lo natural. Sería mucha coincidencia que dos barras distintas se alinearan tan bien y se movieran sincrónicamente. La mente asume que no existen las coincidencias, así que, guiados por el *principio de la buena continuación* de la Gestalt, vemos en la figura una sola barra con el centro oculto tras el bloque. (Los bebés, cuando ven esta figura, también ven una barra, no dos.)[262]

Un psicólogo perceptivo hábil puede preparar un escenario para que percibamos algo que no está presente, según los principios de la Gestalt. A continuación, se muestra la ilusión del Triángulo de Kaniz-

262. Kellman Philip J.; y Spelke, Elizabeth S., «Perception of partly occluded objects in infancy», *Cognitive Psychology*, 15, 4 (1983), pp. 483-524.

sa.[263] Consiste en un triángulo situado sobre tres círculos, y parece tan lógico que ahí haya un triángulo que la mente lo añade, crea un objeto que en realidad no existe.

Además de dividir el mundo en objetos, situamos esos objetos en un mundo tridimensional, los vemos con profundidad. ¿Cómo lo hacemos?

Una explicación se basa en que tenemos los ojos separados. Acércate una mano a la cara y mírate el pulgar cerrando un ojo y luego el otro. Luego mira algo que esté lejos (tal vez muy lejos, como la luna). Cuando el objeto está cerca, los ojos obtienen dos imágenes distintas; cuando está lejos, ven prácticamente lo mismo. El sistema visual se vale de esto—la disparidad binocular— para hacer una estimación aproximada de la distancia de los objetos en el espacio.

Es posible ver el mundo en tres dimensiones incluso con un solo ojo. Una forma de hacerlo se basa en el tamaño típico de las cosas. Si una mujer se te acerca y la imagen que se forma en tu retina ocupa más espacio que la imagen de una casa, es seguro que la mujer está más cerca que la casa, porque las casas suelen ser más grandes que las mujeres. Otra cosa es la interposición. Si vemos la silueta de la mujer entera y tapa parte de la casa, es probable que esté delante de ella. Una tercera forma se basa en la velocidad del movimiento. ¿Por qué los pájaros pa-

263. Kanizsa, Gaetano, «Margini quasi-percettivi in campi con stimolazione omogenea», *Rivista di Psicologia*, 49, 1 (1955), pp. 7-30.

recen volar más rápido que los aviones? Porque los aviones están más lejos; los objetos lejanos se mueven más despacio en la retina que los cercanos, cosa que nos permite deducir la distancia. (Este fenómeno tiene un nombre muy bonito: *paralaje de movimiento*.)

Ya hemos hablado de cómo evaluamos la luminosidad, dividimos el mundo en objetos y los situamos en el espacio. Los pormenores son distintos, pero el planteamiento general es idéntico: el mundo nos ofrece información ascendente, desordenada e incompleta, y el cerebro se dedica a darle sentido.

Esta interacción de la información ascendente, las creencias y las expectativas no es exclusiva de la percepción visual; también tiene lugar en el procesamiento del lenguaje. Pensemos en lo que se denomina *efecto de restauración fonémica*.[264] Se toma una grabación de una frase como:

Se descubrió que el volante estaba sobre el eje.

y se elimina un fonema para reemplazarlo por el sonido de la tos, de modo que la frase que se oye queda así:

Se descubrió que el [tos] lante estaba sobre el eje.

Pero la gente no oye eso. Un hispanohablante tiene claro, por el contexto, cuál es el sonido que falta, así que su cerebro lo rellena y oye realmente «vo»; la percepción de la frase incluye la palabra *volante* y una tos simultánea.

Se descubrió que el volante estaba sobre el eje. [tos]

Esta forma de rellenar huecos mentalmente dificulta la labor de corregir un texto. Scott Alexander pone el siguiente ejemplo:

I (yo)
LOVE (amo)
PARIS IN THE (París en)
THE SPRINGTIME (primavera)

---

264. Warren, Richard M., «Perceptual restoration of missing speech sounds», *Science*, 167, 3917 (1970), pp. 392-393.

y a continuación escribe:

Esto demuestra cómo los esfuerzos de la corriente descendente por dar forma a la corriente ascendente y hacerla coherente puede a veces «maquillar» los libros y alterar por completo la sensación. La imagen reza PARIS IN THE THE SPRINGTIME (fíjate en la duplicación de *the*). La corriente descendente predice que esta oración debería tener sentido según la gramática inglesa, por lo que sustituye a la la corriente ascendente por lo que cree que debería haber dicho. Es un proceso muy complejo: ¿cuántas veces he repetido la la palabra *la* en este párrafo sin que te dieras cuenta?[265]

A veces es difícil darse cuenta de dónde hizo el apaño la mente. Durante un acalorado debate en línea sobre la vacunación durante la primavera de 2021, alguien publicó esto en Twitter como algo que le había hecho gracia:

When the time comes, I 100% support mandatory vacations for everyone. If anyone refuses they should be FORCED ('cuando llegue el momento, yo apoyo al cien por cien las vacaciones obligatorias para todo el mundo. Si alguien se niega, se le debería OBLIGAR').

Yo no lo pillaba y volví a leerlo una y otra vez (¿habría algún *la* repetido por ahí?). Al final, alguien tuvo que decirme que me fijara bien en la palabra que iba tras *las* y entonces me di cuenta de que esa palabra era *vacaciones*, no la que yo esperaba y veía, *vacunaciones*.

Es lógico que la percepción funcione así. Gran parte de nuestra experiencia sobre el mundo es ambigua, un sistema de percepción que funciona bien favorece lo verosímil, no lo inverosímil. Es más verosímil que la persona haya dicho «el volante estaba sobre el eje» y que no hayamos oído *vo-* por la tos y no, por ejemplo, «el talante estaba sobre el eje». De vez en cuando daremos un traspié: es THE THE, no THE; es «vacaciones», no «vacunaciones». Pero lo que ganamos en eficacia favoreciendo la interpretación más probable supera el coste de equivocarnos alguna que otra vez.

Y lo que es más importante, si hay un conflicto, al final gana el ascendente.[266] Cuando era niño, en un libro que leí había unos extraterrestres que llegaban a la Tierra. La gracia estaba en que sólo los niños se daban

265. Alexander, Scott, «Mysticism and pattern matching», *Slate Star Codex*, 8 de agosto de 2015, <https://slatestarcodex.com/2015/08/28/mysticism-and-pattern-matching/>.
266. Para ampliar información, véase Firestone, C.; y Scholl, B. J., «Cognition does

cuenta porque los adultos no creen en los extraterrestres y, por tanto, literalmente no podían verlos. Recuerdo que me fascinaba la idea, muy halagadora para mí por ser niño, pero era absurda. Si nuestro sistema perceptivo sólo nos mostrara lo que esperamos, nada nos sorprendería y es evidente que seguimos sorprendiéndonos. No espero darme la vuelta y encontrarme un gorila detrás, a punto de clavarme un cuchillo en el cuello, pero si me diera la vuelta y estuviera, me daría cuenta. La percepción sirve para ese tipo de cosas (informarnos de lo que aún no sabemos).

La memoria

A veces hago una demostración en clase: le pido a un voluntario que finja haber perdido la memoria. Lo de «perder la memoria» tiene sus connotaciones, como ocurre en las películas *Vértigo* o *Morir todavía* o en la excelente serie en la que Matt Damon interpreta a Jason Bourne, un superespía amnésico. Cuando le pregunto cómo se llama, el voluntario suele sobreactuar, poner cara de despiste y decir: «¡No lo sé!».

Pero hay truco, porque la memoria conforma la base de *todo* lo que sabemos, no sólo nuestra autobiografía. Bourne habla inglés, conduce un coche, lucha con destreza, hace el amor, camina, se viste y va al baño. Y lo hace recurriendo a experiencias del pasado que tiene almacenadas en el cerebro: los recuerdos. Si mis voluntarios perdieran de verdad la memoria, no podrían responder a mi pregunta. Estarían tirados en el suelo, llorando y cagándose encima.

Algunos filósofos, como John Locke, dicen que nuestros recuerdos son en gran parte lo que somos: si tú te despertaras con mis recuerdos y yo con los tuyos, tú serías yo y yo sería tú.[267] Yo soy escéptico con esta teoría, pero no le quito parte de razón: la pérdida por completo de los recuerdos sería algo parecido a la erradicación de uno mismo.[268]

Hay distintos tipos de memoria. Está la *memoria autobiográfica*, el recuerdo de las experiencias personales. Ésta es la que se dice que ha perdido Bourne y a la que solemos referirnos cuando hablamos de «per-

---

not affect perception: evaluating the evidence for "top-down" effects», *Behavioral and Brain Sciences*, 39 (2016), pp. 1-77.

267. Locke, John, *op. cit.*

268. Para ampliar información, véase Starmans, Christina; y Bloom, Paul, «Nothing personal: what psychologists get wrong about identity», *Trends in Cognitive Sciences*, 22, 7 (2018), pp. 566-568; Finlay, M.; y Starmans, C., «Not the same same: distinguishing between similarity and identity in judgments of change», *Cognition*, 218 (2022), p. 104953.

der la memoria», pero Bourne conserva la llamada *memoria semántica*: sabe que París es la capital de Francia, que los perros suelen tener cola, etcétera. Conserva la *memoria procedimental*, es decir, recuerda cómo hacer las cosas: camina, lee mapas, conduce un coche. Cuando dos policías lo despiertan en un banco, Bourne los derriba de inmediato y los deja inconscientes, pero se sorprende de haber hecho eso; sabe cómo luchar (tiene memoria procedimental), pero no sabe que lo sabe (carece de memoria autobiográfica). Y puede adquirir nuevos recuerdos; basta con echarle un vistazo a un mapa para ponerse en marcha. Su pérdida de memoria ha sido devastadora, pero mantiene intactos algunos tipos.

Uno de los grandes descubrimientos de la psicología, ayudada por la neurociencia, es haber dominado la memoria, es decir, haber comprendido sus partes, sus límites y sus posibilidades. Continuemos nuestro viaje desde el mundo exterior hacia la mente y preguntémonos: ¿cómo recordamos lo que percibimos?

Éste es el modelo corriente de memoria.[269] Este modelo está simplificado, pero nos es útil como punto de partida.

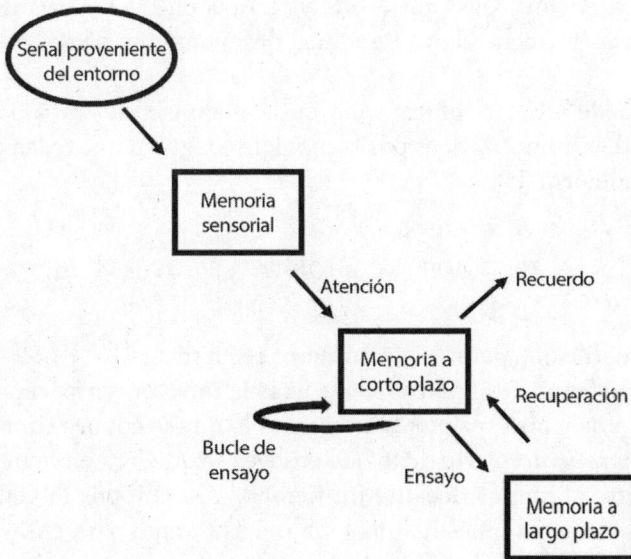

Señal proveniente del entorno

Memoria sensorial

Atención

Recuerdo

Memoria a corto plazo

Recuperación

Bucle de ensayo

Ensayo

Memoria a largo plazo

269. Atkinson, Richard C.; y Shiffrin, Richard M., «Human memory: a proposed system and its control processes», in Spence, K.; y Taylor Spence, J. (eds.), *The psychology of learning and motivation*, vol. 2, Academic Press, pp. 89-195, Estados Unidos, 1968.

Empezamos con la memoria sensorial. Parte de ella es visual; si ves el destello de un relámpago, cierras los ojos y ves una imagen residual, es una forma de recuerdo sensorial. Para experimentar la memoria sensorial con los ojos abiertos, juega con una bengala a escribir tu nombre en el aire. Las letras no siguen ahí —si tu cerebro estuviera conectado de otra manera, este truco no funcionaría—. Tu percepción se produce porque ciertas experiencias perduran en la memoria sensorial visual.

También tenemos la memoria sensorial auditiva, que dura unos segundos más. Si alguien te está contando una historia y tú, aburrido, le echas un vistazo al móvil, puede que te pregunte: «¿Qué acabo de decir?». Aunque no estuvieras escuchando, las palabras se han quedado en tu mente y, como por arte de magia, puedes repetirlas.

Siempre estamos formando recuerdos sensoriales, pero, a menos que les prestemos atención, se pierden enseguida. Cuando les prestamos atención, la información pasa a la siguiente etapa, la memoria a corto plazo, también conocida como *memoria de trabajo*. Muchos psicólogos la identifican con la conciencia; podemos señalar esa casilla y escribir al lado «estás aquí». Se trata del yo. La memoria de trabajo es la interfaz entre el mundo y la mente, recibe información gracias a la atención (pasa un coche y te fijas en él) o a la memoria a largo plazo (te recuerdan lo que has desayunado y ahora piensas en eso).

Se puede retener información en la memoria de trabajo, pero su capacidad es limitada. Si es posible, pídele a alguien que te lea esta lista a un ritmo normal:

14, 59, 11, 109, 43, 58, 98, 487, 25, 389, 54, 16

Ahora dile que pare. ¿Qué números recuerdas?

Te acordarás de algunos; si te tomas la tarea en serio, repetirás los números una y otra vez mentalmente, es lo que se conoce como *ensayo de mantenimiento*. Parte de lo que ensayes se quedará en la memoria a largo plazo, al menos durante un tiempo. Y serán, por lo general, los primeros números, pues habrás tenido más tiempo para ensayarlos, es el *efecto de primacía*. Y a menudo recordarás los últimos porque, cuando se acabe la lista, seguirán en la memoria a corto plazo: *el efecto de recencia*. Por tanto, si se comparan los aciertos de la memoria con la posición de los elementos en la lista, se apreciará una curva en forma de

U: un repunte por el efecto de primacía, una caída en el medio y un nuevo repunte por el efecto de recencia.[270]

¿Cuántos números has recordado? ¿Cuánta información puede almacenar la memoria a corto plazo? El psicólogo George Miller escribió en 1956 un artículo clásico que responde a esta pregunta ya en el título: «El número mágico siete, más o menos dos: algunos límites en nuestra capacidad de procesar la información».[271] O sea, entre cinco y nueve. Hay estimaciones posteriores que afirman que está por debajo, que la capacidad de almacenamiento de la memoria de trabajo es de unos cuatro elementos.[272]

¿Cuatro qué? Cuatro unidades significativas, llamadas también *chunks* ('trozo', 'fragmento'). El papel que desempeña aquí la comprensión significa que la capacidad de la memoria a corto plazo de una persona —la cantidad de información que puede retener en la conciencia— variará en función de sus conocimientos. Supongamos que tenemos esta serie de letras:

L A M A I S O N

Consta de ocho unidades, demasiadas para retenerlas si las tratamos como ocho elementos distintos. Pero si hablas inglés, tal vez veas cuatro palabras, más al alcance de la capacidad de tu memoria:

LA MA IS ON

Y si hablas francés, ya sabes que esto significa *casa*, así que está chupado: es una sola unidad.

LA MAISON

La experiencia influye en el poder de tu memoria. ¿Serías capaz de recordar la posición de las piezas de tres partidas de ajedrez? Si no sabes

---

270. Craik, Fergus I. M.; y Lockhart, Robert S., «Levels of processing: a framework for memory research», *Journal of Verbal Learning and Verbal Behavior*, 11, 6 (1972), pp. 671-684.
271. Miller, George A., «The magical number seven, plus or minus two: some limits on our capacity for processing information», *Psychological Review*, 63, 2 (1956), pp. 81-97.
272. Luck, Steven J.; y Vogel, Edward K., «Visual working memory capacity: from psychophysics and neurobiology to individual differences», *Trends in Cognitive Sciences*, 17, 8 (2013), pp. 391-400.

jugar al ajedrez, ni hablar. Treinta y dos piezas en una cuadrícula de 8×8 tres veces, imposible. Pero si juegas al ajedrez y las piezas están colocadas de manera lógica y coherente (por ejemplo, en la posición que quedan después de una apertura típica y algunos movimientos más), las recordarás sin problema. Un jugador experto es capaz de retener múltiples partidas en la memoria. La experiencia aumenta la capacidad de almacenamiento, amplía el alcance de la conciencia.[273]

Y llegamos a la *memoria a largo plazo*, similar a lo que Freud llamaba el «preconsciente»; está siempre ahí, pero lo normal es que no seamos conscientes de ello. Las dos de las que hemos hablado —la memoria sensorial, la memoria a corto plazo— son la memoria en un sentido técnico porque acarrean un almacenaje de información, pero la memoria a largo plazo es la *memoria* tal y como solemos emplear la palabra.

La diferencia más evidente entre las memorias a corto y largo plazo es su capacidad. Ya hemos visto que la memoria a corto plazo es muy limitada, pero la memoria a largo plazo tiene una capacidad de almacenamiento prácticamente ilimitada. Todas las palabras que sabemos, todas las caras que reconocemos, todas las historias, todos los chistes, todas las victorias, todas las humillaciones, todas están almacenadas en la memoria a largo plazo.

Ahora bien, ha de tener un límite, pues se codifica en el cerebro físico y el cerebro es finito. Sería estupendo comparar su capacidad con la de un ordenador, pero no hay que fiarse de las estimaciones porque apenas sabemos cómo codifica el cerebro la información. Aun así, algunos valientes se han atrevido a intentarlo y han estimado que la memoria a largo plazo tiene 2,5 *petabytes*, o sea, alrededor de un millón de gigabytes. Si tuviéramos un ordenador con tanta memoria, podríamos almacenar tres millones de horas de vídeo.[274]

¿Cómo queda almacenada la información en la memoria a largo plazo? (Dicho de otra forma: ¿cómo aprendemos cosas?) El aprendizaje es mu-

273. Ericsson, K. Anders, «Superior working memory in experts», en Ericsson, K. A., *et al.* (eds.), *The Cambridge handbook of expertise and expert performance*, Cambridge University Press, pp. 696-713, Estados Unidos, 2018.

274. Reber, Paul, «What is the memory capacity of the human brain?», *Scientific American*, 1 de mayo de 2010, <https://www.scientificamerican.com/article/what-is-the-memory-capacity/>.

chas veces inconsciente y automático. Tenemos un montón de experiencias en la cabeza que han llegado ahí sin que nos hayamos casi ni enterado. Ayer salí de una cafetería y fui a cruzar la calle sin mirar cuando un coche pegó un frenazo y el conductor me fulminó con la mirada. ¡Me acuerdo! Lo mismo que me acuerdo de que tardaron mucho en traerme el café y de que la camarera era una señora mayor, pero no recuerdo quién más había ni cómo iba vestida. Si no escribiera esto y lo reviviera al editar el libro, lo olvidaría en unos días. Otras experiencias perduran más. Recuerdo el día que me arrodillé para pedirle la mano a mi esposa y, a menos que el cerebro me deje de funcionar, lo recordaré mientras viva.

Pero ¿qué pasa si tu intención es grabar algo en la memoria, meter algo que, de otra forma, no llegaría allí? ¿De qué técnicas disponemos para recordar información nueva?

Una es la llamada *profundidad de procesamiento:* cuanto más pensamos en algo, cuanto más sentido le intentamos dar, más fácil nos resulta recordarlo. Un estudio clásico lo ilustra:[275] se enseña a los participantes una serie de palabras, una por una, y se les pide que respondan algunas preguntas sobre ellas (no se les pide que las recuerden). A un grupo se le pregunta si las palabras están escritas en mayúsculas, a otro, si riman con «peso», y a otro, si encajarían en la frase «Se encontró con... en la calle». Luego se les hace, por sorpresa, una prueba de memoria. Se comprobó que, según lo que hicieran con las palabras, se acordaban o no de ellas. Quienes mejor las recordaban eran los que tenían que encajarla en una frase. En términos más generales, cuanto más a fondo se piense en algo —centrándose en el significado más que en aspectos superficiales, como el uso de mayúsculas—, mejor se recordará.

Otra técnica consiste en conseguir que la experiencia sea vívida, que destaque, que sea interesante. Si nos interesa conocer la función del hipocampo, podemos intentar recordar esta oración:

El hipocampo interviene en el recuerdo del entorno espacial,

pero lo recordaríamos mejor con esta otra:

El hipocampo te ayuda a orientarte por el campo.

275. Craik, Fergus I. M.; y Tulving, Endel, «Depth of processing and the retention of words in episodic memory», *Journal of Experimental Psychology: General*, 104, 3 (1975), pp. 268-294.

Puede que la rima sea mala, pero ahora, quizá para el resto de tu vida, sabrás que el hipocampo nos ayuda a recordar dónde están las cosas.

Esto no es nada comparado con lo que saben hacer los profesionales de la memoria, que utilizan una técnica conocida al menos desde la antigua Grecia: el poder de las imágenes vívidas. ¿Eres capaz de recordar el orden de las cincuenta y dos cartas de una baraja mirándolas sólo un momento? Lo más probable es que no, pero se puede aprender a hacerlo. En *Los desafíos de la memoria*, Joshua Foer cuenta cómo consiguió ganar el campeonato estadounidense de memoria.[276] El truco consiste nada más que en aprender a asociar cada carta con una imagen vívida. Él asocia el cinco de tréboles con el actor Dom DeLuise, el nueve de tréboles con una patada de kárate y así con los cincuenta y dos naipes. Entonces, cuando se le muestran varias cartas, la tarea de Foer consiste en inventarse una historia de interacciones descabelladas y fáciles de recordar que correspondan a los personajes y acciones asociados con cada carta. Si se enseñan a Foer estas cartas:

Cinco de tréboles, nueve de tréboles, tres de diamantes, cinco de picas, seis de diamantes, rey de corazones, dos de tréboles, reina de tréboles, seis de picas...

Las va a recordar así:

Dom DeLuise, gordo famoso (y cinco de tréboles), se ha visto implicado en los siguientes actos indecorosos para mí: ha escupido un glóbulo gordo de baba (nueve de tréboles) en la espesa melena blanca de Albert Einstein (tres de diamantes) y ha asestado una devastadora patada de kárate (cinco de picas) en la entrepierna al papa Benedicto XVI (seis de diamantes). Michael Jackson (rey de corazones) ha mostrado comportamientos extraños incluso para él. Ha defecado (dos de tréboles) en una hamburguesa de salmón (rey de tréboles) y ha atrapado sus flatulencias (reina de tréboles) en un globo (seis de picas)...

Asqueroso y vulgar, pero de eso se trata. Esto es mucho más fácil de recordar que «cinco de tréboles, nueve de tréboles, tres de diamantes, cinco de picas, seis de diamantes, rey de corazones, dos de tréboles, reina de tréboles y seis de picas».

Son métodos eficaces para almacenar información aparentemente arbitraria en la cabeza. Añadiré, por cierto, que estas técnicas mejoran

---

276. Foer, Joshua, *Los desafíos de la memoria*, Seix Barral, Barcelona, 2012.

la memoria intencional, no la cotidiana. Hace años, Foer tuvo la amabilidad de venir a dar una conferencia sobre sus técnicas de memoria a mi clase de Introducción a la psicología. Unas horas después de irse, me envió un correo electrónico avergonzado para decirme que se había dejado el teléfono en el aula.

Si la profundidad de procesamiento, la rima y las imágenes visuales parecen requerir un gran esfuerzo (y así es), un consejo amable es dormir un poco. Cuando se forma un recuerdo, se produce un proceso llamado *consolidación* que lo fija en el cerebro.[277] El sueño, y más en concreto los estados oníricos, parecen contribuir a la consolidación de la memoria.

Algunos recuerdos son fáciles de conseguir, como si estuvieran escritos en una página delante de nosotros, sólo necesitamos mirarla. ¿La capital de Francia? Está claro. ¿El cumpleaños de mi mujer? Fácil. ¿Quién dirigió *Pulp Fiction*? Menuda pregunta. Y así hasta un número increíble —aunque finito— de datos.

Muchas veces, un recuerdo se recupera a partir de la experiencia, lo que se conoce como *claves de recuperación*. Si tengo una cita con el dentista por la tarde y la he olvidado, puede que me acuerde al cepillarme los dientes por la mañana.

La descripción más famosa de la memoria involuntaria procede de *Por el camino de Swann*, el primer libro de la saga de Marcel Proust *En busca del tiempo perdido*. El narrador habla de la cantidad de recuerdos que le vienen a la cabeza tras darle un bocado a una magdalena mojada en té:

> Pero en el mismo instante en que aquel trago, con las migas del bollo, tocó mi paladar, me estremecí, fija mi atención en algo extraordinario que ocurría en mi interior. Un placer delicioso me invadió, me aisló, sin noción de lo que lo causaba. Y él me convirtió las vicisitudes de la vida en indiferentes, sus desastres en inofensivos y su brevedad en ilusoria, todo del mismo modo que opera el amor, llenándose de una esencia preciosa; pero, mejor dicho, esa esencia no es que estuviera en mí, es que era yo mismo... ¿De dónde venía y qué significaba? ¿Cómo llegar a aprehenderlo? [...] Y de pronto el recuerdo surge. Ese sabor es el que tenía el pedazo de magdalena

277. Nishida, Masaki; y Walker, Matthew P., «Daytime naps, motor memory consolidation and regionally specific sleep spindles», *PLoS One, 2*, 4 (2007), p. e341.

que mi tía Leoncia me ofrecía, después de mojado en su infusión de té o de tila, los domingos por la mañana en Combray (porque los domingos yo no salía hasta la hora de misa), cuando iba a darle los buenos días a su cuarto. Ver la magdalena no me había recordado nada, antes de que la probara. [...] Todo eso sale de mi taza de té.[278]

La recuperación se rige por el principio de compatibilidad: los recuerdos se recuperan con mayor facilidad colocados en el mismo contexto en el que se adquirieron. El principio de compatibilidad no sólo se aplica a la similitud del entorno físico, sino también a la del estado psicológico. Si estás un poco borracho cuando estudias, recordarás mejor la información si vas un poco borracho al examen[279], aunque, me apresuro a añadir, estar ebrio mientras estudias es fuente de otros problemas. Si estás triste, tiendes a recordar mejor las experiencias que viviste cuando estabas triste; si estás contento, las experiencias felices te vienen antes a la mente.[280]

Hay experiencias que no pueden recuperarse.

Puede que sea así porque, de entrada, la información no se haya almacenado. Michael Connelly, magnífico autor de novela negra, tiene una escena en una de sus novelas en la que asume exactamente la teoría errónea de la memoria.[281] A un testigo al que han hipnotizado se le pide que imagine que tiene en la mano un mando a distancia que controla un televisor que muestra su pasado. Se le pone en trance y se le pide que vaya al 22 de enero y, a continuación, tras unas preguntas preliminares, el detective le pregunta lo siguiente:

—OK, James, de acuerdo —dijo McCaleb, interrumpiéndolo por primera vez—. Muy bien. Ahora, quiero que coja su mando especial y retroceda la imagen hasta el momento en que ve por primera vez el coche saliendo del aparcamiento del banco. ¿Puede hacerlo?

—Sí.

278. Proust, Marcel, *Por el camino de Swann* (*En busca del tiempo perdido*, I), Alianza Editorial, Madrid, 2022.

279. Goodwin, Donald W., *et al.*, «Alcohol and recall: state-dependent effects in man», *Science*, 163, 3873 (1969), pp. 1358-1360.

280. Lewis, Penelope A.; y Critchley, Hugo D., «Mood-dependent memory», *Trends in Cognitive Sciences*, 7, 10 (2003), pp. 431-433.

281. Connelly, Michael, *Deuda de sangre*, B de Bolsillo, Barcelona, 2011.

—De acuerdo, ¿lo tiene?

—Sí.

—Bien. Ahora, empiece de nuevo, pero esta vez a cámara lenta. Muy despacio, para que pueda verlo todo. ¿Lo está viendo?

—Sí.

—Vale, quiero que congele la imagen justo en el momento en que vea mejor el coche dirigiéndose a usted.

McCaleb esperó.

—Vale, lo tengo.

—Bien, perfecto. ¿Puede decirnos qué coche es?

—Sí, un Cherokee negro. Está lleno de polvo.

—¿Puede decir de qué año es el vehículo?

Una gran novela, pero me duele la boca de insistir en que la memoria no funciona así, no es una grabación que podamos recuperar cada vez que estemos dispuestos.

A veces no le prestamos atención a lo que hemos vivido, ni siquiera a lo que ha estado delante de nuestras narices, y se pierde para siempre. Otras veces almacenamos el recuerdo, pero después lo olvidamos. Los recuerdos se codifican en el cerebro y el cerebro es algo físico, por lo que se degrada con el tiempo. Otras veces, el recuerdo persiste, pero es difícil de recuperar. En estos casos, podemos recurrir a estrategias de recuperación. Todos alguna vez hemos tenido que hacer un esfuerzo para acordarnos de algo, desde el nombre de un actor de una serie de televisión hasta dónde pusimos las llaves del coche, intentando abordarlo desde distintas perspectivas (¿en qué otro programa salía?, ¿qué fue lo primero que hice cuando volví a casa anoche?) hasta que nos viene la respuesta a la cabeza. Es como si los recuerdos dejaran un hilo y, agarrándonos a él, pudiéramos seguir el camino hasta llegar al origen. Pero muchas veces no llegamos.

Se pueden perder recuerdos por culpa de alguna lesión cerebral. El caso más frecuente es el de la *amnesia retrógrada*: una persona recibe un golpe en la cabeza, tal vez en un accidente de coche, y los recuerdos de los minutos anteriores a la experiencia desaparecen para siempre. El proceso de consolidación se ha visto interrumpido; los recuerdos no llegan a fijarse en el cerebro y se pierden. Cuando hay lesiones cerebrales más graves, pueden olvidarse los días e incluso las semanas anteriores al accidente, aunque algunos de ellos podrían recuperarse con el tiempo.

Por otro lado, la *amnesia anterógrada* es perder la capacidad de crear nuevos recuerdos. Los psicólogos han aprendido mucho de la amnesia anterógrada estudiando a uno de los pacientes más famosos de la historia, quizá más incluso que Phineas Gage, del que ya hemos hablado. Se le conocía como H. M., pero, tras su muerte, se dio a conocer su nombre: Henry Molaison.[282]

En 1953, cuando tenía veintisiete años, Molaison se sometió a una operación para tratarle una epilepsia grave. Los médicos le extirparon fragmentos grandes de cerebro, incluidos los lóbulos temporales medios, el hipocampo y la mayor parte de la amígdala. Se curó de la epilepsia, pero las consecuencias fueron devastadoras. Perdió la memoria de unos años antes de la operación (amnesia retrógrada), pero, lo que es peor, sufrió una grave amnesia anterógrada. A partir de entonces, vivió en un presente perpetuo. Se reunía periódicamente con distintos médicos, entre ellos Suzanne Corkin, que lo vio por primera vez en 1962, cuando estaba con su tesis doctoral. Cada vez que Molaison veía a Corkin, durante años y años y años, se presentaba educadamente, pues para él eran dos desconocidos.

Molaison no era capaz de recordar alguna experiencia personal ni información objetiva, pero sí otro tipo de cosas. En un momento dado, le propusieron la difícil tarea de dibujar una figura reflejada en un espejo. Cada vez que se le pedía que lo hiciera, no recordaba haberlo intentado antes, pero fue mejorando paulatinamente. Eso demostraba que su memoria procedimental permanecía, al menos una parte, intacta.

El descubrimiento de que una persona con amnesia anterógrada puede, no obstante, almacenar ciertos recuerdos es anterior a Molaison.[283] A finales del siglo XIX, un neurólogo suizo llamado Édouard Claparède hizo un pequeño experimento, cruel pero ingenioso, con una paciente amnésica. Cuando le dio la mano para saludarla, llevaba un alfiler escondido en la palma; ese mismo día volvió a verla por la tarde y ella no recordaba conscientemente el pinchazo, ni siquiera se acordaba del médico, pero cuando él le tendió la mano para estrechársela, ella retiró la suya, si bien no supo explicar por qué.

282. Augustinack, Jean C., *et al.*, «HM's contributions to neuroscience: a review and autopsy studies», *Hippocampus*, 24, 11 (2014), pp. 1267-1286. Puede verse un estudio más accesible en Donald G. MacKay, *Remembering: what 50 years of research with famous amnesia patient HM can teach us about memory and how it works*, Prometheus Books, Estados Unidos, 2019.

283. Eustache, Francis; Desgranges, Béatrice; y Messerli, Pierre, «Édouard Claparède et la mémoire humaine», *Revue Neurologique*, 152, 10 (1996), pp. 602-610.

Para poner un último ejemplo de cómo olvidamos, padecemos lo que Freud denominó «una amnesia peculiar»: no recordamos las experiencias de cuando éramos bebés y niños pequeños,[284] es como si algo encubriera esos primeros recuerdos. Freud decía que duraba hasta los seis años, pero se equivocaba: por término medio, los primeros recuerdos episódicos (o autobiográficos) se remontan a los dos o tres años de edad.[285]

Nadie sabe a ciencia cierta por qué se pierden los primeros recuerdos. Puede ser que no se hayan almacenado correctamente o que las áreas cerebrales implicadas no hayan culminado su desarrollo, pero esto no puede ser verdad del todo, ya que los niños recuerdan cosas: podemos hablar con un pequeño de dos años sobre algo que le haya ocurrido hace poco. Lo más probable es que sí se almacenen, pero no podamos acceder a ellos cuando crecemos y nos hacemos adultos.

En cualquier caso, el lenguaje y la cultura parecen desempeñar algún papel en todo esto. Los estadounidenses, por ejemplo, recuerdan cosas más antiguas de su infancia que los niños chinos, posiblemente porque los adultos les hablan del pasado de una forma muy diferente en cada cultura.[286]

Es posible que pienses que tienes un primer recuerdo de cuando eras bebé. Quizá seas la excepción, pero es más probable que seas otro ejemplo de uno de los hechos más importantes que existen sobre la memoria: que nuestros recuerdos pueden ser distorsionados y moldeados por factores de los que no somos conscientes. Muchos de nuestros recuerdos, incluso los que damos por válidos, son falsos.

Jean Piaget lo ilustra muy bien:

Uno de mis primeros recuerdos dataría, de ser cierto, de mi segundo año de vida. Todavía puedo ver con claridad la siguiente escena, en la que creí hasta los 15 años. Estaba sentado en mi cochecito... y un hombre intentó secuestrarme. La correa que me sujetaba al carrito me protegía mientras mi niñera se interponía valientemente entre el ladrón y yo. Recibió varios ara-

284. Freud, Sigmund, «Three essays on the theory of sexuality», en Strachey, J. (ed.), *The standard edition of the complete psychological works of Sigmund Freud*, Hogarth Press, p. 174, Reino Unido, 1953.

285. Usher, Jonell A.; y Neisser, Ulric, «Childhood amnesia and the beginnings of memory for four early life events», *Journal of Experimental Psychology: General*, 122, 2 (1993), p. 155.

286. Peterson, Carole; Wang, Qi; y Hou, Yubo, «"When I was little": childhood recollections in Chinese and European Canadian grade school children», *Child Development*, 80, 2 (2009), pp. 506-518.

ñazos, aún los veo vagamente en su cara... Cuando tenía 15 años, mis padres recibieron una carta de mi antigua niñera en la que les decía que había ingresado en el Ejército de Salvación y quería confesar sus errores del pasado y, en concreto, devolver el reloj que le habían regalado como recompensa en aquella ocasión. Se había inventado toda la historia, los arañazos eran falsos. Así que de niño debí oír esta historia, mis padres la creyeron y la proyecté en el pasado en forma de recuerdo visual. Muchos recuerdos son del mismo tipo, sin duda.[287]

Este tipo de situaciones ocurren todo el tiempo y nos llevan a la cuestión que plantea la historia de la reconstrucción hipnótica de Connelly, donde el recuerdo se asienta en la mente como un libro en una biblioteca o un vídeo en el disco duro de un ordenador. La memoria no es un registro verídico del mundo, almacenado intacto y listo para que lo recuperemos a través de la introspección, los sueños o la hipnosis. Más bien, es nuestra experiencia del pasado la que está moldeada por todo tipo de procesos.

Cuando hablábamos de la percepción, decíamos que nuestra experiencia refleja un equilibrio entre lo que estimula nuestros sentidos y lo que esperamos recibir. Lo mismo ocurre con la memoria, así que los psicólogos pueden crear ilusiones visuales, pero también situaciones ideadas para generar falsos recuerdos. En un estudio se pidió a los participantes que recordaran una cadena de palabras presentadas a un ritmo de aproximadamente una palabra por segundo.[288]

cama, descanso, despierto, cansado, sueño, despertar, cabezada, manta, cabecear, letargo, roncar, siesta, paz, bostezar, soñoliento

Más tarde, cuando se les pidió que las repitieran, casi todos dijeron la palabra *dormir*, a pesar de que nadie la había dicho. Todas las palabras estaban relacionadas con el sueño, así que lo razonable era incluirla en la lista. La memoria, como la percepción, es sensible a la verosimilitud.

En algunos estudios, los psicólogos cuentan una historia sobre alguien que va a comer a un restaurante y luego les preguntan a los parti-

---

287. Citado por Loftus, Elizabeth; y Ketcham, Katherine, *Witness for the defense: the accused, the eyewitness, and the expert who puts memory on trial*, St. Martin's Press, p. 19, Estados Unidos, 1991.

288. Roediger, Henry L.; y McDermott, Kathleen B., «Creating false memories: remembering words not presented in lists», *Journal of Experimental Psychology: Learning, Memory, and Cognition*, 21, 4 (1995), pp. 803-814.

cipantes qué recuerdan. La gente suele añadir detalles verosímiles, como que el cliente pagó la cuenta, aunque no formara parte del relato, sólo porque, en un restaurante, eso es de lo más normal.[289] Como ocurre con el fenómeno de la percepción, esta forma de «rellenar información» refleja que la mente trabaja de forma racional.

Otro ejemplo lo tenemos en un artículo clásico publicado en 1989, titulado «Becoming famous overnight» (Hacerse famoso de la noche a la mañana).[290] El primer párrafo resume las conclusiones y está tan bien escrito (a un nivel que rara vez se ve en una revista científica) que lo cito tal cual:

> ¿Es famoso Sebastian Weisdorf? Que nosotros sepamos no, no lo es, pero hemos averiguado cómo hacerlo famoso. Los participantes leen una lista de nombres, entre ellos Sebastian Weisdorf, y se les dice que ninguno es famoso. Nada más terminar de leer la lista, la gente dice convencida que Sebastian Weisdorf no es famoso porque se acuerdan de haber leído ese nombre. Sin embargo, si se les pide que valoren si son famosos 24 horas después de haber leído la lista, sólo por haber leído antes esos nombres hay más probabilidades de que digan, por error, que tanto Sebastian Weisdorf como otros nombres son personas famosas. Se hicieron famosos de la noche a la mañana.

Este fallo de atribución es el pan nuestro de cada día. Una vez les conté a unos amigos una anécdota, algo que me había pasado hacía unos años, divertido y estresante a la vez, y más tarde mi mujer me recordó con delicadeza que, aunque los detalles eran correctos, aquello le había ocurrido a ella, no a mí.

La imprecisión y maleabilidad de la memoria tiene graves consecuencias, sobre todo en el ámbito legal. El trabajo más influyente sobre este tema es fruto del laboratorio de la psicóloga Elizabeth Loftus.

Algunas de sus investigaciones se centran en la influencia que ejerce sobre la memoria una pregunta capciosa. En un estudio, unos alumnos universitarios veían un vídeo en el que un coche atropellaba a un peatón y a continuación se les preguntaba: «¿A qué velocidad circula el vehícu-

289. Bower, Gordon H.; Black, John B.; y Turner, Terrence J., «Scripts in memory for text», *Cognitive Psychology*, 11, 2 (1979), pp. 177-220.

290. Jacoby, Larry L., *et al.*, «Becoming famous overnight: limits on the ability to avoid unconscious influences of the past», *Journal of Personality and Social Psychology*, 56, 3 (1989), p. 326.

lo cuando se salta la señal de ceda el paso?». Esas personas tenían más probabilidades de decir que había una señal de ceda el paso en la escena, a pesar de que era un *stop*, tras oír esa pregunta. Como daba por sentado que la señal era un ceda el paso, los participantes actualizaban, obedientes, la memoria.[291] También era más probable que luego dijeran que había un faro roto sólo con preguntarles «¿Has visto el faro roto?», que presupone que lo había, en lugar de «¿Has visto algún faro roto?». Igualmente, si se les preguntaba «¿Has visto a los niños que iban en el autobús escolar?», era más probable que recordaran un autobús escolar.[292]

En otra investigación, Loftus y sus colegas se reunieron con familiares de estudiantes universitarios y les pidieron que les contaran cosas de la infancia de éstos. Luego se las recordaban a los estudiantes y los entrevistaban para ver qué recordaban. La gracia estaba en que a todos y cada uno de ellos les contaban un suceso que jamás les había ocurrido, se lo inventaban los investigadores: que si se había perdido en un centro comercial, que si había estado a punto de ahogarse, que si había puesto perdido de vino al padre de la novia en una boda, que si le había atacado un animal feroz...[293] Algunos participantes —aunque no la mayoría— llegaron a recordar esos sucesos inventados como si los hubieran vivido en realidad.

Esta investigación ha supuesto una revolución en el ámbito legal. Ahora sabemos que los interrogatorios policiales que pretenden acceder a los recuerdos pueden, por el contrario, moldearlos y crearlos. Hay numerosos casos de personas que han acabado en prisión por culpa del falso testimonio de algún testigo ocular al que han manipulado en un interrogatorio de este calibre, personas que después han salido a la calle gracias a las pruebas de ADN.[294] Y lo más sorprendente es que existen casos de personas que han llegado a creer que han cometido un delito terrible aun habiendo pruebas claras de que eran inocentes.[295]

291. Loftus, Elizabeth F.; Miller, David G.; y Burns, Helen J., «Semantic integration of verbal information into a visual memory», *Journal of Experimental Psychology: Human Learning and Memory*, 4, 1 (1978), pp. 19-31.

292. Loftus, Elizabeth F., «Leading questions and the eyewitness report», *Cognitive Psychology*, 7, 4 (1975), pp. 560-572.

293. Véase un análisis en Loftus, Elizabeth F., «Eyewitness science and the legal system», *Annual Review of Law and Social Science*, 14, 1 (2018), pp. 1-10.

294. Garrett, Brandon L., *Convicting the innocent: where criminal prosecutions go wrong*, Harvard University Press, pp. 93-159, Estados Unidos, 2011.

295. Aviv, Rachel, «Remembering the murder you didn't commit», *The New Yorker*, 12 de junio de 2017, <https://www.newyorker.com/magazine/2017/06/19/remembering-the-murder-you-didnt-commit>.

Es difícil estudiar este tipo de recuerdos falsos en un laboratorio. Por razones éticas obvias, ningún psicólogo puede emprender un estudio para hacerle creer a alguien que un miembro de su familia lo ha violado o que ha cometido un asesinato hace años. Sin embargo, los casos reales sugieren que los recuerdos pueden ser distorsionados a un nivel extremo, y al observar casos más banales de inducción de recuerdos falsos, como recordar palabras que no se han visto primero o perderse en un centro comercial, podemos hacernos a la idea de lo que está pasando. Esto debería servir para modificar el sistema judicial para que sea menos probable distorsionar los recuerdos de alguien en una situación en la que es verdaderamente importante.

Ha sido todo un viaje, desde la sensación hasta la memoria, pasando por la percepción. Hemos aprendido muchas cosas. No nos limitamos a absorber los datos sensoriales ni a almacenar lo que percibimos. Más bien, nuestra percepción y nuestra memoria se forman e informan con suposiciones inteligentes fundamentadas en cómo deberían ser las cosas: qué patrón de luz y color le corresponde a un objeto, qué suele hacer la gente en un restaurante. Como nuestras interpretaciones se basan en la probabilidad, a veces nos equivocamos, y nuestros errores salen a la luz cuando nos topamos con una ilusión visual o una historia falsa sobre nuestro pasado. Aunque, en un mundo caracterizado por la información limitada y fragmentaria, puede que no haya mejor manera de que el sistema funcione.

Casi todos estos procesos están ocultos para la conciencia. En nuestra condición de psicólogos, podemos estudiar cómo influye la sombra en nuestra forma de percibir la luminosidad o de qué manera el funcionamiento de la memoria a corto plazo limita la cantidad de información que podemos retener en la mente, pero en nuestra vida cotidiana vemos lo que vemos y recordamos lo que recordamos. Llevamos el mundo en la cabeza, de manera eficiente e inconsciente.

8

El animal racional

Aristóteles dijo que nuestra especie es el animal racional, pero él nunca había oído hablar de la Third Pounder (un tercio de libra).[296] En los años ochenta, la cadena de restaurantes A&W sacó esta hamburguesa para competir con la popular Quarter Pounder (un cuarto de libra) de McDonald's. La Third Pounder obtuvo mayor puntuación en las pruebas de control de calidad, pero su principal baza de venta era que llevaba más carne, un tercio de libra y no un cuarto, de ahí su nombre. Y según se dice, justo por eso fracasó. Los clientes creían que llevaba *menos* carne porque el número tres es inferior al cuatro (de «cuarto»).[297]

Con frecuencia, somos seres irracionales. Creemos en cosas raras, metemos la pata de forma regular y sistemática, somos vulnerables ante quien conoce nuestros prejuicios y puntos débiles y los utilizan para aprovecharse de nosotros.

El estudio de nuestra irracionalidad es el punto de encuentro de la psicología con otras disciplinas, como la teoría de la probabilidad o la economía conductual; es donde los psicólogos se ganan un premio Nobel y les piden que asesoren a los gobiernos y a las empresas mul-

296. Este párrafo está adaptado de Bloom, Paul, «The war on reason», *Atlantic*, 15 de marzo de 2014.

297. Taubman, A. Alfred, *Threshold resistance: the extraordinary career of a luxury retailing pioneer*, Harper Collins, pp. 62-64, Estados Unidos, 2007.

tinacionales para codearse con multimillonarios y déspotas en lugares como Davos. Es embriagador.

Admiro mucho este trabajo y estoy deseando hablar de él. Uno de los encantos de esta vertiente de la psicología es que los hallazgos son fáciles de apreciar. Gran parte de las investigaciones de las que he hablado hasta ahora son ajenas a la vida cotidiana, a la mayoría de nosotros no nos han escaneado el cerebro en una máquina de resonancia magnética, no hemos sido testigos de un estudio para ver cuánto tiempo aguanta la mirada un bebé y lo poco que sabemos de terapia psicoanalítica es por la tele y las películas, pero ahora te voy a demostrar *tus* fallas de racionalidad. Además, muchos de los hallazgos más importantes de la psicología están cogidos con pinzas; puede que sean reales, pero es necesario examinar a cien o a mil personas para encontrarlos. En cambio, la irracionalidad es lo más parecido a una ilusión visual: sencillamente, salta a la vista.

¿Qué significa todo esto? Una vez, hablando con una destacada psicóloga sobre sus clases de Introducción a la Psicología, me dijo que el mensaje principal, la única idea que intenta transmitir a sus alumnos es que *no son tan listos como se creen*. Muchos psicólogos contemporáneos se avergüenzan de Freud, pero estarían de acuerdo con él en que nuestro sistema mental es esencialmente irracional y ven el trabajo resumido en este capítulo como un ejemplo de esa idea general: la gente es tonta.

Yo pienso lo contrario. Uno de los mensajes más importantes que quiero transmitir con este libro es el alcance de nuestros maravillosos poderes cognitivos. Si tuviera que ponerle al libro un título hortera, como si fuera de autoayuda, sería *Eres hasta más listo de lo que crees*. No pongo en duda que los fallos y los fracasos existen, pero creo que esos hallazgos se han exagerado y malinterpretado. A medida que hable de esta investigación y de sus implicaciones en la vida cotidiana, daré a entender que, con las advertencias y salvedades adecuadas, el que tenía razón era Aristóteles.

En Wikipedia hay una entrada titulada «Categoría: Sesgos cognitivos», bastante extensa, que abarca desde «Algo habrán hecho» hasta «Xenocentrismo».[298] Algunos sesgos son bastante específicos. Existe, por

---

298. «Categoría: Sesgos cognitivos», Wikipedia, <https://es.wikipedia.org/wiki/Categor%C3%ADa:Sesgos_cognitivos>

ejemplo, el de la «rima como razón» o fenómeno de Eaton-Rosen, según el cual es más probable que creamos un enunciado que rima que su equivalente que no rima (un estudio al respecto concluye que a la gente le convence más una frase como «El vino de la verdad es amigo» que «Donde el vino entra, la verdad sale»).[299] Se dice que este sesgo explica en parte la absolución de O. J. Simpson, acusado de asesinato, en cuyo juicio la defensa incluyó, en el alegato final, la frase *If the gloves don't fit, you must acquit* ('Si los guantes no le quedan bien, tiene que absolver'). Rima, así que es más convincente.

Pero no me voy a dedicar a enumerar un centenar de sesgos, porque en realidad no creo que haya tantos. Reduciré la lista a cuatro y más adelante, en este mismo capítulo, hablaremos de un quinto. Creo que casi todos los demás son versiones de éstos. Esa lista de sesgos podría parecerse a la lista de mecanismos de defensa freudianos que vimos en su momento; de hecho, este campo tiene su propio Freud —en realidad, dos—: los amigos y colaboradores Amos Tversky y Daniel Kahneman (este último ganó el Premio Nobel en 2002 por su trabajo; Tversky lo habría recibido también, pero falleció de cáncer a los 57 años en 1996).

Empecemos por el *sesgo de la disponibilidad*. Como muchos otros, se refiere a cómo calculamos la probabilidad de que ocurra algo. ¿Qué probabilidades hay de que un tiburón se coma a un bañista en Cape Cod? ¿Quién tiene más probabilidades de ganar las próximas elecciones? ¿Hasta qué punto puedo contar con que mis acciones en bolsa suban de valor? Emitimos juicios de probabilidad de forma implícita todo el tiempo. Cuando voy en coche al aeropuerto para recoger a un amigo, por el camino conjeturo de forma tácita sobre la probabilidad de morir en accidente de coche y la de que mi amigo llegue a la hora prevista (asumo que las probabilidades de lo primero son bajas y las de lo segundo, altas; si no, no iría).

La teoría de la probabilidad nos dice cómo calcular adecuadamente las probabilidades de que ocurra algo. Para empezar, tenemos la regla de la multiplicación: probabilidad de dos sucesos no relacionados entre sí = probabilidad de un suceso × la probabilidad del otro suceso. La probabilidad de obtener un cinco al lanzar un dado es de 1 entre 6, la probabilidad de obtener un cinco en una segunda tirada es de 1 entre 6, así que la

299. McGlone, Matthew S.; y Tofighbakhsh, Jessica, «Birds of a feather flock conjointly (?): Rhyme as reason in aphorisms», *Psychological Science*, 11, 5 (2000), pp. 424-428.

probabilidad de obtener dos cincos seguidos es de $1/6 \times 1/6 = 1/36$ (1 entre 36).

Esto puede parecer obvio, pero muchas veces no sabemos calcular las probabilidades. Intenta lo siguiente:

> ¿Qué es más probable en inglés, que una palabra empiece por K o que la K sea la tercera letra?[300]

Si has pensado que la primera opción es la más probable, estás con la mayoría: alrededor del 70 por ciento de la gente responde eso, pero está mal. Hay aproximadamente el doble de palabras en inglés en las que la K es la tercera letra. Debido a cómo estructuramos el léxico mental (el archivo de vocabulario que tenemos en la cabeza), es más fácil que pensemos en la letra por la que empiezan las palabras, es más fácil pensar en *kite* que en *rake*. Según el sesgo de la disponibilidad, si algo nos viene rápidamente a la mente, deducimos que es más probable.

Podría objetarse que equivocarse al contestar esa pregunta no es una falacia del razonamiento, sino sólo una peculiaridad de cómo se recuperan las palabras de la memoria, pero ahora mira esto:

> ¿Qué es más probable en inglés, que una palabra de siete letras lleve la letra N en sexto lugar o que termine en *-ing*?[301]

La mayoría de la gente suele responder «que termine en *-ing*» porque, como antes, se les ocurren muchas más palabras que cumplan esa condición, pero, si te paras a pensarlo, es imposible que sea así. Todas las palabras de siete letras que terminan en *-ing* llevan la N en sexto lugar, por lo que las acabadas en *-ing* nunca pueden ser más (de hecho, son menos frecuentes, porque también hay palabras como *comment*).

He aquí un caso similar:

> ¿Qué probabilidad hay de que se produzca una inundación masiva en algún lugar de Norteamérica?

300. Tversky, Amos; y Kahneman, Daniel, «Availability: a heuristic for judging frequency and probability», *Cognitive Psychology*, 5, 2 (1973), pp. 207-232.
301. Tversky, Amos; y Kahneman, Daniel, «Extensional versus intuitive reasoning: the conjunction fallacy in probability judgment», *Psychological Review*, 90, 4 (1983), pp. 293-315.

¿Qué probabilidad hay de que se produzca una inundación masiva originada por un terremoto en California?[302]

La misma trampa que el caso anterior. La gente suele decir que lo de California es más probable, pero es imposible, ya que cualquier acontecimiento que ocurra en California ocurrirá a su vez en Norteamérica, por lo que el primer planteamiento siempre será el más probable.

Quizá el ejemplo más significativo del sesgo de la disponibilidad sea nuestra tendencia a sobrestimar la probabilidad de que ocurra algo que reviste un carácter emocional, como un accidente aéreo, el ataque de un tiburón o un delito violento. Hay padres que quieren que sus hijos se queden en casa porque les preocupa que haya un tiroteo en el colegio, pero no tienen reparos en viajar en coche con ellos por todo el país, cuando las estadísticas demuestran que es una de las causas más frecuentes de muerte. Pero claro, que muera una familia en un accidente de tráfico no es noticia de portada de un periódico nacional. No es tan visible y por eso creemos, por error, que no ocurre con frecuencia.

Si estimamos la probabilidad de que ocurra un único suceso, esa estimación debe basarse en la probabilidad general de que ocurran ese tipo de sucesos, es decir, en su tasa o frecuencia base. Supongamos que hay una docena de bollitos con semillas en una bolsa y que, cuando metes la mano para coger uno, te da la impresión de que tiene más semillas de amapola que de sésamo. Sin más información, apostarías a que es amapola. Pero la distribución de los bollitos en la bolsa es importante: ¿son la mitad de amapola y la mitad de sésamo, uno de amapola y once de sésamo, doce de sésamo y ninguno de amapola? La frecuencia base importa.

Pero no solemos prestarle suficiente atención; a menudo, sufrimos lo que se llama *falacia o negligencia de la frecuencia base*. He aquí un ejemplo bastante ilustrativo:

Te hacen una prueba para una enfermedad terrible. La prueba nunca falla: si tienes la enfermedad, das positivo, pero el 5 por ciento de las veces la prueba da positivo aunque no tengas la enfermedad (en otras palabras, hay un 5 por ciento de falsos positivos).

302. Tversky y Kahneman, «Extensional versus intuitive reasoning».

Das positivo.
¿Hasta qué punto deberías preocuparte?[303]

Mucha gente dirá que muchísimo: «¡Dios mío, tengo un 95 por ciento de probabilidades de padecer la enfermedad!».

Pues no, no es así. No tienes ni la menor idea de la probabilidad que tienes de estar enfermo porque no conoces la frecuencia base.

Imagínate que 1 de cada 1.000 personas sometidas a la prueba tiene la enfermedad. Ahora bien, ¿cuáles son las probabilidades de que la tengas tú?

Vamos a calcularlo. Imaginemos que se hacen la prueba 200.000 personas.

- Por término medio, 200 de cada 200.000 (1 de cada 1.000) padecerán la enfermedad. Darán positivo.
- 199.800 no tendrán la enfermedad. Dado que la prueba se equivoca el 5 por ciento de las veces, una vigésima parte (9.990) de esas personas también dará positivo.
- Hemos visto que 10.190 personas dieron positivo (200 + 9.990) y tú eres una de ellas. Pero sólo 200 están enfermas. Así que las probabilidades de que tengas la enfermedad son en realidad de 200/10.190, es decir, alrededor del 2 por ciento, cifra bastante menos preocupante.

Son matemáticas sencillas cuando lo calculas, pero no parece natural (a más de uno nos seguiría asustando ese resultado). Cuando Kahneman y Tversky plantearon este problema a la gente, la respuesta por término medio sobre la probabilidad de padecer la enfermedad fue del 56 por ciento y la mitad de la gente dijo que el 95 por ciento, sin tener en cuenta la tasa base en absoluto.

Veamos un ejemplo menos matemático.[304] Supongamos que oímos hablar de un estadounidense llamado Rob, aficionado a la ópera, al que le gusta visitar museos y que de niño estaba obsesionado con la música clásica. ¿Qué es más probable, que toque la trompeta en una gran orquesta sinfónica o que sea agricultor?

Parece el estereotipo de músico, pero vamos a fijarnos en la frecuen-

303. Kahneman, Daniel; y Tversky, Amos, «Evidential impact of base rates», en Kahneman, D.; Slovic, P.; y Tversky, A. (eds.), *Judgment under uncertainty: heuristics and biases*, Cambridge University Press, pp. 153-160, Reino Unido, 1985.
304. Gracias a Chaz Firestone por este ejemplo.

cia base. En Estados Unidos hay (aproximadamente, pero se entiende) unos trescientos trompetistas en las principales orquestas sinfónicas y unos dos millones de agricultores. Así que, al margen de lo que sepamos de él, Rob es casi seguro agricultor. Por esta misma regla de tres, por mucho que tu vecino de enfrente parezca un asesino en serie, probablemente no lo sea, sencillamente porque no hay tantos.

Un tercer fenómeno es que somos receptivos a cómo se presenta la información. Tversky y Kahneman pidieron a los participantes que decidieran qué tratamiento elegir para 600 personas que habían contraído una enfermedad mortal.[305]

> Con el tratamiento A morirían 400 personas.
> Con el tratamiento B habría un 33 por ciento de probabilidades de que nadie muriera, pero un 66 por ciento de que murieran todos.

¿Cuál es mejor? El A acaba con 400 muertos con total seguridad. Si se repite el tratamiento B una y otra vez, se saca una media de (2/3 × 600 =) 400 muertes. Por tanto, la preferencia personal depende de si se prefiere un resultado horrible o una pequeña posibilidad de un resultado mucho mejor combinada con una gran posibilidad de un resultado algo peor. Es una decisión difícil; ninguna de las dos opciones es, en sí misma, mejor que la otra. Las matemáticas no nos dan la respuesta correcta.

En general, las probabilidades y los beneficios —los valores esperados— nunca indican de por sí qué decisión es la mejor. Todo depende de nuestra tolerancia al riesgo y de cómo veamos los costes y los beneficios. Supongamos que alguien me propone lanzar una moneda al aire: si sale cruz, pierdo los ahorros de toda la vida, todo lo que tengo desaparece, pero si sale cara, termino con el triple de lo que tengo. Si cien personas aceptasen la apuesta y cada una empezase con 100.000 dólares, la mitad se arruinaría, la otra mitad conseguiría 300.000 dólares y, por término medio, la gente acabaría con 150.000 dólares, es decir, 50.000 dólares más que al principio. Así pues, ateniéndonos a las cifras, parece una apuesta estupenda, pero, para mí, sería una apuesta

---

305. Tversky, Amos; y Kahneman, Daniel, «The framing of decisions and the psychology of choice», en Wright, G. (ed.), *Behavioral decision making*, Springer, pp. 25-41, Estados Unidos, 1985.

terrible, porque lo que me dolería quedarme sin ahorros me haría mucho más infeliz de lo feliz que me haría ganar. Puede que otras personas tengan menos aversión al riesgo, la cuestión es que las decisiones que uno toma dependen de muchas cosas, incluso de cómo te afectaría ganar o perder.[306]

Aun así, podemos equivocarnos al tomar una decisión. Por ejemplo, planteándonos el problema de otra forma, según se presenten las opciones. Volvamos al ejemplo anterior y comparemos estas dos formas de plantearlo, teniendo en cuenta que seiscientas personas han contraído la enfermedad:

> **Marco positivo:** «Salva doscientas vidas» (tratamiento A) frente a «Hay un 33 por ciento de probabilidades de salvar a las seiscientas personas y un 66 por ciento de no salvar ninguna vida» (tratamiento B).
>
> **Marco negativo:** «Morirán cuatrocientas personas» (tratamiento A) frente a «Hay un 33 por ciento de probabilidades de que nadie muera y un 66 por ciento de que se mueran todos» (tratamiento B).

Sigue siendo el mismo dilema, pero planteado de distinta forma, así que lo racional sería tomar la misma decisión en ambos casos. Sin embargo, el tratamiento A fue el que eligió el 72 por ciento de las personas que vieron el planteamiento positivo y sólo el 22 por ciento de las que vieron el negativo. Básicamente, salvar doscientas vidas suena bien y condenar a muerte a cuatrocientas personas suena mal, aunque ambas cosas sean exactamente lo mismo.[307]

Esto se ve por todas partes. Es mejor decir que los preservativos presentan un 95 por ciento de eficacia que un 5 por ciento de fallo. Si en un congreso se va a cobrar a los asistentes un precio diferente según el momento en que se inscriban, es mejor plantearlo como un descuento por inscripción anticipada que como una penalización por inscripción tardía. Si queremos que la gente utilice algún servicio que dura de media cuarenta y nueve minutos, es mejor decir: «¡Lo hacemos en menos de cincuenta minutos!».

Como último ejemplo, imagina que tienes que pronunciarte sobre

306. Para ampliar información, véase Sutherland, Rory, *Alchemy: the surprising power of ideas that don't make sense*, Random House, Estados Unidos, 2019.

307. Tversky; y Kahneman, «The framing of decisions and the psychology of choice». Sin embargo, Bermúdez, José Luis, «Rational framing effects: a multidisciplinary case», *Behavioral and Brain Sciences* (2022), pp. 1-67, argumenta que hay casos en los que el efecto resultante de aplicar los marcos puede ser racional.

un caso de custodia en el que sólo uno de los progenitores puede obtener la custodia de su hijo.[308] Esto es lo que sabemos de los padres:

- El progenitor A es normal en todos los sentidos (ingresos, salud, horario laboral) y tiene una relación razonablemente buena con el niño y una vida social estable.
- El progenitor B tiene unos ingresos superiores a la media, está muy unido al niño, tiene una vida social muy activa, viaja mucho por trabajo y tiene pequeños problemas de salud.

¿Quién debe quedarse con los niños? Yo no lo sé, pero sí sé que el planteamiento específico de la situación no debería importar y sí que importa. Si se pregunta a quién se le debería conceder la custodia, es más probable que la gente responda B... y si se pregunta a quién se le debería denegar la custodia... ¡también es más probable que la respuesta sea B! La explicación es que, cuando nos preguntan por la adjudicación de la custodia, nos fijamos en los factores diferenciadores a favor de B (ingresos, cercanía al niño) y en que A no tiene nada especialmente bueno, pero, cuando nos preguntan por la denegación de la custodia, buscamos los puntos negativos y también los encontramos en el progenitor B (vida social, viajes, problemas de salud), ya que el A no tiene nada especialmente malo. Está claro que algo falla —B no puede ser a la vez la mejor opción para concederle la custodia y la mejor para denegársela— y la culpa es de los efectos del planteamiento.

Muchas veces buscamos información que confirme nuestros prejuicios: es el *sesgo de confirmación*. Buscamos información que respalde nuestras creencias y valores. Si alguien va al médico y recibe buenas noticias («No tiene cáncer»), es poco probable que pida una segunda opinión. Solemos leer libros y visitar páginas web que corroboran nuestros prejuicios, no los que los ponen en entredicho.

En el laboratorio se manifiesta de varias maneras. El psicólogo Peter Wason desarrolló lo que se conoce como la «prueba de descubrimiento de la regla de Wason», que consiste en encontrar una regla que se aplique a una serie numérica.[309] La siguiente secuencia cumple cierta regla:

308. Shafir, Eldar; Simonson, Itamar; y Tversky, Amos, «Reason-based choice», *Cognition*, 49, 1-2 (1993), pp. 11-36.
309. Wason, Peter C., «Reasoning about a rule», *Quarterly Journal of Experimental Psychology*, 20, 3 (1968), pp. 273-281.

2 4 6

El ejercicio consiste en averiguar esa regla. Para hacerlo, debes pensar en otras series de números y te diré si la cumplen.

La respuesta típica es que se trata de una secuencia de números pares, por lo que la gente suele proponer algo así:

4 8 12

Y, como encaja, decimos: «¡Lo he averiguado!», pero el problema es que la gente rara vez intenta falsar su hipótesis. Si crees que es una secuencia de números pares ascendentes, ¿por qué no has probado con números impares ascendentes, como 5, 7, 9, o con números descendentes, como 12, 8, 4? Si la solución no cuadra con esas series, entonces tienes pruebas que respaldan tu hipótesis. De hecho, la regla que ideó Wason es simplemente que los tres números están en orden ascendente, y muchos de los participantes no supieron descubrirla porque sólo probaron secuencias que confirmaban su hipótesis, no otras que pudieran refutarla.

El sesgo de confirmación no es exclusivo de los rompecabezas lógicos. Antes vimos que psicólogos como Skinner o Freud se equivocaron, en parte, por este sesgo: intentaban demostrar que sus teorías eran ciertas, no comprobar si podían ser falsas.

Para poner otro ejemplo del sesgo de confirmación, consideremos la Tarea de Selección de Wason.[310] Aquí nos alejamos de los juicios de probabilidad y nos adentramos en la lógica deductiva, donde se razona sobre lo que necesariamente se deduce a partir de las premisas, pero también nos encontramos con dificultades.

Aquí tenemos cuatro cartas. Cada una tiene un número en una cara y una letra en la otra. Sólo puede verse una cara, la otra está oculta.

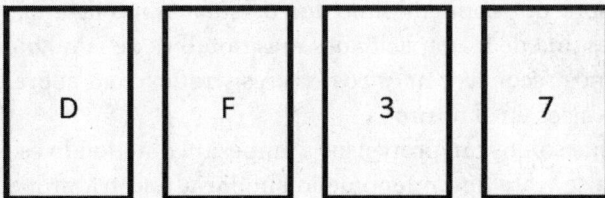

D   F   3   7

310. Ibídem.

Ahora, ten en cuenta esta regla:

Si una carta tiene una D en una cara, ha de tener un 3 en la otra.

¿A qué carta hay que darle la vuelta para ver si se cumple la regla? La mayoría de la gente responde D y es correcto —si le das la vuelta a la D y no hay un 3 detrás, la regla no se cumple—, pero ¿qué otra cosa podrías haber elegido? Si ha sido el 3, te has equivocado (la regla no dice nada sobre las cartas que tienen un 3 en una cara; la otra cara puede ser una D o no serlo, no importa). La otra carta que hay que girar es la 7. Si la otra cara es una D, entonces la regla es falsa. Pero sólo un 10 por ciento de las personas se da cuenta de esto.

No me resisto a compartir una broma que el escritor Jon Ronson publicó en las redes sociales: «Después de haber oído hablar del sesgo de confirmación, no puedo evitar verlo por todas partes».

Hace algún tiempo, el psicólogo (y mentor universitario mío) John Macnamara dijo que estos fallos de razonamiento desvelan dos cosas de nuestra mente.[311] La más evidente es que ilustran lo irracionales que somos, cómo metemos la pata. Ésa es la conclusión a la que suelen llegar los psicólogos, pero lo que a veces se pasa por alto es que también demuestra lo inteligentes que somos. Al fin y al cabo, sabemos que son errores. Tras reflexionar, valoramos la importancia de la tasa base, nos damos cuenta de que no puede haber más inundaciones en California que en toda Norteamérica y estamos de acuerdo en que preguntar quién debe quedarse con la custodia y quién no son en realidad dos formas distintas de preguntar lo mismo. Cuando nos cuentan la historia del tercio de libra la entendemos y negamos con la cabeza al ver lo tonta que puede llegar a ser la gente.

Cada vez que demostramos que somos irracionales también demostramos que somos inteligentes, porque sin la inteligencia no sabríamos apreciar la irracionalidad. (Cuando un psicólogo dice: «La gente es tonta», se supone que como mínimo una persona es inteligente, el psicólogo.) Ésta es una de las capacidades más notables de la mente humana: que podemos reconocer nuestros errores y reflexionar sobre ellos para evitar repetirlos en el futuro.

¿Por qué somos tan propensos a empezar cometiendo esos errores? Puede que se trate de un fenómeno similar a nuestra propensión a la

---

311. Macnamara, John Theodore, *A border dispute: the place of logic in psychology*, MIT Press, Estados Unidos, 1986.

ilusión visual, lo que ocurría con el Triángulo de Kanizsa, del que hablamos en su contexto. Nuestro sistema visual se basa en expectativas y prejuicios que suelen permitirnos ver las cosas como son, pero hay expertos y psicólogos que saben preparar escenarios para desvirtuar esas expectativas. Además, nuestro razonamiento ha ido evolucionando para aprender a resolver problemas reales (concretamente, los que fueron surgiendo en el entorno en el que evolucionamos), pero las situaciones inusuales o hipotéticas nos confunden, generan ilusiones del raciocinio en lugar de visuales.

Algunas de esas ilusiones son obra de psicólogos expertos, como el caso de la Tarea de Selección de Wason, pero la mayoría aparecen en el mundo real. Alguien que quiera convencer a los demás de que la delincuencia está aumentando contará historias de actos delictivos impactantes sabiendo, al menos de forma intuitiva, que el sesgo de la disponibilidad distorsiona nuestra capacidad de estimar la frecuencia. Alguien que intente disuadir a la gente de tomar un medicamento que es seguro un 99 por ciento de las veces hará hincapié en el factor de riesgo del 1 por ciento presentando los datos como mejor se acomoden a su punto de vista.

Otras veces no hay a quién culpar. No hay gente conspirando para hacernos creer que es relativamente frecuente que nos ataque un tiburón, es sólo consecuencia de cómo funcionan los medios de comunicación. No hay un plan oculto para que la gente no se entere de la tasa base de un diagnóstico médico, sólo es una forma de reflejar las dificultades que nos encontramos cuando se nos presenta un problema basado en porcentajes.

Nos va mejor cuando nos encontramos con casos más sencillos. Pensemos en la tasa base en los siguientes ejemplos: *Te despiertas con mocos y dolor de cabeza.* Son los síntomas de un resfriado o de la gripe. También los de la peste bubónica. *Hay un sobre grueso en el buzón, con tu nombre y dirección escritos en letra de lujo.* ¿Una oferta del hotel Marriott o el rey de Inglaterra te acaba de nombrar caballero? *Tu amiga llega tarde a una reunión.* ¿Será cosa del tráfico o se la habrá zampado un oso? En todos los casos, la situación —los mocos, el sobre, la amiga que llega tarde— es compatible con ambas opciones, pero cuando sopesamos las probabilidades, somos lo bastante inteligentes como para atenernos a la tasa base de cada alternativa. El clásico recordatorio que se les hace a los estudiantes de Medicina —si oyes cascos, piensa en caballos, no en cebras— recoge esta lógica.

A menudo, nuestro rendimiento mejora cuando estos mismos problemas se plantean de manera más natural, en el sentido de que coincide con las condiciones en que ha evolucionado nuestra mente y también con la experiencia cotidiana. Piensa de nuevo en la Tarea de Selección de Wason y recuerda lo difícil que era confirmar la regla «Si una carta tiene una D en una cara, ha de tener un 3 en la otra», pero ahora plantéate ese mismo problema en un contexto real.[312] Eres el portero de un bar en el que la norma es:

Si alguien bebe cerveza, ha de tener más de veintiún años.

En las cartas pone la edad de alguien por un lado y lo que beben por la otra. ¿A cuál de las siguientes cartas tienes que darles la vuelta?

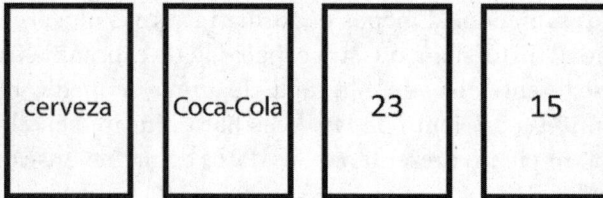

| cerveza | Coca-Cola | 23 | 15 |

La mayoría de la gente lo entiende: hay que comprobar quién bebe cerveza y quién tiene quince años. Traducido al mundo real, el problema es mucho más fácil de resolver.

La conclusión que podríamos sacar es que hacemos las cosas bien en un contexto natural y mal en un contexto que no es natural, pero eso supondría subestimar nuestra inteligencia. Como señaló Macnamara, si reflexionamos, podemos hacer las cosas bien también en un contexto que no es natural. Podemos pensar como los expertos en lógica.

Una teoría muy antigua sostiene que la mente se compone de dos partes opuestas: una emocional e instintiva y otra capaz de deliberar cuidadosamente. La versión moderna más conocida de esta teoría fue desarrollada por Daniel Kahneman y sus colegas y está muy bien resumida en el título del superventas de Kahneman *Pensar rápido, pensar despacio.*[313]

---

312. Cosmides, L., «The logic of social exchange: has natural selection shaped how humans reason? Studies with the Wason selection task», *Cognition*, 31, 3 (1989), pp. 187-276.

313. Kahneman, Daniel, *Pensar rápido, pensar despacio*, Debolsillo, Barcelona, 2013.

Para Kahneman, existen dos sistemas, desglosados de la siguiente manera:

SISTEMA 1	SISTEMA 2
Rápido	Lento
Paralelo	En serie
Automático	Controlado
Sencillo	Laborioso
Asociativo	Reglado
De aprendizaje lento	Flexible
Emocional	Neutral

Esta división en Sistema 1 y Sistema 2 está muy presente en el lenguaje de los psicólogos en activo. Un amigo mío señaló lo mal que bailaban los académicos de más edad en una conferencia sobre el juicio y la toma de decisiones diciendo: «Mira, el Sistema 2 bailando».

Mi colega Shane Frederick elaboró unas preguntas a las que suele responderse mal de forma rápida e intuitiva (Sistema 1) y bien tras una cuidadosa deliberación (Sistema 2). Estas preguntas componen el test de reflexión cognitiva.[314] He aquí un par de ejemplos de una de las versiones más recientes del test:[315]

> Si estás participando en una carrera y adelantas a la persona que va en segundo lugar, ¿qué lugar ocupas ahora?
>
> El padre de Emily tiene tres hijas. Las dos primeras se llaman Lunes y Martes. ¿Cómo se llama la tercera?

A la primera pregunta, muchas personas responden: «El primero», pero si lo piensas bien, verás que te pones en segundo lugar. La respuesta intuitiva a la segunda pregunta es «Miércoles», pero resulta que es... Emily. Si te has equivocado, no es que seas idiota, es que no has reflexionado lo suficiente, te dejas llevar por tu instinto, eres esclavo del Sistema 1. El grado en que confías en el Sistema 1 para estas cuestiones está relacionado con

---

314. Frederick, Shane, «Cognitive reflection and decision making», *Journal of Economic Perspectives*, 19, 4 (2005), pp. 25-42.

315. Thomson, Keela S.; y Oppenheimer, Daniel M., «Investigating an alternate form of the cognitive reflection test», *Judgment & Decision Making*, 11, 1 (2016).

otros aspectos importantes, como la probabilidad de que creas en teorías conspirativas que circulan por las redes sociales[316] o de que creas en Dios.[317]

¿Cómo podemos fomentar un mejor razonamiento? Uno de los enfoques se ha centrado en las llamadas *fake news* o noticias falsas («paparruchas»), historias que se venden como churros, pero no son ciertas. ¿Cómo hacer para que la gente reflexione más sobre las historias que se encuentra, para que utilice su Sistema 2 y no el 1?

Un equipo de expertos analizó declaraciones falsas sobre la COVID-19 en el 2020 y descubrió que las personas se fijan más en la verdad si se les proporciona algún recordatorio, directo o indirecto, que las centre en la veracidad.[318] Por ejemplo, si se le pide a la gente que valore la veracidad de un titular neutro (relacionado con el descubrimiento de una nueva estrella, por ejemplo), parece que se pone de manifiesto el Sistema 2. A partir de ahí, la gente es tres veces más exigente a la hora de decidir qué información desea compartir en las redes sociales.

Así pues, sacamos una conclusión triple. En primer lugar, que podemos ser irracionales en aspectos importantes. En segundo lugar, que es más factible que esa irracionalidad aparezca en condiciones no naturales, condiciones para las que nuestra mente no ha evolucionado. Y en tercer lugar, que incluso en esos casos disponemos de capacidad para hacerlo mejor.

Si somos tan listos, ¿por qué a veces parecemos tan tontos? Fijémonos, por ejemplo, en las teorías de la conspiración. Hay quienes niegan la existencia del holocausto, quienes creen que los atentados del 11-S fueron un asunto interno, quienes piensan que la pandemia de la COVID-19 es un fraude. Muchos estadounidenses creen ahora en QAnon, una conspiración basada en las supuestas ideas de un individuo anónimo (o un grupo) conocido como Q. Sus seguidores creen que a Donald Trump lo reclutaron altos cargos militares para poder llevar ante la justicia a una cábala de pedófilos caníbales satanistas que incluye a Barack Obama,

316. Pennycook, Gordon; y Rand, David G., «Lazy, not biased: susceptibility to partisan fake news is better explained by lack of reasoning than by motivated reasoning», *Cognition*, 188 (2019), pp. 39-50.

317. Shenhav, Amitai; Rand, David G.; y Greene, Joshua D., «Divine intuition: cognitive style influences belief in God», *Journal of Experimental Psychology: General*, 141, 3 (2012), p. 423.

318. Pennycook, Gordon, *et al.*, «Fighting COVID-19 misinformation on social media: experimental evidence for a scalable accuracy-nudge intervention», *Psychological Science*, 31, 7 (2020), pp. 770-780.

Joseph Biden, Hillary Clinton, el papa Francisco, el dalái lama y, aunque parezca increíble, el entrañable actor Tom Hanks.

Muchas de las teorías conspirativas tienen un móvil político y en el campo de la política parecemos ser más propensos al pensamiento irracional. Estoy escribiendo este libro en plena pandemia, así que empezaré poniendo ese ejemplo: en Estados Unidos, las opiniones sobre el coronavirus se politizaron sobremanera. Por decirlo crudamente, mientras escribo esto, los demócratas están muy preocupados por esta enfermedad y están a favor de la vacuna, las mascarillas y el confinamiento, mientras que a los republicanos no les preocupa tanto y están relativamente menos a favor de tomar dichas medidas. Dicho así, no parece más que un desacuerdo como el que puedan tener dos personas sensatas cada una con su opinión, pero ambos bandos han cometido serios errores por este motivo. En una encuesta publicada en marzo del 2021, aproximadamente un tercio de los votantes republicanos dijeron que las personas sin síntomas no podían contagiar el virus (en realidad sí podían) y que había menos personas muriendo de COVID que de la gripe estacional (morían unas quince veces más personas).[319] Por su parte, muchos demócratas creían que una elevada proporción de pacientes de COVID debían ser hospitalizados (la proporción correcta estaba entre el 1 y el 5 por ciento) y que una gran parte de las muertes por esta enfermedad se producía en niños (en realidad, menos de una milésima parte de las muertes por COVID correspondían a menores de 18 años).

Lo mismo es que republicanos y demócratas se basan en expertos diferentes, pero hay abundantes pruebas de que, incluso ante idéntica información, nuestras ideas políticas distorsionan nuestras creencias y preferencias.

En un estudio que se hizo para demostrar este fenómeno, se informó a los participantes de que había en marcha un proyecto para un programa de asistencia social; a unos se les dijo que estaba respaldado por el Partido Republicano y a otros, que por el Partido Demócrata. Y se les preguntó si lo aprobaban.[320] A unos se les contó que el programa era muy generoso y a otros que era muy austero, pero eso dio igual, lo que importaba era la ideología política de la persona: los demócratas apro-

319. Leonhardt, David, «COVID's partisan errors», *The New York Times*, 18 de marzo de 2021, <https://www.nytimes.com/2021/03/18/briefing/atlanta-shootings-kamala -harris -tax-deadline-2021.html>.

320. Cohen, Geoffrey L., «Party over policy: the dominating impact of group influence on political beliefs», *Journal of Personality and Social Psychology*, 85, 5 (2003), pp. 808-822.

baban el programa demócrata; los republicanos, el republicano. Sin embargo, cuando se les pidió que justificaran la decisión que habían tomado, los participantes insistieron en que cualquier consideración partidista era irrelevante; tenían la sensación de que más bien respondían a los méritos objetivos del programa.

Un reciente metaanálisis revisó cincuenta y un estudios de este tipo y las conclusiones fueron contundentes: los liberales y los conservadores aceptan una decisión científica o una propuesta política no por su valor intrínseco, sino en función de que coincidan o no con su ideología política.[321] Nuestra mentalidad política parece secundar el aforismo de Anaïs Nin que citamos en un capítulo anterior: «No vemos el mundo como es, lo vemos como somos».

Todo esto ilustra lo que podemos considerar la madre de todos los sesgos: una variante del sesgo de confirmación que los psicólogos denominan *sesgo de mi lado*.[322] Sin embargo, la escritora y destacada racionalista Julia Galef lo llama la *mentalidad de soldado*.[323] Ella dice que esta metáfora militar para referirnos a nuestras creencias y actitudes impregna el pensamiento y el lenguaje:

Es como si fuéramos soldados, defendemos nuestras creencias contra las pruebas que las amenazan... Hablamos de nuestras creencias como si fueran posiciones militares o incluso fortalezas construidas para resistir los ataques. Las creencias pueden estar profundamente arraigadas, bien fundamentadas, basadas en hechos y respaldadas por argumentos. Se apoyan en cimientos sólidos. Podemos tener una convicción firme o una opinión contundente, estar seguros de nuestras creencias o tener una fe inquebrantable en algo.

Argumentar es una forma de atacar o de defenderse. Si no andamos con cuidado, alguien puede echar por tierra nuestra lógica o nuestras ideas. Podemos toparnos con un argumento demoledor en contra de algo en lo que creemos. Nuestras convicciones pueden cuestionarse, destruirse, socavarse o debilitarse, así que buscamos pruebas que apoyen, refuercen o apuntalen nuestra postura. Con el tiempo, nuestras opiniones se re-

321. Ditto, Peter H., *et al.*, «At least bias is bipartisan: a meta-analytic comparison of partisan bias in liberals and conservatives», *Perspectives on Psychological Science*, 14, 2 (2019), pp. 273-291.

322. Stanovich, Keith E.; West, Richard F.; y Toplak, Maggie E., «Myside bias, rational thinking, and intelligence», *Current Directions in Psychological Science*, 22, 4 (2013), pp. 259-264.

323. Galef, Julia, *The scout mindset: why some people see things clearly and others don't*, Portfolio/Penguin, pp. 7-8, Estados Unidos, 2021.

fuerzan, fortifican y cimentan. Y nos atrincheramos en nuestras creencias como si fuéramos soldados a resguardo de las descargas del enemigo.

¿Y si cambiamos de opinión? Significa rendirse. Si un hecho es ineludible, podemos admitirlo, concederlo o darle permiso, como si lo dejáramos cruzar nuestros muros. Si nos damos cuenta de que nuestra posición es indefendible, podemos abandonarla, renunciar a ella o darle la razón al enemigo, como si cediéramos terreno en una batalla.

La mentalidad de soldado más extrema se da en la política. Solemos relacionarnos más con las personas que comparten nuestra ideología política, interactuamos más con ellos en las redes sociales y leemos y transmitimos sus opiniones a nuestros amigos,[324] lo que conduce a una poderosa forma de pensamiento grupal. Somos soldados y nuestra comunidad política es el ejército al que pertenecemos.

Galef resume su investigación sugiriendo que esta mentalidad también se extiende a otros ámbitos. ¿Te identificas como *gamer*? Entonces los estudios que demuestran que los videojuegos violentos son nocivos te parecerán una estupidez.[325] ¿Simpatizas con la fe católica? Entonces te costará mucho creer que un sacerdote católico haya sido acusado de abusos sexuales.[326]

Ahora, planteémonos cómo creemos que debería ser un buen sistema jurídico. He aquí dos preguntas sobre la misma cuestión, formuladas de distinta manera:

1. Si te demandan y ganas el caso, ¿debe la persona que te demandó pagar tus costas legales?
2. Si demandas a alguien y pierdes el caso, ¿debes pagarle las costas?

El 85 por ciento responde que sí a la primera, el 44 por ciento responde que sí a la segunda.[327]

---

324. Van Bavel, Jay J., *et al.*, «How social media shapes polarization», *Trends in Cognitive Sciences*, 25, 11 (2021), pp. 913-916; Haidt, Jonathan, *La mente de los justos: por qué la política y la religión dividen a la gente sensata*, Deusto, Barcelona, 2019.

325. Nauroth, Peter, *et al.*, «Social identity threat motivates science-discrediting online comments», *PLoS One*, 10, 2 (2015), p. e0117476.

326. Minto, Kiara, *et al.*, «A social identity approach to understanding responses to child sexual abuse allegations», *PLoS One*, 11, 4 (2016), p. e0153205.

327. Bazerman, Max H.; y Moore, Don A., *Judgment in managerial decision making*, John Wiley & Sons, Estados Unidos, 2012.

Muchos creen que estos hallazgos y observaciones demuestran que somos irracionales cuando hay que serlo, pero creo que existen razones para ser cautelosos con esta conclusión.

En primer lugar, no es irracional creer en *alguna* teoría conspirativa; algunas son correctas. El periódico *The Washington Post* publicó un cuestionario para detectar si creemos en las conspiraciones. Veamos algunas de las preguntas. ¿Qué cosas crees que sucedieron de verdad?[328]

A. El FBI espiaba a líderes del movimiento por los derechos civiles, como el reverendo Martin Luther King Jr., con la intención de hallar información comprometida que dañara su reputación.

B. Durante el mandato presidencial de Ronald Reagan, hubo funcionarios que vendieron armas a Irán de forma ilegal y en secreto y utilizaron ese dinero para financiar a los revolucionarios nicaragüenses.

C. Hillary Clinton conspiró para abastecer de material nuclear a Rusia.

D. El Gobierno de Estados Unidos administró en secreto LSD a sus ciudadanos para tratar de desarrollar una tecnología de control mental.

E. El Gobierno de Estados Unidos sabía que cientos de hombres negros de Alabama tenían sífilis, pero les dijo que tenían mala sangre y les negó el tratamiento para hacer un experimento médico.

F. Los peligros de los alimentos modificados genéticamente están escondidos para que no los sepa la gente.

G. Las empresas de combustibles fósiles como Exxon sabían del cambio climático hace décadas, pero difundieron información errónea sobre el tema para eludir la culpa e influir en las políticas medioambientales.

Según el periódico, la C y la F son falsas; todas las demás, reales, pero de las descripciones no se desprende que sea una estupidez creer en C y F ni razonable creer en las demás.

En algunos casos, el jurado sigue deliberando. Veamos estas otras dos:

328. Byler, David; y Wu, Yan, «Opinion: will you fall into the conspiracy theory rabbit hole? Take our quiz and find out», *The Washington Post*, 6 de octubre de 2021, <https://www.washingtonpost.com/opinions/interactive/2021/conspiracy-theory -quiz/>.

- Jeffrey Epstein, el multimillonario acusado de dirigir una red de tráfico sexual de élite, fue asesinado en prisión para encubrir los delitos de poderosos políticos.
- Donald Trump se confabuló con los rusos para arrebatar la presidencia en 2016.

The Washington Post dice que ambas son falsas y yo estoy de acuerdo, pero sé de gente inteligente que cree en ambas cosas y no parece ser gente irrazonable. Cuando George W. Bush era presidente, cerca de la mitad de los demócratas pensaban que permitió que se produjeran los atentados del 11 de septiembre para tener una excusa para empezar una guerra en Oriente Próximo, y cuando escribo esto, la mayoría de los republicanos creen que Donald Trump ganó las elecciones en el 2020. Otra vez es probable que ambas teorías sean falsas, pero eso no quiere decir que estas personas estén mal de la cabeza: al fin y al cabo, es verdad que hay políticos que conspiran para empezar una guerra y es verdad que hay elecciones amañadas. Es una psicología barata la que define *irracional* como «creer en teorías conspirativas diferentes de las que yo creo».

¿Y qué pasa con QAnon o con la postura de que el alunizaje fue un fraude o con la idea de que los tiroteos en las escuelas como el de Sandy Hook fueron simulaciones del gobierno estadounidense para recabar apoyo y aprobar leyes más restrictivas por posesión de armas? ¿Y eso de que el mundo está gobernado por lagartos de otro planeta que cambian de forma? Algunas teorías de la conspiración rayan en lo delirante, están completamente desconectadas de la realidad.

En cierto sentido, creer en estas conspiraciones es irracional, pero hay psicólogos y filósofos que han señalado que las teorías más extrañas que suscribe la gente tienen un curioso cariz psicológico.[329] Steven Pinker dice que algunas teorías de la conspiración implican que

la otra zona es el mundo más allá de la experiencia inmediata: el pasado distante, el futuro incognoscible, los pueblos y lugares lejanos, los corredores remotos del poder, lo microscópico, lo contrafactual, lo metafísico. Las personas pueden abrigar ideas acerca de lo que sucede en estas zonas, pero no tienen manera de comprobarlas y, de todos modos, ello no marca ninguna diferencia discernible en sus vidas. Las creencias en estas zonas son re-

329. Mercier, Hugo, *Not born yesterday*, Princeton University Press, Estados Unidos, 2020.

latos, que pueden ser entretenidos, inspiradores o moralmente edifican-
tes.[330]

Estas teorías más descabelladas son similares a los chismes salaces
sobre los famosos, que consideramos más bien historias entretenidas y
no hechos. Defender esas teorías tiene un coste poco tangible. Si estoy
equivocado en cómo he de llenar el tanque de gasolina de mi coche o
qué ropa ponerme para una boda formal o cómo cambiar un pañal, tendré que asumir las consecuencias, pero si creo en QAnon, puede que no
afecte tanto a mi vida personal. Mientras esté rodeado de personas que
compartan mis ideas conspirativas y no me condenen al ostracismo por
tenerlas, me irá bien.

Esta conclusión puede parecer aberrante, ¿cómo puede ser racional creer
en estupideces o confiar en fuentes de información poco objetivas?
Depende mucho de lo que se entienda por «racional». La noción de
racionalidad que hemos asumido aquí supone utilizar adecuadamente
el conocimiento y la lógica para alcanzar unos objetivos.[331] Si sales a la
calle, llueve y no quieres mojarte, lo racional es coger un paraguas, pero
lo que importa es que la racionalidad de la elección se basa en el objetivo de no mojarse. Si ese objetivo cambiara —decidieras que quieres des-
nudarte y bailar alegremente bajo el aguacero—, llevar un paraguas no
sería racional en absoluto.
La racionalidad, definida así, no tiene nada que ver con la bondad.
Secuestrar al hijo de un millonario puede ser una forma racional de lo-
grar el objetivo de conseguir mucho dinero rápidamente siempre que
no se tengan otros objetivos, como obedecer las leyes y no ser una mala
persona.
La racionalidad tampoco tiene nada que ver con la búsqueda de la
verdad. Una vez estuve en una cena, cuando Donald Trump era presidente, y todos nos quejábamos amargamente de él. Alguien contó la
última vez que Trump había hecho el ridículo y todos nos reímos, pero
entonces un joven, que no era afín a Trump, dijo educadamente que ese
suceso no había ocurrido como creíamos. Se trataba de información
manipulada por una fuente partidista; Trump no tenía la culpa. La gen-

330. Pinker, Steven, *Racionalidad. Qué es, por qué escasea y cómo promoverla*, Paidós, Barcelona p. 140, Barcelona, 2021.
331. Ibídem.

te se lo discutió, pero el hombre sabía de lo que hablaba y poco a poco la mayoría fue convenciéndose. Hubo un silencio incómodo y luego alguien dijo: «A nadie le extrañaría que Trump hiciera algo así». Todos asentimos y la conversación siguió su curso.

¿Fue racional la contribución del joven? Depende de lo que pretendiera. ¿Qué esperaba conseguir, que supiéramos la verdad o caernos bien? Si el objetivo es sacar la verdad, la mentalidad de soldado y la predisposición a defender las opiniones de tu grupo por lealtad y afiliación es, sencillamente, irracional. Las personas que buscan la verdad deben desentenderse de su ideología política cuando están aprendiendo. Cuando están formándose una opinión sobre el control de armas, la teoría de la evolución, las tasas de vacunación, etcétera, deben buscar fuentes lo más fidedignas posible. Y si se trata de teorías conspirativas como la de QAnon, deberían reírse de ellas, ya que son ridículas y no queremos saber nada de ridiculeces.

Pero el ser humano es un animal social. Aunque uno de los objetivos hacia los que ha evolucionado nuestro cerebro ha sido buscar la verdad —ver las cosas como son, recordarlas tal como sucedieron, inferir cosas razonables a partir de la información, limitada, que tenemos—, no es el único. También queremos gustar y sentirnos aceptados y una forma de lograrlo es compartiendo los prejuicios y las animadversiones de los demás.

Podemos reflexionar un momento y plantearnos qué objetivos *deberíamos* tener. Me daría muchísima vergüenza que uno de mis hijos creyera que nuestros antepasados montaban en dinosaurio, aunque no se me ocurre nada que importe menos en la vida cotidiana. Creo que *deberíamos* aspirar a encontrar la verdad. Es un objetivo importante por derecho propio. La ciencia, la historia y otras disciplinas similares son valiosas aun en el caso de que las verdades que aportan no mejoren nuestra vida de forma palpable.

Y la búsqueda de la verdad suele ser beneficiosa. Hablaremos de algunas posibles excepciones más adelante —puede convenirnos tener una impresión excesivamente positiva de nuestras propias capacidades o preocuparnos de una manera poco realista por ciertos peligros—, pero, a grandes rasgos, la percepción exacta es preferible a la elucubración, la creencia fundada es mejor que el engaño, la aplicación adecuada de las leyes de probabilidad y la lógica es mejor que cometer errores sistemáticos de razonamiento.

Por último, el rechazo a la verdad en el pensamiento político conduce a un problema de actuación colectiva. En 1833, el economista William Forster Lloyd presentó una versión de este problema, conocido como «la tragedia de los bienes comunales».[332] Lloyd imaginó un terreno para pastar abierto a todo el mundo. A todos los ganaderos les interesa que su ganado siga pastando allí —no hacerlo supondría un coste—, pero la consecuencia del pastoreo excesivo será que el recurso acabará agotándose, así que todos acabarán perjudicados. Problemas así los hay en todas partes. Por ejemplo, lo suyo sería que la mayoría de la gente votara, pero nadie tiene un interés particular en votar; es prácticamente imposible que un solo voto sirva para cambiar las cosas, así que prefieren quedarse en casa y no perder tiempo ni energía.

Nuestro modelo de pensamiento político puede verse como una «tragedia de los bienes comunales» cognitiva. Si todas las personas que te rodean tienen opiniones absurdas, puede que a ti, como individuo, te sea más útil seguirles la corriente. Con algunas excepciones importantes —como negarse a vacunarse por ser lo que opinan los conspiranoicos—, es mejor conformarse, pero, en última instancia, las consecuencias serán trágicas si la mayoría de las personas es indiferente a los hechos, sobre todo cuando la opinión pública desempeña un papel importante a la hora de decidir cómo deben las naciones abordar cuestiones como el cambio climático, la política económica o la guerra.

No quiero terminar este capítulo en un tono negativo. Aquí tenemos el mismo cóctel de malas y buenas noticias que vimos en nuestro análisis de los sesgos cognitivos. No somos ángeles, nuestras facultades cognitivas son limitadas y cometemos todo tipo de errores, pero también somos lo bastante inteligentes como para darnos cuenta de los errores y tomar medidas para solucionarlos. En el caso de los problemas de la actuación colectiva, las sociedades pueden hacer el esfuerzo de resolverlos fomentando la contención individual y creando reglamentos, leyes y costumbres. Sí, somos el animal que rechaza la hamburguesa más grande, que cree en QAnon y que destruye egoístamente los bienes comunes, pero también somos el animal que es capaz de actuar de forma inteligente por el beneficio a largo plazo, el que vota y recicla y establece horarios para que paste el ganado y el animal que, a veces, decide abandonar la mentalidad de soldado y trata de ver las cosas como en realidad son.

332. Hardin, Garrett, «The tragedy of the commons: the population problem has no technical solution; it requires a fundamental extension in morality», *Science*, 162, 3859 (1968), pp. 1243-1248.

Parte 3

Los apetitos

9

La mente y el corazón

Uno de mis artículos favoritos de toda la psicología aborda la cuestión de la motivación humana. Lo publicó en 1937 Edward Thorndike, un destacado conductista cuyo trabajo sobre la ley del efecto ya hemos comentado.[333] El artículo, titulado «Valuations of certain pains, deprivations, and frustrations» [Valoración de ciertos dolores, privaciones y frustraciones], no parece escrito por un conductista o por alguien con un enorme interés teórico. Parece haberlo escrito por mera curiosidad.

A Thorndike le interesaban «los dolores, las incomodidades, privaciones, degradaciones, frustraciones, restricciones y otras circunstancias indeseadas» y, a tal fin, hizo una encuesta para la que elaboró una larga lista de actividades y experiencias desagradables y preguntó a los encuestados cuánto dinero aceptarían por hacerlas o por experimentarlas.

A continuación se muestran algunos ejemplos de su crónica de infortunios, ordenados de menos malo a peor. Los números se refieren a las respuestas promedio de estudiantes y profesores de psicología. Ten en cuenta que se refieren a dólares estadounidenses de la década de 1930; para convertirlos a dólares actuales, debemos multiplicarlos más o menos por dieciséis. «Sin suma» significa que la respuesta promedio es negarse a aceptar cualquier suma de dinero.

333. Thorndike, Edward L., «Valuations of certain pains, deprivations, and frustrations», *Pedagogical Seminary and Journal of Genetic Psychology*, 51, 2 (1937), pp. 227-239.

- Escupirle a un crucifijo. (300 dólares)
- Padecer durante una hora un dolor tan intenso como el peor dolor de cabeza o de muelas que hayas tenido nunca. (500 dólares)
- Que te extraigan una paleta de la dentadura. (5.000 dólares)
- Perder toda esperanza de vida después de la muerte. (6.500 dólares)
- Estrangular a un gato callejero. (10.000 dólares)
- Que te amputen el dedo meñique de un pie. (10.000 dólares)
- Escupirle a una foto de tu madre. (10.000 dólares)
- Comerte vivo un escarabajo de 2,5 cm. (25.000 dólares)
- Ir el domingo a la catedral de St. Patrick y, en plena misa, correr por el pasillo hacia el altar gritando «ha llegado la hora, ha llegado la hora» todo lo fuerte que puedas hasta que te saquen a rastras. (100.000 dólares)
- Perder el sentido del olfato. (300.000 dólares)
- Quedarte calvo. (750.000 dólares)
- Tener que pasar el resto de tu vida en Kansas, en una granja situada a dieciséis kilómetros del pueblo más cercano. (1 millón de dólares)
- Comerte 100 gramos de carne humana guisada (suponiendo que sólo lo sabrá la persona que te paga por hacerlo). (1 millón de dólares)
- Comerte 100 gramos de carne humana cocinada (suponiendo que, si lo haces, saldrá la noticia al día siguiente en la portada de todos los periódicos de Nueva York). (Sin suma)
- Que te corten una oreja. (Sin suma)
- Tener que pasar el resto de tu vida encerrado en un apartamento en Nueva York. Podrán venir a visitarte los amigos, pero tú no podrás salir. (Sin suma)

Algunas respuestas son lógicas: nadie quiere que lo mutilen ni quiere sufrir. Queremos que los sentidos estén intactos y tener libertad para viajar. Valoramos nuestra reputación, a mí tampoco me gustaría aparecer en la portada del *The New York Times* por comerme 100 gramos de carne humana.

Pero ¿diez mil dólares —más de cien mil dólares actuales— por escupirle a una foto de tu madre? Parece mucho, ¡lo mismo que cuesta cortarse un dedo del pie! O fíjate en lo que habría que pagar por estrangular a un gato callejero, el doble de lo que piden por la angustiosa experiencia de que te saquen un diente que te ve todo el mundo. Si alguien te dijera que a la gente lo único que le importa es no sufrir y sentir placer, estos resultados serían una excelente forma de rebatírselo.

Al observar lo que estaríamos dispuestos a pagar con tal de evitar estas situaciones, vemos cuáles son nuestras prioridades. Por supuesto, los elementos no se pueden invertir y listo: el hecho de no querer que te corten un dedo del pie no quiere decir que pagarías por tener un dedo más. Pero la lista de Thorndike retrata el valor que le damos a nuestra dignidad y reputación, a ser moralmente buenos, a tener experiencias diversas, a respetar a las personas que queremos. Es ilustrativa de lo compleja y diversa que es la motivación; queremos muchas cosas.

El resto de este capítulo se centrará en los misterios de la motivación. Comienza con teorías generales sobre los objetivos, los instintos y las emociones: ¿para qué sirven? Y luego se abordan dos de los aspectos más interesantes de la naturaleza humana: la sexualidad y la moralidad.

Hay académicos que creen que, en el fondo, el ser humano sólo quiere una cosa. De hecho, muchos creen que la pregunta fundamental sobre la motivación humana puede responderse en pocas palabras.

Una de las primeras propuestas es que el objetivo del cerebro humano es la homeostasis, es decir:

mantener un baño de fluido constante alrededor de las células del cuerpo.[334]

Suena raro, pero tiene su lógica. Para sobrevivir, los animales deben mantener su medio interno dentro de ciertos parámetros: la cantidad correcta de glucosa para obtener energía, la cantidad correcta de sal, la temperatura adecuada, etcétera. Los expertos del siglo XIX plantearon que ciertos impulsos específicos como el hambre o la sed servían a este objetivo general de equilibrio u homeostasis.

Una propuesta más reciente establece que el cerebro busca minimizar el error de predicción.

Esto proviene de una teoría conocida como procesamiento predictivo (PP).[335] La idea es que aspiramos a hacer predicciones cada vez más

---

334. Cita de Martin Hard, Bridgette, *et al.*, *Psychology: people in perspective*, W. W. Norton, Estados Unidos, 2020.

335. Por ejemplo, Yon, Daniel; Heyes, Cecilia; y Press, Clare, «Beliefs and desires in the predictive brain», *Nature Communications*, 11, 1 (2020), pp. 1-4. Véase una perspectiva más comprensible en Clark, Andy, *Surfing uncertainty: prediction, action, and the embodied mind*, Oxford University Press, Estados Unidos, 2015.

acertadas. Ya hemos hablado de ello al referirnos a la percepción. Cualquier experiencia visual es compatible con todo tipo de hipótesis sobre lo que uno está viendo, y el objetivo del sistema visual es hacer la conjetura correcta, resolver esa incertidumbre.

La teoría del PP se radicaliza a la hora de explicar la acción. El sentido común explica, por ejemplo, que si alguien coge un vaso de agua es porque a) quiere beber agua (tiene un deseo) y b) cree que llevarse el vaso a la boca satisfará su deseo (tiene una creencia). En general, actuamos porque tenemos deseos y creemos que nuestras acciones los satisfarán. ¿Acaso hay algo más obvio?

Según la teoría del procesamiento predictivo, que tiene una explicación diferente, lo que ocurre en este caso concreto es que la mente genera la predicción, de momento falsa, de que la persona está bebiendo un vaso de agua y, a continuación, para que esa predicción se haga realidad, la persona coge el vaso. No estamos hablando de que alguien quiera ser el propietario de una tienda de dónuts; estamos hablando de alguien que predice que va a ser el dueño de una tienda de dónuts y, para solucionar el conflicto entre su predicción y su estado actual, acaba convirtiéndose en el dueño de una tienda de dónuts.

Para terminar, he aquí una tercera teoría que no necesita explicación y le resultará familiar a mucha gente:

Evitar el dolor / Buscar el placer.

Todos estos objetivos son bastante viables: necesitamos prestar atención a nuestro medio interno; el cerebro predice cosas; evitamos el dolor y buscamos el placer.

El problema es que ninguna de estas teorías explica por completo la motivación. La teoría de la homeostasis tiene la virtud de ser específica, lo que significa que podemos ver fácilmente que está incompleta. Sirve para explicar el hambre o la sed, pero no para motivaciones como la curiosidad, el deseo sexual, la preocupación por el estatus y muchas más. Ninguna de ellas tiene nada que ver con el baño de fluidos.

Las otras teorías presentan otro tipo de problema. Vamos a fijarnos en uno de los hallazgos de Thorndike: los participantes no querían comerse un escarabajo vivo. ¿Qué diría al respecto un defensor de la teoría del pensamiento predictivo? Fácil: «Nuestro cerebro predice que no comemos escarabajos vivos, así que nos esforzamos por cumplir esa predicción». ¿Qué diría un defensor de la teoría del dolor y el placer?

También fácil: «Comer escarabajos vivos duele y no comerlos es un placer».

Espero que estés de acuerdo conmigo en que estas respuestas no son satisfactorias; no son explicaciones, son más bien redescripciones. Supongamos que Thorndike hubiera descubierto en cambio que a los participantes les encanta comer escarabajos vivos. También podríamos decir que el cerebro predice comer escarabajos y quiere que esa predicción se cumpla o que esta actividad es placentera, no dolorosa. Cuando se puede dar cuenta fácilmente de cualquier curso imaginable de los acontecimientos, en realidad no se están explicando las cosas en absoluto.

Esta preocupación debería resultarte familiar del capítulo sobre el conductismo, en el que hablamos de la crítica de Chomsky a Skinner. En un debate crítico de la teoría del procesamiento predictivo, los psicólogos Zekun Sun y Chaz Firestone establecen esta conexión con Chomsky y vale la pena incluir la cita completa:

> Según Chomsky, tanto los niños como los adultos hacen cosas como hablar solos cuando no hay nadie, tocar música en privado o imitar el sonido de un coche o de un avión, ninguna de las cuales es una conducta «recompensada», así que, según el conductismo, ¿por qué hacemos esas cosas? La respuesta de Skinner fue el autorreforzamiento: hablamos con nosotros mismos porque nos resulta gratificante, de modo que somos los reforzadores de nuestra propia conducta. Chomsky replicó, con razón, que apelar al autorreforzamiento en realidad socava las explicaciones conductistas, porque o bien (i) son falsas (¿hablar con uno mismo es realmente «gratificante»?) o bien (ii) son verdades triviales, una panacea que podría explicar cualquier comportamiento imaginable. Y los mecanismos que permiten explicar cualquier cosa acaban por no explicar nada, porque se vuelven insustanciales o infalsables: «Cuando leemos que una persona toca la música que le gusta, dice lo que le gusta, piensa lo que le gusta, lee los libros que le gustan, etcétera, porque lo encuentra reforzante... el término *refuerzo* no tiene un valor aclaratorio».
>
> Nos preocupa que la «autopredicción» comparta esta propiedad con el autorreforzamiento, por lo que se corre el riesgo de que se plantee un dilema similar con las explicaciones del PP. O bien el relato de la autopredicción es (i) falso... o (ii) una verdad trivial que se acomoda a cualquier conducta posible. ¿Por qué bailamos? Porque predecimos que no nos quedaremos quietos. ¿Por qué donamos a la caridad? Porque prevemos que haremos una buena obra. ¿Por qué buscamos compañía? Porque «el cerebro hace una predicción previa que dice "al cerebro no le gusta estar solo"». Para ciertos estados

de ánimo, estas respuestas se presentarán como grandes verdades, pero, para otros, no serán más que falsas explicaciones que nos obligarán a volver a hacernos la misma pregunta.[336]

Se puede aplicar la misma crítica a la teoría de que sólo buscamos el placer y evitamos el dolor. Esto es o bien falso —hurgar en una muela dolorida o llorar ante una tragedia nunca serán, literalmente, experiencias placenteras— o bien una verdad trivial, porque los conceptos se utilizan de una forma tan general que cualquier cosa que uno haga voluntariamente cuenta como búsqueda de placer y evitación del dolor. En cualquier caso, no es una explicación satisfactoria.

Dejemos a un lado las teorías formuladas en una sola frase y planteémonos la idea de que poseemos muchas motivaciones. Algunas las compartimos con otras criaturas, otras son exclusivamente humanas; algunas están orientadas al beneficio individual, otras van dirigidas a los demás.

Uno de estos enfoques lo esbozó William James en su gran obra *Principios de psicología*, publicado en 1890.[337] Está claro, señala James, que otras criaturas poseen instintos, definidos como «la facultad de actuar para producir determinados efectos finales sin haberlos previsto y sin previa educación». Las arañas tejen telarañas, los pájaros construyen nidos, todas las criaturas saben cómo reproducirse, cazar, evitar a los depredadores, cuidar de sus crías, etcétera, y todo esto es en gran medida no aprendido, es producto de la evolución biológica.

Algunos de los contemporáneos de James y bastantes de los míos opinan que, por algún capricho de la evolución, estas capacidades innatas han desaparecido en el transcurso de millones de años desde que nuestra especie se separó de otros primates. Los seres humanos somos especiales porque somos como una pizarra en blanco. No tenemos instintos.

James aborda esta opinión con el debido desdén. No niega que tengamos capacidad de aprendizaje y de formación de hábitos —de hecho, como vimos en el capítulo sobre la consciencia, tiene mucho que decir al respecto—, pero rechaza la idea de que los seres humanos carecen de lo

---

336. Sun, Zekun; y Firestone, Chaz, «The dark room problem», *Trends in Cognitive Sciences*, 24, 5 (2020), pp. 346-348.
337. James, William, *op. cit.*

que todas las demás criaturas poseen: «Al contrario, el hombre posee todos los impulsos que tienen (los demás animales) y muchos otros».[338]

La mejor teoría sobre el origen de estos instintos es la de la selección natural. El mismo proceso evolutivo que condujo al desarrollo de facultades mentales como la memoria, la percepción, el lenguaje, el aprendizaje y la razón conformó su existencia. Los instintos existen porque las versiones rudimentarias de estos rasgos y capacidades se relacionaron con un mayor éxito reproductivo.

A modo de resumen rápido para ver cómo funciona la selección natural en una especie como la nuestra, se trata de lo siguiente: hay variaciones en el cuerpo de los animales, cosa que se debe en parte a las mutaciones de nuestro genoma y en parte a la mezcla de genes que se produce durante el apareamiento. Esta variación influye en el destino de los animales: algunos se reproducen más que otros y eso hace que los genes relacionados con el aumento del éxito reproductivo (*adecuación*) pasen a ser más comunes en la siguiente generación, y así la población evolucionará para incluir animales mejor adaptados a su entorno.[339]

Eso es. Puede parecer sencillo y, en cierto sentido, parte de ello ya se sabía. Los criadores de animales se dieron cuenta hace mucho tiempo de que si permitían que sólo algunos animales se reprodujeran, podían crear generaciones futuras con determinados rasgos, como cuando los colombófilos «desarrollan» distintos tipos de paloma, unas para volar y otras por su belleza. Parte de la grandeza del descubrimiento de Darwin (y la del menos conocido Alfred Wallace, que tuvo la misma idea al mismo tiempo) es que el propio proceso de selección puede verse motivado por el entorno, sin intervención humana: puede haber selección natural además de artificial. El proceso no se limita a modificar las especies existentes, sino que también puede crear otras nuevas. Además, a lo largo de muchas generaciones, este proceso puede dar lugar a lo que Darwin describió como «órganos de extrema perfección y complejidad», entre los que se encuentra el más relevante para nosotros, el cerebro.

La selección natural no es un proceso aleatorio. Aunque el azar desempeña un papel, como en el caso de las mutaciones genéticas que con-

338. Ibídem.
339. Puede encontrarse una buena crítica de la teoría de la selección natural en Dawkins, Richard, *El relojero ciego*, Tusquets Editores, Barcelona, 2015.

ducen a la variación, la selección natural responde al entorno de una forma decididamente no aleatoria. Un ejemplo de manual: en Gran Bretaña, la polilla moteada o mariposa de los abedules podía ser clara o bien oscura, pero, durante la Revolución Industrial, los árboles se cubrieron de hollín, lo que hizo que las polillas claras se vieran más y fueran presa fácil de los depredadores. Las oscuras sobrevivían más tiempo, así que se reproducían más. Eso hizo que los genes de color oscuro se multiplicaran y, al cabo de unas cuantas generaciones, casi todas las polillas moteadas eran oscuras. Cuando se redujo la contaminación, a mediados del siglo xx, el hollín desapareció, y ahora las polillas muy oscuras (que son las que destacan) son raras de encontrar. Este ejemplo ilustra el carácter gradual de la selección natural. No es que las polillas cambiaran de color de la noche a la mañana, sino más bien que las poblaciones de polillas evolucionaron gradualmente hasta converger (de forma inconsciente) en la solución óptima para hacer frente a los depredadores en un entorno radicalmente nuevo.

La selección natural es la que mejor explica la existencia de sistemas biológicos complejos, incluidos los psicológicos, y nos basaremos considerablemente en ella en el análisis que sigue, pero es fundamental comprender que no todas las características beneficiosas son adaptaciones.[340] El pez volador se caracteriza porque regresa al agua tras saltar fuera de ella, pero ¡no es porque hubiera peces que volaran y se reprodujeran menos! Existe una especie de ave zancuda que se vale de las alas para bloquear el reflejo de la luz en el agua mientras busca peces; un truco útil, pero probablemente no la razón por la que evolucionaron sus alas.[341] Otros rasgos no confieren ventaja alguna, como que la sangre sea roja o que tengamos un número determinado de dedos en las manos y en los pies. Muchas personas estornudan cuando hay mucha luz y eso no tiene nada que ver con el éxito reproductivo.

Del mismo modo, muchas motivaciones psicológicas, incluso algunas que influyen en nosotros de manera significativa, no son consecuencia directa de la selección natural. Mucha gente pasa el tiempo viendo pornografía, pero no porque los antepasados que disfrutaban del porno se reprodujeran más que los que no. Algunos comemos mucho chocola-

340. Williams, George Christopher, *Adaptation and natural selection: a critique of some current evolutionary thought*, Princeton University Press, Estados Unidos, 2018.

341. Gould, Stephen Jay; Lewontin, Richard; y Anderson, Christopher M., «A philosophical critique of the arguments presented in *The spandrels of San Marco and the panglossian paradigm*: a critique of the adaptationist programme», *Proceedings of the Royal Society, Biological Sciences*, 205 (1979), pp. 581-589.

te, pero no porque suponga una ventaja reproductiva. En estos casos, los rasgos son un resultado de los rasgos generales —el deseo sexual, el apetito por los alimentos dulces— que sí son adaptaciones.

En otros casos, los fenómenos psicológicos de interés no son ni una adaptación ni el resultado de una adaptación, sino que surgen debido a factores culturales. Por la razón que sea, algunas sociedades (no todas) asocian a los niños con el color azul y a las niñas con el rosa.[342] No seríamos capaces de aprender estas asociaciones sin un cerebro capaz de hacer asociaciones culturales; aun así, no son más que hechos arbitrarios y la teoría evolutiva no tiene mucho que decir al respecto.

Estos casos eran fáciles; veamos ahora algunos más difíciles. ¿Las creencias y prácticas religiosas se dan en todas las culturas humanas porque fueron una ventaja evolutiva para nuestros antepasados o son más bien el resultado de algún aspecto de la vida mental que haya evolucionado con otros fines? ¿Y la música? ¿Y el placer que nos provocan las artes visuales? ¿El humor? Hay un debate encarnizado sobre el papel que desempeña la evolución en el origen y la naturaleza de todos estos universales humanos. Averiguar qué evolucionó por selección natural, qué es un mero accidente biológico y qué es producto de la cultura es esencial para comprender la naturaleza humana.

Pensar en términos evolutivos nos ayuda a tener claro qué tipo de motivaciones cabe esperar de los seres humanos. Volvamos un momento a la teoría de la homeostasis, que asume que el propósito del cerebro es mantener vivo el cuerpo. Algunas versiones de la teoría del placer y el dolor parten del mismo supuesto. El psicólogo comparativo George Romanes escribió lo siguiente en 1883: «El placer y el dolor deben haber evolucionado como acompañamiento subjetivo de procesos que son respectivamente beneficiosos o perjudiciales para el organismo, y así han evolucionado con el propósito o el fin de que el organismo busque lo uno y rehúya lo otro».[343]

Sé de psicólogos contemporáneos que suscriben estas palabras, pero hay un error importante. Pensemos en el placer que obtenemos del sexo, pensemos en el exquisito conjunto de adaptaciones que nos im-

---

342. Davis, Jac T. M., *et al.*, «Cultural components of sex differences in color preference», *Child Development*, 92, 4 (2021), pp. 1574-1589.

343. Romanes, George John; y Darwin, Charles, *Mental evolution in animals: with a posthumous essay on instinct by Charles Darwin*, Kegan Paul, p. 108, Reino Unido, 1883.

pulsan a cuidar de nuestra descendencia (físicas para las mujeres, que alimentan a los bebés con su cuerpo, pero psicológicas tanto para ellas como para los hombres). Todo esto no tiene nada que ver con lo que es «beneficioso o perjudicial para el organismo»; nuestro cuerpo funcionaría perfectamente si no sintiéramos lujuria o no estuviéramos dispuestos a cuidar de nuestros hijos.

Estos placeres y dolores ilustran que la fuerza que modela nuestra mente no es la supervivencia, sino la reproducción. Nos atrae tener relaciones sexuales y cuidar de nuestra descendencia porque las criaturas del pasado que poseían esas motivaciones tenían más éxito reproductivo que las que no las tenían. Por supuesto, la supervivencia es muy importante, pero sólo en el sentido de que hay que estar vivo para tener descendencia y cuidar de ella.

Pensar en términos evolutivos es una parte esencial de las herramientas del psicólogo; nos ayuda a pensar con claridad en todo tipo de cosas, pero cuando juntamos evolución y psicología surgen conceptos erróneos y vale la pena discutir rápidamente los dos más comunes.

El primero es confundir la motivación evolutiva con la psicológica. Desde el punto de vista de la evolución, comemos para mantener nuestro cuerpo y mantenemos relaciones sexuales para tener descendencia, pero eso no significa que ésas sean nuestras motivaciones psicológicas personales: claramente no lo son. Volvemos a citar a James: «Ni una de entre mil millones de personas, cuando está cenando, se plantea su utilidad. Come porque la comida le sabe bien y le hace querer más. Si le preguntas *por qué* quiere comer más de eso que le gusta, en lugar de venerarte como filósofo lo más probable es que se ría de ti por tonto».[344]

Igualmente, desde la perspectiva de la evolución, amamos a nuestros hijos gracias a la amoralidad de la selección natural, por razones que son, en cierto sentido metafórico, egoístas, pero eso no significa en absoluto que cuando los padres cuidan de sus hijos lo hagan por impulsos egoístas. Por parafrasear a James, ni una sola persona entre mil millones, cuando acuna a su bebé para que se duerma, piensa alguna vez en términos de utilidad. La motivación de una madre o de un padre suele ser el amor.

El segundo concepto erróneo es suponer que los objetivos evolutivos son valiosos, que deberíamos perseguirlos. Esto tampoco se sostiene, pasar de «así son las cosas» a «así deberían ser las cosas» es tan erróneo que hasta tiene su propio nombre: *la falacia naturalista.*

344. James, William, *op. cit.*

No es difícil ver que es una falacia. Creer que lo más importante que puede hacer una persona es propagar sus genes implica que el médico que usó en secreto su propio esperma para fecundar a mujeres que buscaban tener un hijo con su esposo (es una historia real) estaba haciendo una labor importantísima. Y que una mujer que da a luz a muchos niños y los maltrata (pero sobreviven y se reproducen) está haciendo una labor más importante que si fueran adoptados y los tratara con amor y respeto. La relación entre la evolución y la moralidad es compleja, pero asumir sin más que «la supervivencia y la reproducción» son el objetivo moral último es filosofía de la mala, digna de un supervillano de dibujos animados. Somos criaturas inteligentes y podemos establecer nuestros propios objetivos, incluidos los morales.

Siempre que hablemos de la motivación humana acabaremos hablando de las emociones.

Hay muchas formas de distinguir las emociones y están relacionadas con distintos tipos de experiencias conscientes. Existe cierta sensación de lo que significa tener miedo, que es diferente a estar enfadado o triste. Cada emoción suele venir acompañada de una respuesta fisiológica concreta: sentir vergüenza nos hace ruborizar, el miedo nos hace temblar, el dolor nos hace llorar. El deseo puede provocar reacciones físicas completamente distintas a las del asco, por ejemplo. Y muchas emociones, incluidas las seis básicas de la ira, el asco, el miedo, la felicidad, la tristeza y la sorpresa, van acompañadas de una expresión facial específica.

Gran parte de esto es innato. Estas mismas expresiones faciales, con pequeñas variaciones, se encuentran en todas partes, incluso en pequeñas sociedades aisladas del resto del mundo.[345] Hay estudios sobre personas con ceguera congénita que revelan que sus expresiones son idénticas a las de las personas que ven bien, lo que indica que no se aprenden a través de la experiencia.[346]

Por otra parte, es un error asumir, como hacen algunas personas, que existe una conexión directa y universal entre una emoción, una de-

345. Ekman, Paul; y Keltner, Dacher, «Universal facial expressions of emotion», en Segerstrale, U; y Molnar, P. (eds.), *Nonverbal communication: where nature meets culture*, Routledge, pp. 27-46, Reino Unido, 1997.
346. Matsumoto, David; y Willingham, Bob, «Spontaneous facial expressions of emotion of congenitally and noncongenitally blind individuals», *Journal of Personality and Social Psychology*, 96, 1 (2009), pp. 1-10.

terminada sensación y una respuesta corporal y facial concretas. Es más complicado que eso.

Para empezar, algunos de los planteamientos más contundentes sobre universales han sido cuestionados.[347] Si se compara a los japoneses con los canadienses, por ejemplo, los japoneses parecen ser menos propensos a expresar emociones como la ira, el desprecio y el asco y más dados a expresar felicidad y sorpresa. En algunos países, la gente sonríe y se ríe mucho; en otros, no. En parte, esto refleja las costumbres culturales, las «normas de comportamiento» que establecen qué emociones deberían mostrarse al exterior.[348]

Además, existen ciertas respuestas emocionales paradójicas, pues responden de forma completamente opuesta a lo que cabría esperar.[349] Nos reímos de algo que nos hace gracia, pero también cuando estamos nerviosos o avergonzados. Sonreímos cuando estamos contentos, pero también cuando estamos enfadados. Sonreír se asocia con algo positivo, pero, en un estudio, se pidió a varias personas que vieran una escena triste de una película —la parte de *Magnolias de acero* en la que el personaje de Sally Field habla en el funeral de su hija— y la mitad de los participantes sonrieron.[350] Según otro estudio, a veces cuesta distinguir la cara de alguien que está agonizando de la de alguien que está teniendo un orgasmo.[351]

Una reacción particularmente extraña que siempre me ha fascinado es nuestra actitud con los bebés adorables. A algunas personas les entran ganas de pellizcar y estrujar al bebé, a veces les dan mordisquitos y les dicen que se los van a comer. Un amigo te enseña su bebé de un año y tú le agarras los deditos de los pies, te los metes en la boca y dices rugiendo: «¡Ay, que te comería enterito!» y nadie piensa que te hayas vuelto loco, ni siquiera el bebé. Una encuesta reveló que la mayoría de la gente estaba de acuerdo con afirmaciones como éstas:

347. Feldman Barrett, Lisa, «Are emotions natural kinds?», *Perspectives on Psychological Science*, 1, 1 (2006), pp. 28-58; Feldman Barrett, Lisa, *How emotions are made: the secret life of the brain*, Pan Macmillan, Reino Unido, 2017.

348. Safdar, Saba, *et al.*, «Variations of emotional display rules within and across cultures: a comparison between Canada, USA, and Japan», *Canadian Journal of Behavioural Science/Revue Canadienne des Sciences du Comportement*, 41, 1 (2009), pp. 1-31.

349. Gran parte de lo que sigue se ha extraído, con ligeras modificaciones, de Bloom, Paul, *The sweet spot... op. cit.*

350. Fredrickson, Barbara L.; y Levenson, Robert W., «Positive emotions speed recovery from the cardiovascular sequelae of negative emotions», *Cognition & Emotion*, 12, 2 (1998), pp. 191-220.

351. Hughes, Susan M.; y Nicholson, Shevon E., «Sex differences in the assessment of pain versus sexual pleasure facial expressions», *Journal of Social, Evolutionary, and Cultural Psychology*, 2, 4 (2008), pp. 289-298.

Si cojo en brazos a un bebé monísimo, me entran ganas de apretarle las piernecitas regordetas.

Si miro a un bebé monísimo, me entran ganas de pellizcarle los mofletes.

Cuando veo algo que me parece tan monísimo, cierro los puños.

Soy una de esas personas que, apretando los dientes, le dice a un niño adorable: «Te comería enterito».[352]

Una forma de explicar estas reacciones tan extrañas es que aparecen porque nos abruman las sensaciones. Necesitamos calmar el sistema y, para compensar, generamos expresiones y acciones que contrarrestan esas sensaciones. Estas reacciones emocionales tan peculiares son como si echáramos agua fría a un fuego que podría descontrolarse.

En la cultura popular existe la creencia de que las emociones son innecesarias o, peor aún, que nos impiden pensar y actuar con eficacia.[353] Esta idea aparece en la serie de ciencia ficción *Star Trek*, de la que soy un gran admirador. Dos de los personajes más queridos —el medio humano/medio vulcano Sr. Spock (de la serie original) y el androide Data (introducido en *Star Trek: La nueva generación*)— son descritos como excelentes oficiales de la Flota Estelar, pero se dice que, en distintos grados, carecen de emociones. Spock rara vez experimenta alguna emoción porque lo criaron en una sociedad que decidió renunciar a ellas, y Data no las tiene en absoluto porque no tiene un «chip emocional».

Sin embargo, ante cualquier teoría de las emociones que se precie, esto no puede ser verdad. Han de tener emociones. Así lo plantea el psicólogo Steven Pinker:

Algo debió impedir que Spock se pasara el día calculando pi hasta un cuatrillón de dígitos o memorizando la guía telefónica de Manhattan. Algo debió impulsarlo a explorar mundos nuevos y extraños, a buscar nuevas civilizaciones y atreverse a ir adonde nadie había ido antes. Es de suponer que fue la curiosidad intelectual, el impulso de plantear y resolver problemas y

352. R. Aragón, Oriana, *et al.*, «Dimorphous expressions of positive emotion: displays of both care and aggression in response to cute stimuli», *Psychological Science*, 26, 3 (2015), pp. 259-273.

353. Gran parte de lo que sigue se ha extraído, con ligeras modificaciones, de Bloom, Paul, *Descartes' baby: how the science of child development explains what makes us human*, Random House, Estados Unidos, 2005.

la solidaridad con los aliados: emociones, todas ellas. Además, ¿qué habría hecho Spock al enfrentarse con un depredador o con un klingon? ¿Hacer el pino? ¿Demostrar el teorema del mapa de los cuatro colores? Se supone que una parte de su cerebro centró rápidamente sus facultades en aprender a huir y a tomar medidas para evitar esa situación de vulnerabilidad en el futuro, es decir: tuvo miedo. Puede que Spock no fuera impulsivo ni expresivo, pero debe haber tenido impulsos que lo llevaran a desplegar su intelecto en pos de ciertos objetivos en lugar de otros.[354]

Por su parte, el filósofo Richard Hanley señala que Data, durante apenas unos pocos episodios, muestra signos de arrepentimiento, confianza, gratitud, envidia, decepción, alivio, desconcierto, melancolía, orgullo, curiosidad y terquedad.[355]

Cuando la gente dice que Spock y Data carecen de emociones, se refieren más que nada a su rostro inexpresivo y a su voz modulada. Hablan con un registro muy formal que los hace parecer ceremoniosos e impasibles. No se ríen, no lloran, no ponen mala cara ni hacen muecas. Y suelen tomar buenas decisiones, en consonancia con sus objetivos, pero, como deja claro Pinker, cualquier individuo funcional ha de tener emociones, ya que, sin ellas, no tendrían ningún objetivo que perseguir.

Una forma de analizar el papel que desempeñan las emociones consistiría en observar a las personas que carecen de ellas. No existe nadie así, así que lo más parecido es el caso de algunos individuos que han tenido la desdicha de sufrir daños en el córtex prefrontal, cosa que les ha debilitado ciertas respuestas emocionales. Oliver Sacks estudió a uno de ellos y vio que era una persona incapaz, casi infantil: Greg F., de quien ya hemos hablado y al que su padre describió como «vacío, hueco por dentro».[356] Otro célebre caso de estudio, que investigó el neurocientífico Antonio Damasio, es el de un hombre llamado Elliot, que tenía un tumor cerebral en los lóbulos frontales. Le extirparon el tumor, pero el daño ya estaba hecho. Elliot seguía siendo un hombre inteligente, pero, retomando la famosa frase utilizada para describir a Phineas Gage, Damasio escribe: «Elliot ya no era Elliot... Necesitaba que le recordaran

354. Pinker, Steven, *Cómo funciona la mente, op. cit.*,; véase también Frank, Robert H., *Passions within reason: the strategic role of the emotions*, W. W. Norton, Estados Unidos, 1988.

355. Hanley, Richard, *Is Data human? The metaphysics of Star Trek*, Boxtree, Reino Unido, 1998.

356. Sacks, Oliver, «The last hippie», *New York Review of Books*, 26 de marzo de 1992, pp. 53-62.

que tenía que ponerse en marcha por la mañana e ir a trabajar. Una vez en el trabajo, era incapaz de gestionar bien el tiempo; no se le podía poner un horario». Damasio achaca estos fallos a la relativa pérdida de emociones de Elliot: «La frialdad del razonamiento de Elliot le impedía asignar diferentes valores a diferentes opciones, de forma que el panorama de toma de decisiones para él quedaba irremediablemente plano».[357]

Si queremos estudiar emociones específicas, el miedo es un buen punto de partida. William James observó que el miedo «trae consigo expresiones corporales de una naturaleza extremadamente energética y conforma, junto a la lujuria y la ira, el trío de emociones más excitante del que es susceptible nuestra naturaleza».[358] (Más adelante hablaremos de la lujuria y la ira.)

Como cualquier otra emoción, el miedo involucra múltiples áreas del cerebro, pero está relacionado principalmente con una estructura específica llamada amígdala.[359] Tiene una expresión facial y una respuesta corporal características; se libera adrenalina, aumenta la frecuencia cardiaca, llega mayor flujo sanguíneo a los músculos, se enlentece o interrumpe la digestión. Es posible que se ponga la piel de gallina (piloerección), reacción que al humano actual no le sirve de nada, pero que ayudaba a nuestros antepasados más peludos, ya que los hacía parecer más grandes, buena táctica si te sientes amenazado. El miedo te agita y te hace enfocar la atención. Suele ser desagradable, pero rara vez es aburrido.

Y tiene su función. Ya he criticado *Star Trek*; ahora voy a quejarme de otro clásico de la ciencia ficción, *Dune*, de Frank Herbert. El protagonista de este libro, Paul Atreides, tiene una letanía que recita para sí mismo en los momentos críticos:

> No debo tener miedo.
> El miedo mata la mente.
> El miedo es la pequeña muerte que conduce a la destrucción total.[360]

---

357. Damasio, Antonio R., *El error de Descartes: la emoción, la razón y el cerebro humano*. Destino, Barcelona, 2018.

358. James, William, *op. cit.*

359. Véase un resumen en LeDoux, Joseph, *Anxious: The modern mind in the age of anxiety*, Simon and Schuster, Estados Unidos, 2015.

360. Herbert, Frank, *Dune*, Debolsillo, Barcelona, 2021.

Un miedo excesivo puede ser un problema grave, pero el miedo *no* mata la mente: es una adaptación para afrontar una amenaza. Esta función explica las respuestas físicas asociadas, que reflejan que el sistema nervioso simpático se prepara para el peligro activando el cuerpo para luchar o huir. Desde el punto de vista psicológico, la experiencia del miedo nos hace tomarnos en serio estas amenazas. El miedo es importante y útil.

Vemos reflejada la evolución en todo lo que nos causa miedo. Una revisión reciente de la prevalencia de las «fobias específicas» nos da como resultado la siguiente lista:[361]

- Animales
- Alturas
- Tormentas
- Agua
- Volar
- Multitudes
- Espacios cerrados
- Sangre
- Dentistas

(La categoría «animales» es demasiado genérica. Nunca he conocido a nadie que tuviera miedo de los petirrojos, los peces de colores o los pandas. Lo típico es tenerles miedo a las serpientes y a las arañas.)

Si pensamos que la mente es una pizarra en blanco, esta lista es imposible de entender. ¿Qué justifica el miedo a las arañas y a las serpientes? ¿A cuántas personas conoces que hayan sido gravemente heridas por una araña?

Una explicación más aproximada es que la evolución nos ha predispuesto a temer (o a llegar a temer rápidamente) a las criaturas, cosas y situaciones que eran peligrosas para nuestros ancestros. Esta teoría nativista se ve respaldada por estudios en los que se presentaban imágenes de diferentes criaturas a niños de seis meses. Sin haber visto nunca una araña ni una serpiente, esas fotos agitaron más a los bebés que las de flores o peces.[362]

---

361. Eaton, William W.; Bienvenu, O. Joseph; y Miloyan, Beyon, «Specific phobias», *Lancet Psychiatry* ,5, 8 (2018), pp. 678-686.

362. Hoehl, Stefanie, *et al.*, «Itsy Bitsy Spider... infants react with increased arousal to spiders and snakes», *Frontiers in Psychology*, 8 (2017), pp. 1710. Véase también LoBue, Vanessa; y DeLoache, Judy S., «Detecting the snake in the grass: attention to fear-relevant stimuli by adults and young children», *Psychological Science*, 19, 3 (2008), pp. 284-289.

Pero... ¿y los dentistas? Se supone que no había dentistas deambulando por la sabana africana agitando la fresa y el espejo dental. En este caso podemos apreciar que el miedo es flexible; la evolución no sólo nos legó una lista de lo que hay que temer, sino que también nos capacitó para aprender a temer cosas nuevas.

Por último, el miedo es inteligente. Nuestras expectativas, inferencias y creencias pueden hacernos tenerle miedo a algo que normalmente sería inofensivo. No solemos asustarnos si oímos a alguien silbar, pero si es en plena noche y estamos convencidos de estar solos en casa, la cosa cambia.[363] No llevar paracaídas no suele darnos miedo (ahora mismo no llevo y estoy como una rosa), pero si saltara de un avión y viera que he perdido el paracaídas, sería el descubrimiento más aterrador de mi vida (y el último). Por tanto, lo que nos provoca miedo no es sólo una lista de cosas y experiencias; el miedo puede verse influido por todo lo que reconocemos conscientemente como peligroso.

Todo psicólogo tiene una emoción favorita y a mí, con diferencia, la que más me ha fascinado siempre ha sido el asco.

Permíteme recordarte en qué consiste:[364] imagínate que abres un recipiente con comida y te das cuenta de inmediato, por el olor, de que es carne podrida. La mayoría de la gente tendría una sensación desagradable en ese momento, incluso náuseas, y puede que las hayas sentido sólo con imaginártelo. Esa sensación va acompañada de una expresión facial específica («cara de asco»: la nariz, arrugada; la boca, cerrada; la lengua, hacia delante) y una reacción particular: «Quita eso de mi vista».

¿Qué nos repugna?[365] El psicólogo Paul Rozin, el investigador por excelencia del tema, creó con sus colegas una escala de propensión y sensibilidad al asco.[366] Comprueba cómo reaccionas al leer lo siguiente:

363. Ejemplo sacado de Pizarro, David A.; y Bloom, Paul, «The intelligence of the moral intuitions: a comment on Haidt (2001)», *Psychological Review*, 110 (2003), pp. 193-196.

364. Parte de lo que sigue se ha extraído, con ligeras modificaciones, de Bloom, Paul, *Just babies: the origins of good and evil*, Broadway Books, Estados Unidos, 2013.

365. Pueden consultarse estudios sobre el tema en Rozin, Paul; Haidt, Jonathan; y McCauley, Clark R., «Disgust: the body and soul emotion», en Lewis, M.; Haviland-Jones, J. M.; y Barrett, L. F. (eds.), *Handbook of emotions*, Guilford Press, pp. 429, 757-776, Estados Unidos, 1999. Puede verse una perspectiva diferente en Miller, William Ian, *The anatomy of disgust*, Harvard University Press, Estados Unidos, 1998.

366. Haidt, Jonathan; McCauley, Clark; y Rozin, Paul, «Individual differences in sensitivity to disgust: a scale sampling seven domains of disgust elicitors», *Personality and Individual Differences*, 16, 5 (1994), pp. 701-713. Puede consultarse otra versión en

Se le muere el gato a un amigo y tienes que coger el cadáver con las manos.

Te encuentras heces en un aseo público porque no han tirado de la cadena.

Ves a un hombre con las tripas fuera tras un accidente.

Cruzas un túnel por debajo de la vía del tren y te llega un fuerte olor a orina.

Cada uno puede tener un aguante. Cuando leo esta lista en voz alta en una clase o en una conferencia, hay gente que dice que a qué viene tanto alboroto, a otros les dan arcadas y, una vez, un alumno salió corriendo del aula.

Hay cosas que le dan asco a todo el mundo: la sangre, las vísceras, los vómitos, las heces, la orina y la carne podrida provocan lo que Rozin denomina «asco básico». Por desgracia para nosotros, estas sustancias son la esencia de la vida —como dice el título de un conocido libro infantil, *Todos hacemos caca*—. De nuestro cuerpo, y del de nuestros seres queridos, emanan, gotean y rezuman todo tipo de sustancias.

Pero no nacemos con sensibilidad al asco. Como dijo Freud en *El malestar en la cultura*, «las excreciones no despiertan repugnancia en los niños. Les parecen valiosas por ser una parte de su propio cuerpo que se ha desprendido de ellos».[367] Si no se anda con cuidado, los niños pequeños tocan e incluso se comen todo tipo de cosas repugnantes. En uno de los estudios más interesantes de toda la psicología del desarrollo, Rozin y sus colegas hicieron un experimento: les ofrecieron a niños menores de dos años algo que ellos llamaban heces de perro («una réplica hecha con mantequilla de cacahuete y queso oloroso»). La mayoría de los pequeños se lo comieron.[368]

Luego, en algún momento durante la primera infancia, se activa un interruptor y a los niños les pasa como a los adultos, les asquean cosas de su entorno. Los psicólogos se han planteado el porqué de este cambio. Muchos se basan en la teoría freudiana y le echan la culpa a la traumática etapa del aprendizaje del control de esfínteres, pero no es así. Otras sociedades tienen costumbres muy diferentes a la hora de

Olatunji, Bunmi O., *et al.*, «The disgust scale: item analysis, factor structure, and suggestions for refinement», *Psychological Assessment*, 19, 3 (2007), p. 281.

367. Freud, Sigmund, *El malestar en la cultura*, Alianza editorial, Madrid, 2010.

368. Rozin, Paul, *et al.*, «The child's conception of food: differentiation of categories of rejected substances in the 16 months to 5 year age range», *Appetite*, 7, 2 (1986), pp. 141-151.

orinar y defecar (algunas ni siquiera tienen retrete) y, sin embargo, el asco es el mismo para todos. La sangre, el vómito y la carne podrida son repugnantes, pero no tienen nada que ver con el control de esfínteres.

Una teoría más viable es que el asco básico tiene una finalidad adaptativa. Según esta teoría, el asco no se aprende, sino que surge de forma natural cuando los bebés alcanzan cierta etapa del desarrollo. Espera, si el asco es adaptativo, ¿a qué nos adapta?

La explicación más común es que se desarrolló para evitar que comiéramos alimentos en mal estado. De hecho, la palabra inglesa para asco es *disgust*, que deriva del latín y significa 'mal sabor'. Esta teoría tiene muchos argumentos a su favor. En primer lugar, como observó Darwin, expresamos el asco haciendo el gesto de evitar oler algo, impidiendo que entre en la boca o expulsando con la lengua lo que ya ha entrado. En realidad, la cara de asco es la misma expresión que ponemos cuando tenemos arcadas, y ése podría ser su origen. En segundo lugar, las náuseas, asociadas al asco, sirven para disuadirnos de comer e incluso nos hacen vomitar los alimentos que ya hemos ingerido. En tercer lugar, incluso previendo el aumento general de la frecuencia de las náuseas durante el embarazo, las mujeres que esperan un bebé son excepcionalmente propensas a tener asco durante el mismo período en que el feto es más vulnerable a intoxicarse.[369] En cuarto lugar, el córtex insular anterior, implicado en el olfato y el gusto, se activa cuando vemos algo asqueroso.[370]

Aunque el asco puede cumplir otras funciones. La antropóloga Valerie Curtis y sus colegas encuestaron a más de cuarenta mil personas de 165 países para averiguar qué imágenes les repugnaban[371] y descubrieron que las que retrataban una posible enfermedad se consideraban especialmente asquerosas. A la gente le daba asco ver a alguien con aspecto enfermizo y manchas en la cara. Esta teoría de la evitación de la enfermedad explica por qué el olor de un extraño que no se ha aseado

369. Fessler, Daniel M. T.; Eng, Serena J.; y Navarrete, C. David, «Elevated disgust sensitivity in the first trimester of pregnancy: evidence supporting the compensatory prophylaxis hypothesis», *Evolution and Human Behavior*, 26, 4 (2005), pp. 344-351.

370. Wicker, Bruno, *et al.*, «Both of us disgusted in my insula: the common neural basis of seeing and feeling disgust», *Neuron*, 40, 3 (2003), pp. 655-664; Wright, Paul, *et al.*, «Disgust and the insula: fMRI responses to pictures of mutilation and contamination», *Neuroreport*, 15, 15 (2004), pp. 2347-2351.

371. Curtis, Val; Aunger, Robert; y Rabie, Tamer, «Evidence that disgust evolved to protect from risk of disease», *Proceedings of the Royal Society of London, Series B: Biological Sciences*, 271, 4 (2004), pp. S131-S133.

puede parecernos tan repulsivo: ir sucio es señal de que se está enfermo.

Como el miedo, el asco tiene unas raíces universales y adaptativas, pero, también como el miedo, implica un aprendizaje. A la gente le da asco una enorme variedad de cosas. Sólo de pensar en comerme una rata o un perro me entran náuseas, pero hay sociedades en las que son un manjar. Los humanos nos enfrentamos a lo que Rozin denominó *el dilema del omnívoro:* comemos alimentos muy variados, pero algunos podrían acabar con nosotros, así que hemos de aprender qué podemos comer y qué no en nuestro entorno inmediato. Durante este aprendizaje, la comida, y en concreto la carne, es culpable hasta que se demuestre lo contrario. Nadie me ha dicho jamás que sea asqueroso comer rata frita; a mí me parece asqueroso porque, durante el período crítico de la infancia, la gente de mi entorno no la comía.

Es bastante más agradable analizar la emoción de la lujuria. Desde el punto de vista de la evolución, su origen es evidente: la lujuria provoca el comportamiento sexual. El motor que impulsa la selección natural es el éxito reproductivo y no hace falta un doctorado en biología evolutiva para darse cuenta de que la reproducción tiene mucho que ver con las relaciones sexuales. Pero ¿hasta qué punto tiene que ser complicada esta adaptación evolutiva? Tal vez sólo hayamos desarrollado un vago instinto para aparearnos que aparece en la adolescencia y se desvanece suavemente en la tercera edad... y nada más.

Al fin y al cabo, la lujuria es diferente en algunos aspectos del resto de las motivaciones de las que hemos hablado. Si le quitamos la comida a alguien, pronto sentirá la necesidad imperiosa de comer y, si no la satisface, morirá; pero si le quitamos la posibilidad de mantener relaciones sexuales, la gente difiere: algunos pueden sentir la misma necesidad imperiosa, aunque, a pesar de lo que se pueda decir, nadie haya muerto por abstinencia. A otros les incomoda el celibato, pero lo sobrellevan, y otros no ven el problema de no mantener relaciones sexuales en toda su vida. Conozco a gente que ha renunciado al sexo, pero nunca he conocido a nadie que haya renunciado a la comida.

Además, el hambre nos hace comportarnos en perfecta sintonía con un objetivo evolutivo en particular: conseguir alimento para el cuerpo. Sin embargo, se tienen muchas relaciones sexuales sin la menor intención de tener un hijo y existe una minoría considerable de personas cuyo deseo sexual primario no es procrear ni tiene el menor interés en actuar de forma que se facilite el contacto entre el esperma y el óvulo. También hay que tener en cuenta que las hembras humanas, a diferencia de otros primates, pueden ser sexualmente receptivas siempre, no sólo cuando están ovulando y pueden quedarse embarazadas. Si sumamos todos estos elementos, puede parecer que la sexualidad humana se ha desligado de la evolución humana.

Pero no creo que esa conclusión sea correcta. Existe una intrincada psicología del deseo sexual que se basa en la teoría evolutiva.[372] Gran parte de nuestra psicología sexual puede comprenderse de manera adecuada sólo desde la perspectiva darwinista.

Reflexionemos sobre los curiosos límites del deseo. Cuando yo enseñaba Introducción a la Psicología en Yale, solía invitar a un famoso psicólogo social a dar una clase sobre la psicología del amor (la programaba para que la diera lo más cerca posible de San Valentín).[373] Él le hablaba a la clase sobre los «tres grandes», los principales factores que determinan con quién es más probable tener una pareja romántica:

- La proximidad
- La familiaridad
- La similitud

Y tenía razón, pues solemos enamorarnos de personas físicamente cercanas y conocidas y nos atraen las personas que son similares a nosotros en todos los aspectos imaginables.[374] (El peor dicho popular que he oído es el de «los polos opuestos se atraen»; eso sólo ocurre en las comedias románticas.)

Hay una curiosa excepción a estos «tres grandes». Piénsalo: durante una gran parte de tu vida, ¿con quién has estado físicamente más cerca, quién era más familiar y más parecido a ti?

Para mucha gente, la respuesta es: «mis hermanos». Según los «tres grandes», tus hermanos y hermanas deberían ser, para ti, las personas

---

372. Para tener una buena perspectiva general, véase Buss, David M., *La evolución del deseo: estrategias del emparejamiento humano*, Alianza, Madrid, 2015.

373. *Evolution, emotion, and reason* [vídeo], YouTube, <https://www.youtube.com/watch?v=kZoBgX8rScg>.

374. Byrne, Donn, «An overview (and underview) of research and theory within the attraction paradigm», *Journal of Social and Personal Relationships*, 14, 3 (1997), pp. 417-431.

más atractivas del universo, las personas con las que más desearías tener relaciones sexuales y con quien querrías pasar el resto de tu vida. Y no hace falta que te diga que las cosas no son así. Muchos podemos admitir a regañadientes que tenemos hermanos que son objetivamente atractivos, pero es raro que nos sintamos atraídos por ellos. No existe ningún movimiento que quiera cambiar las leyes para permitir a los hermanos tener relaciones sexuales y casarse porque casi nadie quiere hacerlo.

Esto tiene una explicación evolutiva: no es buena idea tener hijos con parientes cercanos porque comparten demasiados genes. Se conoce como «depresión endogámica», es decir, el riesgo de que los genes recesivos tengan más probabilidades de ser homocigóticos, lo que aumenta las probabilidades de obtener malos resultados. Muchas criaturas, incluidos los humanos, manifiestan una fuerte tendencia a aparearse fuera de la familia.

De nuevo vemos que las fuerzas evolutivas y las psicológicas se distancian. Pocos de nosotros evitamos tener relaciones sexuales con nuestros hermanos y hermanas porque nos preocupe explícitamente dañar genéticamente a nuestros descendientes. Más bien nos repugna el simple hecho de pensarlo y con eso basta, igual que evitamos consumir carne podrida sin preocuparnos por los microorganismos ni la contaminación.

Esta explicación evolutiva plantea una cuestión psicológica: ¿cómo sabemos quién es pariente nuestro? Hay criaturas que evitan este problema alejándose de la zona donde nacieron para no estar cerca de sus hermanos cuando alcancen la madurez sexual (en algunos casos, se van sólo los machos o sólo las hembras). Otros animales se quedan y utilizan ciertas señales para identificar a sus parientes; las ardillas, por ejemplo, parecen evaluar el parentesco genético por el olor y restringen su elección de pareja en función de ello.[375]

El antropólogo Edward Westermarck propone que los humanos resolvemos este problema de otra forma: tendemos a no sentirnos atraídos sexualmente por las personas que se han criado con nosotros desde niños.[376] Este desinterés prevalece sobre cualquier conocimiento consciente. Aunque sepas perfectamente que alguien no está biológicamente

375. Mateo, Jill M., «Kin-recognition abilities and nepotism as a function of sociality», *Proceedings of the Royal Society of London, Series B: Biological Sciences*, 269, 1492 (2002), pp. 721-727.

376. Westermarck, Edward, *The history of human marriage*, Allerton Book Co., Estados Unidos, 1922.

emparentado contigo, haber pasado la infancia con esa persona mata la libido. En cambio, puedes saber perfectamente que alguien está biológicamente emparentado contigo —como ocurre en los raros casos en que alguien conoce de adulto a un hermano de quien separaron al nacer—, pero si no has pasado la infancia con esa persona, la idea de mantener relaciones sexuales con ella no te asquea necesariamente.

Para esclarecer la hipótesis de Westermarck, la psicóloga Debra Lieberman y sus colegas formularon varias preguntas a personas adultas: si se habían criado con sus hermanos, cuánto les importaban y en qué medida les repugnaba (si es que les repugnaba) la idea de mantener relaciones sexuales con ellos. Como se preveía, la duración de la convivencia fue el factor principal: cuanto más tiempo se vive con un hermano, mayor será la aversión sexual.[377]

Esta teoría nos permite predecir algo muy interesante sobre el mundo real. Debería haber falsas alarmas, casos en los que se activara una señal de «Puaj, qué asco tener relaciones sexuales contigo» aunque los individuos no tengan ningún vínculo genético, sólo por haber vivido juntos de niños. Y hay casos así, los ejemplos más estudiados son los niños israelíes que crecen juntos en un kibutz tradicional: no suelen establecer relaciones románticas ni sexuales cuando son adultos.

Vayamos ahora a qué le gusta a la gente, qué nos parece atractivo. Cualquiera que haya ido a un museo de arte, haya visto películas antiguas o haya viajado se habrá dado cuenta de que hay de todo. Por un lado, las culturas difieren bastante en el margen de peso corporal que consideran atractivo y, por supuesto, dos individuos de una misma cultura pueden tener gustos diferentes: lo que a ti te parece atractivo a mí puede serme indiferente y viceversa.

Pero tampoco vale cualquier cosa. Hay rasgos que se consideran universalmente atractivos.[378] Si analizamos qué les parece bello a las distintas sociedades, encontraremos que todas tienen los mismos criterios. Se pueden encontrar cuerpos y rostros que cumplan esos criterios —o generarlos con programas informáticos— y todo el mundo, en todas partes, los encuentra atractivos.

377. Lieberman, Debra; Tooby, John; y Cosmides, Leda, «The architecture of human kin detection», *Nature*, 445, 7129 (2007), pp. 727-731.

378. Parte de lo que sigue se ha extraído, con ligeras modificaciones, de Bloom, Paul, *How pleasure works: the new science of why we like what we like*, Random House, Estados Unidos, 2010.

Si nos centramos en los rostros, nos suelen atraer los que tienen la tez suave y son simétricos, indicativos de juventud y buena salud. En los humanos, la piel clara se ha comparado con el plumaje brillante de las aves y el pelaje lustroso de otros mamíferos.[379] Dado que las lesiones, la malnutrición y los parásitos hacen que la cara se vea menos simétrica, una cara cuyo lado derecho sea un espejo del izquierdo es un éxito biológico y nos parece estéticamente agradable.[380] Incluso un recién nacido prefiere mirar un rostro de estas características.[381]

Lo que es un misterio es que un rostro normal, del montón, forme parte de la lista de rasgos atractivos. Si se eligen cien rostros al azar y se fusionan, el resultado se considera bello.[382] Tal vez ser normal sea otro indicativo de salud, ya que la mayoría de las cosas que se salen de lo normal no son buenas. Quizá sea un indicio de diversidad genética, que es algo bueno. Tal vez el rostro promedio sea, literalmente, más fácil de ver, pues requiere un menor procesamiento visual que un rostro atípico y solemos preferir las imágenes que son más fáciles de procesar. Hay que tener en cuenta que una cara normal nos parece bonita, pero no maravillosa; esa fusión de rostros da como resultado una cara agradable, pero tampoco digna de una estrella de cine.[383] O tal vez sea que una cara normal no tiene por qué ser atractiva, sino que una cara fuera de lo normal tiene más posibilidades de no serlo.

No he dicho nada todavía de las diferencias de sexo. Tanto los hombres como las mujeres se abstienen de mantener relaciones sexuales con parientes cercanos, y tanto a unos como a otras les suelen parecer atractivos los mismos tipos de rostro. La lógica de la selección natural funciona igual para todos en este aspecto.

---

379. Esta analogía la hizo un neurocientífico ficticio en Chiang, Ted, «Liking what you see: a documentary», en *Stories of your life and others*, Orb Books, Estados Unidos, 2003.

380. Rhodes, Gillian, «The evolutionary psychology of facial beauty», *Annual Review of Psychology*, 57 (2006), pp. 199-226.

381. Slater, Alan, *et al.*, «Newborn infants prefer attractive faces», *Infant Behavior and Development*, 21, 2 (1998), pp. 345-354.

382. Langlois, Judith H.; y Roggman, Lori A., «Attractive faces are only average», *Psychological Science*, 1, 2 (1990), pp. 115-121.

383. Alley, Thomas R.; y Cunningham, Michael R., «Article commentary: averaged faces are attractive, but very attractive faces are not average», *Psychological Science*, 2, 2 (1991), pp. 123-125.

En otros aspectos, sin embargo, las estrategias óptimas para alcanzar el éxito reproductivo difieren entre los machos y las hembras biológicas de muchas especies, incluida la nuestra. Esto genera ciertas diferencias psicológicas entre los sexos.

Uno de los problemas es la fertilidad. Cabría esperar que los animales se sientan más atraídos sexualmente por los individuos cuyo rostro y cuerpo sugiere que está en edad reproductiva, es decir, por los que pueden tener descendencia. Ésta es la respuesta inmediata a que pocos de nosotros nos sintamos atraídos sexualmente por individuos preadolescentes: no son candidatos para procrear.

La mujer es fértil durante un período limitado de su vida, mientras que un hombre puede tener hijos a una edad avanzada, aunque la fertilidad disminuye a medida que envejece. Y como cabría esperar, nuestra psicología es consciente de este hecho. A la hora de elegir pareja, los hombres heterosexuales prefieren sobre todo a las mujeres jóvenes, mientras que las mujeres heterosexuales son menos exigentes con la edad y suelen preferir a hombres ligeramente mayores que ellas o de su misma edad. Que haya esa diferencia de edad a la hora de elegir una pareja estable es una de las conclusiones más sólidas que hemos hecho en este campo, descubierta originalmente en un estudio con personas de treinta y siete culturas[384] y replicado en cuarenta y cinco países.[385]

Otros estudios que se centran únicamente en la valoración del atractivo revelan una diferencia más marcada.[386] Los datos obtenidos de OkCupid, un sitio de citas en internet, muestran que, por término medio, las mujeres heterosexuales valoran la edad a la que un hombre es más atractivo si está correlacionada con la suya propia o, a diferencia de los datos sobre la elección de pareja, muestran una ligera preferencia por hombres más jóvenes que ellas; a las mujeres de 20 años las atraen más los hombres de 23, a las de 50, los de 46, etcétera. El patrón de los hombres heterosexuales es diferente: sin importar la edad, suelen sentirse atraídos por mujeres dentro de un rango de edad que se corresponde con el pico de fertilidad. Los hombres de 20 años se sienten más atraídos por las mujeres de 20; los de 50, por las de 23, etcétera.

Un segundo aspecto se refiere a las diferencias entre los mamíferos

384. Buss, David M., «Sex differences in human mate preferences: evolutionary hypotheses tested in 37 cultures», *Behavioral and Brain Sciences*, 12, 1 (1989), pp. 1-14.

385. Walter, Kathryn V., *et al.*, «Sex differences in mate preferences across 45 countries: a large-scale replication», *Psychological Science*, 31, 4 (2020), pp. 408-423.

386. Rudder, Christian, *Dataclismo: amor, sexo, raza e identidad; lo que nuestra vida online cuenta de nosotros*, Aguilar, Madrid, 2016.

macho y hembra respecto a la estrategia óptima para tener éxito reproductivo.[387] Para engendrar un hijo, lo mínimo que tiene que hacer el
macho es practicar el coito. Una vez engendrado, el macho puede, al
menos en teoría, encontrar otra pareja y procrear de nuevo. Lo mínimo
que tiene que hacer la hembra es... *un montón de cosas*. Hay un acto
sexual, luego el bebé se desarrolla en el interior de la madre y después el
bebé se alimenta de su cuerpo. Este proceso dura años y, durante la
mayor parte de ese tiempo, ella no puede engendrar otro bebé.

Lo cual quiere decir que, mientras un macho es capaz de engendrar
muchos hijos apareándose con varias hembras, una hembra no tiene
una ventaja similar si se aparea con varios machos. El biólogo evolucionista Robert Trivers señaló que esta discrepancia es lo que hace que las
mujeres y los hombres tengan una estrategia reproductiva óptima diferente.[388] Las hembras se dedican más a los hijos que los machos porque
pueden tener menos y, por tanto, cada hijo es importante. Por eso eligen
mejor con quién reproducirse.

Es importante destacar que, según la teoría de Trivers, no es ser macho o hembra lo que hace que la estrategia óptima sea diferente, sino el
hecho de que los machos y las hembras no suelen implicarse de la misma
forma con su descendencia. Esto nos permite deducir una cosa interesante: si hay una especie en la que los machos se implican más con sus
crías que las hembras, los papeles deberán invertirse. Y así es. Hay especies, como las jacanas —conocidas en inglés como *Jesus birds* ('el ave
Jesucristo') porque parece que caminan sobre el agua—, en las que son
los machos los que cuidan de los huevos y, después, de los polluelos.[389] El
resultado es que las hembras son más grandes que los machos, luchan
entre ellas por conseguirlos y a veces mantienen harenes de machos. (La
diferencia de tamaño y la agresividad existen porque el sexo que se bene-
ficia de las múltiples parejas —en este caso, las hembras— suele competir por aparearse con el sexo más selectivo, en este caso, los machos.)

387. Lo que sigue se ha extraído, con ligeras modificaciones, de Bloom, *How pleasure Works, op. cit.*

388. Trivers, Robert L., «Parental investment and sexual selection», en Campbell, B.
G. (ed.), *Sexual selection and the descent of man*, Aldine, pp. 136-179, Estados Unidos,
1972. Trivers, debería añadir, es uno de los personajes más interesantes en este campo. La
sinopsis de su autobiografía comienza: «A diferencia de otros científicos de renombre,
Robert Trivers ha estado entre rejas, ha conducido un coche a la fuga para Huey P. Newton y ha fundado un grupo armado en Jamaica para proteger a los gais de las mafias vio-
lentas».

389. Stewart-Williams, Steve, *The ape that understood the universe: how the mind
and culture evolve*, Cambridge University Press, pp. 72-74, Reino Unido, 2018.

Y si estamos ante una especie con idéntica implicación parental, ya sea porque tanto el macho como la hembra protegen juntos a unas crías extremadamente frágiles (como los pingüinos) o porque se limitan a esparcir el esperma y los huevos por el mar y las crías no necesitan cuidados posteriores, no podemos distinguir, a simple vista, al macho de la hembra, y la estrategia reproductiva deja de ser diferente en cada sexo.

Sin embargo, los humanos no somos jacanas, pingüinos ni peces; nuestro patrón reproductivo es el estándar de todos los mamíferos y requiere una mayor implicación de las hembras. Esto nos lleva a deducir, entre otras cosas, cierta diferencia entre los sexos: los hombres deberían estar más interesados que las mujeres en tener múltiples parejas sexuales.

¿Es cierto eso? Hay muchas formas de analizar esta cuestión en el mundo real, pero la más sencilla es preguntándoles tanto a los hombres como a las mujeres cuántas parejas sexuales les gustaría tener. Como nos interesan los valores universales y las variaciones culturales, un buen estudio debería preguntar a una población diversa, así que aquí están los resultados de uno que se hizo con más de dieciséis mil personas procedentes de cincuenta países. Como en el caso de las preferencias de edad, los efectos son significativos y consistentes.[390] El próximo mes, los hombres, por término medio, dicen querer el doble de parejas que las mujeres (unas dos frente a una). En los próximos diez años, los hombres quieren una media de seis parejas; las mujeres, una media de dos. Es el hecho de ser hombre o mujer lo que determina el comportamiento, no la orientación sexual: los hombres homosexuales muestran el mismo patrón que los heterosexuales y las mujeres homosexuales, el mismo que las heterosexuales.

Confío más en las conclusiones mostradas en este apartado —sobre la aversión al incesto, sobre lo que nos parece atractivo, sobre la edad que debería tener la pareja ideal según el sexo y sobre las preferencias por

390. Schmitt, David P., «Universal sex differences in the desire for sexual variety: tests from 52 nations, 6 continents, and 13 islands», *Journal of Personality and Social Psychology*, 85, 1 (2003), p. 85. Para consultar diferentes perspectivas en cuanto a la manera de entender estas diferencias culturales, véase Eagly, Alice H.; y Wood, Wendy, «The origins of sex differences in human behavior: evolved dispositions versus social roles», *American Psychologist*, 54, 6 (1999); Gangestad, Steven W.; Haselton, Martie G.; y Buss, David M., «Evolutionary foundations of cultural variation: evoked culture and mate preferences», *Psychological Inquiry*, 17, 2 (2006), pp. 75-95.

varias parejas según el sexo— que en la mayoría de las investigaciones de la psicología. Los datos, extraídos de cientos de estudios, son sólidos y contundentes.

Pero ya dije antes que la gente suele confundirse con la evolución, sobre todo respecto a la evolución de las diferencias sexuales, así que quiero aclarar algunas cosas.

En primer lugar, la historia evolutiva de la sexualidad humana es más complicada de lo que podría parecer a simple vista. Hay que tener en cuenta que un bebé humano es un ser diminuto e impotente que necesita mucha protección de los adultos durante años. El progenitor macho importa. Por eso la hembra humana prefiere al macho que cuide de sus retoños, y eso hace que al macho le convenga disponer de las aptitudes necesarias para ello.

Otra peculiaridad es que las hembras pueden mantener relaciones sexuales en cualquier momento del ciclo menstrual. Una explicación de por qué evolucionó este rasgo inusual es que así se facilita el vínculo de la pareja. Si la hembra humana puede aparearse en cualquier momento y es impredecible cuándo va a concebir un bebé, al macho le conviene quedarse para asegurarse de que el niño al que acabe cuidando contenga sus genes.

En un sentido más general, los seres humanos establecemos vínculos. Nos enamoramos y formamos un equipo para criar esas crías tan preciadas y frágiles. Por eso, en palabras de un psicólogo evolucionista, «en ciertos aspectos, nos parecemos más a un ave que a un mamífero».[391]

Luego está la cultura. Nuestra mente ha sido moldeada tanto por la historia cultural como por la evolutiva, y eso puede verse en algunas de las investigaciones que acabamos de comentar, como el estudio en el que se les preguntaba a hombres y mujeres por el número óptimo de parejas sexuales que les gustaría tener. En Sudamérica, el 35 por ciento de los hombres y el 6 por ciento de las mujeres deseaban tener más de una pareja sexual al mes, mientras que en Asia oriental esta cifra se reducía al 18 por ciento y al 2,6 por ciento respectivamente. Seguimos observando una gran diferencia entre los sexos, pero esa diferencia coexiste con grandes efectos culturales.

También hay variaciones individuales dentro de cada cultura. Las diferencias entre los grupos humanos, incluidas las diferencias entre los sexos, son siempre una media. Por término medio, los hombres son más

---

391. Stewart-Williams, *op. cit.*, p. 76.

corpulentos que las mujeres, están más interesados en tener varias parejas y les preocupa más que su pareja sexual sea joven, pero esto es perfectamente compatible con la realidad obvia de que hay mujeres más corpulentas que el hombre promedio y hombres más pequeños que la mujer promedio; que hay mujeres que prefieren tener múltiples parejas y hombres que no y que hay mujeres que sólo se sienten atraídas sexualmente por hombres jóvenes y hombres a los que les es indiferente la edad de su pareja.

Por último, muchas investigaciones sobre la evolución del deseo sexual se centran en características como la edad y el atractivo físico, en parte porque son sencillas de estudiar. Es fácil olvidar que la apariencia no lo es todo cuando hablamos de deseo o de compromiso. La lógica de la selección natural nos dice que deberíamos sentirnos atraídos por quienes poseen ciertos rasgos apropiados —como cuidar a los hijos y darles buenas oportunidades de futuro—, y muchos de esos rasgos no se manifiestan ni en la cara ni en el cuerpo. A las personas amables e inteligentes les va bien en la vida, también a sus hijos, así que, incluso desde la perspectiva darwinista más despiadada, es de esperar que busquemos cualidades menos superficiales cuando elegimos pareja. Y para añadir lo obvio, no sólo somos criaturas sexuales, también tenemos otros objetivos, así que también buscamos otras cosas en nuestra pareja.

Dicho todo esto, no debería sorprendernos que la elección de pareja, sobre todo a largo plazo, se vea influida por cuestiones como cuánto disfrutamos de la compañía de esa persona y cuánto confiamos en ella. Estudio tras estudio, cuando se pregunta a las personas qué quieren de su pareja ideal, hablan de rasgos como la inteligencia, el sentido del humor y la honestidad. ¿Y el rasgo número uno? Según uno de los estudios mencionados antes, con personas de treinta y siete culturas, el factor más importante, tanto para los hombres como para las mujeres, es... la bondad.[392]

El tema de la bondad nos lleva a la última parte de este capítulo. Las emociones que hemos visto hasta ahora nos impulsan a satisfacer nuestras prioridades evitando lo que es malo para nosotros (el miedo y el asco) o guiándonos para conseguir algo bueno para nosotros y para nuestros genes (la lujuria), pero hay más. También tenemos emociones y motivaciones morales. Sentimos compasión, culpa, vergüenza, grati-

392. Buss, *op. cit.*

tud e indignación. Nos sentimos impulsados a ayudar a los demás, incluso a costa de nosotros mismos; cooperamos y juzgamos, y nos gusta condenar e incluso castigar a quienes consideramos crueles o injustos.

Veremos que hay aspectos dentro de nuestra psicología moral bastante misteriosos, pero podemos empezar por uno que lo es menos: el amor que sentimos por nuestros hijos y el tiempo y la energía que les dedicamos.

La explicación evolutiva de este amor es igual de obvia que la de la lujuria.[393] Supongamos (y esto, por supuesto, es simplificarlo drásticamente) que existen dos variantes de un gen: la variante A crea un animal que se preocupa por sus crías, las considera adorables y quiere alimentarlas, abrazarlas, mantenerlas a salvo y cuidarlas hasta la adolescencia. La variante B, por su parte, crea un animal que sólo se preocupa de sí mismo y considera a los bebés como una fuente potencialmente valiosa de grasa y proteínas. Si observamos la población una generación más tarde, sólo nos encontraremos con la variante A. La variante puramente egoísta tiene todas las de perder en la lotería darwiniana.

Nuestra bondad con los hijos es un caso especial de lo que se conoce como «selección de parentesco» y se extiende a los familiares en general. El vínculo genético con los primos y los tíos es más débil que entre padres e hijos y entre hermanos (todos comparten, de media, la mitad de sus genes), pero se trata de una diferencia de grado, no de especie. Desde el punto de vista de la selección natural, un gen que induce a un animal a ayudar a sus parientes puede propagarse por la población, aunque eso tenga un coste para el propio animal. La evolución favorece a los animales que, hasta cierto punto, aman a los demás como a sí mismos.

Se cuenta la historia, probablemente apócrifa, de que al biólogo J. B. S. Haldane le preguntaron si daría la vida por salvar a un hermano que se estuviera ahogando y él respondió que no, pero que lo haría encantado por dos hermanos o por ocho primos. (Compartía, por término medio, la mitad de los genes con cada hermano y un octavo con cada primo, así que las cuentas salían.) Por supuesto, Haldane estaba bromeando; a pocos de nosotros nos motiva conscientemente el deseo explícito de preservar nuestros genes, no sacamos una calculadora si tenemos que donarle sangre a una sobrina. Pero los distintos grados de coincidencia genética conforman nuestras intuiciones psicológicas y explican por qué nuestro amor por nuestros hijos puede ser tan intenso

---

393. Para ampliar información, véase Bloom, *Just babies...*, *op. cit.*

y abrumador, mientras que nuestros lazos —nuestro parentesco— con los hijos de nuestros hermanos y hermanas pueden ser fuertes, pero no tanto.

La bondad no se limita a los familiares, hacemos todo tipo de cosas buenas por gente con la que no estamos emparentados. Tengo la suerte de vivir en un barrio en el que todos nos ayudamos: recogemos el correo del vecino cuando está ausente, quitamos la nieve de la acera a los más ancianos y cosas así. Y es evidente que los amigos son amables entre sí, se apoyan y se quieren, se sacrifican los unos por los otros incluso sin que haya el menor atisbo de parentesco genético. ¿Acaso el mundo no sería terrible si no fuera así?

También somos, en menor medida, buenas personas con los extraños que nos encontramos. En muchos lugares del mundo, si estás parado en la calle con cara de haberte perdido, alguien se te acercará y te preguntará si necesitas saber cómo ir a algún sitio o, si gritas pidiendo ayuda, la gente acudirá. A mí me han ayudado a empujar el coche para sacarlo de la nieve personas desconocidas y yo también he empujado más de un coche. Si nadie le diera dinero a la gente que pide por la calle, no habría gente pidiendo dinero por la calle.

Ahora vivo en Toronto, pero Stanley Milgram hizo un estudio sobre este tema en New Haven, Connecticut, donde yo vivía antes. Es más conocido por un famoso experimento que realizó sobre la obediencia y pronto hablaremos de él, pero, en 1965, Milgram estaba interesado en la bondad.[394] Repartió cartas franqueadas y con una dirección escrita por todo New Haven: las dejó caer por la acera, en cabinas telefónicas y otros lugares públicos como si alguien las hubiera olvidado. Descubrió que la mayoría de las cartas llegaban a su destino, lo que quiere decir que la buena gente de New Haven las había recogido y depositado en un buzón, un sencillo acto de amabilidad que nunca podría ser correspondido. Esa amabilidad era selectiva y daba a entender que había una motivación moral: las cartas con el nombre de una persona en el anverso, como Walter Carnap, solían llegar a su destino, pero no así las dirigidas a, por ejemplo, los «Amigos del partido nazi».

El grado de ayuda varía de una sociedad a otra, pero no es del todo

394. Milgram, Stanley; Mann, Leon; y Harter, Susan, «The lost-letter technique: a tool of social research», *Public Opinion Quarterly*, 29, 3 (1965), pp. 437-438.

una práctica cultural.[395] Otros animales se acicalan mutuamente y se ayudan con el cuidado de las crías, a veces incluso arriesgándose ellos mismos. Los mirlos y los zorzales emiten un chillido de advertencia cuando hay halcones sobrevolando y gracias a eso otras aves tienen la oportunidad de escapar. Cuando una gacela se percata de la presencia de una manada de hienas, se aleja dando saltos con las patas rígidas, lo que se conoce como el «salto de rebote». Este movimiento frena a la gacela y la convierte en una presa fácil, pero las demás la ven, huyen y tienen más probabilidades de salir con vida.

También pueden encontrarse actos de bondad en las primeras etapas de la vida. Uno de los libros que he escrito trata sobre la aparición de la moralidad en los bebés y en los niños.[396] Habría mucho que decir al respecto, pero la conclusión es que incluso los niños más pequeños se preocupan por los demás y con frecuencia intentan, a su modo, mejorar las cosas. Hay experimentos que analizan esta cuestión haciendo que los adultos se comporten como si estuvieran sufriendo —un investigador puede fingir que se ha pillado un dedo con el sujetapapeles— y observando cómo reaccionan los niños. Suelen intentar consolar a los adultos con la esperanza de que deje de dolerles. Otros estudios revelan que los niños ayudan a los adultos que intentan coger un objeto que está fuera de su alcance o que van a abrir una puerta. Los pequeños ofrecen ayuda sin que los adultos se la pidan, ni siquiera mirándolos a los ojos, y lo hacen a un precio muy alto: alejándose de una divertida caja de juguetes.[397]

Además de la bondad, existe la cooperación, individuos que trabajan juntos por una causa común. En el mundo moderno, casi todo lo que importa, desde los negocios hasta el arte o la ciencia, requiere cooperar a gran escala. Dependemos de los demás; de hecho, siempre ha sido así. En muchas sociedades del pasado, la caza era un trabajo comunitario; entre varias personas se abatía a un animal grande (lo cual, por cierto, no es exclusivo de los humanos: los cánidos y los chimpancés también cazan en equipo). El cuidado de los niños también era comunitario; que uno o dos adultos críen solos a un niño no es lo habitual en nuestra especie. Más bien, a los niños los cuidaban comunidades que incluían a la familia cercana (sobre todo, hermanas y abuelas), a

395. Henrich, Joseph; Heine, Steven J.; y Norenzayan, Ara, «The weirdest people in the world?», *Behavioral and Brain Sciences*, 33, 2-3 (2010), pp. 61-83.

396. Bloom, *Just babies...*, op. cit.

397. Warneken, Felix; y Tomasello, Michael, «Altruistic helping in human infants and young chimpanzees», *Science*, 311, 5765 (2006), pp. 1301-1303.

parientes lejanos y a personas que ni siquiera eran parientes.[398] En realidad, se necesita toda una aldea para criar a un niño, al menos si se es cazador-recolector.

Podríamos pensar que lo anterior tiene fácil explicación: las cosas salen mejor cuando nos ayudamos los unos a los otros. Si cada uno caza por su cuenta, ninguno conseguirá capturar animales grandes; en cambio, si se organiza una cacería en grupo, todos comerán carne. Si yo cuido de tu bebé cuando tú enfermas y tú haces lo mismo por mí, a ambos bebés les irá mejor a largo plazo. Adam Smith escribió:

> Todos los miembros de la sociedad humana necesitan de la asistencia de los demás y de igual forma se hallan expuestos a menoscabos recíprocos. Cuando la ayuda necesaria es mutuamente proporcionada por el amor, la gratitud, la amistad y la estima, la sociedad florece y es feliz.[399]

Pero de lo que se trata es de explicar cómo han podido evolucionar ese amor, gratitud, amistad y estima. El problema es que la selección natural no se ocupa del bien del grupo ni del beneficio de la sociedad ni de la maximización general de la felicidad ni de nada parecido. Sólo se ocupa de la propagación de los genes y, como vimos al final del capítulo anterior, cuando hablábamos de la tragedia de los bienes comunales, en un mundo en el que todos son amables con los demás, el que sale ganando es el oportunista, el aprovechado, el caradura.

Un oportunista es alguien que disfruta de los beneficios sin pagar los costes. Es la cazadora-recolectora que pide que los demás cuiden de sus hijos, pero no cuida de los hijos de los demás. Es una gacela que se da cuenta de que las demás dan el salto de rebote, pero no se arriesga a darlo ella también. Estos animales se benefician de los individuos más amables que los rodean y, en la medida en que su comportamiento esté influido por sus genes, serán justo esos genes los que prosperen y se propaguen por el entorno.

Para ver el problema desde una perspectiva más amplia, imaginemos algo utópico, una población de criaturas cuyos genes las obligan a ser amables con todo el mundo. Como vimos con el parentesco, supon-

398. Blaffer Hrdy, Sarah, *Mothers and others: the evolutionary origins of mutual understanding,* Harvard University Press, Estados Unidos, 2009.

399. Smith, Adam, *La teoría de los sentimientos morales,* Alianza, Madrid, 2013.

gamos que hay dos variantes de un gen: la variante A obliga al animal a preocuparse por sí mismo, por su familia y por todos los que le rodean. La variante B le obliga a preocuparse sólo por sí mismo y por sus parientes. Ante esta situación, la variante egoísta, la B, es la que prospera. Los biólogos hablan de *estrategias evolutivamente estables*, es decir, estrategias que, una vez que las adopta una población, permanecen inamovibles, pues ningún invasor puede prosperar en esa sociedad cambiando de estrategia. Lo trágico es que una sociedad llena de altruistas indiscriminados *no* es una estrategia evolutivamente estable; los oportunistas pueden irrumpir y desbaratar todo el sistema, de modo que, en cuestión de generaciones, toda la población se vuelve egoísta.

Dada la eficacia de las variantes egoístas, ¿cómo pudo evolucionar la amabilidad con quienes no son parientes? La mejor respuesta que podemos dar, derivada en parte de los trabajos de Robert Trivers, cuyas ideas hemos analizado en el contexto de las diferencias de género, es que la amabilidad y la cooperación del tipo que hemos estado discutiendo sólo logran evolucionar cuando se manifiesta una conducta que pasa factura a los oportunistas.[400] Esa conducta podría significar un deseo de castigarlos abiertamente o de excluirlos, negarse a ser amables con ellos: no compartir la carne con el cazador que no quiso compartirla con nosotros, no cuidar del hijo de la madre que se negó a cuidar del nuestro. En una sociedad en la que los animales necesitan interactuar para sobrevivir, esta forma de exclusión es un castigo contundente, a veces letal.

La teoría de Trivers conduce a una hipótesis psicológica: siempre que exista una razón para ser amable y cooperar con individuos que no sean parientes, debería haber una razón paralela para hacerles la vida difícil a los que no cumplen las reglas. Esto no es una cuestión baladí, requiere de la capacidad para reconocer a los malos, recordar quiénes son, no olvidarse de ellos con el paso del tiempo y estar dispuesto a castigar y excluir. Como predice la teoría, numerosos estudios demuestran que estas capacidades están presentes tanto en el ser humano como en otros animales.[401]

Y lo irónico es que lo que mejor explica nuestros mejores instintos

---

400. Trivers, Robert L., «The evolution of reciprocal altruism», *Quarterly Review of Biology*, 46, 1 (1971), pp. 35-57.

401. De Waal, Frans, «One for all», *Scientific American*, 311, 3 (2014), pp. 68-71.

—el amor, la gratitud, la amistad y el respeto, como los enumeró Smith— implica que es necesario que haya sentimientos como la ira y el resentimiento para que persistan. Lo que podría considerarse como lo peor de la naturaleza humana resulta ser esencial para crear una sociedad buena, afectuosa y cooperativa. Si el deseo de venganza se hubiera suprimido de nuestros ancestros hace tiempo, jamás habríamos llegado adonde estamos hoy.

Aquí no tendremos tiempo de abordar muchas cuestiones sobre la bondad, la cooperación y la moralidad. Este ámbito de la psicología moral es rico e interdisciplinar, ya que está relacionado con campos como la teoría de juegos, la economía conductual, la sociología, la antropología, la primatología, el derecho y la teología. Y es apasionante, porque quedan aún muchos enigmas por resolver.

Uno de ellos se refiere a la teoría que acabamos de esbozar. Hemos estudiado que el hecho de que nos indignemos (si alguien no respeta la cola, no colabora en la caza grupal, etcétera) hace posible que haya individuos amables y cooperativos en la sociedad. Castigamos a quienes nos ponen las cosas difíciles a los demás, pero ese tipo de castigo es en sí una conducta altruista que puede entrañar sus riesgos. Entonces, ¿por qué los animales están dispuestos a hacerlo ellos mismos, en lugar de contenerse y dejar que los demás hagan el esfuerzo? (La respuesta no puede ser «porque al castigar, todos salen beneficiados», ya hemos visto que la selección natural no funciona así.) Dicho de otro modo, intentamos resolver el problema de los caraduras proponiendo que el castigo sea el precio que tienen que pagar, pero ahora necesitamos explicar cómo lidiar con los que van por libre cuando hay que castigar a los oportunistas. Se podría proponer que desarrolláramos un instinto para castigar a los que no castigan a los oportunistas, pero caeríamos en una regresión infinita. ¿Necesitamos un instinto adicional para castigar a los que no castigan a quienes no castigan a los oportunistas?[402] Aquí falla algo.

Un segundo enigma se refiere al tipo de actividades que despiertan nuestra indignación moral. Pensemos en el sexo: los actos sexuales de los demás no me hacen daño directamente ni a mí ni a los míos y no hay razones obvias por las que debieran preocuparnos tanto.

402. Para ampliar información, véase Martin, Justin W., *et al.*, «When do we punish people who don't?», *Cognition*, 193 (2019), p. 104040.

De hecho, desde una perspectiva darwiniana, los hombres que buscan pareja femenina deberían alegrarse de que otros hombres abandonen voluntariamente el mercado de parejas heterosexuales eligiendo el celibato o las relaciones exclusivamente homosexuales o lo que sea, ¡menos competencia! Pero las cosas no funcionan así. En el libro Levítico de la Biblia hebrea, el sexo entre hombres se castiga con la muerte, actitud que prevalece en la mayoría de los países y las religiones del mundo y en la mente de la mayoría de las personas a lo largo de la historia. Las sociedades que no ven nada malo en tales prácticas son la excepción. Este fenómeno de nuestra psicología moral no puede explicarse fácilmente.

El último enigma se refiere a los actos morales que implican un sacrificio personal. Algunas personas renuncian a viajar en avión porque les preocupa el cambio climático y sus efectos en las generaciones venideras. Otras dejan de comer carne, aunque les guste su sabor, porque no quieren ser partícipes del sufrimiento de los animales. Hay quienes envían dinero para ayudar a otros en tierras lejanas y quienes luchan por los derechos de los demás, aunque eso signifique renunciar a sus propios privilegios, como el caso de los millonarios que piden que les suban los impuestos para ayudar a los pobres o el de algún grupo mayoritario que lucha por los derechos de los marginados. Si les preguntas por qué lo hacen, te dicen que es una cuestión ética, que es lo que hay que hacer.

Es un fenómeno fascinante para muchos estudiosos del tema. Ya nos hemos topado con algún que otro misterio en este libro: primero, el de la inteligencia —¿cómo es posible que el cerebro, algo físico, sea capaz de pensar racionalmente?—. Después, el de la percepción —¿de dónde procede la sensibilidad, cómo es posible que sintamos?—. Y ahora, disertando sobre la motivación humana, nos encontramos con otro misterio igual de complicado. ¿Cómo es posible que una criatura que ha evolucionado gracias a la parte amoral de la selección natural perciba la moral auténtica y se comporte como un ser moral?

Como ocurre con la inteligencia y la percepción, hay quienes se han dejado seducir por explicaciones no materialistas. En 1869, el codescubridor de la selección natural, Alfred Russel Wallace, señaló que la humanidad ha superado la evolución en muchos aspectos, incluidas nuestras «facultades morales superiores», y llegó a la conclusión de que debe haber una inteligencia superior que esculpa el desarrollo de nuestra especie.[403] (Darwin estaba horrorizado por lo que él consideraba la apostasía de Wallace.) Más recientemente, Francis Collins, antiguo director de los Institutos Nacionales de Salud de Estados Unidos, arguyó que el reconocimiento de una verdad moral objetiva —una «ley moral»— no puede explicarse en términos darwinistas y constituye un argumento a favor de la existencia de Dios.[404]

Muchos otros, sin embargo, creen que podemos explicarlo sin necesidad de apelar a una deidad. El caso de la moralidad no es único. El cerebro humano, colaborando con otros en sociedad durante miles de años, ha llegado a trascender nuestras capacidades iniciales de muchas otras formas. Nuestros sentidos han evolucionado para percibir objetos como rocas y árboles, y aun así hemos llegado a apreciar lo diminuto (como el átomo) y lo enorme (como las galaxias). Nacemos con la capacidad de pensar en uno, dos y tres, pero todo el que esté leyendo esto sabe manejar los números grandes, las fracciones, los números negativos y, al menos hasta cierto punto, el infinito. Podemos desarrollar complejos sistemas lógicos, reflexionar sobre cuestiones metafísicas como el libre albedrío y la consciencia y crear teorías científicas de todo tipo, de la física a la psicología.

Al principio de este libro, cité a Immanuel Kant, que escribió: «Dos cosas llenan mi ánimo de creciente admiración y asombro a medida que pienso y profundizo en ellas: el cielo estrellado sobre mí y la ley moral en mi interior». A lo largo de la historia, la gente ha aprendido mucho sobre ambas cosas; no sólo sobre los cielos estrellados, sino también sobre la ley moral.

Un descubrimiento crítico en este sentido se ha repetido una y otra vez a lo largo de la historia humana: la importancia de la imparcialidad. El filósofo Peter Singer señala que este principio aparece expresado explícitamente en prácticamente todas las religiones y filosofías morales.[405] Está expresado en las distintas versiones de la regla de oro, como en el mandato de Jesucristo: «Las cosas que queráis que los hombres hagan con vosotros, así también haced vosotros con ellos» o en la afir-

403. Para ampliar información, véase Bloom, Paul, «Did God make these babies moral? Intelligent design's oldest attack on evolution is as popular as ever», *New Republic*, 13 (2014).

404. Collins, Francis S., *¿Cómo habla Dios? La evidencia científica de la fe*, Temas de hoy, Barcelona, 2007.

405. Extraído de Singer, Peter, *The expanding circle: ethics, evolution, and moral progress*, Princeton University Press, p. 136, Estados Unidos, 2011. El resto del párrafo se ha extraído, con algunas modificaciones, de Bloom, *Just babies...*, *op. cit.*

mación del rabino Hilel: «No le hagas a otro aquello que no te gusta que te hagan. Ésa es toda la Torá, el resto es comentario». Cuando le pidieron a Confucio que resumiera la moralidad en una sola palabra, dijo: «¿No es *reciprocidad* esa palabra? No hagas a otros aquello que no te gustaría que te hicieran a ti». El propio Kant propuso como núcleo de la moralidad: «Obra de tal manera que la máxima de tu conducta pueda convertirse en ley universal». Adam Smith apeló al juicio de un espectador imparcial como prueba de un juicio moral y Jeremy Bentham sostenía que, en el ámbito moral, «cada cual cuenta por uno y nadie más que uno». John Rawls sugirió que, al reflexionar sobre una sociedad justa y equitativa, deberíamos imaginar que estamos detrás de un velo de ignorancia que no nos permite saber en qué individuo nos convertiremos.

Una vez que poseemos esta noción, podemos conjugarla con nuestras capacidades morales evolucionadas para llegar a más lugares inesperados. Nos enfadamos si nos traicionan y queremos castigar a quien agrede a nuestro hijo, pero ahora, provistos del principio de la imparcialidad, somos capaces de entender que también está mal traicionar a *cualquiera* o agredir a *cualquier* niño. Igual que otras motivaciones pueden llevarnos por un camino que la evolución jamás pudo prever —por ejemplo, la curiosidad de un niño por los planetas o la tristeza de un lector por el destino de Ana Karenina—, las emociones morales como la compasión, la culpa y la cólera justa pueden, combinadas con nuestra racionalidad, llevarnos a tomar decisiones y a hacer cosas que nos distancien del proyecto del éxito reproductivo.

Por supuesto, nada de lo dicho hasta ahora pretende ser la solución definitiva al misterio de la moralidad altruista. Hay mucho más que decir y muchos argumentos en contra que debatir, pero ilustra cómo podría abordarse esta cuestión sin depender de la intervención divina.

Terminaré con una teoría rival que intenta explicar por qué actuamos de forma aparentemente altruista. Esta teoría sostiene que lo hacemos para reforzar nuestra reputación ante los demás, para parecerles más atractivos a la pareja sexual, aliados y amigos. No damos a los pobres ni dejamos de comer carne porque consideremos que esos actos son buenos en sí mismos; más bien, la inclinación a participar en esas acciones ha evolucionado como una señal costosa (probablemente inconsciente) de nuestra ecuanimidad y nuestra bondad. Desde esta perspectiva, un hombre que acude a una manifestación a favor de los derechos de la mujer, por ejemplo, no lo hace porque desee un mundo mejor y más justo, sino por las ventajas que comporta ser percibido como el tipo de persona que desea un mundo mejor y más justo.[406]

Esta perspectiva tiene su aquél. Entre otras cosas, puede ayudar a resolver el misterio de por qué estamos dispuestos a tomar la decisión, aparentemente costosa, de castigar a los oportunistas: existe prueba empírica de que no lo hacemos como sacrificio personal para mejorar la situación de todos, sino porque nos hace quedar bien ante los demás.[407] La gente admira a quienes realizan actos morales, incluso los que suponen un castigo, y prefiere juntarse con ellos.

Mi opinión personal es que la teoría reputacional no es, en última instancia, demasiado fiable para constituir una explicación completa de la moral altruista. Muchas veces, la gente quiere hacer el bien sólo porque quiere hacerlo, pero admito que los defensores de la teoría reputacional explican así muchos ejemplos de actos morales desinteresados. Richard Alexander, biólogo evolutivo conocido por su trabajo sobre los orígenes de la moralidad, describe una conversación que tuvo con su mentor: Alexander intentaba argumentar a favor de la disposición moral pura y contó que se había desviado de trayectoria para evitar pisar una fila de hormigas. ¿Acaso no es un acto altruista de verdad? Y su mentor respondió: «Podría haberlo sido hasta que alardeaste de ello».[408]

406. Puede consultarse una explicación sencilla de este argumento en Simler, Kevin; y Hanson, Robin, *The elephant in the brain: hidden motives in everyday life*, Oxford University Press, Estados Unidos, 2017.

407. Jordan, Jillian J., *et al.*, «Third-party punishment as a costly signal of trustworthiness», *Nature*, 530, 7591 (2016), pp. 473-476.

408. Nesse, Randolph M., *Good reasons for bad feelings: insights from the frontier of evolutionary psychiatry*, Dutton, p. 162, Estados Unidos, 2019.

Parte 4

Los lazos

10

Breve apunte sobre una crisis

La psicología social es la parte de nuestro campo de estudio que trata de nuestra naturaleza social. No es literalmente cierto, como han alardeado algunos psicólogos sociales, que «toda la cognición es cognición social».[409] Ya hemos visto un montón de cosas interesantes sobre la mente que no guardan relación con otras personas, como la percepción de la profundidad, el miedo a las alturas o el asco que nos da la comida putrefacta, pero la psicología social incluye muchos de los temas que son más importantes, como el prejuicio, la conformidad y la persuasión. Es tan interesante que no podía condensarlo en un solo capítulo.

Esta línea de investigación tiene un sentido práctico. Los psicólogos sociales participan en actividades del mundo real, trabajan para que las sociedades sean más amables, ayudan a las empresas a comercializar sus productos y estructurar su organización y colaboran con gobiernos de todo tipo. Durante la epidemia de la COVID-19, se volcaron aconsejando cómo persuadir a la gente para que se pusiera la mascarilla, se vacunara, etcétera.[410] Ésta es la rama de la psicología que tiende más a involucrarse en los asuntos de otras personas y tiene el potencial, cuando se hace bien, de hacer del mundo un sitio mejor.

409. Turner, John C., *et al.*, «Self and collective: cognition and social context», *Personality and Social Psychology Bulletin*, 20, 5 (1994), pp. 454-463.

410. Por ejemplo, Bavel, Jay J., *et al.*, «Using social and behavioural science to support COVID-19 pandemic response», *Nature Human Behaviour*, 4, 5 (2020), pp. 460-471.

Entonces, ¿tiene algo de malo?

A ver, este campo ha estado en crisis. Durante las últimas décadas, muchos hallazgos de la psicología social, incluidos algunos resultados clásicos de los que puede que hayas oído hablar, no han podido repetirse. Si se vuelven a realizar los estudios con cuidado, los resultados no se sostienen.[411] Un proyecto que examinó cien estudios de psicología publicados en las revistas más prestigiosas encontró que sólo en el 40 por ciento de los estudios repetidos se obtenían resultados significativos, y los estudios de psicología social fueron los que salieron peor parados.[412]

Ahora bien, una repetición puede fallar incluso si un efecto es real. Por razones de variación aleatoria, no todos los efectos aparecen cuando se buscan. La aspirina ayuda a aliviar el dolor de cabeza, pero no siempre, así que podemos hacer un estudio trayéndonos a veinte personas con dolor de cabeza, le damos una aspirina a la mitad y al resto no y, una hora más tarde, al comprobar cómo siguen, nos encontramos con que no hay ninguna diferencia —el grupo de la aspirina no está mejor que el grupo de control—. Esto sólo significa que, a veces, por casualidad, los efectos reales no se hacen evidentes con una muestra finita.

Sin embargo, ha habido muchos intentos fallidos de repetir estudios hasta ahora y está claro que ocurren porque, al menos en algunos casos, las conclusiones de esos estudios anteriores eran espurias y no reflejaban un fenómeno psicológico real. Y esto se debe a que los psicólogos han estado llevando a cabo sus estudios de forma incorrecta.[413]

En una entrada en su blog que se hizo viral, el psicólogo social Michael Inzlicht resumía lo sucedido:

Hemos abusado de nuestras herramientas deductivas acomodando los datos para que digan lo que queremos oír en lugar de dejar que revelen su verdad. No estoy hablando de fraude ni de mala praxis, no creíamos que

411. Puede consultarse una perspectiva más accesible en Singal, Jesse, *The quick fix: why fad psychology can't cure our social ills,* Farrar, Straus and Giroux, Estados Unidos, 2021. Para conocer mi opinión, véase Bloom, Paul, «Afterword: crisis? What crisis?», en Lillenfeld, S. O; y Waldman, I. D. (eds.), *Psychological science under scrutiny: recent challenges and proposed solutions,* Wiley-Blackwell, pp. 340-355, Reino Unido, 2017.

412. Open Science Collaboration, «Estimating the reproducibility of psychological science», *Science,* 349, 6251 (2015). Véase un análisis en Gilbert, Daniel T., *et al.,* «A response to the reply to our technical comment on "Estimating the reproducibility of psychological science"», 2016, <https:/gking.harvard.edu/files/gking/filesgkpw_response_to _osc_rebutal.pdf>.

413. Para ampliar información, véase Nosek, Brian A., *et al.,* «Replicability, robustness, and reproducibility in psychological science», *Annual Review of Psychology,* 73, 1 (2022), pp. 719-748.

estas prácticas tuvieran nada de malo. Pensábamos que simplemente estábamos permitiendo que saliera a la luz la verdad que arrojaban los datos. Aún no comprendíamos hasta qué punto estábamos distorsionando nuestras deducciones científicas. Si los análisis no salen como tenías planeado, juegas un poco con las variables y a ver qué pasa: ¿qué ocurre si se añaden variables a la ecuación? ¿Qué pasa si excluyes a personas que aportan datos problemáticos? Se trataba de acomodar los datos hasta que desvelaran lo que todo el mundo buscaba: significación estadística.

Estas cuestionables prácticas de investigación, denominadas más poéticamente dragado de datos o *p-hacking* en referencia al valor p en estadística, estaban muy extendidas en la psicología. El dragado de datos no era algo que unos investigadores sin escrúpulos hicieran con nocturnidad cuando sus colegas honrados se iban del edificio, no. Había investigadores respetables y eminentes que dragaban datos a la luz del día, sin pudor. De hecho, mis profesores de la Ivy League nos animaban explícitamente a hacerlo. Y como la redacción de textos científicos sigue siendo un acto de persuasión, nos enseñaron a presentar los frutos de nuestra investigación como si fueran frutos de confirmación, como si hubiéramos pronosticado esos resultados tan pomposos desde el principio.[414]

Veamos un ejemplo de lo que preocupa a Inzlicht: supongamos que leemos por ahí que un estudio ha llegado a la conclusión de que las personas que trabajan en una habitación pintada de rosa son más creativas que las que trabajan en una habitación blanca. El artículo asegura que es un hallazgo sólido y estadísticamente significativo. Un estudio impresionante con implicaciones prácticas en la vida real, ¿verdad? Allá que voy a pintar el estudio de rosa.

Ahora, imaginemos que la hipótesis que tenían los investigadores al comenzar el estudio era que una habitación pintada de verde (no de rosa) haría que la gente perseverara más en una tarea (no que fuera más creativa). Y lo probaron, pero no funcionó. Entonces cambiaron la hipótesis a «una habitación negra hace que la gente sea más perseverante», lo probaron, pero tampoco funcionó. Luego, que si una habitación violeta; nada. Luego, que si una habitación rosa y de nuevo nada, pero estaban haciendo otras pruebas al mismo tiempo, sólo por tontear, y se dieron cuenta de que la gente puntuaba más alto en una escala de creatividad cuando estaban en la habitación rosa, así que tomaron sus ha-

414. Inzlicht, Michael, «The replication crisis is not over», *Getting Better*, <http://michaelinzlicht.com/getting-better>.

llazgos y escribieron un artículo anunciando que las habitaciones de color rosa te hacen más creativo. En estas circunstancias, el efecto estadístico reportado no puede tomarse en serio. Con múltiples pruebas estadísticas, las probabilidades de obtener un efecto, el que sea, son mucho más altas. Los investigadores dibujaron la diana después de lanzar el dardo.

Es una exageración, por supuesto, pero ilustra la lógica del problema. Cuantos más análisis se hagan, mayores serán las probabilidades de dar con un resultado espurio. Y sin embargo, hacer más análisis es justo lo que muchos psicólogos (incluyéndome a mí) creíamos que debíamos hacer: seguir trabajando con los datos, intentar encontrar algo, publicar estudios que «funcionaran» y pasar por alto los que no daban el resultado esperado. Ya antes de la crisis preocupaba que esto era un poco sospechoso, que estábamos inflando las posibilidades de obtener falsos positivos, pero, como dijeron algunos críticos, «todo el mundo sabía que estaba mal, pero pensaba que estaba mal de la misma manera que está mal cruzar la calle sin respetar las normas» y resulta, añadieron, «que era peor que robar un banco».[415]

Nos hemos metido en un lío. Ahora surgen preocupaciones similares en otras áreas de la psicología, la psiquiatría, la economía, la física de partículas y, quizá la más preocupante, la investigación médica. Es impactante leer un artículo en la revista *Nature* que informa de que la repetición de experimentos significativos en la investigación contra el cáncer ha fracasado cuarenta y siete veces de cincuenta y tres.[416]

Esta crisis tiene algo muy humano: la gente busca incentivos, y publicar un hallazgo interesante en las mejores revistas es una forma de encontrar trabajo y acabar ocupando un cargo. Otros incentivos son menos tangibles. Somos animales sociales, nos importa el prestigio, así que, los que ya tienen trabajo y un cargo lo que buscan es impresionar a los demás, causar impacto.

La causa de la mayor parte de la crisis fueron las prácticas de investigación chapuceras, pero la palma se la llevó el psicólogo Diederik Stapel, autor de varias publicaciones con datos inventados. Cuando leí su autobiografía, escrita después de que lo descubrieran, me sorprendió que sus motivaciones fueran comprensibles incluso para los que no somos un fraude. Así lo contó él:

---

415. Simmons, Joseph P.; Nelson, Leif D.; y Simonsohn, Uri, «False-positive citations», *Perspectives on Psychological Science*, 13, 2 (2018), pp. 255-259.
416. Begley, C. Glenn; y Ellis, Lee M., «Raise standards for preclinical cancer research», *Nature*, 483, 7391 (2012), pp. 531-533.

Publiqué todo tipo de cosas, pero ¿para quién? Mis pequeños descubrimientos artesanales eran demasiado triviales como para entrar en los libros de texto y mis teorías eran demasiado áridas como para que alguien quisiera incluir un capítulo sobre ellas en el manual que estuviera editando. En los congresos estaba relegado a una apartada sala mediana tirando a pequeña. Nunca me habían invitado a ser el ponente principal. Estaba aburrido. Quería proponer una línea de investigación que quisiera seguir todo el mundo, no quería seguir fregando los trapos sucios de los demás. Quería dejar de recoger ovillos de hilo y empezar a devanar los míos propios. Quería sacar la rueca y urdir mi propia investigación. Quería hacer algo realmente importante y sensacional, contribuir de verdad. Quería ser uno de los protagonistas.[417]

Muchos científicos comparten esta motivación. Queremos ser los protagonistas. Y eso puede meternos en todo tipo de problemas.

La crisis de repetición puede que no sea lo peor, pues hay que sumarle la preocupación de que casi toda nuestra psicología se ha basado en una muestra de población reducida y poco común: la gente WEIRD ('raro' en inglés), acrónimo de Western Educated Industrialized Rich Democracies ('sociedad occidental con estudios, industrializada, adinerada y democrática'). Aunque sólo una octava parte de la población mundial es WEIRD, casi todas las personas que participan en la investigación psicológica lo son. De hecho, muchas proceden de un grupo aún más limitado: los estudiantes universitarios. Como dijeron Joseph Henrich y sus colegas en un artículo que dio a conocer este problema a un amplio público académico, «un estudiante universitario estadounidense seleccionado al azar tiene más de cuatro mil veces más probabilidades de participar en una investigación que una persona elegida al azar fuera del mundo occidental».[418]

Esta situación es perfectamente comprensible: casi todos los psicólogos somos WEIRD y es mucho más fácil desarrollar estudios en nuestra propia comunidad o en línea, pero es un problema grave, y a menudo me sorprende que mis colegas no se lo tomen más en serio. Suponga-

417. Stapel, Diederik, «Faking science: a true story of academic fraud», 2016, <http://nick.brown.free.fr/stapel/FakingScience-20161115.pdf>.

418. Henrich, Joseph; Heine, Steven J.; y Norenzayan, Ara, *op. cit.*; véase también Arnett, Jeffrey Jensen, «The neglected 95 %: a challenge to psychology's philosophy of science», *American Psychologist*, 64, 6 (2009), pp. 571-574.

mos que las conclusiones de la investigación psicológica se basaran en estudios con un 95 por ciento de participantes masculinos: sería, sencillamente, ridículo. En la actualidad, si llevaras a cabo una investigación que no incluyera a mujeres —sin que hubiera un motivo concreto para excluirlas—, no podrías publicarla ni te darían fondos para financiarla, pero, con la notable excepción de las preferencias sexuales, la diferencia entre los hombres y las mujeres universitarios estadounidenses es mucho menor que la diferencia entre éstos y el resto del mundo.[419]

¿De qué diferencias estamos hablando? Henrich, en un libro titulado *The WEIRDest people in the world* [Las personas más raras y WEIRD del mundo], relata algunas rarezas de gente como él y como yo:

> A diferencia de la mayoría del mundo en la actualidad, y de la mayor parte de las personas que han vivido, nosotros, las personas WEIRD, somos muy individualistas, obsesionados con nuestro propio yo, orientados a tenerlo todo bajo control, reacios a conformarnos al resto y analíticos. Estamos centrados en nosotros mismos, en nuestros atributos, logros y aspiraciones, antes que en nuestras relaciones y papeles sociales. Aspiramos a ser «nosotros» en todos los contextos y vemos las contradicciones en otros como hipocresía, antes que como flexibilidad. [...] Nos vemos como seres únicos, no como nudos de una red social que se extiende por el espacio y hacia atrás en el tiempo. Cuando desempeñamos una acción, nos gusta tener la sensación de control y de estar tomando nuestras propias decisiones. A la hora de hacer razonamientos, las personas WEIRD tendemos a buscar categorías y reglas universales con las que organizar el mundo, y proyectamos en la mente líneas rectas para comprender patrones y anticipar tendencias.[420]

La singularidad de las personas WEIRD es una realidad que afecta a todo el campo de la psicología, pero, como veremos pronto, es de especial relevancia para las demandas de los psicólogos sociales.

Pero ya está bien de lamentarse; quiero terminar este interludio con un tono alegre. Hay quien oye hablar de los problemas de la psicología y la rechaza por completo. Esto, por no decir algo peor, es un error. Por un lado, en la última década, más o menos, los psicólogos sociales se han

---

419. Véase Bloom, «Afterword: crisis? What crisis?».
420. Henrich, Joseph, *Las personas más raras del mundo: cómo Occidente llegó a ser psicológicamente peculiar y particularmente próspero*, Capitán Swing, Madrid, 2022.

puesto las pilas y han tomado medidas para reformar las prácticas científicas. Ahora se utiliza más el registro previo, es decir, se anuncian de antemano los análisis que se van a realizar para evitar el problema de los resultados espurios. También es más habitual compartir los procedimientos y los datos de la investigación para que otros científicos puedan verificarlos. Además, se están haciendo muchas más investigaciones con poblaciones que no son WEIRD.

Por otro lado, a pesar de los fallos de replicación y de los problemas de trabajar con una muestra reducida de personas, la psicología ha hecho descubrimientos sólidos e importantes sobre características universales de la mente.

¿Ejemplos? Ciñéndonos a lo que hemos visto hasta ahora, sabemos todo esto: que hay diferentes partes del cerebro relacionadas fehacientemente con aspectos específicos del pensamiento. Sabemos, por ejemplo, que el hipocampo está relacionado con la comprensión espacial y que el lóbulo parietal está asociado a la audición; que el refuerzo parcial dificulta que un comportamiento se extinga, tanto si eres una rata enjaulada como si eres un ser humano en un casino; que los bebés son muy listos y entienden el mundo físico; que los niños, antes de hablar, comprenden el significado de las palabras e incluso una sintaxis rudimentaria. Nuestras expectativas influyen en cómo vemos las cosas y en cómo las recordamos. Sobrestimamos la probabilidad de que ocurran sucesos poco frecuentes pero llamativos y no se nos da bien razonar un problema planteado en términos de porcentaje, pero nos va mucho mejor cuando la tarea es más realista. Hay una lista universal de cosas y experiencias que asustan a las personas, lo que sugiere que la selección natural ha debido moldear nuestros miedos. En algunos aspectos, los hombres y las mujeres tenemos preferencias sexuales muy diferentes; en otros, somos iguales. Las emociones morales, como la compasión y la indignación, son universales y hacen que la sociedad sea posible.

Y aún hay más.

11

Animales gregarios

Empecemos por nosotros mismos, por nuestro yo especial y único.

Ya hemos hablado mucho antes de cómo nuestro interés en nosotros mismos nos lleva a sobreestimar hasta qué punto los demás son conscientes de nosotros. Este efecto reflector nos hace pensar que nuestros errores, aciertos y mentiras son más relevantes para las demás personas de lo que en realidad son.[421] Es difícil quitarle importancia a nuestra experiencia personal, reconocer que no somos tan especiales como creemos, apreciar que los demás son los protagonistas de su propia historia, no de la nuestra.

Esta tendencia a creernos especiales se manifiesta de otras formas. En comparación con los demás ¿te consideras dentro del promedio, por debajo del promedio o por encima del promedio en cuanto a...?

- Inteligencia
- Destreza al volante
- Ser un buen amigo
- Sentido del humor

421. Gilovich, Thomas; Husted Medvec, Victoria; y Savitsky, Kenneth, «The spotlight effect in social judgment: an egocentric bias in estimates of the salience of one's own actions and appearance», *Journal of Personality and Social Psychology*, 78, 2 (2000), pp. 211-222.

Si crees que estás por encima del promedio, bienvenido al club. La mayoría de la gente dice lo mismo, da igual lo que le preguntes. En una encuesta, se les pidió a más de ochocientos mil estudiantes de último curso de secundaria que se evaluaran a sí mismos en cuanto a su capacidad para «llevarse bien con los demás». Menos del 1 por ciento dijo que estaba por debajo del promedio y más de la mitad se ubicó en el 10 por ciento superior.[422] Siendo rigurosos, no es imposible que la mayoría de la gente esté por encima de la media. Si una persona tiene diez centavos y cien personas tienen un dólar, el promedio es de noventa y nueve centavos, y el 99 por ciento de las personas tiene más que el promedio. Pero la mayoría de las habilidades, como conducir, ser amable, etcétera, no presentan esta distribución sesgada, por lo que este efecto de estar por encima del promedio sugiere que la gente realmente se sobrevalora.

Este fenómeno se conoce a veces como el «efecto Lago Wobegon», nombre inspirado en el pueblo ficticio de la serie radiofónica *A Prairie Home Companion,* donde, como dice bromeando su creador, Garrison Keillor, «todas las mujeres son fuertes, todos los hombres son atractivos y todos los niños están por encima del promedio».

Es posible que creas que este fenómeno de sobrevalorarse no tenga nada que ver contigo, pero precisamente eso querría decir que sí. En un estudio realizado con 661 personas, la mayoría opinaba que era más inmune que los demás a los sesgos y sólo una admitió tener más prejuicios que la media.[423]

Una forma de interpretar este efecto es que la bondad es una noción difusa. Hay muchas maneras de ser bueno en algo y, por tanto, muchas maneras de destacar. ¿Soy un buen conductor? Claro que sí, soy muy prudente. Claro que sí, puedo conducir horas y horas sin quejarme. Claro que sí, asumo riesgos que nadie asumiría.

Sin embargo, esta interpretación basada en la imprecisión no puede ser del todo correcta, ya que obtenemos el mismo efecto cuando el resultado puede definirse con precisión. En un torneo de ajedrez se hizo un experimento.[424] Se les preguntó a los jugadores tanto sobre su calificación oficial más reciente —calculada en función de su historial de victorias y derrotas y la categoría de sus rivales— como sobre la calificación

422. Citado por Myers, David G., *The inflated self,* Estados Unidos, 1980.

423. Scopelliti, Irene, *et al.*, «Bias blind spot: structure, measurement, and consequences», *Management Science,* 61, 10 (2015), pp. 2468-2486.

424. Chabris, Christopher F.; y Simons, Daniel J., *El gorila invisible: cómo nuestras intuiciones nos engañan,* RBA, Barcelona, 2011.

que deberían tener para reflejar su categoría real actual. Uno de cada cinco opinaba que su clasificación era correcta, apenas un 4 por ciento pensaba que estaban sobrevalorados y nada menos que tres cuartas partes dijeron que estaban infravalorados. En promedio, la gente decía que estaba subestimada en 99 puntos; esto significa que dos jugadores de igual rango tenderán a creer que tienen una excelente oportunidad de vencer al otro.

Un sesgo de autoafirmación diferente se refiere al sentido que les damos a los acontecimientos que nos afectan. A menos que suframos de depresión (hablaremos de ello en otro capítulo), tendemos a ver los logros positivos como la recompensa a nuestro esfuerzo y nuestras habilidades y a achacar los fracasos a factores que no podemos controlar: este examen me ha salido bien porque me he esforzado; este otro me ha salido mal porque lo hemos hecho demasiado temprano y el profesor no sabe ni redactar las preguntas.[425]

Otra manera de autoafirmarnos es más sutil: deseamos ser coherentes. Cuando lo que hacemos no concuerda con lo que creemos, nos sentimos incómodos y estamos dispuestos a cambiar eso que creemos con tal de ser coherentes. Esa incomodidad se conoce como «disonancia» y la teoría general como «disonancia cognitiva», de la que es posible que hayas oído hablar. Como señala un experto, «la disonancia cognitiva es la teoría más conocida de la psicología racional; de hecho, es una de las teorías psicológicas más conocidas en general».[426]

Veamos una demostración clásica, de 1959.[427] A los participantes se les asignó una tarea muy aburrida: girar clavijas en un tablero lleno de clavijas durante una hora. Luego se les daba un dólar o veinte dólares (mucho dinero en aquella época) para que fueran a otra habitación y le mintieran a otra persona diciéndole que la tarea era muy divertida. Después, se les preguntaba hasta qué punto les había parecido agradable la tarea.

Pues resulta que los que recibieron una pequeña cantidad de dinero calificaron la tarea como más agradable. La explicación proviene de

425. Por ejemplo, De Michele, Peter E.; Gansneder, Bruce; y Solomon, Gloria B., «Success and failure attributions of wrestlers: further evidence of the self-serving bias», *Journal of Sport Behavior*, 21, 3 (1998), pp. 242-255; Shepperd, James; Malone, Wendi; y Sweeny, Kate, «Exploring causes of the self-serving bias», *Social and Personality Psychology Compass*, 2, 2 (2008), pp. 895-908.

426. Cushman, Fiery, «Rationalization is rational», *Behavioral and Brain Sciences*, 43, e28 (2019), pp. 1-59.

427. Festinger, Leon; y Carlsmith, James M., «Cognitive consequences of forced compliance», *Journal of Abnormal and Social Psychology*, 58, 2 (1959), pp. 203-210.

la disonancia cognitiva: tiene sentido mentir por una gran suma de dinero, pero es incómodo darte cuenta de que has mentido por un dólar, así que una forma de paliar esa incomodidad es convenciéndote de que la tarea no estaba tan mal y, por tanto, no estabas en realidad mintiendo.

Algunos estudios sobre la disonancia cognitiva suponen tener que elegir. Si se le pide a alguien que elija entre dos cosas que tienen aproximadamente el mismo valor, más tarde tenderá a gustarle más la opción elegida y menos la no elegida en comparación con el principio.[428] Esto ocurre incluso cuando la elección se hace a ciegas, es decir, cuando no se sabe qué se está eligiendo,[429] pero no sucede lo mismo si otra persona elige por nosotros, lo que sugiere que el cambio en las preferencias desempeña un papel psicológicamente paliativo, ya que nos hace sentir mejor respecto a nuestras propias decisiones.

En este caso, la disonancia cognitiva invierte la lógica habitual del comercio: todos sabemos que el valor que atribuimos a algo es determinante para elegirlo o no. La perspectiva de la disonancia cognitiva es que lo contrario también es cierto: el hecho de elegir algo influye en el valor que le atribuimos.

También tiene el potencial de explicar ciertos aspectos desconcertantes de nuestra vida. Por ejemplo, las novatadas. ¿Por qué hay grupos, como en las residencias de estudiantes o en las facultades de Medicina, que les gastan una novatada a los nuevos? Parece irracional, se supone que los nuevos querrían salir por patas. Después de todo, así funcionan las experiencias desagradables en general: en ningún hotel las camas son intencionadamente incómodas o dejan aposta los baños sucios, se quedarían sin clientela. Pero la lógica de una novatada es que si te sometes voluntariamente a pasar por una experiencia humillante o desagradable para entrar en un grupo, te sentirás más integrado. Has ele-

428. Brehm, Jack W., «Postdecision changes in the desirability of alternatives», *Journal of Abnormal and Social Psychology*, 52, 3 (1956), pp. 384-89; Egan, Louisa C.; Santos, Laurie R.; y Bloom, Paul, «The origins of cognitive dissonance: evidence from children and monkeys», *Psychological Science*, 18, 11 (2007), pp. 978-983. Pero, para un análisis crítico, véase Chen, M. Keith; y Risen, Jane L., «How choice affects and reflects preferences: revisiting the free-choice paradigm», *Journal of Personality and Social Psychology*, 99, 4 (2010), pp. 573-594.

429. Sharot, Tali, Velasquez, Cristina M.; y Dolan, Raymond J., «Do decisions shape preference? Evidence from blind choice», *Psychological Science*, 21, 9 (2010), pp. 1231-1235; Egan, Louisa C.; Bloom, Paul; y Santos, Laurie R., «Choice-induced preferences in the absence of choice: evidence from a blind two choice paradigm with young children and capuchin monkeys», *Journal of Experimental Social Psychology*, 46, 1 (2010), pp. 204-207.

gido hacerlo, así que debes haber tenido una buena razón para ello, y la mejor es que vas a pasar a formar parte de un grupo valioso.

Juzgamos a otras personas, a veces muy rápido.[430] En un estudio clásico, se pidió a los participantes, todos estudiantes, que evaluaran a unos profesores basándose en un pequeño vídeo. Resulta que, después de ver a un profesor en un vídeo sin audio de seis segundos, los participantes daban una evaluación muy similar a la de quienes habían sido alumnos de ese profesor todo un semestre. Basándose en una experiencia rápida, la gente es capaz de detectar características aparentemente invisibles de una persona, como si es extravertida, su orientación sexual o incluso su ideología política.[431]

Qué raro que eso sea así. Un estudio reciente descubrió que un algoritmo de reconocimiento facial, probado con la foto de más de ochocientas mil personas de sitios de citas en línea, podía predecir la orientación política con un porcentaje de precisión tan increíblemente alto como del 72 por ciento, mejor que la tasa humana del 55 por ciento.[432] A algunos este trabajo les parece ofensivo y les preocupa la privacidad, cosa que entiendo, pero también me sorprenden los resultados. ¿No nos recuerda esto a la frenología, la teoría ya superada de la que hablábamos antes según la cual los secretos de la naturaleza de las personas se podían saber por la forma del cráneo?

Al parecer, ese grado de precisión tiene que ver con factores demográficos: en Estados Unidos, por ejemplo, si miras el rostro de un hombre blanco de edad avanzada, lo más probable es que estés mirando a un conservador. Sin embargo, el grado de precisión sigue siendo alto cuando se le da al algoritmo una muestra de rostros de la misma edad, género y etnia. Parte de esa precisión tiene que ver con la forma de posar —no sabemos por qué, los izquierdistas suelen mirar directamente a la cámara y tienen más probabilidades de hacerse los sorprendidos— y con la foto de presentación que deciden poner, con o sin barba o con qué

430. Ambady, Nalini; Bernieri, Frank J.; y Richeson, Jennifer A., «Toward a histology of social behavior: judgmental accuracy from thin slices of the behavioral stream», en Zanna, M. P. (ed.), *Advances in Experimental Social Psychology*, 32, Academic Press, pp. 201-271, Estados Unidos, 2000.

431. Véase un análisis crítico en Weisbuch, Max; y Ambady, Nalini, «Thin-slice vision», *Science of Social Vision*, 2011, pp. 228-247.

432. Kosinski, Michal, «Facial recognition technology can expose political orientation from naturalistic facial images», *Scientific Reports*, 11, 1 (2021), pp. 1-7.

tipo de gafas, por ejemplo. Todos estos indicios son útiles, pero el algo-ritmo se las arregla perfectamente sin ellos. Cómo se las apaña sigue siendo un misterio.

También juzgamos a las personas en función de lo que hacen, y aquí surge un sesgo específico. Acabamos de ver que solemos ser indulgentes con nosotros mismos y atribuimos nuestros fracasos a circunstancias que no dependen de nosotros. Sin embargo, no somos tan comprensivos con los demás, pues culpamos a su carácter, no la situación. Si alguien es desagradable con nosotros, asumimos que es una persona grosera, no que pueda estar teniendo un mal día. A esto se lo llama sesgo de corres-pondencia o error fundamental de atribución.[433]

Un ejemplo clásico es un estudio realizado en 1977 denominado «Quiz Show».[434] Tres personas entran en una sala y —delante de todas, para que quede completamente claro lo que ocurre— eligen a una para ser el interrogador y a otra para ser el concursante. A los interrogadores se les pide que escriban preguntas de cultura general difíciles, pero no imposibles, y se las hagan a los concursantes. Como es de esperar, los concursantes tienen un desempeño deficiente, por la dificultad de res-ponder preguntas aleatorias. Luego se le pregunta a la tercera persona quién sabe más en líneas generales y suele decir que el interrogador, pues, al fin y al cabo, esa persona se sabe todas las respuestas. Por algu-na razón, estos observadores no tuvieron en cuenta que la diferencia se debía a los papeles asignados arbitrariamente a los otros dos partici-pantes.

Quizá el error fundamental de atribución más extraño que podamos encontrarnos sea esa tendencia a ver a los actores como los personajes que interpretan. A los actores que hacen de héroes de acción los vemos fuertes y valientes y a los que hacen el papel del malo los vemos malva-dos. Leonard Nimoy, que interpretó el icónico papel del medio humano y medio vulcano en *Star Trek*, luchó con esto durante toda su carrera y

433. Ross, Lee, «From the fundamental attribution error to the truly fundamental attribution error and beyond: my research journey», *Perspectives on Psychological Science*, 13, 6 (2018), pp. 750-769. Para algunas salvedades al respecto, véase Malle, Bertram F., «The actor-observer asymmetry in attribution: a (surprising) meta-analysis», *Psychological Bulletin*, 132, 6 (2006), p. 895.

434. Ross, Lee D., Amabile, Teresa M.; y Steinmetz, Julia L., «Social roles, social control, and biases in social-perception processes», *Journal of Personality and Social Psychology*, 35, 7 (1977), pp. 485-494.

llegó a escribir un libro titulado *I am not Spock* [*Yo no soy Spock*]. Años más tarde, escribió otro titulado *I am Spock* [*Yo soy Spock*].

Esta confusión entre el actor y su personaje se utilizó (o sirvió de motivo de burla, no estoy seguro) para un famoso anuncio de televisión en el que un actor de telenovela, Peter Bergman, que interpretaba al doctor Cliff Warner en una serie llamada *All my children*, vendía jarabe para la tos y decía la maravillosa frase: «No soy médico, pero hago de médico en televisión».

¿Por qué poseemos estos sesgos sociales?

Volvamos al efecto Lago Wobegon. Puede que parte del efecto de considerarnos por encima del promedio se deba a la necesidad de presumir; incluso en una encuesta anónima, queremos presentarnos de la mejor manera posible e impresionar al encuestador. O tal vez creernos que esto tenga su razón de ser y se deba a la retroalimentación asimétrica que recibimos en la vida cotidiana. Después de dar una charla, hay gente que se me acerca para decirme cuánto les ha gustado, así que yo podría creerme que soy un orador por encima de la media, sin darme cuenta de que la mayoría de la gente que me encuentra aburrido no me lo va a decir. (Puede que me parezca al perro al que le dicen todo el rato «muy bien», sin que se dé cuenta de que la gente le dice eso a todos los perros.)

En el fondo, el efecto Lago Wobegon puede ser sólo un caso de un sesgo general positivo que tenemos hacia nosotros mismos. Ya hemos visto que tendemos a atribuir nuestras victorias a nosotros mismos y nuestros fracasos a las circunstancias. Además, somos optimistas por naturaleza. Cuando la gente se pone a dieta y comienza a hacer ejercicio, lo más probable es que ya lo haya intentado otras veces sin éxito, pero vuelve a intentarlo creyendo que esta vez va a ser la excepción.

Un ejemplo de ese optimismo es lo que los economistas conductuales llaman la falacia de la planificación, que significa que somos demasiado optimistas a la hora de estimar cuánto tiempo vamos a necesitar para hacer algo. El psicólogo Paul Rozin (a quien conocimos cuando hablábamos del asco) cuenta esta anécdota:

> Todos los días me llevo a casa un montón de trabajo para hacerlo por la noche y a primera hora de la mañana. Llevo más de cincuenta años haciendo esto y siempre creo que lo voy a terminar todo o casi todo, pero casi

nunca llego ni a la mitad. Sin embargo, sigo pensando que lo voy a conseguir. Qué tonto soy.[435]

También podemos ser más comprensivos. No hay forma de estar seguros de si nuestra dieta va a funcionar, cuánto tiempo tardaré en escribir este libro ni cuánto trabajo adelantará Rozin cuando vuelva a casa por la noche. Por mucho que sepamos, hay cosas en la vida que se nos escapan de las manos, así que jugamos con las probabilidades. Para un ser racional, eso implica evaluar las posibilidades, pero también calcular el coste de equivocarse y los beneficios de acertar. Rozin no es tonto; apuesto a que no le suponía ningún esfuerzo cargar con el trabajo de un lado para otro y seguro que a veces le vino bien tener el material a mano.

A veces es inteligente ser optimista. Supongamos que a un joven universitario tímido le gusta otra estudiante y está planteándose invitarla a salir. Puede cometer dos tipos de error: preguntarle y que ella diga que no y eso hiera sus sentimientos, o no preguntarle, pero ella habría dicho que sí si lo hubiera hecho, y él habría perdido la oportunidad de tener una cita, tal vez comenzar una amistad, un romance apasionado e incluso, quién sabe, casarse, tener hijos, jubilarse, tener nietos y, en definitiva, una vida maravillosa juntos. Todo apunta a que el segundo error es peor.

Se cree que nuestra evaluación de los costes y los beneficios influye en cómo juzgamos la probabilidad de éxito. De hecho, se ha propuesto que ésta es la razón por la que los hombres heterosexuales suelen sobreestimar el interés sexual de las mujeres.[436] El error que comete un hombre al asumir que una mujer no está interesada si en realidad sí lo está es peor que el que comete al asumir que ella está interesada si en realidad no lo está. (Ni que decir tiene que éstos son los costes y beneficios para los *hombres*; a las mujeres que tienen que aguantar las insinuaciones indeseadas de los hombres las cuentas les salen de otra manera.)

Ahora podemos desarrollar una teoría más general sobre cuándo es bueno tener un sesgo de positividad. Como dicen los psicólogos Martie Haselton y Daniel Nettle, «si el coste de intentarlo y fallar es bajo en

435. Rozin, Paul, «Paul Rozin: time management», *Research Digest*, 4 de octubre de 2009, <http://bps-research-digest.blogspot.com/2009/10/paul-rozin-time-management.html>.
436. Haselton, Martie G.; y Buss, David M., «Error management theory: a new perspective on biases in cross-sex mind reading», *Journal of Personality and Social Psychology*, 78, 1 (2000), pp. 81-91.

relación con el beneficio potencial de que salga bien, entonces una creencia positiva ilusoria no sólo es mejor que una negativa, sino también mejor que una creencia imparcial».[437] Si alguna vez tienes que construir un robot para que sobreviva en el mundo, lo mejor es que le incorpores sesgos positivos cuando lo estés programando.

Pero las cosas rara vez son así de sencillas. Si la ventaja de un sesgo de positividad es su capacidad para motivar —es más probable que des el paso si crees, aunque no sea realista, que tus posibilidades son buenas—, la desventaja es que te impide ser preciso. Mi sesgo de positividad puede hacerme aferrarme a un objetivo poco realista, como publicar en una revista de primer nivel, actuar en un musical de Broadway o dominar el mundo cuando, a largo plazo, lo mejor para mí sería tener aspiraciones más realistas. La escritora y racionalista Julia Galef cita a Francis Bacon a este respecto: «La esperanza es un buen desayuno, pero una mala cena».[438]

Además, a veces los papeles se invierten y conviene centrarse en lo negativo, tener una visión pesimista de las cosas. Estaría genial tener claro si esas ramas de ahí delante se mueven porque hay un tigre, pero a veces no queda más remedio que conjeturar. Y una vez más, se pueden cometer dos tipos de error:

1. **Falsa alarma**: Crees que hay un tigre, pero no lo hay.
2. **Fallo**: Crees que no hay un tigre, pero lo hay.

La proporción de este tipo de errores está inversamente correlacionada. Si eres muy proclive a pensar «¡un tigre!», tendrás más falsas alarmas y menos fallos. Si eres menos proclive, tendrás más fallos y menos falsas alarmas. ¿Qué error es peor, entonces? A ver, una falsa alarma no es perfecta: te quedas paralizado, quemas calorías, quizá te mojas un poco los pantalones, pero el coste de un fallo es convertirse en el almuerzo del tigre, así que es mejor pecar de prudente, sobresaltarse y mirar alrededor cuando se oiga algo y vivir rodeado de falsas alarmas.

El psiquiatra Randolph Nesse aborda esta cuestión en un interesan-

437. Haselton, Martie G.; y Nettle, Daniel, «The paranoid optimist: an integrative evolutionary model of cognitive biases», *Personality and Social Psychology Review*, 10, 1 (2006), pp. 47-66.

438. Galef, Julia, *The scout mindset: why some people see things clearly and others don't*, Portfolio/Penguin, p. 33, Estados Unidos, 2021.

te artículo sobre la ansiedad.[439] Muchos de nosotros nos preocupamos demasiado; si vamos a un barrio peligroso, nos preocupa mucho la posibilidad de que nos atraquen; nos preparamos de más para los encuentros sociales; nos obsesionamos, sin necesidad, con la seguridad de nuestros hijos. La mayoría de las veces no pasa nada malo y toda esa ansiedad se convierte en un sinsentido. Pero Nesse sostiene que forma parte de una vida satisfactoria. La ansiedad nos obliga a planificar, a obsesionarnos y a prepararnos para el peor de los casos, por muy poco frecuentes que sean, y los beneficios superan a los costes.

Sí, hay veces que vamos demasiado lejos. Hay personas que sufren trastornos de ansiedad, pero Nesse dice que casi nadie se preocupa por la otra cara de la moneda: la falta de ansiedad o hipofobia (del griego *hypo*, 'debajo', y *phobos*, 'miedo'; no confundir con la fobia a los caballos).

> La hipofobia es un trastorno grave y potencialmente mortal, pero poco reconocido y raramente tratado. Los hipofóbicos no acuden a una clínica de la ansiedad. En cambio, los hay en aeronaves experimentales, en las fronteras de la creatividad y en primera línea de los campos de batalla y de los movimientos políticos. También se les encuentra en prisiones, hospitales, colas del paro, tribunales de quiebra y tanatorios.[440]

En algunas circunstancias, pues, tener el sesgo de positividad sería catastrófico y, en cambio, el pesimismo y el exceso de precaución, actitudes más deseables. En la serie de televisión *The Wire*, Omar Little sale ileso de un intento de asesinato y más tarde regresa, dispara a uno de sus agresores y se burla de él: «Si vienes a por el rey, será mejor que no falles».

La cultura también podría influir en otros sesgos. Volvamos al error fundamental de atribución, nuestra tendencia a explicar lo que hacen los demás en función de su carácter y no de sus circunstancias. Hay quien cree que esto forma parte de nuestra naturaleza —¡es fundamental!—, pero no todo el mundo está de acuerdo. En 1943, Gustav Ichheiser, uno de los primeros referentes de la psicología social, dejó

439. Nesse, Randolph M., *Good reasons for bad feelings: insights from the frontier of evolutionary psychiatry*, Dutton, Estados Unidos, 2019.
440. Ibídem, p. 73.

claro que este error es el producto de una época y un lugar determinados:

> Una consecuencia congruente e inevitable del sistema social y la ideología del siglo XIX nos ha hecho creer que nuestro destino en el espacio social dependía exclusivamente... de nuestras cualidades individuales, que nosotros, como individuos, y no las condiciones sociales imperantes, damos forma a nuestra vida.[441]

Este énfasis en la cultura nos remite a una cuestión que ya hemos tratado antes, y es que una cierta postura individualista, algo que muchos psicólogos sociales consideran inevitable, puede ser más bien un producto de ciertas culturas WEIRD (sociedad occidental con estudios, industrializada, adinerada y democrática).

Cuando estaba en la universidad, leí al antropólogo Clifford Geertz y me topé con que él opinaba que la perspectiva occidental de la persona como un «universo motivacional y cognitivo delimitado, único y más o menos integrado, como un centro dinámico de conciencia, emoción, juicio y acción» no es universal, más bien es «una idea bastante peculiar en el contexto de las culturas del mundo».[442]

Me quedé de piedra. La idea de que somos seres autónomos limitados, únicos, etcétera, me parecía tan obvia, tan cierta, que me costaba imaginar que pudiera haber otra forma de pensar, pero quizá yo estaba equivocado. He aquí una versión ampliada de la cita de Joseph Henrich que incluí antes, de su libro *The WEIRDest people in the world*, sobre cómo los WEIRD son diferentes:[443]

> El mundo actual tiene miles de millones de habitantes con una mente sorprendentemente diferente a la nuestra. A grandes rasgos, los WEIRD somos individualistas, pensamos analíticamente, creemos en el libre albedrío, asumimos nuestra responsabilidad, nos sentimos culpables cuando nos portamos mal y creemos que el nepotismo debe combatirse con firmeza, si no prohibirse, ¿verdad? Ellos (la mayoría no WEIRD) se identifican más con la familia, la tribu, el clan y el grupo étnico, piensan de forma más «holística», se responsabilizan de lo que hace su grupo (y castigan públicamente a quienes mancillan el honor del grupo), sienten vergüenza —no cul-

441. Citado por Gilbert, Daniel T., «Ordinary personology», *Handbook of Social Psychology*, 2 (1998), pp. 89-150.
442. Henrich, Joseph, *op. cit.*
443. Ibídem.

pa— cuando se portan mal y piensan que el nepotismo es un deber natural. [...]

Nos vemos como seres únicos, no como nudos de una red social que se extiende por el espacio y hacia atrás en el tiempo. Cuando desempeñamos una acción, nos gusta tener la sensación de control y de estar tomando nuestras propias decisiones. A la hora de hacer razonamientos, las personas WEIRD tendemos a buscar categorías y reglas universales con las que organizar el mundo, y proyectamos en la mente líneas rectas para comprender patrones y anticipar tendencias. Simplificamos fenómenos complejos, descomponiéndolos en sus elementos discretos y asignándole a éstos propiedades o categorías abstractas, ya sea suponiendo tipos de partículas, patógenos o formas de ser [...].

Paradójicamente, y a pesar de nuestro fuerte individualismo y nuestra obsesión por nosotros mismos, las personas WEIRD tendemos a ceñirnos a reglas o principios imparciales y podemos ser bastante fiables, honestas, ecuánimes y cooperativas con respecto a los forasteros o los desconocidos. Tanto es así que, en relación con la mayoría del resto de las poblaciones, los WEIRD mostramos, hasta cierto punto, menos favoritismo hacia nuestros amigos, familias, gente de la misma etnia y comunidades locales que otros grupos. Pensamos que el nepotismo está mal y fetichizamos principios abstractos por encima del contexto, la viabilidad, las relaciones y la conveniencia.

Henrich propone un ejemplo para ilustrar la diferencia.[444] Por favor, trata de completar mentalmente la frase siguiente de diez maneras distintas ahora mismo. Yo te espero.

Soy _____.

Si procedes de una cultura WEIRD, es probable que hayas respondido con una palabra o frase que transmita alguna cualidad tuya, como «intelectualmente curioso» o «temperamental». O quizá hayas dicho a qué te dedicas o cuál es tu posición, como «estudiante», «jubilado» o «un magnate de la tecnología multimillonario». Éste es el caso de los universitarios estadounidenses, que suelen hablar de sus habilidades, atributos y aspiraciones.

444. Henrich, Joseph; Heine, Steven J.; y Norenzayan, Ara, «The weirdest people in the world?», *Behavioral and Brain Sciences*, 33, 2 (2010), pp. 61-83; Henrich, *Las personas más raras del mundo*.

Pero no ocurre así en todas partes. Hay estudios interculturales que demuestran que los habitantes de las zonas rurales de Kenia, por ejemplo, son más propensos a hablar de las relaciones y menos a mencionar ese tipo de características personales. Es más probable que respondan diciendo «la madre de Mona» o «el hermano de Aidan».

Henrich sostiene que el hecho de que nuestra cultura se centre en la «verdadera naturaleza» de las personas conduce a fenómenos como el error fundamental de atribución. Cita investigaciones según las cuales, entre las culturas no WEIRD, esta tendencia es menos pronunciada y concluye: «De hecho, no es tan fundamental, sino, más bien, WEIRD».[445]

Reflexionar sobre las diferencias interculturales es importante. Uno de los pecados de la psicología —y de la psicología social en concreto— ha sido suponer que los participantes en nuestros estudios representan al resto del mundo. Nada de eso. Debemos ser receptivos a la idea de que algunos de los sesgos y las preferencias sociales más intuitivas y en apariencia más naturales pueden surgir de la cultura específica de los psicólogos sociales y de las personas a las que estudian.

Pero no deberíamos llevar esto demasiado lejos. A veces me sorprende hasta qué punto personas muy WEIRD tienen una forma de pensar que supuestamente no es WEIRD. (Y, a decir verdad, los expertos como Henrich tienen claro que no es una cuestión de todo o nada, sino de grados.)

Volvamos a la prueba del «Soy _____». Me quedé tan impresionado con el descubrimiento que lo probé inmediatamente con un amigo. Le pedí que completara la frase «Soy _____» y respondió rápidamente: «estadounidense». Al decir su nacionalidad, echó por tierra lo que yo quería demostrar. Unas horas después, alguien publicó en Twitter un comentario que me pareció interesante, así que entré en su perfil y allí —en una red social, foro WEIRD donde los haya—, esta persona, que se describía a sí misma como un neoyorquino de cuarta generación, decía:

Padre de Sam. Marido de Sally.

Así que centrarnos en las relaciones no nos parece *tan* extraño.

O fijémonos en la psicología de la conformidad y la persuasión. Las personas de la cultura WEIRD somos menos autónomas y nos dejamos

445. Henrich, *Las personas más raras del mundo.*

llevar más por las convenciones de lo que en general estamos dispuestos a admitir. Podemos ver un ejemplo en el antiguo programa de televisión *Candid Camera* (*reality* con cámaras ocultas), especializado en lo que podríamos llamar «psicología callejera».[446] En un episodio («Face the rear»), crearon un escenario en el que los actores estaban parados en un ascensor y, cada vez que entraba alguien, todos se daban la vuelta y se ponían de espaldas a la puerta. Aunque fuera raro hacer algo así, la víctima de la broma también se volvía. No queremos ser diferentes.

Y es que resulta que la mejor forma de conseguir que alguien haga algo, como votar o reciclar, es decirle que casi todo el mundo lo hace. Cuando un hotel Holiday Inn de Arizona quiso que sus huéspedes dejaran de usar una toalla nueva a diario, descubrió que el método más eficaz era dejar una tarjeta en la habitación informándoles de que «el 75 por ciento de nuestros huéspedes usan sus toallas más de una vez».[447] Merece la pena saberlo si te dedicas a la persuasión, aunque hay quien lo interpreta mal. Una vez almorcé en un comedor de la Universidad de Chicago y vi letreros con quejas de la cantidad de estudiantes que robaban los cubiertos y les pedían que se abstuvieran de hacerlo. No podrían haber utilizado una táctica peor, porque nunca se me habría ocurrido echarme el tenedor y el cuchillo al bolsillo del abrigo, pero, después de leer los letreros, la idea me rondó por la cabeza... Al fin y al cabo, parecía ser lo normal allí. Hubiera sido mucho más efectivo que el letrero dijera algo como: «El 95 por ciento de los estudiantes no roban; sé como ellos y respeta tu universidad».

La cuestión de la conformidad la analizó Solomon Asch en un estudio que es un clásico. Los individuos accedían a una sala para participar en un experimento psicológico y se sentaban alrededor de una mesa con personas que creían que también eran participantes, pero que en realidad eran cómplices de los investigadores. Se les mostraba una línea de referencia y la tarea consistía en que ellos tenían que decir con qué otra línea concordaba de entre varias opciones. La respuesta era obvia y, si les preguntaban sin más, casi siempre acertaban, pero ¿qué pasaba si tenían que ir respondiendo en voz alta y, antes de que les tocara a ellos, oían que todos los demás se equivocaban de respuesta? Algunos se resistían a dejarse influir por la presión del grupo, cosa que demuestra que

446. Analizado en Popova, M., «The psychology of conformity», *Atlantic*, 17 de enero de 2012, <https://www.theatlantic.com/health/archive/2012/01/the-psychology-of-con formity/251371/>.

447. Cialdini, Robert, «Don't throw in the towel: use social influence research», *APS Observer*, 18 (2005), pp. 33-39.

eran individuos autónomos e independientes. Aun así, más de tres cuartas partes respondieron mal en al menos una ocasión. Otra prueba de que la gente está dispuesta a conformarse.[448]

Un joven profesor asociado de Yale, Stanley Milgram, se interesó por el experimento de Asch y se planteó ampliarlo. En una entrevista, Milgram dijo:

> No estaba satisfecho con que la prueba de conformidad versara sobre la longitud de las líneas. Me preguntaba si los grupos tendrían la capacidad de presionar a los individuos de tal forma que los obligaran a realizar un acto cuyo alcance humano fuera más evidente, tal vez comportándose de forma agresiva con otra persona administrándole descargas eléctricas cada vez más fuertes. Sin embargo, para estudiar el efecto del grupo necesitábamos un control experimental, sería necesario saber cómo se comportaba el sujeto sin la presión grupal. En ese momento, se me encendió la bombilla y me centré en el control experimental: ¿hasta dónde llegaría una persona que recibe órdenes de un investigador?[449]

Y así nació uno de los experimentos más famosos —más bien infames— de toda la psicología, llevado a cabo en Yale en 1961, en Linsly-Chittenden Hall, un edificio neogótico a unas manzanas de la oficina en la que pasé veinte años.[450]

Milgram puso un anuncio en el *New Haven Register*, un periódico local, buscando hombres de entre 20 y 50 años para participar en un estudio científico sobre la memoria y el aprendizaje. Cuando alguien llegaba a Yale preguntando por el anuncio se encontraba con un investigador, un joven serio que llevaba puesta una bata de laboratorio, y con un hombre corpulento y amable, de ascendencia irlandesa, del que le decían que era otro participante. Ambos «participantes» tenían que elegir al azar quién haría de «profesor» y quién de «alumno». En realidad, el hombre que había en la sala, James McDonough, era un actor y el sorteo estaba amañado para que McDonough fuera siempre el alumno

448. Asch, Solomon E., «An experimental investigation of group influence», *Symposium on Preventive and Social Psychiatry*, Walter Reed Army Institute of Research, p. 17, Estados Unidos, 1958.

449. Parker, Ian, «Obedience», *Granta*, 71, 4 (2000), pp. 99-125.

450. Milgram, Stanley, «Behavioral study of obedience», *Journal of Abnormal and Social Psychology*, 67, 4 (1963), pp. 371-378.

y el verdadero participante en el experimento fuera siempre el profesor. Entonces McDonough se dirigía a una habitación contigua, fuera de la vista, pero lo suficientemente cerca como para que los dos hombres pudieran oírse sin dificultad. Y comenzaba el experimento.

Al profesor se le informaba de que el experimento era sobre la memoria. Tenía que leerle al alumno una serie de cuatro pares de palabras (*brazo fuerte, cortina negra...*) y, a continuación, para hacerle la prueba de memoria, darle la primera palabra y cuatro posibles complementos (por ejemplo, *fuerte... espalda, brazo, rama, empujón»*). Si el alumno acertaba, el profesor debía decir «correcto». Delante del profesor había una máquina enorme con treinta conmutadores en fila y una inscripción encima que empezaba por DESCARGA LIGERA (de 15 a 60 voltios) y terminaba por PELIGRO-DESCARGA EXTREMA «XXX» (de 435 a 450 voltios). Si el alumno se equivocaba al responder y decía, por ejemplo, «espalda» al oír «fuerte», el profesor debía decir «incorrecto», leer en voz alta la intensidad, accionar el interruptor para enviar la descarga al alumno y dar la respuesta correcta («brazo fuerte»).

Al principio, el alumno lo hacía bien, pero luego, siguiendo el guion previsto, cometía errores. El profesor le aplicaba una descarga y decía la respuesta correcta. El profesor tenía instrucciones de ir subiendo de intensidad a medida que el alumno se siguiera equivocando. Éste se quejaba casi enseguida, luego lloraba de dolor y después pedía que lo dejaran salir, que tenía problemas cardiacos. Luego gritaba y, por último, se le dejaba de oír. El profesor solía preguntarle al investigador, durante todo el proceso, si podía parar, pero éste insistía: «El experimento debe continuar» o «Continúe, por favor».

Se trataba de comprobar hasta dónde eran capaces de llegar los profesores. Milgram comprobó que casi dos tercios llegaron al final, a un nivel que, de no estar amañado, probablemente habría matado al alumno. Éste fue el hallazgo principal de uno de los experimentos más sorprendentes de la historia de nuestro campo: las personas normales son tan obedientes que matarían a otras personas si alguien se lo ordenara.

Cuando el experimento había terminado, el alumno salía de la habitación, ileso y sonriente, y tanto él como el investigador le explicaban al profesor que sólo se trataba de un experimento, que la máquina era falsa y que nadie había sufrido daños. Nadie excepto, quizá, el participante. Ahora vemos que este experimento era muy poco ético, ya que se corría el riesgo de traumatizar a los voluntarios, que habían sido engañados haciéndoles creer que habían cometido un acto terrible. (A propósito del experimento de Milgram y otros similares, el medio satírico

The Onion publicó un artículo titulado «Informe: la mayoría de los experimentos psicológicos realizados en la década de 1970 constituyeron un delito».)

El experimento de Milgram se cita con frecuencia para demostrar que somos propensos a obedecer, a ser conformistas, pero es probable que no sea tan sencillo. Desobedecemos a todas horas: la gente no obedece las señales de límite de velocidad, evade los impuestos, mis alumnos muchas veces no se leen el temario de la asignatura. En el estudio de Milgram hubo ciertos ingredientes que incitaron a la obediencia, entre ellos éstos:

1. El poder de la autoridad: un tipo serio con bata blanca daba instrucciones a estos hombres en el campus de la Universidad de Yale.
2. Una situación nueva y confusa.
3. Una técnica para inducir la obediencia conocida como «el pie en la puerta», que aprovecha la propensión a estar más dispuesto a acceder a una petición si se acaba de aceptar otra menos extrema. Si se les hubiera pedido a los participantes que aplicaran la descarga aparentemente mortífera desde el principio, es probable que lo hubieran hecho pocos, pero el estudio de Milgram fue diseñado para empezar con pequeñas descargas eléctricas e ir subiendo de forma gradual, de modo que el grado de obediencia aumentó aún más.

Aun así, el estudio de Milgram demuestra que, en las circunstancias adecuadas, nos sometemos a la autoridad en mayor grado de lo que muchos hubieran pensado.

Uno de los temas tratados en este libro ha sido el impresionante poder de la mente. Hemos visto que nuestras capacidades para el lenguaje, la percepción y el razonamiento superan con creces cualquier cosa que pueda hacer una máquina. Incluso cuando nos equivocamos —como con las ilusiones visuales, las tasas base o la falacia de la planificación—, esos errores podrían ser el resultado inevitable de un sistema que ha evolucionado para dar lo mejor de sí en un mundo incierto. Somos seres extraordinariamente racionales.

Pero los psicólogos sociales contarían otra versión de la historia. Dirían que en el análisis que he hecho de su campo de trabajo no he mencionado un descubrimiento importante que demuestra que no somos ni por asomo tan inteligentes como la gente como yo creemos que somos.

El descubrimiento al que me refiero es la *social priming* o preactivación social. Fijémonos en algunos hallazgos sorprendentes (que pueden parecer disparatados, pero luego explicaré en qué teoría se basan). Sentarse en una silla inestable o ponerse de pie sobre un solo pie hace que la gente piense que sus relaciones sentimentales tienen menos probabilidades de durar.[451] Los universitarios que rellenan un cuestionario sobre su opinión política junto a un dispensador de desinfectante de manos se vuelven, al menos por un rato, más conservadores.[452] Exponerse a algún olor desagradable hace que las personas sientan menos afecto por los hombres homosexuales.[453] Si sostienes el currículo en un portapapeles que pesa, tu opinión del candidato será buena.[454] Si te sientas en un sillón blando, serás más flexible a la hora de negociar.[455] Estar de pie con una postura firme y expansiva eleva la testosterona y disminuye el cortisol, lo que te hace más seguro y asertivo.[456] Pensar en dinero te hace menos empático con las personas.[457] Votar en un colegio te hace más partidario de las políticas educativas.[458] Sostener un objeto frío te hace sentir más solo.[459] Ver palabras relacionadas con los ancianos te hace caminar más despacio.[460] Es más probable que quieras lavarte las manos si

451. Forest, A. L., *et al.,* «Turbulent times, rocky relationships: relational consequences of experiencing physical instability», *Psychological Science,* 26, 8 (2015), pp. 1261-1271.

452. Helzer, Erik G.; y Pizarro, David A., «Dirty liberals! Reminders of physical cleanliness influence moral and political attitudes», *Psychological Science,* 22, 4 (2011), pp. 517-522.

453. Inbar, Y.; Pizarro, D. A.; y Bloom, P., «Disgusting smells cause decreased liking of gay men», *Emotion,* 12, 1 (2012), pp. 23-27.

454. Ackerman, Joshua M.; Nocera, Christopher C.; y Bargh, John A., «Incidental haptic sensations influence social judgments and decisions», *Science,* 328, 5986 (2010), pp. 1712-1715.

455. Ibídem.

456. Carney, Dana R.; Cuddy, Amy J. C.; y Yap, Andy J., «Power posing: brief nonverbal displays affect neuroendocrine levels and risk tolerance», *Psychological Science,* 21, 10 (2010), pp. 1363-1368.

457. Vohs, Kathleen D., «Money priming can change people's thoughts, feelings, motivations, and behaviors: an update on 10 years of experiments», *Journal of Experimental Psychology: General,* 144, 4 (2015), p. e86.

458. Wheeler, S. Christian; Berger, Jonah; y Meredith, Marc, «Can where people vote influence how they vote? The influence of polling location type on voting behavior», *Stanford University Graduate School of Business Research Paper,* 1926, 2006.

459. Bargh, John A.; y Shalev, Idit, «The substitutability of physical and social warmth in daily life», *Emotion,* 12, 1 (2012), pp. 154-162.

460. Bargh, John A.; Chen, Mark; y Burrows, Lara, «Automaticity of social behavior: direct effects of trait construct and stereotype activation on action», *Journal of Personality and Social Psychology,* 71, 2 (1996), p. 230.

te sientes culpable.[461] Estar rodeado de basura te hace más racista[462] y así sucesivamente.

Se dice que estos hallazgos corroboran una idea radical sobre la psicología humana: nuestro razonamiento consciente, nuestras motivaciones y nuestras metas importan mucho menos de lo que creemos. Por mucho que pienses que tus ideas políticas están justificadas, o tu sentimiento de soledad, o tu opinión sobre un candidato a un puesto de trabajo, no es más que una ilusión. No estás opinando ni pensando en absoluto; estás siendo *preactivado*.

Rechazar la importancia de la consciencia podría parecer a simple vista como revivir a Freud, pero los defensores de la *social priming* se ven a sí mismos como el retorno del conductismo. Después de todo, no nos influyen los deseos inconscientes; más bien el entorno —lo que miramos, la postura que adoptamos estando de pie o el olor que se percibe en el aire— es lo que cambia nuestra forma de pensar o actuar. Como dijeron los autores de una defensa clásica de la preactivación social:

> La mayor parte de la vida cotidiana de una persona no está condicionada por sus intenciones conscientes ni sus decisiones voluntarias, sino por procesos mentales que se activan en función de las características del entorno y que funcionan al margen de la consciencia y la voluntad.[463]

Otro investigador establece una conexión más explícita con el conductismo: «Como argumentó Skinner de manera tan contundente, cuanto más sepamos sobre las causas circunstanciales de los fenómenos psicológicos, menos necesidad tendremos de postular procesos mediadores internos conscientes para explicar estos fenómenos».[464]

Ésta es la versión que contarían muchos psicólogos sociales, tan influyente que este libro estaría incompleto si no la mencionara. Terminaré el capítulo explicando por qué creo que no están en lo cierto.

461. Zhong, Chen-Bo; y Liljenquist, Katie, «Washing away your sins: threatened morality and physical cleansing», *Science*, 313, 5792 (2006), pp. 1451-1452.

462. Stapel, Diederik A.; y Lindenberg, Siegwart, «Coping with chaos: how disordered contexts promote stereotyping and discrimination», *Science*, 332, 6026 (2011), pp. 251-253.

463. Bargh, John A.; y Chartrand, Tanya L., «The unbearable automaticity of being», *American Psychologist*, 54, 7 (1999), pp. 462-479.

464. Wyer Jr., Robert S., *The automaticity of everyday life: advances in social cognition*, vol. X, Psychology Press, Reino Unido, 2014.

Pero antes, como he prometido, quiero contar un poco por qué esos mecanismos de preactivación existen siquiera.

Los empiristas británicos creían que el cerebro era una máquina de asociar ideas y, aunque seguramente sea mucho más que eso, es cierto que hacemos asociaciones que disparan un pensamiento y una acción: huele a *pizza* y me rugen las tripas, cojo un bumerán y me entran ganas de lanzarlo, el perro de Pávlov saliva al oír la campana. Viéndolo así, tiene sentido decir que oír alguna palabra asociada a la senectud nos hace comportarnos sutilmente como una persona mayor o que adoptar una postura dominante nos hace sentir más poderosos.

Otros fenómenos podrían ser el reflejo de algún aspecto más sutil del funcionamiento de la mente. En el lenguaje y el pensamiento existe una conexión universal entre el calor físico y el contacto social, basta con pararse a pensar en lo que significa que una persona sea fría o cálida. Tal vez esto surja en el curso del desarrollo, cuando el contacto corporal cercano se considera un vínculo íntimo,[465] y puede ser la razón por la que relacionemos el frío físico con la sensación de soledad. También la pureza moral se suele asociar a la limpieza física y por eso tenemos expresiones como «una mente sucia», por lo que no parece descabellado decir que cuando nos sentimos culpables tenemos la necesidad de limpiarnos el cuerpo.[466] (Este fenómeno recibe el nombre de «el efecto *lady* Macbeth», por la escena en la que este personaje se frota frenéticamente las manos tras asesinar a Duncan y dice: «¡Fuera, mancha maldita!».)

Por lo tanto, estos fenómenos son teóricamente viables, pero, aunque fueran innegables, es posible que no tengan mayor importancia si los sacas del laboratorio. Desde luego, no demuestran que «la mayor parte de la vida cotidiana de una persona» esté condicionada «en función de las características del entorno y funcionen al margen de la consciencia y la voluntad». Decir «X tiene cierto efecto sobre el pensamiento o la conducta» no tiene nada que ver con decir «X es el responsable principal del pensamiento o la conducta». Imaginemos que descubro que a la gente le parece un poco más sabroso un alimento cuando se

465. Williams, Lawrence E.; Huang, Julie Y.; y Bargh, John A., «The scaffolded mind: higher mental processes are grounded in early experience of the physical world», *European Journal of Social Psychology*, 39, 7 (2009), pp. 1257-1267.

466. Zhong y Liljenquist, *op. cit.* Para ampliar información, véase Lee, Spike W. S.; y Schwarz, Norbert, «Grounded procedures: a proximate mechanism for the psychology of cleansing and other physical actions», *Behavioral and Brain Sciences*, 44 (2021), pp. 1-78.

sirve en un plato blanco y sencillo (me lo acabo de inventar, pero quién sabe). Un hallazgo estupendo, pero eso no quiere decir que yo haya demostrado que casi siempre que un alimento sabe de una manera sea por el color del plato.

O, por sacar un ejemplo de la lista anterior, supongamos que a ti te da la impresión de que la solidez de tu relación sentimental depende sutilmente de la solidez de la silla en la que estás sentado. Sería interesante desde un punto de vista psicológico, pero el efecto de la silla no sería nada comparado con el rumor de que tu pareja piensa fugarse con su instructor de yoga. Tal vez beber zumo de chucrut haga que una persona sea más propensa a apoyar las políticas de la extrema derecha (un participante en un experimento real, consulta la nota al pie),[467] pero no significa que haya que sacar la conclusión de que el principal motor del auge de los movimientos fascistas es el consumo excesivo de zumo de chucrut.

Nos fascinan los fenómenos extraños, esos que salen en la prensa, se vuelven virales y nos emocionan a todos. Es interesante descubrir que la postura corporal influye en la autoestima, que lo que olemos influye en nuestra actitud, etcétera. Estos datos son particularmente interesantes cuando se trata de sesgos, tema que trataremos en el próximo capítulo. Creo que merece la pena saber que la gente puja más dinero en eBay por un cromo de béisbol si la mano que lo muestra en la foto es de una persona blanca y no la de una persona negra[468] o que en los juicios simulados el jurado se ve influenciado por el atractivo físico del acusado.[469]

El problema surge cuando la gente se olvida de cuestiones más mundanas y racionales que son mucho más importantes, pero demasiado obvias para que salgan en los periódicos. Nadie publicaría un artículo para informar de que las pujas por los cromos de béisbol varían en función del valor que la gente les atribuye o que los jurados imponen un castigo más severo a un asesino que a un ratero, pero lo cierto es que estas cosas tan comunes (y aburridas) son las que realmente importan en la vida.

Ahora bien, otro gallo cantaría si estos fenómenos inconscientes fueran contundentes y sólidos. Podemos imaginarnos un mundo en el

467. Messner, Claude Mathias; y Gadient-Brügger, Adrian, «Nazis by Kraut: a playful application of moral self-licensing», *Psychology*, 6, 09 (2015), pp. 1144-1149.

468. Ayres, Ian; Banaji, Mahzarin; y Jolls, Christine, «Race effects on eBay», *RAND Journal of Economics*, 46, 4 (2015), pp. 891-917.

469. Patry, Marc W., «Attractive but guilty: deliberation and the physical attractiveness bias», *Psychological Reports*, 102, 3 (2008), pp. 727-733.

que la mejor forma de predecir la soledad de una persona sea preguntándole si tiene frío, en el que el criterio determinante para valorar a un candidato a un puesto de trabajo sea el peso físico de su currículo. Descubrir eso pondría en entredicho la idea de que somos seres racionales y pensantes.

No vivimos en ese mundo de fantasía. Para facilitar la argumentación, he dado por hecho que estos mecanismos son reales, pero los efectos de la preactivación social constituyen el asunto más controvertido de la psicología. Justo antes de este capítulo hemos hablado de la crisis de la repetición de estudios y hemos dicho que ciertas prácticas investigadoras han dado lugar a falsos positivos, es decir, a hallazgos en la literatura científica que no son ciertos. Esta crisis ha afectado sobre todo el ámbito de la preactivación social y ha devastado lo que un crítico llamó *prime-world* ('el mundo de la preactivación').[470] De hecho, uno de los elementos de la lista es un fraude clarísimo, el «hallazgo» de que estar rodeado de basura te hace más racista fue publicado por Diederik Stapel, que más tarde reconoció que se lo había inventado. Que yo sepa, ninguno de los otros hallazgos es fraudulento, pero todos son inciertos (incluido uno del que fui coautor) y varios de ellos no se han repetido.

Repito que puede que algunos casos de *social priming* sean robustos, sutiles y difíciles de encontrar. No tiene nada de malo que sean sutiles, siempre me ha fascinado la posible relación entre la pureza física y la moral[471] y algunas pruebas que demuestran ese vínculo podrían ser válidas. Adoptar la postura de Wonder Woman, con las piernas separadas y los brazos en jarra, puede que no influya en las hormonas, pero sí que parece elevar la autoestima.[472] Incluso en el caso de que los efectos sólo surjan en condiciones controladas en un laboratorio, los hallazgos, si son replicables, pueden permitirnos aprender cosas interesantes sobre la mente.

Pero la sutileza de los efectos nos hace pensar que en realidad no desempeñan un papel tan importante en la vida diaria. Ciertamente, no demuestran que la consciencia sea irrelevante. Desde un punto de vista práctico, puede que no tengan la menor importancia.

---

470. Singal, Jesse, *The quick fix: why fad psychology can't cure our social ills*, Farrar, Straus and Giroux, p. 9, Estados Unidos, 2021.

471. Lee y Schwarz, *op. cit.*

472. Cuddy, Amy J. C.; Schultz, S. Jack; y Fosse, Nathan E., «P-curving a more comprehensive body of research on postural feedback reveals clear evidential value for power-posing effects: reply to Simmons and Simonsohn (2017)», *Psychological Science*, 29, 4 (2018), pp. 656-666.

Existe otra razón, más general, para mostrarse escéptico ante este resurgimiento de la visión del mundo que tenía Skinner. Los partidarios de la preactivación social entienden la conducta humana como si fuéramos hojas al viento mecidas por fuerzas aleatorias. Las cosas no son así. No cabe duda de que somos seres sociales influidos tanto por nuestro entorno inmediato como por las costumbres de la comunidad en la que vivimos, pero nuestro comportamiento social tiene algo de inteligente: no nos limitamos a imitar a quienes nos rodean, sino que empleamos la inteligencia para decidir de quién aprendemos y a quién imitamos.[473] Además, incluso las actividades humanas más básicas requieren una planificación compleja. Piensa en algo tan sencillo como invitar a unos amigos a reunirse en un restaurante. Hay que consultar el calendario, enviar correos electrónicos, ver las posibilidades de dónde quedar, preguntar si hay alguien con alergias, etcétera. Un niño de cinco años no puede hacerlo, el sistema de inteligencia artificial más sofisticado del mundo no puede hacerlo. Y una mente que funciona a través de la preactivación social tampoco puede hacerlo. Requiere del concurso de la poderosa capacidad de razonamiento del ser humano.

473. Henrich, Joseph; y Gil-White, Francisco J., «The evolution of prestige: freely conferred deference as a mechanism for enhancing the benefits of cultural transmission», *Evolution and Human Behavior*, 22, 3 (2001), pp. 165-196.

12

¿Somos todos un poco racistas?

Hasta ahora hemos hablado de cómo pensamos en términos individuales, nosotros mismos y los demás, pero gran parte de la psicología social estudia cómo pensamos en términos de grupos. Y un enfoque de esta investigación se centra en cómo pensamos (y sentimos y actuamos) respecto a los miembros de grupos marginados, como las minorías étnicas y sexuales.

Esta investigación despierta mucho interés. Hay veces que me emociono al ver que hay personas en el poder que se toman en serio los estudios de mis colegas sobre este tema. Cuando trabajaba en el primer borrador de este capítulo, a Merrick Garland lo estaban interrogando en la audiencia de confirmación para ser nombrado fiscal general de los Estados Unidos y uno de los senadores le preguntó por el test de asociación implícita, del que hablaremos más adelante. El senador preguntó: «¿Significa eso que soy racista... pero no lo sé?». Es una buena pregunta y Garland dio una respuesta bastante común: «No, todos tenemos prejuicios, pero eso no te convierte en racista».

Otras personas darían una respuesta diferente. El título de este capítulo está tomado de una de las canciones del espectáculo de Broadway *Avenue Q*: «Todos somos un poco racistas». La letra, provocadora, señala que ser racistas

No implica que vayamos por ahí
Cometiendo delitos de odio.

Pero sí que todo el mundo tiene algún prejuicio racial, que todos generalizamos, a veces de forma cruel, en función de la raza y que eso influye de varias formas en nuestro comportamiento.

¿Cuál sería la respuesta correcta? Es complicado.

Pensamos mucho en ciertas categorías sociales y no sólo referidas a las personas. Masha Gessen, periodista transgénero, comienza un artículo sobre los niños trans con esta historia:

> Todas las noches, cuando saco a pasear al perro, algún desconocido que también va con perro me hace las mismas dos preguntas: «¿Chico o chica?» y «¿Qué edad tiene?». El significado pragmático de estas preguntas se me escapa. Responderlas no informa de la actividad entre nuestros perros, no sirven para nada. ¿No sería más interesante saber si el perro lleva toda la vida conmigo o si lo adopté durante la pandemia, si vive con más animales, cuánto ejercicio hace o le gusta hacer, cómo lo pasó con tanto fuego artificial el verano pasado o, como mínimo, preguntar el nombre del perro? Ésas son las preguntas que yo suelo hacerles a los dueños de otros perros mientras nuestras mascotas se olisquean, pero a modo de respuesta me siguen preguntando, cientos de veces al año, por la edad y el sexo de mi perro. Estas categorías, al parecer, son tan fundamentales para organizar el mundo que las aplicamos a todo, incluso a los perros que salen a pasear por la noche.[474]

Numerosos estudios en laboratorio han demostrado que codificamos automáticamente tres datos la primera vez que vemos a una persona, y Gessen ha acertado dos: la edad y el género. El tercero es la raza o etnia.[475]

De hecho, el género es tan importante que muchos idiomas, incluido el inglés, obligan a los hablantes a planteárselo al hablar, ya que a menudo no sabemos dirigirnos cómodamente a un desconocido sin elegir un pronombre como *él* o *ella*. A muchas personas esto les parece frustrante y hay movimientos a favor de normalizar el uso de, por ejemplo, *elle* en español o *they* en inglés para referirse a alguien en singular o para añadir un nuevo pronombre personal en inglés de género neutro como *zee*. (Podría funcionar con *they*, pero las perspectivas para *zee* no

474. Gessen, Masha, «We need to change the terms of the debate on trans kids», *The New Yorker*, 13 de enero de 2021, <https://www.newyorker.com/news/our-columnists/we-need-to-change-the-terms-of-the-debate-on-trans-kids>.

475. Messick, David M.; y Mackie, Diane M., «Intergroup relations», *A Psychology*, 40 (1989), pp. 45-81.

parecen buenas: es normal que surjan nuevos sustantivos y verbos, pero los pronombres nuevos tardan mucho en incorporarse a un idioma.)

La edad, el género, la raza. Estas tres cualidades prevalecen sobre el resto, son las que nos interesan y las que perduran en la memoria. Cuando se hacen estudios sobre problemas de memoria, los investigadores les muestran a los participantes varias imágenes de personas con una frase en un globo, como si la estuvieran pronunciando.[476] Si hay una cantidad considerable de imágenes y frases distintas, los participantes se equivocan y atribuyen las frases a quien no es. Estos errores suelen ajustarse a cómo categorizamos a las personas. Si la frase la dice una niña blanca de ocho años y te equivocas al identificarla, es más probable que la atribuyas por error a otra niña blanca y no a otra persona, se supone que porque, al margen de otros detalles concretos, habrás codificado al personaje como «una niña blanca». En internet se puede encontrar una entrevista a Samuel L. Jackson en la que el entrevistador lo confunde con Laurence Fishburne, ambos hombres, mayores, actores y negros (a Jackson no le hace ni pizca de gracia). Este tipo de errores los cometemos muy a menudo; casi nadie confundiría a Samuel L. Jackson con Lucy Liu.

La edad, el género, la raza: dos de ellos tienen sentido. La edad y el sexo (a efectos de lo que nos atañe aquí, podemos usar indistintamente *sexo* y *género*) importan para gran cantidad de cosas, como con quién queremos tener hijos o quién puede ser una amenaza para nosotros. Es comprensible que nos fijemos en esas dos categorías, las asociemos con las personas que conocemos y nos las tomemos en serio.

La raza es la que no encaja. La categoría que llamamos *raza* se refiere, a grandes rasgos, a las personas originarias de distintas partes del mundo, y como nuestros antepasados viajaban a pie, en sus sociedades nunca había gente de otra raza. Así que, ¿por qué el cerebro se centra rápidamente en una categoría que antes ni existía?

Podríamos resolver este enigma recurriendo a la interacción entre la evolución y la cultura. Como veremos, tenemos una predisposición natural a dividir el mundo en grupos sociales (evolución), pero son nuestras sociedades particulares las que nos enseñan qué grupos sociales son importantes (cultura). La idea, pues, es que puede que en la noción de raza no haya nada psicológicamente natural, pero resulta ser una forma importante de dividir el panorama social en la actualidad

476. Taylor, Shelley E., *et al.*, «Categorical and contextual bases of person memory and stereotyping», *Journal of Personality and Social Psychology*, 36, 7 (1978), pp. 778-793.

—es un fundamento de los grupos y una parte de las jerarquías sociales—[477] y por eso nos aferramos a ella.

Este análisis nos permite predecir que deberíamos fijarnos menos en la raza cuando no es indicio de una asociación o una jerarquía, como cuando un grupo de personas colabora para una causa común o contra un enemigo común. El mejor ejemplo es el deporte. Si estuviéramos viendo un partido de la NBA entre los Celtics (equipo formado tradicionalmente por jugadores blancos) y los Spurs (formado mayoritariamente por jugadores negros), sería un error verlo como un conflicto interracial. El conflicto es entre los equipos y quizá en una situación como ésa no seamos sensibles a la raza.

Esta idea se puso a prueba en un ingenioso estudio titulado «¿Se puede borrar la raza? Cálculo de grupos y categorización social».[478] Siguiendo la práctica habitual de los estudios de problemas de memoria, los investigadores mostraban imágenes de personas asociadas a diferentes frases. En este caso, la novedad era que los hombres eran miembros de equipos de baloncesto rivales, llevaban diferentes camisetas y de cada equipo la mitad eran blancos y la mitad negros. La gente seguía cometiendo errores basándose en la raza, pero basándose en el equipo se equivocaban aún más veces porque, en este caso, pertenecer a un equipo u otro era un indicio más fiable de afiliación.[479]

¿Y por qué se le presta atención a la edad, el género y la raza (o grupo, en un sentido más amplio)? Antes he dicho que estas categorías «importan», pero ¿no sería más factible —y más ético— tratar a las personas como individuos? Cuando nos referimos a un grupo, solemos pensar en estereotipos. Una manera de plantear esta cuestión es preguntarse para qué sirven los estereotipos.

Para responder a esta pregunta debemos distinguir varias acepciones de *estereotipo*. Algunas personas utilizan este término sólo para referirse a creencias falsas y crueles que consideran aplicables a todos los miembros de un grupo. Creer que los homosexuales abusan de los niños

477. Sidanius, Jim; y Pratto, Felicia, *Social dominance: an intergroup theory of social hierarchy and oppression*, Cambridge University Press, Estados Unidos, 2001.

478. Kurzban, Robert; Tooby, John; y Cosmides, Leda, «Can race be erased? Coalitional computation and social categorization», *Proceedings of the National Academy of Sciences*, 98, 26 (2001), pp. 15387-15392.

479. Woodley of Menie, Michael A., *et al.*, «A meta-analysis of the "erasing race" effect in the United States and some theoretical considerations», *Frontiers in Psychology*, 11 (2020), p. 1635.

o que los musulmanes son terroristas son estereotipos en este sentido y no hay nada positivo que decir al respecto.

Cuando los psicólogos decimos que solemos estereotipar a ciertos grupos nos referimos a otra cosa. En este caso, a características que es probable que compartan todos los miembros del grupo. Si crees que la Generación Z suele pasar mucho tiempo en internet o que los profesores de Psicología de Estados Unidos suelen votar al Partido Demócrata o que los holandeses son más altos que los japoneses, todos estos estereotipos lo son en el sentido que lo usamos en psicología, aunque no sean falsos, crueles ni indiscriminados.

En esta acepción de *estereotipo*, la psicología social se encuentra con la cognitiva —el estudio de procesos mentales como la percepción, el lenguaje y el razonamiento, el campo del que nos ocupamos en el tercio central de este libro—. Resulta que los estereotipos que formamos de los grupos humanos responden a un proceso más general para comprender el entorno y aprenderlo. Teniendo esto en cuenta, voy a hacer algo que puede que te sorprenda: voy a defender los estereotipos. Voy a explicarte por qué no podemos vivir sin ellos.

Los seres humanos, y muchas otras criaturas, clasificamos el mundo en categorías y tenemos una representación mental de esas categorías, los *conceptos*, que nos ayudan a dar sentido a las nuevas experiencias y a actuar de forma racional. Somos agrupadores.[480]

Empezaremos con ejemplos mundanos. El cerebro codifica el concepto de sillas, tomates y perros, conceptos que se crean a partir de nuestra experiencia con las sillas, los tomates y los perros además de información adquirida por otras vías, como ir de compras a Ikea, ocuparse del huerto con el abuelo o leer un libro sobre la evolución de los cuadrúpedos. Y estos conceptos hacen mucho trabajo por nosotros, los asociamos a las palabras para entender lo que alguien quiere decir cuando nos cuenta que va a comprarse una silla nueva o nos ofrece un tomate o nos pregunta si nos dan miedo los perros. Nos ayudan a reconocer estas categorías en la vida real; si salimos a la calle a altas horas de la noche a buscar un perro que se nos ha perdido, sabemos lo que estamos buscando, no volvemos a casa con una piedra o con un zapato.

El psicólogo Gregory Murphy comienza el libro *The Big Book of Concepts* [*El gran libro de los conceptos*] así:

480. Murphy, Gregory, *The big book of concepts*, MIT Press, Estados Unidos, 2004.

Rara vez comemos el mismo tomate dos veces y con frecuencia nos encontramos con objetos, personas y situaciones nuevas. Por fortuna, incluso las cosas nuevas suelen parecerse a otras que ya conocemos y a menudo ejemplifican una categoría con la que estamos familiarizados. Aunque nunca haya visto este tomate en concreto, es probable que se parezca a otros tomates que he comido, así que es comestible. Los conceptos son una especie de pegamento mental porque unen nuestras experiencias del pasado con nuestras interacciones en el presente.[481]

Alguien que no tenga los conceptos adecuados se morirá de hambre aunque esté rodeado de tomates «porque nunca ha visto *esos* tomates en concreto y no sabe qué hacer con ellos». Sin los conceptos, estaríamos perdidos.

No sólo agrupamos en categorías cosas como los tomates, las sillas o los perros; también agrupamos a las personas en categorías según sexo, género, edad, etnia, ocupación, religión, orientación sexual, tipo de cuerpo y muchas cosas más, incluidas categorías idiosincrásicas como profesor adjunto o seguidor de *Star Wars*. ¿Alguna vez has escrito un anuncio para un sitio de citas en internet como OkCupid o Tinder? Mira un anuncio clasificado del *New York Review of Books*:

PAREJA DE *QUEERS* IMPENITENTES (*femme* pansexual punk, asiática y *flâneur* no binario con pelo rizado) encontraron el amor en estas páginas. Buscamos compañía COVID negativo para completar el *hat trick* ('triplete'); ha de ser enriquecedor/a, generoso/a, flexible, con espíritu.

Hay tantas categorías que he tenido que buscar alguna. (Un *flâneur* es un haragán, alguien perezoso que vaga sin rumbo, abierto a todo lo que le salga al paso.) Nos definimos a nosotros mismos en función de estas categorías, y éstas dan forma a nuestras preferencias sociales, nuestros gustos. Algunos anuncios buscan a personas con ideas políticas radicales, hombres homosexuales y espíritus libres; otros dicen que los retrógrados y los fumadores se abstengan de responder.

No ocurre sólo en el ámbito de las citas. Como vimos antes con la edad, el sexo y la raza, es cierto que las categorías sociales dicen mucho de una persona. Si perdiéramos la capacidad de hacer generalizaciones sociales, estaríamos completamente perdidos.

Ahora bien, para que todo esto funcione, los estereotipos han de ser

481. Ibídem.

precisos,[482] y suelen serlo no sólo con las sillas y cosas por el estilo, sino también con los tipos de persona. Por poner un ejemplo, es verdad que los hombres presentan una mayor tendencia que las mujeres a cometer actos de violencia física. Si tienes que evaluar rápidamente la amenaza que representa un desconocido en la esquina de la calle por la que vas a pasar de noche, es probable que recurras a este estereotipo y que el corazón deje de latir tan rápido cuando veas que es una mujer. Quizá sea un error ético, una forma odiosa de clasificar a las personas, pero no es irracional.

Los niños se guían por estereotipos similares. En un estudio, un desconocido se acercaba a niños de entre tres y seis años e intentaba sacarlos del colegio diciéndoles: «Qué lindo eres, me encantas, ¡tengo un regalito para ti!» y «Vamos a recogerlo y ahora volvemos». Los resultados fueron deprimentes, ya que, a pesar de lo mucho que les decimos a los niños que no caigan en la trampa, casi la mitad de ellos se fueron con el desconocido. También se llegó a la conclusión de que era mucho más probable que se fueran con una mujer que con un hombre.[483]

Estamos categorizando a todas horas. Hace poco recibí un correo electrónico que terminaba en aol.com (uno de los primeros servidores de correo) y, ciñéndome a los estereotipos, pensé: «Esta persona será mayor que yo» (y lo era). Una amiga describió una vez a una persona que ambos conocimos, que murió demasiado joven, como «muy del Medio Oeste» y supe exactamente a qué se refería. Son generalizaciones, no verdades absolutas, y lo sabemos. Puedo entender que un joven hípster use una dirección de correo electrónico anticuada; entiendo que alguien del Medio Oeste pueda ser frío y antipático. Nadie se desmaya cuando ve a un conservador homosexual y lo mismo esa señora mayor que va por la calle de noche (inofensiva, según tu estereotipo) te da un porrazo en la cabeza y te roba la cartera. Nuestros estereotipos nos guían, pero no son infalibles.

Teniendo todo esto en cuenta, la perspectiva cambia: ¿quién podría poner objeciones a los estereotipos? Observamos el mundo, nos encontramos con individuos y los metemos en una categoría general; luego nos

482. Jussim, Lee, *et al.*, «The unbearable accuracy of stereotypes», *Handbook of Prejudice, Stereotyping, and Discrimination*, 199 (2009), p. 227.

483. Li, Qinggong, *et al.*, «Susceptibility to being lured away by a stranger: a realworld field test of selective trust in early childhood», *Psychological Science*, 31, 12 (2020), pp. 1488-1496.

valemos de eso al encontrarnos con individuos nuevos. A nadie le perturba la idea de que pensemos que los perros suelen ladrar o que lo normal es que las sillas sean para sentarse, así que ¿qué problema hay con los estereotipos en la esfera social?

Hay muchos. Uno de ellos es que una máquina de aprendizaje estadístico es todo lo buena que le permite ser la información que recibe y que gran parte de la información que obtenemos sobre las personas procede de una muestra sesgada. Si lo único que sabemos de los italoamericanos es por la serie de televisión *Los Soprano*, tendremos una visión distorsionada.

Además, los estereotipos sociales se ven influidos por otros factores que no son estadísticos. Nos resulta difícil evaluar los rasgos de los grupos con los que estamos en oposición. Por poner un ejemplo reciente, en Estados Unidos, en promedio, los republicanos estiman que el 32 por ciento de los demócratas son gais, lesbianas o bisexuales, mientras que los demócratas estiman que el 38 por ciento de los republicanos ganan más de doscientos cincuenta mil dólares al año. Lo gracioso es que ambas estimaciones son incorrectas, ya que en el momento en que se hizo la encuesta, los números reales eran aproximadamente del 6 por ciento y el 2 por ciento, respectivamente.[484]

Luego están las cuestiones éticas que surgen. El perfil racial que elabora la policía es un ejemplo obvio. Los defensores de esta práctica alegan que es más eficaz; pero, aunque lo fuera, les amarga la vida a las personas a las que se aplica el perfil, la inmensa mayoría de las cuales son inocentes de todo delito. Estoy planteando la cuestión desde una perspectiva funcional, pero también se podría decir que una práctica como elaborar perfiles raciales es una violación de los derechos humanos fundamentales: las personas merecen ser tratadas como individuos, no como miembros de alguna categoría.

Nuestras intuiciones son complicadas, algunas decisiones basadas en la pertenencia a un grupo no nos parecen moralmente reprobables. Muchas personas se sienten cómodas con ciertas decisiones personales tomadas en función de una categoría; pocos creen que esté mal que la gente elija a su pareja en función del sexo y el género. Algunas personas (aunque no todas) no tienen problema en utilizar categorías sociales para promover ciertos objetivos, como cuando las empresas y las uni-

484. Sides, John, «Democrats are gay, republicans are rich: our stereotypes of political parties are amazingly wrong», *The Washington Post*, 13 de mayo de 2016, <https://www.washingtonpost.com/news/monkey-cage/wp/2016/05/23/democrats-are-gay-republicans-are-rich-our-stereotypes-of-political-parties-are-amazingly-wrong/>.

versidades tienen en cuenta las categorías racial y étnica al contratar trabajadores y aceptar estudiantes con el objetivo de aumentar la diversidad. Y casi todo el mundo está de acuerdo con las leyes y políticas discriminatorias en función de la edad debido, en parte, a que los estereotipos se basan claramente en hechos (es verdad que los niños de cuatro años son demasiado pequeños para conducir) y a que estas políticas se aplican a una etapa de la vida de todos nosotros, por lo que parecen más justas. Tarde o temprano, todos tendremos nuestra oportunidad.

La categorización social plantea otro problema que remite al esencialismo psicológico del que hablamos en el capítulo dedicado al desarrollo. Entonces aprendimos que ciertas categorías entrañan propiedades más profundas, esenciales, que las convierten en lo que son.[485] Un tigre no es sólo un animal de cierto tamaño y aspecto; también es una criatura con una estructura interna determinada.

El problema es que pensamos de la misma manera de las categorías humanas, incluidas la étnica y la racial. Ahora bien, esto no es incorrecto del todo. La apariencia externa de las personas, como la estatura y el color de piel, es en parte el resultado de factores genéticos. Además, las frecuencias genéticas difieren ligeramente entre los grupos que tienen distinta ascendencia, por eso los miembros de diferentes grupos son más vulnerables a ciertas enfermedades. Por ejemplo, los judíos askenazíes, los amish y otros grupos corren el riesgo de padecer la enfermedad de Tay-Sachs, pero la mayoría de la gente no. Estas diferencias genéticas son una de las causas por las que parece razonable que los grupos minoritarios presionen para que se les incluya en la investigación médica.

Pero nuestro pensamiento esencialista puede llevarnos demasiado lejos. Solemos asumir con demasiada rapidez que las categorías raciales de nuestras sociedades recogen diferencias profundas, que reflejan una realidad trascendental. Solemos pensar erróneamente que las categorías denominadas «razas» corresponden a grupos genéticos distintos, sin valorar el papel que desempeñan las fuerzas sociales en la creación de esas categorías.

Por ejemplo, la gente suele creer que hay una manera objetiva de saber si alguien con un padre judío y una madre que no es judía es judío o si alguien con una madre negra y un padre negro es negro o blanco.

---

485. Para ampliar información sobre el esencialismo, véase Gelman, Susan A., *The essential child...*, *op. cit.*; Bloom, Paul, *How pleasure works...*, *op. cit.*

Y es falso: se trata de decisiones sociales. Algunos judíos creen que tener una madre judía es esencial para ser judío; otros son más flexibles. En Estados Unidos, la práctica de la hipodescendencia —también conocida como «la regla de una gota»— implica que tener *cualquier* ascendencia genética africana convierte a una persona en negra.[486] Más del noventa por ciento de los afroamericanos tienen alguna ascendencia europea, lo que significa que si se invirtiera la regla —si fuera una gota de sangre europea lo que importara—, todos serían blancos. Los factores actuales para decidir quién es judío y quién negro o quién blanco son, en parte, sociales, no una realidad biológica.

Por último, nuestro esencialismo nos hace proclives a considerar que las propiedades distintivas de estos grupos humanos reflejan algún aspecto profundo de su naturaleza.[487] Esto nos vuelve demasiado nativistas; estas diferencias suelen entenderse mejor según la historia y la sociología que a través de la neurociencia o la biología evolutiva. Sería absurdo explicar la gran desigualdad económica entre personas blancas y negras en Estados Unidos, por ejemplo, sin hacer referencia al legado de la esclavitud y la subsiguiente segregación y discriminación racial. Para empeorar las cosas, en el mundo, como en el laboratorio, las distinciones que comienzan siendo arbitrarias pueden acabar convertidas en reales si un número suficiente de personas cree que lo son. Por eso las diferencias sociales son tan difíciles de erradicar: se autoperpetúan. Si el mundo empezara a discriminar a los nacidos bajo el signo de Capricornio, éstos no tardarían en diferenciarse de los demás.

Los estereotipos y el esencialismo sólo conforman una parte de la historia de cómo pensamos en los miembros de una categoría social. También existe lo que podemos llamar la psicología del Nosotros-Ellos, el *grupismo*.

Tener sentimientos negativos hacia los miembros de otro grupo tiene a veces su razón de ser. Si lo primero que me viene a la cabeza del grupo que vive río abajo es que mataron a mis hermanos, no es sorprendente que no me caigan bien. Si creo que un grupo de personas de mi

486. Noyes, Alexander; y Keil, Frank C., «Asymmetric mixtures: common conceptual priorities for social and chemical kinds», *Psychological Science*, 29, 7 (2018), pp. 1094-1103.

487. Cimpian, Andrei; y Salomon, Erika, «The inherence heuristic: an intuitive means of making sense of the world, and a potential precursor to psychological essentialism», *Behavioral and Brain Sciences*, 37, 5 (2014), pp. 461-480.

país quiere cambiar las leyes para arrebatarme mis derechos y ellos creen que mi grupo quiere corromper a sus hijos y cargarse sus tradiciones, no hace falta que un psicólogo te diga que el ambiente va a estar crispado.

En cambio, los psicólogos han descubierto algo que puede parecer menos evidente. Parece ser que no hace falta tener un desagradable historial de enfrentamientos para que la gente divida el mundo en Ellos y Nosotros: a veces surge de forma natural, aunque no haya pasado nada.[488]

El psicólogo Muzafer Sherif dirigió un estudio clásico que pretendía demostrarlo. En los años cincuenta, Sherif consiguió que veintidós niños de diez y once años, todos de origen protestante, provenientes de familias con ambos padres, todos blancos y de clase media, se inscribieran en un campamento de verano falso en el parque estatal de Robbers Cave, en Oklahoma.[489]

Falso, sí. Los experimentos de psicología social a veces son falaces, pero éste se lleva la palma. Imaginar que tu vida no es real, que todo es una farsa, que en realidad formas parte de un experimento, que te están estudiando como si fueras una rata de laboratorio, es una forma de delirio paranoico. Pues venga: ¡bienvenidos al experimento de la cueva de los ladrones, donde los niños son los sujetos del estudio, los monitores son los investigadores cualificados y el guarda es nada más y nada menos que el líder del proyecto, el magnífico psicólogo social Muzafer Sherif!

Al principio del experimento, se dividió a los chicos en dos grupos de manera que ninguno de ellos supiera de la existencia del otro. Cada grupo se alojaba en una cabaña diferente y cada uno se puso un nombre: los Rattlers ('crótalos') y los Eagles ('águilas').

Luego, los «monitores» organizaron encuentros entre los grupos, pero en circunstancias desagradables. Prepararon el escenario para que surgieran conflictos, como organizar una comida campestre, pero retrasando a uno de los grupos para que cuando llegara, el otro se lo hubiera comido ya todo.

Los grupos empezaron a desarrollar identidades distintas e incluso crearon su propia bandera. Los Rattlers decían palabrotas, mientras que los Eagles se enorgullecían de su lenguaje impoluto. Utiliza-

---

488. Todas estas líneas de investigación se analizan más exhaustivamente en Bloom, Paul, *Just babies...*, *op. cit.*

489. Sherif, Muzafer, *et al.*, *The Robbers Cave experiment: intergroup conflict and cooperation*, University of Oklahoma Book Exchange, Estados Unidos, 1961; Perry, Gina, *The lost boys: inside Muzafer Sherif's Robbers Cave experiment*, Scribe Publishing Co., Estados Unidos, 2018.

ban epítetos racistas para describir al otro grupo, a pesar de que todos eran blancos. Cuando se los evaluaba, los componentes de cada grupo decían que sus propios compañeros eran más fuertes y rápidos. El conflicto fue en aumento: después de que los Rattlers ganaran una competición, los Eagles robaron y quemaron la bandera de los Rattlers y, mientras los Eagles cenaban, los Rattlers les destrozaron la cabaña.

Más adelante, los investigadores intentaron unir a los grupos, pero muchos de los intentos fueron un fracaso, como hacer una comida o ver alguna película todos juntos. Pero cuando plantearon un problema que los chicos tenían que resolver juntos, triunfaron: una tubería de agua cortada que, según les dijeron, era obra de un vándalo. Las facciones se unieron por una causa común y puede que por un enemigo común, descubrimiento del que se ha dicho que tiene una relevancia considerable para unir a grupos enfrentados en el mundo real.

Ésta es la versión del estudio que viene en los libros de texto y ya la he analizado en detalle en otro lugar. Sin embargo, me preocupa que no demuestre lo que se dice que demuestra. Lo que no todo el mundo sabe —ni siquiera yo cuando escribí la primera vez sobre esto— es que éste fue el segundo experimento de este tipo que hizo Sherif.

El primero se hizo en Middle Grove (Nueva York). En éste, los grupos eran los Pythons ('pitones') y los Panthers ('panteras'), pero el resultado fue otro. Por mucho que Sherif y su equipo lo intentaran, no consiguieron que los chicos se odiaran. Así lo describe un resumen del estudio:

Los monitores robaron prendas de ropa de las tiendas de campaña de los chicos y cortaron la cuerda que sujetaba la bandera casera de los Panthers, con la esperanza de que culparan a los Pythons. Uno de los investigadores aplastó la tienda de los Panthers, lanzó las mochilas a los arbustos y rompió el querido ukelele de un chico. Sin embargo, para desgracia de Sherif, no se consiguió que los niños se odiaran.

Tras perder en el juego de la soga, los Pythons dijeron que los Panthers eran mejores y merecían ganar. Los chicos llegaron a la conclusión de que la ropa que faltaba era porque se habrían equivocado en la lavandería. Y, después de que cada miembro de los Pythons jurara sobre la Biblia que no había cortado la bandera de los Panthers, cualquier posible conflicto se esfumó. Cuando ocurrió el incidente de las mochilas y el ukelele, los chicos ya se habían dado cuenta de que los estaban manipulando, así que, en lugar de ponerse unos en contra de otros, colaboraron para levantar la tienda mientras miraban a sus «monitores» con desconfianza. «A lo mejor sólo queríais ver cómo reaccionábamos», llegó a decir uno de ellos.[490]

¿Por qué no funcionó esta primera versión? El problema, según Sherif, fue que los chicos estuvieron juntos desde el principio, formando un solo grupo, así que en el experimento de la cueva de los ladrones, el que «salió bien», los puso en cabañas diferentes desde el primer momento. Puede que tuviera razón, pero que hubiera un primer estudio desvirtúa las conclusiones generales que se puedan extraer de esta línea de trabajo. Es más teatro que ciencia.[491]

Lo cierto es que hay investigaciones más sólidas que corroboran esa conclusión. Basta con fijarse en los estudios del paradigma de grupo mínimo que llevó a cabo a principios de los setenta el psicólogo Henri Tajfel y sus colegas.[492] En estos experimentos originales se pedía a los participantes que valoraran una serie de pinturas y después se les decía que eran admiradores o bien del pintor Paul Klee o bien de Wassily Kandinsky (el típico truco de los psicólogos: eso se les decía al azar). A continuación, se les pedía que repartieran dinero entre otras personas, a las que supuestamente les encantaba o Klee o Kandinsky.

Tajfel y sus colegas descubrieron que esas categorizaciones, aparentemente insignificantes, importaban, y mucho. La gente le daba más dinero al grupo con el que coincidían: los admiradores de Klee favorecían a los demás admiradores de Klee y los de Kandinsky, a los de Kandinsky. Otros estudios han demostrado que ocurre lo mismo si repartes camisetas rojas y azules o incluso si agrupas a la gente de la forma más aleatoria que existe: lanzando una moneda al aire.[493]

Este efecto no se limita a los adultos. Los niños pequeños agrupados arbitrariamente donan más dinero a su propio grupo, dicen que los

490. Shariatmadari, David, «A real-life lord of the flies: the troubling legacy of the Robbers Cave experiment», *The Guardian*, 16 de abril de 2016. Véase también Perry, Gina, *op. cit.*

491. Opino lo mismo del famoso experimento de la prisión de Stanford, el cual, a pesar de su fama, supuso una excesiva actuación por parte de los participantes como para considerarlo un buen estudio psicológico. Para ampliar información, véase Le Texier, Thibault, «Debunking the Stanford prison experiment», *American Psychologist*, 74, 7 (2019), pp. 823-839.

492. Tajfel, Henri, *et al.*, «Social categorization and intergroup behaviour», *European Journal of Social Psychology*, 1, 2 (1971), pp. 149-178. Véase también Mullen, Brian; Brown, Rupert; y Smith, Colleen, «Ingroup bias as a function of salience, relevance, and status: an integration», *European Journal of Social Psychology*, 22, 2 (1992), pp. 103-122.

493. Véase un análisis en Dunham, Yarrow, «Mere membership», *Trends in Cognitive Sciences*, 22, 9 (2018), pp. 780-793.

miembros de su grupo son mejores personas y es más probable que recuerden las buenas acciones de su grupo y las malas del otro.[494] Lo que el psicólogo del desarrollo Yarrow Dunham denomina «la mera pertenencia» es tan poderoso que resulta inquietante.

Vamos a quedarnos un momento con los niños y a centrarnos en esas diferencias en la vida real. La psicóloga Katherine Kinzler y sus colegas analizaron una cuestión que nos remite a los problemas planteados al principio del capítulo: cuando tratan con otros individuos, ¿qué categorías sociales son importantes para los niños?[495]

Dos de ellas no nos van a sorprender, ya que son las mismas que dijo Masha Green: la edad y el sexo. Cuando los niños de tres años deciden elegir de quién aceptan un objeto o con quién participan en una actividad, suelen preferir a un niño antes que a un adulto, y los niños tienden a preferir a los niños, mientras que las niñas suelen preferir a las niñas.

Una tercera podría ser más sorprendente. Los niños también suelen tomarse muy en serio el idioma. En un experimento realizado en Boston y en París, hicieron escuchar a unos bebés de diez meses a un hablante de inglés y a otro de francés. Después, cada orador les ofrecía un juguete y los bebés tenían que elegir con quién interactuar. Los bebés criados en una comunidad inglesa se inclinaban por el que hablaba inglés; los criados en una comunidad francesa, por el que hablaba francés.

¿Se reduce este sesgo lingüístico a tener una preferencia razonable por las personas con las que nos podemos comunicar fácilmente? No del todo: según otros estudios, los niños distinguen el acento. Los niños estadounidenses de habla inglesa prefieren relacionarse con personas que hablen inglés americano antes que con gente que hable inglés con acento francés, aunque entiendan perfectamente a ambos. Los niños suelen creer que son más dignos de confianza los individuos que tienen el mismo acento que ellos y prefieren tenerlos como amigos. Al parecer, desde muy pequeños nos valemos del lenguaje para diferenciar Nosotros de Ellos. Si no hablas como yo, lo más probable es que no pertenezcas a mi grupo.

¿Y qué pasa con la raza? Muchas veces he oído decir que los bebés son pequeños racistas (e incluso me he encontrado con que han citado publicaciones mías, erróneamente, como prueba de ello). En los prime-

494. Ibídem.
495. Para analizar todos los estudios descritos en esta sección, véase Kinzler, Katherine D., «Language as a social cue», *Annual Review of Psychology*, 72 (2021), pp. 241-264.

ros meses, distinguen la cara de los grupos humanos y prefieren mirar un rostro parecido al de las personas que están a su alrededor casi todo el tiempo, un efecto de familiaridad.[496] Pero la raza no parece influir en las preferencias de los niños menores de cinco años.[497] Cuando empiezan a considerar la raza, para ellos es menos importante que el idioma. Kinzler y sus colegas descubrieron que cuando le pides a un niño blanco de cinco años que elija entre un niño blanco y uno negro para que sea su amigo, suele preferir al blanco, pero cuando se le pide que elija entre un niño blanco con un acento diferente al suyo y un niño negro con su mismo acento, suele elegir al niño negro.[498]

Hasta ahora, hemos hablado de las actitudes hacia los grupos conscientes y explícitas. Los participantes en los «campamentos» de Sherif podrían contarnos lo que piensan de los Rattlers y los Eagles, y los sujetos de los «grupos mínimos» de Tajfel podrían contarnos lo que piensan de los admiradores de Klee y de Kandinsky. Cuando tienen edad para hablar, los niños pueden contarnos su opinión sobre los negros y los blancos, los anglohablantes y los francohablantes, los niños y las niñas. A veces, ya de adultos, nos callamos nuestras opiniones, ya que expresar ciertas creencias se considera tabú. Pero tenerlas, las tenemos.

La psicología social se interesa desde hace tiempo por otras formas de representación mental de los grupos sociales, las que son inconscientes o implícitas, de las que se dice que ejercen una importante influencia sobre nosotros.

Sirva de ejemplo —y discúlpame si ya lo conoces— el siguiente acertijo:

Un padre y un hijo tienen un accidente de coche. El padre muere. Al hijo lo llevan urgentemente al hospital y, cuando están a punto de operarlo, el cirujano dice: «¡No puedo operarlo, ese niño es mi hijo!». ¿Cómo es posible?

496. Por ejemplo, Bar-Haim, Yair, *et al.*, «Nature and nurture in own-race face processing», *Psychological Science*, 17, 2 (2006), pp. 159-163; Kelly, David J., *et al.*, «Cross-race preferences for same-race faces extend beyond the African versus Caucasian contrast in 3-month-old infants», *Infancy*, 11, 1 (2007), pp. 87-95.

497. Kinzler, Katherine D.; Shutts, Kristin; y Correll, Joshua, «Priorities in social categories», *European Journal of Social Psychology*, 40, 4 (2010), pp. 581-592.

498. Kinzler, Katherine D., *et al.*, «Accent trumps race in guiding children's social preferences», *Social Cognition*, 27, 4 (2009), pp. 623-634.

Solución: la cirujana es la madre del niño. Vaya. La primera vez que oí este acertijo me devané los sesos, pero de eso hace ya tiempo y me gustaría creer que ahora no me ocurriría lo mismo. Todos sabemos que las mujeres pueden ser cirujanas, pero un estudio realizado en 2021 encontró que sólo un tercio de los estudiantes universitarios que no conocían el acertijo dieron con la respuesta correcta.[499]

O se quedaban perplejos o respondían otra cosa, como que el cirujano podría ser el padrastro del niño, su padre adoptivo o que sus padres eran dos hombres y éste era el otro. También respondían que sería un sueño, que el niño murió en el quirófano y el cirujano era el fantasma del padre o que el padre fallecido podía ser un cura, porque a los curas se les llama «padres» y a los miembros de la Iglesia, «hijos».

Se supone que los estudiantes del año 2021 ya sabían que las mujeres pueden ser cirujanas, pero, si pensaban en un cirujano, pensaban en un hombre hasta el punto de dar respuestas estrambóticas. Esto implica que hay una cierta dualidad entre lo que pensamos de manera fundamentada («Por supuesto que las mujeres pueden ser cirujanas») y lo que nos viene a la mente cuando se nos plantea un acertijo como éste («Los cirujanos son hombres»).

Estas creencias implícitas nos influyen de manera importante. Un ejemplo es el estudio mencionado antes, el de los psicólogos que pusieron a la venta cromos de béisbol en eBay.[500] En algunas fotos los cromos los mostraba una mano con la piel blanca y en otras, una mano con la piel negra. El resultado era que las pujas máximas bajaban un veinte por ciento en el caso de las manos negras. Se han llevado a cabo otros estudios en los que se han enviado currículos idénticos a personas diferentes, salvo que uno era de John Smith y otro de Jane Smith o que uno pertenecía a las Juventudes Republicanas y el otro a las Juventudes Demócratas o que uno era blanco y el otro negro, etcétera. Si la gente se atuviera a los méritos de los candidatos y no prestara atención a factores como el sexo, la ideología política o la raza, debería, por término medio, responder de forma idéntica a estos currículos, pero no es así. Tienen prejuicios de todo tipo, incluso aunque se crean que son justos y equitativos.[501]

499. Belle, Deborah, «"I can't operate, that boy is my son!": gender schemas and a classic riddle», *Sex Roles*, 85, 3 (2021), pp. 161-171.

500. Ayres, Ian; Banaji, Mahzarin; y Jolls, Christine, «Race effects on eBay», *RAND Journal of Economics*, 46, 4 (2015), pp. 891-917.

501. Para ampliar información, véase Banaji, Mahzarin R.; y Greenwald, Anthony G., *Blindspot: hidden biases of good people*, Bantam Books, Estados Unidos, 2013.

Ya he mencionado antes que muchos de los grandes descubrimientos de la psicología se basan en métodos nuevos. El ámbito de la psicología social no es una excepción, pues se vale de técnicas sofisticadas para investigar actitudes o asociaciones implícitas.

El método más utilizado aúna la psicología social con la psicología cognitiva. Lo desarrollaron los psicólogos Anthony Greenwald y Mahzarin Banaji en su primer artículo, publicado en 1988. Se trata del test de asociación implícita o IAT.[502]

Para que te hagas una idea, te invito a que entres en internet y lo hagas.[503] Si no puedes hacerlo ahora mismo, te explico cómo funciona tomando como ejemplo una prueba diseñada para averiguar las actitudes implícitas hacia los jóvenes y los ancianos. El participante mira una pantalla por la que desfilan palabras positivas o negativas (como *agradable* o *veneno*) e imágenes de caras ancianas o jóvenes. A continuación, durante la presentación de una serie, se le pide que pulse una tecla para que salga una cara joven o una palabra positiva y otra para que salga una cara anciana o una palabra negativa. En otra serie, se hace lo contrario: una tecla para una cara joven o una palabra negativa y otra para una cara anciana o una palabra positiva.

La lógica del asunto es que si asociamos la juventud con lo positivo y la vejez con lo negativo, el desempeño en la serie joven-positivo/anciano-negativo será más rápido y habrá menos errores que en la serie joven-negativo/anciano-positivo. De hecho, a la gente le parece más natural asociar joven con positivo y anciano con negativo que al revés.

Estos experimentos se han llevado a cabo con millones de personas y siempre se ha encontrado el mismo patrón de asociaciones negativas cuando se ha estudiado la actitud hacia las personas negras, homosexuales, con sobrepeso, con discapacidad, etcétera.[504] Los resultados coinciden incluso cuando los participantes no parecen tener ningún sesgo explícito tras haberles preguntado e incluso cuando ellos mismos pertenecen al grupo menos favorecido. Por ejemplo, los ancianos también asocian la vejez con lo negativo y la juventud con lo positivo.

---

502. Presentado originalmente por Greenwald, Anthony G.; McGhee, Debbie E.; y Schwartz, Jordan L. K., «Measuring individual differences in implicit cognition: the implicit association test», *Journal of Personality and Social Psychology*, 74, 6 (1998), pp. 1464-1480; la base conceptual para este trabajo se presentó en Greenwald, Anthony G.; y Banaji, Mahzarin R., «Implicit social cognition: attitudes, self-esteem, and stereotypes», *Psychological Review*, 102, 1 (1995), pp. 4-24.

503. Project Implicit, <https://implicit.harvard.edu/implicit/>.

504. Banaji and Greenwald, *Blindspot*.

El IAT nos puede ofrecer datos muy interesantes. En un estudio, Tessa Charlesworth y Mahzarin Banaji utilizaron los datos recopilados de 4,4 millones de IAT cumplimentados en línea entre 2007 y 2016 y se centraron en la postura hacia la orientación sexual, la raza, el tono de piel, la edad, la discapacidad y el peso corporal.[505] También analizaron los juicios implícitos en estas dimensiones pidiendo a los encuestados que puntuaran en qué grado estaban de acuerdo con afirmaciones como «prefiero a los jóvenes antes que a los ancianos».

Referido a las actitudes explícitas, descubrieron que la gente se ha vuelto menos parcial con el tiempo, y tiene sentido porque sabemos que se han producido cambios radicales. Cuando yo era niño, por ejemplo, muchos conocidos odiaban abiertamente a las personas homosexuales; ahora, tanto las encuestas anónimas como la experiencia cotidiana demuestran que la actitud es completamente distinta. Del mismo modo, según los estudios, entre 1990 y 2017 hubo un descenso continuo de la proporción de estadounidenses blancos que creen que los negros trabajan menos y son menos inteligentes que los blancos, y en la actualidad las cifras se reducen prácticamente a cero.[506]

Los resultados de las actitudes implícitas fueron más sutiles. Se apreció un descenso de las actitudes negativas implícitas en cuanto a la raza, el tono de piel y la orientación sexual, pero el descenso fue menor en el caso de la edad y la discapacidad y se encontró que la actitud respecto al peso corporal empeoró, lo que da a entender que, de manera implícita, nos hemos vuelto más duros con quienes se alejan del cuerpo «ideal».

El IAT puede ser una herramienta muy útil cuando se trata de investigar cómo cambian los prejuicios de la población a lo largo de un período, pues evalúa cambios que serían difíciles de detectar si se preguntara directamente a la gente.

También puede servir para investigar la importancia relativa de diferentes sesgos. En un estudio realizado en 2012, los investigadores analizaron el sesgo racial utilizando el IAT racial estándar y el sesgo político observando la relación entre los símbolos de los demócratas y los republicanos y las palabras positivas (*ganador, mejor, soberbio, excelente*) o negativas (*terrible, horrible, peor, pésimo*).[507] En el IAT racial, los blan-

505. Charlesworth, Tessa E. S.; y Banaji, Mahzarin R., «Patterns of implicit and explicit attitudes: I. Long-term change and stability from 2007 to 2016», *Psychological Science*, 30, 2 (2019), pp. 174-192.

506. Patton Moberg, Sarah; Krysan, Maria; y Christianson, Deanna, «Racial attitudes in America», *Public Opinion Quarterly*, 83, 2 (2019), pp. 450-471.

507. Iyengar, Shanto; y Westwood, Sean J., «Fear and loathing across party lines:

cos preferían a los blancos y los negros, a los negros. En el IAT político, los demócratas preferían a los demócratas y los republicanos, a los republicanos, pero la magnitud fue mucho mayor en el caso de la política.

Esta línea de investigación ha merecido bastante atención por parte de la prensa y ha influido en lo que mucha gente piensa del sexismo, el racismo y otros prejuicios. Eso es positivo en muchos aspectos; el IAT y otros métodos de medición parecidos son muy valiosos porque demuestran que mucha gente tiene, al menos de forma implícita, ciertos prejuicios; además, hemos visto que sirven para estudiar cómo cambian esos prejuicios a lo largo del tiempo y para comparar su importancia relativa.

En términos generales, conviene saber que alguien puede no querer ser parcial, puede querer tratar a la gente por igual y, sin embargo, dejarse influir por factores psicológicos que no controla. Me gustaría creer que, cuando pujo por unos cromos de béisbol (o lo que sea), no estoy teniendo en cuenta la raza del vendedor, pero, si me baso en los estudios psicológicos, sé que no puedo estar seguro.

Sin embargo, en las últimas décadas se han criticado estos métodos de medición y se han exagerado ciertas afirmaciones al respecto. He aquí varias salvedades que deberíamos tener en cuenta:

1. Hay quien cree que se puede coger la puntuación de otra persona en el IAT y conocer así su grado de parcialidad personal. Esto no es cierto. La prueba es fácil de manipular: si haces el IAT en línea y no te gusta el resultado, puedes repetirlo y la puntuación cambiará, a veces mucho. Más adelante, cuando hablemos de las diferencias individuales, veremos que algunos test psicológicos, como los de cociente intelectual o los Big Five de personalidad, ofrecen una correlación de repetición de prueba (fiabilidad) bastante alta, la puntuación no cambia tanto con el tiempo. Pero la fiabilidad del IAT es pésima,[508] la puntuación obtenida en el mismo test en distintos momentos puede variar considerablemente, por lo que no es fiable utilizarla para medir diferencias entre individuos.

new evidence on group polarization», *American Journal of Political Science*, 59, 3 (2015), pp. 690-707.

508. Gawronski, Bertram, *et al.*, «Temporal stability of implicit and explicit measures: a longitudinal analysis», *Personality and Social Psychology Bulletin*, 43, 3 (2017), pp. 300-312.

2. En relación con esto, existen razones para dudar de que la puntuación obtenida en el IAT sirva para predecir el comportamiento real. Un metaanálisis halló que la puntuación que se saca en el IAT sólo explica una pequeña proporción de la varianza entre las personas en una escala conductual.[509] No es de extrañar, dado el problema de la fiabilidad: si la puntuación del IAT varía en función del momento en que se realiza el test, ¿cómo podría reflejar correctamente la conducta en la vida real?

3. Nuestros prejuicios pueden ser inconscientes en el sentido de que no sabemos cómo o cuánto nos influyen,[510] pero tampoco es que la gente no sepa que los tiene. Cuando hago una lista de grupos (negros, gais, personas con sobrepeso, discapacitados y ancianos) no es difícil adivinar hacia qué lado nos vamos a decantar al evaluarlos.

4. Los sesgos pueden no tener nada que ver con la animadversión o la antipatía. Cuando, por ejemplo, se asocia a los ancianos con la negatividad, no debe interpretarse como un sentimiento personal negativo hacia ellos. Para ilustrar esto, veamos un experimento en el que se hablaba a la gente de unos grupos nuevos, llamados *noffians* y *fasties*.[511] A unos les dijeron que los *noffians* estaban oprimidos y que los *fasties* eran unos privilegiados y a otros, lo contrario. A continuación, se les hizo un IAT. Como no podía ser de otra manera, los participantes asociaron a los *noffians* con lo negativo cuando les dijeron que eran los oprimidos, a pesar de que ellos personalmente no tenían nada en contra de ese grupo imaginario; sólo reaccionaban a lo que les habían dicho.

Entonces, ¿cómo deberíamos considerar los sesgos implícitos? Un enfoque que promete lo defienden los psicólogos Keith Payne y Jason Hannay y nos vuelve a llevar a la cuestión de los estereotipos y la adquisición de información del exterior.[512] Ellos alegan que las técnicas de medición como el test de asociación implícita captan nuestra apreciación de

509. Oswald, Frederick L., *et al.*, «Predicting ethnic and racial discrimination: a metaanalysis of IAT criterion studies», *Journal of Personality and Social Psychology*, 105, 2 (2013), pp. 171-192.

510. Uhlmann, Eric Luis; Pizarro, David A.; y Bloom, Paul, «Varieties of social cognition», *Journal for the Theory of Social Behaviour*, 38, 3 (2008), pp. 293-322.

511. Uhlmann, Eric Luis; Brescoll, Victoria L.; y Levy Paluck, Elizabeth, «Are members of low status groups perceived as bad, or badly off? Egalitarian negative associations and automatic prejudice», *Journal of Experimental Social Psychology*, 42, 4 (2006), pp. 491-499.

512. Payne, B. Keith; y Hannay, Jason W., «Implicit bias reflects systemic racism», *Trends in Cognitive Sciences*, 25, 11 (2021), pp. 927-936.

las peculiaridades del entorno, incluidas las que afectan a la forma de pensar de la gente. En otras palabras, los test como el IAT no miden las actitudes, y mucho menos las malas actitudes, sino que detectan las asociaciones.

Estas asociaciones están por todas partes: teniendo en cuenta el entorno en el que me crie, asocio la mantequilla de cacahuete con la mermelada, a Ringo con George, el himno *O Canada* con los partidos de *hockey*, a los médicos con hombres y a las enfermeras con mujeres. Y además asocio algunos grupos, como los jóvenes, con cosas buenas y otros, como los ancianos, con cosas malas. Si mi entorno hubiese sido distinto, mis asociaciones serían otras.

Payne y Hannay dicen que éste es el tipo de asociaciones que captura un IAT. Los países cuyos ciudadanos asocian a los hombres con la ciencia en el IAT suelen tener una brecha de logros más grande entre hombres y mujeres en los campos de la ciencia y las matemáticas.[513] Las diferencias en las puntuaciones raciales de los IAT se corresponden, en todas las comunidades, con la magnitud de las disparidades reales entre las personas blancas y las personas negras.[514] Basándose en éste y otros estudios y ciñéndose al IAT racial, Payne y Hannay llegaron a la conclusión de que deberíamos considerar los sesgos implícitos como «el resultado natural de una mente que genera asociaciones basadas en regularidades estadísticas, siempre que esa mente esté inmersa en un entorno de racismo sistémico».

Este libro está lleno de dicotomías: dualismo frente a materialismo, sopas frente a chispas (técnicamente, la teoría de los neurotransmisores versus la idea de que las neuronas se comunican a través de la electricidad), naturaleza y crianza, procesos descendentes y ascendentes, razonamiento del Sistema 1 frente a razonamiento del Sistema 2. A veces las dicotomías están definidas, como en el caso de las sopas y las chispas; otras veces, como en el caso de la naturaleza versus la crianza, existen, pero los límites son difusos.

Cuando pensamos en nuestra naturaleza gregaria, nos encontramos con otra dicotomía que se da entre cómo creemos que debemos actuar y cómo actuamos en realidad. La primera surge a partir de la reflexión y es nuestra opinión meditada sobre cómo debemos tratar a la gente. La

---

513. Nosek, Brian A., *et al.*, «National differences in gender-science stereotypes predict national sex differences in Science and Math achievement», *Proceedings of the National Academy of Sciences*, 106, 26 (2009), pp. 10593-10597.

514. Leitner, Jordan B., *et al.*, «Racial bias is associated with ingroup death rate for blacks and whites: insights from project implicit», *Social Science & Medicine*, 170 (2016), pp. 220-227.

segunda está influenciada por todo tipo de factores, incluido un fuerte sesgo a favor de nuestro propio grupo y todas las asociaciones, explícitas e implícitas, que llevamos en la mente.

Para algunas personas, no hay conflicto que valga.[515] Si les cuentas que están pujando más por un cromo por mostrarlo una mano blanca que por otro por mostrarlo una mano negra o que es más probable que le concedan una beca a un miembro de su partido político, se encogen de hombros y dicen que no pasa nada. Pero algunos estamos en guerra con nosotros mismos. Al menos en ciertos casos, queremos que los estereotipos no nos influyan y que no nos afecte el sesgo de grupo (aunque nuestros sentimientos por el grupo opuesto sean negativos). Queremos ser justos y eso requiere que tratemos a las personas como individuos y dejemos al margen las categorías a las que pertenecen.

Podría pensarse que la solución está en esforzarse por ser imparcial. Tal vez aprender y reflexionar sobre nuestros sesgos pueda ayudarnos a superarlos, simplemente con fuerza de voluntad. Por desgracia, es evidente que sucede lo contrario: se nos da bien justificarnos, tomamos decisiones en las que influyen nuestros prejuicios y sesgos y nos convencemos a nosotros mismos de que somos justos e imparciales.

Mi opinión personal es que nos va mejor cuando elaboramos procedimientos que anulan los sesgos que no queremos tener. Si tenemos que contratar a alguien y creemos que la raza y el sexo no deben tenerse en cuenta, prepararemos la situación de manera que no dispongamos de esa información sobre las personas que estamos evaluando. Ésa es la lógica de los procedimientos como las audiciones a ciegas. O, desde un punto de vista ético diferente, establecer requisitos de diversidad que tengan en cuenta explícitamente factores como la raza y el sexo para anular los prejuicios que tratan de superarse. Son soluciones diferentes —y la gente suele tener claro cuál prefiere—, pero la intención es la misma: diseñar procesos que erradiquen los sesgos donde consideramos que no deberían existir.

Así se manifiesta el progreso ético en general. No nos convertimos en mejores personas sólo por tener buenas intenciones y fuerza de voluntad, igual que tampoco solemos perder peso o dejamos de fumar sólo porque queremos y lo intentamos con ganas. Somos seres inteligentes y podemos utilizar esa inteligencia para gestionar la información y limitar nuestras opciones para permitir que nuestra mejor versión supere esos sentimientos y apetitos viscerales que entendemos que no nos hacen ningún bien.

---

515. El análisis que sigue se ha modificado a partir de Bloom, *Just babies..., op. cit.*

Parte 5

Las diferencias

13

Lo que nos hace únicos

En la vida cotidiana, nos importan mucho las diferencias. Si te estoy hablando de mi hermana, no te diría: «Tiene memoria a corto plazo y memoria a largo plazo y es capaz de entender frases que jamás había oído». Si quisiera presentarte a una posible pareja, no te diría: «Le gusta comer cuando tiene hambre y se enfada cuando la tratan injustamente». Me dirías: «Cuéntame lo interesante, dime qué tiene esa persona de especial».

El lingüista Noam Chomsky bromeó una vez al respecto haciendo una analogía con las ranas: «Sin duda, no les interesa lo que las convierte en ranas, sino lo que las diferencia entre ellas: si una salta más lejos, etcétera, cualquier cosa que haga que una destaque por encima de las demás. Las ranas asumen que es perfectamente natural ser una rana, no les preocupa la condición de "ser ranas"».[516] Sólo los científicos, cuando hacen de científicos, se preocupan por los datos universales, al resto nos suelen interesar más las diferencias que hay entre las personas.

Y las personas, en concreto la mente de las personas, difieren en muchas cosas. Por ejemplo, algunos nos identificamos como hombres, otros, como mujeres y otros no encajamos en esta clasificación binaria. Normalmente, esta forma de autocategorizarnos —llamada «identidad de género»— coincide con los rasgos (cromosomas y genitales) del sexo

---

516. Chomsky, Noam, *On language*, New Press, pp. 61-62, Estados Unidos, 1998.

que tenemos al nacer, los rasgos a los que nos referimos cuando miramos a un bebé y decimos si es niño o niña, pero no siempre es así: el género puede ir por un lado y el sexo por otro.

Aparte está el deseo sexual: la mayoría de las personas sienten una atracción sexual primaria por las personas del sexo opuesto; lo que más diferencia psicológicamente a los sexos es que a los hombres les suelen atraer sexualmente las mujeres y a las mujeres les suelen atraer sexualmente los hombres, pero, evidentemente, hay personas homosexuales o bisexuales; y otras sienten deseos que, de nuevo, no se adscriben fácilmente a las categorías tradicionales.

Además, no siempre preferimos lo que se ciñe a las categorías de sexo y género. Podemos sentirnos atraídos por personas mayores que nosotros, por dominantes o por *furries*, personas que se disfrazan de animales antropomórficos. Tal vez nos atraigan las personas inteligentes, en cuyo cayo seríamos *sapiosexuales*, que no es un término científico, pero sí divertido. A veces nos atraen cosas muy concretas: un buen amigo mío sólo sale con mujeres profesionales de la salud mental (excepto cuando estaba en el instituto, época en la que sólo salía con hijas de profesionales de la salud mental).

Otras diferencias están relacionadas con nuestra forma de tomar decisiones. Por ejemplo, la diferencia entre los perfeccionistas y los conformistas, entre los que buscan lo mejor y los que se conforman con lo suficiente. Las siguientes descripciones se refieren a los perfeccionistas:[517]

> Siempre que tengo que elegir, intento imaginarme cuáles son las demás posibilidades, incluso las que no están presentes en ese momento.
>
> A menudo, me resulta difícil comprar un regalo para un amigo.
>
> Me cuesta mucho trabajo elegir una película para verla. Siempre me cuesta elegir la mejor.

Yo me identifico con los conformistas, mi superpoder es que con sólo echarle un vistazo a la carta de un restaurante elijo qué comer en menos de sesenta segundos. La perfección es enemiga de lo bueno. Pero estoy casado con una perfeccionista, una persona que cuando le hizo falta una silla para su despacho se pasó seis meses buscando la que cumpliera a la perfección con su larga lista de requisitos. A los perfeccionis-

517. Schwartz, B., *et al.*, «Maximizing versus satisficing: happiness is a matter of choice», *Journal of Personality and Social Psychology*, 83, 5 (2002), pp. 1178-1197.

tas les suele ir mejor en la vida en cosas objetivas, como conseguir un puesto de trabajo mejor, aunque parece ser que en general son menos felices, quizá porque acaban viéndose en una situación como la de no tener donde sentarse en seis meses.

Se trata de diferencias que están dentro de lo normal, no hace falta que llamemos a un terapeuta, a un cura ni a un policía, sólo son diferencias cotidianas que nos hacen interesantes. Sin embargo, algunas acaban convirtiéndose en una enfermedad, un delito o un acto inmoral. Existe una amplia variedad de posibles deseos sexuales compatibles con una vida plena, pero si a alguien le excitan los niños pequeños, tiene un problema. Hay un montón de formas de interactuar con las personas, cada una con sus cosas buenas y sus cosas malas, pero si montamos en cólera cada vez que alguien no está de acuerdo con nosotros o nos preocupa tanto hacer el ridículo que ni salimos de casa, puede que entre en la categoría de trastorno mental. Veremos algunos casos en el próximo capítulo.

De momento, veamos una de las principales formas de diferenciarnos: la personalidad, es decir, la forma de enfrentarnos al mundo, sobre todo en relación con los demás.

Por intuición, nos hacemos una idea de qué significa tener cierta personalidad. Es probable que te consideres una persona tímida, malhumorada, irascible, introspectiva o lo que sea. También lo hacemos cuando pensamos en nuestros amigos y podemos describir sin problemas qué personalidad tienen personas famosas que ni siquiera conocemos, como Donald Trump o Beyoncé, o incluso personajes ficticios como Homer Simpson, Ana Karenina o Wonder Woman.

Todo esto podría parecer obvio, ¡por supuesto que no todo el mundo tiene la misma personalidad! Pero hace tiempo que la psicología discute en qué medida importa cuando se trata de explicar lo que hace la gente.[518] Por poner un ejemplo extremo, si te despiertas rodeado de humo y fuego, es probable que te pongas nervioso, pero sería un error achacarlo a tu personalidad, lo explica mejor el entorno, cualquiera se pondría nervioso en esa situación. Y lo mismo podríamos decir en casos menos extremos. Como ya vimos al hablar del error fundamental de

518. Mischel, Walter; Shoda, Yuichi; y Mendoza-Denton, Rodolfo, «Situation-behavior profiles as a locus of consistency in personality», *Current Directions in Psychological Science*, 11, 2 (2002), pp. 50-54.

atribución, cuando explicamos la conducta de alguien enseguida lo atribuimos al carácter de la persona y no a la situación en la que se encuentra. ¿No será que nos tomamos la personalidad demasiado en serio?

Sobre todo lo hacemos cuando hablamos de alguien que se comporta cruelmente con los demás. Muchas veces nos preguntamos qué les pasará a esas personas y nos consuela creer que son unos sádicos, unos psicópatas, criaturas retorcidas carentes de sentimientos. Ahora bien, yo creo que hay monstruos así en la vida real, pero no tantos; son mucho más comunes en la literatura, el cine y la televisión. La causa de muchos males está en personas iguales a nosotros.[519] ¿Te acuerdas del estudio de Milgram sobre la obediencia? Una de las cosas que nos enseñó fue ésa.

El escritor Ian Parker, en su análisis de Milgram, resume la opinión de importantes psicólogos sociales: «Los experimentos sobre la obediencia nos enseñan una gran verdad psicológica social, tal vez la gran verdad, que es la siguiente: una persona tiende a actuar en función de dónde está, no de quién es».[520]

Aunque tenemos atributos permanentes que nos distinguen de los demás, un escéptico se preguntaría hasta qué punto son generales. ¿Existen de verdad las personas agresivas, tímidas o aventureras? Sin duda, puede que una persona sea temeraria al volante, pero que se ponga nerviosa cuando le toca tomar una decisión financiera; reservada en la vida normal, pero audaz y creativa en el sexo. Todos conocemos a personas contradictorias y a veces nos vemos obligados a asumir nuestras propias contradicciones; Gustave Flaubert aconsejaba esto a los artistas: «Sé firme y ordenado en tu vida para que puedas ser feroz y original en tu trabajo».

Todos estos ejemplos confirman que sobrevaloramos la personalidad; deberíamos tener en cuenta el peso de la situación y aceptar que algunos atributos no se aplican a todas las circunstancias, aunque también es obvio que la personalidad es una realidad que ayuda a explicar el comportamiento humano. Mi tía es muy extravertida y puedo predecir cómo tratará a la gente en todo tipo de situaciones. Un amigo es muy nervioso y en casi cualquier situación social puedes contar con que va a estar pues eso, muy nervioso. En breve veremos que la investigación respalda estas impresiones: según sea el desempeño de los participan-

519. Bloom, Paul, *Against empathy: the case for rational compassion*, Ecco/Harper-Collins, Estados Unidos, 2017; Baumeister, Roy F., *Evil: inside human cruelty and violence*, Henry Holt, Estados Unidos, 1996.

520. Parker, Ian, «Obedience», *Granta*, 71, 4 (2000), pp. 99-125.

tes en pruebas de rasgos como la extraversión o la ansiedad, se podrá predecir su comportamiento.

En cuanto al tipo de estudio que llevaron a cabo Milgram y Asch, el argumento es válido en ambos sentidos. Sí, una situación inusual hace que la gente, en general, se comporte de determinada manera, pero estos estudios también sacan a relucir las diferencias, ya que hay personas que se resisten a obedecer la demanda de matar (Milgram) y otras, la presión de la conformidad (Asch).

Antes de contar todo lo que sabemos sobre las diferencias de personalidad, hemos de decir en qué consiste una buena medición psicológica.

Cuando los psicólogos hablan de los méritos de un test psicológico se refieren a dos criterios: su fiabilidad y su validez. La fiabilidad implica toda ausencia de error en la medición. Si una persona se sube a una báscula de baño y ésta indica que pesa 70 kilos, se baja y se vuelve a subir y vuelve a indicar 70 kilos, eso quiere decir que la báscula es fiable. Si se baja y se vuelve a subir y marca 9 kilos menos, la báscula no es fiable. Por volver a una cuestión planteada en el capítulo anterior, si tu test de sesgo implícito da como resultado «muy sesgado» el martes y «más imparcial que un santo» el miércoles, tampoco es fiable.

Por su parte, la validez consiste en saber si una prueba mide lo que se supone que debe medir. Si soy campeón del mundo de sumo y la báscula dice que peso 59 kilos, no me importa lo fiable que sea, la báscula no sirve. Los astrólogos aseguran que tu signo astrológico te ayuda a comprender mejor las cosas, pero ser de un signo u otro no mide tu personalidad ni ninguna otra cosa, así que no es válido (sí, ya sé que es lo que diría un capricornio de mente cerrada como yo).

Hay un montón de test de personalidad falsos en internet. Hace poco, hice uno que se llamaba «Averigua qué superhéroe eres» y me salió Batman. Decía: «Eres oscuro, te encantan los artefactos y has jurado ayudar a los inocentes para que no sufran como tú». Lamentablemente, esta prueba no es fiable ni válida. No es fiable porque la primera vez que la hice me salió que era Hulk y luego, cuando la volví a hacer, me salió que era Wonder Woman. Como no me gustaban los resultados, seguí rehaciendo el estudio como si fuera un psicólogo social malo de los años noventa hasta que obtuve la respuesta que buscaba, el Caballero Oscuro. Y tampoco es válida, porque, a decir verdad, no me parezco mucho a Batman.

Otros test no salen mejor parados. Una prueba de personalidad muy conocida es la de la mancha de tinta de Rorschach. La persona tiene que describir lo que ve en una figura ambigua como la que se muestra a continuación. (Un dato curioso: el inventor de este test, Hermann Rorschach,[521] estaba obsesionado con las manchas de tinta; de hecho, en el colegio, en Suiza, lo apodaron... *Klex*, 'mancha de tinta'.)

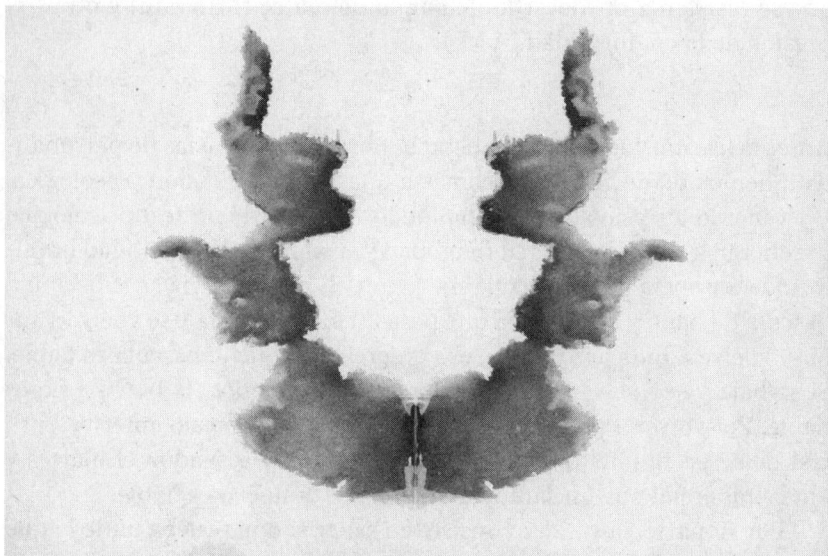

Se trata de una prueba que se ha utilizado para diagnósticos psiquiátricos, casos penales, audiencias para asignar la custodia y otras decisiones importantes, pero muchos psicólogos y psiquiatras creen que tiene poca o ninguna validez.[522] Es incapaz de predecir algún resultado importante.

Es posible que hayas oído hablar del indicador Myers-Briggs o, simplemente, el Myers-Briggs. Desarrollado a partir del trabajo de Carl Jung, se basa en la idea de que las personas perciben el mundo principalmente de cuatro maneras: sensación, intuición, sentimiento y pensamiento, y varían en la medida en que encajan en estas categorías. (He recibido correos electrónicos de alumnos que quieren trabajar conmigo que empiezan diciéndome su Myers-Briggs.) Pero este popular test también ca-

521. Searls, Damion, *The inkblots: Hermann Rorschach, his iconic test, and the power of seeing*, Broadway Books, Estados Unidos, 2017.
522. Garb, Howard N., *et al.*, «Roots of the Rorschach controversy», *Clinical Psychology Review*, 25, 1 (2005), pp. 97-118.

rece de validez.[523] Entre otras fallas, clasifica a las personas en categorías distintas, cosa que distorsiona gravemente la variabilidad real del comportamiento. Alguien (ejem, yo) podría entrar en la categoría INTP: introvertido, intuitivo, pensante y perceptivo, pero todas estas categorías se encuentran en un continuo. No se trata de que unas personas sean introvertidas y otras no, sino de que unas personas son más introvertidas que otras. Sería como si un ojeador de baloncesto observara a los jugadores y los clasificara en altos y no altos, rápidos y no rápidos.

Uno de los pioneros de la ciencia de la personalidad fue Gordon Allport. En los años veinte, siendo joven, visitó a Freud (parece que todos los psicólogos famosos de una generación concreta tienen una buena anécdota que contar de cuando conocieron a Freud). Allport estaba nervioso y Freud, en completo silencio, así que Allport empezó a hablar, un poco por desesperación, como se hace en una situación así, y le contó a Freud que en el tren en el que había venido había visto a un niño pequeño que estaba obsesionado con la suciedad. Allport notó que la madre del niño era dominante y sugirió que eso respaldaba la teoría de Freud.

Freud se mantuvo en silencio durante todo el relato, luego miró a Allport y le dijo: «¿Y ese niño era usted?».[524]

Fin de la anécdota con Freud. Allport llegó a defender un enfoque muy analítico (yo diría «anal») del estudio de la personalidad, un enfoque basado en las palabras que empleamos para hablar de las personas. En un estudio, él y un colega revisaron un diccionario y dieron con 4.500 términos que hacían referencia a rasgos de la personalidad. En trabajos posteriores, Allport dividió esos rasgos en varias categorías y los clasificó en función de su importancia y protagonismo.[525]

Después hubo teóricos que trataron de reducir la lista de Allport. Al fin y al cabo, muchas palabras no son más que distintas formas de decir lo mismo. Decir que alguien es amable, sociable y hospitalario, por ejemplo, es utilizar tres palabras para describir una sola característica.

523. Stromberg, Joseph; y Caswell, Estellen, «Why the Myers-Briggs test is totally meaningless», *Vox*, 8 de octubre de 2015, <https://www.vox.com/2014/7/15/5881947/myers-briggs-personality-test-meaningless>.

524. Allport, Gordon W., *Pattern and growth in personality*, Holt, Reinhart & Winston, Estados Unidos, 1961.

525. John, Oliver P.; y Robins, Richard W., «Gordon Allport», en Craik, K.; Hogan, R.; y Wolfe, R. (eds.), *Fifty years of personality psychology*, Springer, pp. 215-236, Estados Unidos, 1993.

El proyecto que ocupó a los psicólogos de la personalidad que vinieron después se centró en hasta qué punto se puede reducir el número de rasgos. Dicho de otro modo, si quisiéramos resumir la personalidad en una serie de números en la que cada número representara un rasgo determinado dentro de un espectro, ¿cuántos números necesitaríamos?

Hans Eysenck propuso reducirlo al mínimo: dos dimensiones en las que las personas varían:[526]

Introvertido-Extravertido
Neurótico-Estable

Luego añadió un tercer rasgo:

Introvertido-Extravertido
Neurótico-Estable
Psicótico-No psicótico

Es posible que haya más. Raymond Cattell los subdividió en dieciséis rasgos diferentes relacionados con la afectividad, el razonamiento, la estabilidad emocional, la dominancia, la vitalidad, la conciencia de las normas, la audacia social, la sensibilidad, la actitud vigilante, la abstracción, la privacidad, la aprensión, la apertura al cambio, la autosuficiencia, el perfeccionismo y la tensión.[527]

Muchos psicólogos contemporáneos coincidían en que dieciséis eran demasiados y entre dos y tres, demasiado pocos. La cantidad ideal es... cinco, y por eso se los llama Big Five ('los cinco grandes rasgos'),[528] que son:

Apertura a la experiencia: Abierto / No abierto a nuevas experiencias.
Escrupulosidad: Concienzudo / Descuidado.
Extraversión: Extravertido / Introvertido.
Amabilidad: Agradable / Antagónico.
Neuroticismo: Neurótico / Estable.

526. Para ampliar información, véase Mitchell, Rachel L. C.; y Kumari, Veena, «Hans Eysenck's interface between the brain and personality: modern evidence on the cognitive neuroscience of personality», *Personality and Individual Differences*, 103 (2016), pp. 74-81.

527. Cattell, Raymond B., *Personality and motivation structure and measurement*, World Book Co., Estados Unidos, 1957.

528. Goldberg, Lewis R., «An alternative "description of personality": the Big-Five factor structure», *Journal of Personality and Social Psychology*, 59, 6 (1990), pp. 1216-1229.

La idea es que, si quieres conocer la personalidad de alguien, con estos cinco parámetros lo sabrás. Si te saltas uno, te perderás algo importante. Si añades uno, será una pérdida de tiempo. Por suerte para mis alumnos de Introducción a la Psicología, los recuerdan para el examen ordenándolos y formando el acrónimo OCEAN ('océano'). (Aunque me he topado con psicólogos renegados que insisten en barajarlos para formar la palabra CANOE, 'canoa'.)

Openness
Conscientiousness
Extraversion
Agreeability
Neuroticism

No quisiera exagerar la importancia del modelo Big Five; hay otras escalas que funcionan de otra manera. El modelo HEXACO, por ejemplo, añade el parámetro honestidad/humildad,[529] pero como el Big Five constituye actualmente el marco principal en el que se basa la teoría de la personalidad, me ceñiré a él.

¿Por qué es mejor que los test tipo «Averigua qué superhéroe eres», las manchas de tinta o el Myers-Briggs? Para empezar, porque es fiable. Una persona se mantiene estable a lo largo de la vida, aunque también se producen algunos cambios generales en la personalidad con la edad (más adelante hablaremos de ello).

Y porque es válido. Resulta que el modelo Big Five engloba el tipo de rasgos de la personalidad que están relacionados con nuestra conducta en la vida real. Las personas que están muy abiertas a nuevas experiencias cambian más de trabajo,[530] son más creativas y liberales[531] y tienen más *piercings*.[532] Las que son muy escrupulosas son más fieles en

529. Ashton, Michael C.; Lee, Kibeom; y De Vries, Reinout E., «The HEXACO honesty-humility, agreeableness, and emotionality factors: a review of research and theory», *Personality and Social Psychology Review*, 18, 2 (2014), pp. 139-152.

530. Nieß, Christiane; y Zacher, Hannes, «Openness to experience as a predictor and outcome of upward job changes into managerial and professional positions», *PLoS One*, 10, 6 (2015), p. e0131115.

531. Gosling, Samuel D., *et al.*, «A room with a cue: personality judgments based on offices and bedrooms», *Journal of Personality and Social Psychology*, 82, 3 (2002), pp. 379-398.

532. Tate, James C.; y Shelton, Britton L., «Personality correlates of tattooing and body piercing in a college sample: the kids are alright», *Personality and Individual Differences*, 45, 4 (2008), pp. 281-285.

sus relaciones sentimentales[533] y obtienen buenos resultados en el trabajo y en la escuela,[534] mientras que las poco escrupulosas tienen menos éxito y son más propensas a fumar y a comer alimentos poco saludables.[535] Las extravertidas tienen más amigos.[536] La amabilidad predice el éxito en las relaciones, mientras que el neuroticismo presenta el patrón opuesto.[537]

Armados con el modelo Big Five, podemos estudiar las diferencias entre grupos de personas.

Hablar de diferencias entre grupos es una cuestión delicada y no es para menos, pues a veces se dicen cosas desagradables y carentes de fundamento. Es lógico desconfiar de alguien que anuncia a bombo y platillo que un grupo difiere del suyo, sobre todo cuando compararlos los hace quedar en mejor lugar. No se trata solamente de que estén equivocados, sino de que les sirva para justificar el maltrato, la injusticia o la crueldad. Gustave Le Bon, pionero en el estudio del comportamiento grupal, escribió esto en 1879:

> En las razas más inteligentes, como es el caso de los parisinos, hay un gran número de mujeres cuyo cerebro tiene un tamaño más parecido al de los gorilas que al cerebro masculino más desarrollado. Sin duda, existen algunas mujeres distinguidas muy superiores al hombre promedio, pero son tan excepcionales como el nacimiento de cualquier monstruosidad, como por ejemplo, un gorila con dos cabezas.[538]

533. Schmitt, David P., «The Big Five related to risky sexual behaviour across 10 world regions: differential personality associations of sexual promiscuity and relationship infidelity», *European Journal of Personality*, 18, 4 (2004), pp. 301-319.
534. Noftle, Erik E.; y Robins, Richard W., «Personality predictors of academic outcomes: Big Five correlates of GPA and SAT scores», *Journal of Personality and Social Psychology*, 93, 1 (2007), pp. 116-130.
535. Hampson, S. E.; y Friedman, H. S., «Personality and health: a lifespan perspective», en John, O. P.; Robins, R. W.; y Pervin, L. A. (eds.), *Handbook of personality: theory and research*, Guilford Press, pp. 770-794, Estados Unidos, 2008.
536. Anderson, Cameron, *et al.*, «Who attains social status? Effects of personality and physical attractiveness in social groups», *Journal of Personality and Social Psychology*, 81, 1 (2001), pp. 116-132.
537. Fisher, Terri D.; y McNulty, James K., «Neuroticism and marital satisfaction: the mediating role played by the sexual relationship», *Journal of Family Psychology*, 22, 1 (2008), pp. 112-122.
538. Stewart-Williams, Steve, *The ape that understood the universe: how the mind and culture evolve*, Cambridge University Press, p. 84, Estados Unidos, 2018.

¡No es precisamente un ejemplo que queramos seguir! Entonces, ¿por qué adentrarnos en el tema de las diferencias de grupo?

Una respuesta es porque tiene interés científico. Como a muchos de mis colegas, me interesan sobre todo los rasgos universales, nuestra naturaleza evolucionada, el funcionamiento de la mente humana, así que observar las diferencias no es prioritario. Pero una ciencia de la mente que se precie no puede eludir la cuestión de las varianzas, y eso incluye la varianza de grupo. Una teoría psicológica como Dios manda debería ser capaz de explicar por qué los ancianos son más vulnerables a la enfermedad de Parkinson que los jóvenes, por qué los noruegos suelen ser más felices que los estadounidenses o por qué los hombres cometen muchas más violaciones que las mujeres.

Además, si estudiamos nuestras diferencias, sabremos qué rasgos compartimos todos. Por ejemplo, los lingüistas y los psicolingüistas sólo pueden afirmar con rotundidad qué aspectos del lenguaje son universales si estudian las distintas lenguas. Lo mismo ocurre con la memoria, la percepción, las emociones y casi todo lo que estudiamos los psicólogos.

Por último, a algunos grupos les va peor que a otros. La gente sin recursos, por ejemplo, es más vulnerable a sufrir todo tipo de enfermedades mentales; los habitantes de algunos países son menos felices que otros; las tasas de suicidio difieren de manera radical en función de la edad, el sexo, etcétera. Dejando a un lado las cuestiones teóricas, estudiar las razones que explican estas diferencias tiene una importancia humana vital, ya que puede ayudar a que se adopten medidas que mejoren la vida de las personas.

Uno de los problemas que se plantean al debatir estas cuestiones es que la gente suele malinterpretar lo que decimos de las diferencias entre grupos. Veámoslo con un ejemplo anodino: supongamos que los canadienses son, por término medio, más educados que los estadounidenses. Ése es el estereotipo, pero supongamos que es cierto. ¿Qué *no* se deduce de esto?

En primer lugar, no significa que todos los canadienses sean más educados que todos los estadounidenses. No puedes presentarme a un canadiense maleducado y a un estadounidense educado y decirme que has refutado mi afirmación. Es más fácil apreciarlo cuando hablamos de diferencias físicas: los hombres son más altos en general que las mujeres y todo el mundo sabe que eso es cierto aunque haya hombres más bajos que algunas mujeres. Somos conscientes de que las personas mayores tienen más probabilidades de padecer cáncer, pero también de que algunos jóvenes lo tienen y muchos mayores no.

En segundo lugar, decir que hay una diferencia no explica la causa de que la haya. La causa de que los canadienses sean, en promedio, más educados que los estadounidenses puede ser cultural, genética, el consumo de sirope de arce o lo que sea. A veces es endiabladamente difícil averiguar la causa de las diferencias. Por ejemplo, los hombres más altos tienen un sueldo más alto.[539] ¿Es un sesgo social a favor de los altos? Tal vez, pero puede que los genes de la estatura también lleven codificados otros atributos que guarden relación con el salario, como la inteligencia o la agresividad. O quizá los hombres altos destaquen más en la escuela y eso aumente su confianza y autoestima y mejore su rendimiento en el mercado laboral, aunque la situación en la que destaque ya no sea la misma. O tal vez no se trate de la estatura, sino de un sesgo racial: quizá los grupos étnicos que suelen ser más altos tiendan a estar más favorecidos. O puede que se trate de la clase social; quizá los niños ricos tienden a ser más altos y a tener mejores puestos de trabajo. Podría seguir. Lo que quiero decir es que es mucho más fácil encontrar una diferencia que explicarla.

En tercer lugar, decir que existen diferencias no es decir que sean inmutables. Las mujeres estadounidenses tenían antes menos estudios que los hombres: en 1970, los hombres obtenían casi el 60 por ciento de los títulos universitarios. Ahora la cifra se ha invertido y los hombres tienen menos estudios que las mujeres. Lo mismo algún día los canadienses son menos educados que los estadounidenses.

En cuarto lugar, las diferencias son una realidad. Suponer que eso es bueno de forma intrínseca es cometer un error garrafal que ya comentamos cuando hablábamos de la evolución de las emociones, la falacia naturalista. Decir (por término medio, siempre por término medio) que los canadienses son más educados que los estadounidenses o que los hombres altos cobran más no es decir que eso sea algo positivo. Ahora bien, algunas diferencias pueden ser positivas. Si resulta que a la gente amable le va bien en la vida, pues maravilloso, me parece bien que los mansos hereden la tierra (supongo que en el fondo soy canadiense). Por otro lado, el hecho de que las personas con la piel más oscura tiendan a recibir penas de prisión más severas que las que

539. Judge, Timothy A.; y Cable, Daniel M., «The effect of physical height on workplace success and income: preliminary test of a theoretical model», *Journal of Applied Psychology*, 89, 3 (2004), pp. 428-441.

tienen la piel más clara —habiendo sido acusadas ambas de un delito idéntico— es una diferencia profundamente inmoral que deberíamos erradicar. No se puede generalizar sobre lo bueno o lo malo de las diferencias.

Aclarado esto, pasamos a hablar de algunas diferencias de personalidad según los grupos.

Comenzaremos por la edad. Nuestra personalidad cambia un poco a lo largo de la vida. Hay estudios realizados sobre una muestra de más de un millón de personas en docenas de países distintos que han encontrado que, desde los primeros años de la etapa adulta hasta la madurez, nos volvemos más agradables, más concienzudos y menos neuróticos.[540] Esto concuerda con otro hallazgo del que hablaremos al final del libro: que las personas mayores suelen ser bastante felices.[541]

Pasemos ahora a las diferencias culturales. En un estudio se analizaron cincuenta y una culturas de seis continentes.[542] Se recogieron los datos de varias formas, entre ellas pidiendo a la gente que pensara en una persona típica de su sociedad y la evaluara en un gran test de personalidad que coincidía con el Big Five.

Una de las conclusiones que se sacaron fue que el modelo de los cinco grandes funciona, esos factores cuadran con lo que de manera intuitiva entendemos como diferencias entre individuos de distintas culturas (aunque es más controvertido aplicarlo a sociedades pequeñas, que no suelen estudiarse en la investigación transcultural).[543] Otra fue que la generalización anterior sobre los cambios de personalidad a lo largo de la vida coincide con lo que las personas intuyen en todas las culturas. La gente considera que las personas mayores son menos neuróticas, más agradables y más concienzudas.

La tercera conclusión es que existen diferencias culturales reales respecto a la personalidad y que se corresponden con hechos más ge-

---

540. Bleidorn, Wiebke, *et al.*, «Personality maturation around the world: a crosscultural examination of social-investment theory», *Psychological Science*, 24, 12 (2013), pp. 2530-2540.

541. Rauch, Jonathan, *The happiness curve: why life gets better after 50*, Thomas Dunne Books, Estados Unidos, 2018.

542. McCrae, Robert R.; y Terracciano, Antonio, «Personality profiles of cultures: aggregate personality traits», *Journal of Personality and Social Psychology*, 89, 3 (2005), pp. 407-425.

543. Muthukrishna, Michael; Henrich, Joseph; y Slingerland, Edward, «Psychology as a historical science», *Annual Review of Psychology*, 72 (2021), pp. 717-749.

nerales de la vida de los miembros de esa sociedad. Por ejemplo, las culturas cuyos miembros sacan una puntuación baja en los factores de apertura, extraversión y amabilidad son más propensas a dar más importancia a la agricultura que a la industria, y las culturas con un alto grado de apertura son menos proclives a ser religiosas. (Por supuesto, la causa y la correlación son, como siempre, difíciles de discernir. ¿Se trata de que algunas comunidades, por la razón que sea, tienen al principio personas muy abiertas y luego se vuelven más laicas o se trata de que vivir en una sociedad laica influye en la personalidad de los ciudadanos? ¿Tal vez hay un tercer factor que influye tanto en la personalidad como en la sociedad en general?)

¿Y las diferencias políticas? Aquí los resultados se resumen en una sola frase: los de izquierda sacan una puntuación más alta en apertura y los conservadores, en escrupulosidad.[544] (Ambas características se consideran buenas, por lo que espero que el resultado satisfaga tanto a unos como a otros.)

Terminemos con las diferencias entre los sexos. Aunque nunca hayas leído un estudio de psicología, nunca hayas oído hablar de la teoría de la evolución y no tengas ni idea de los datos que aporta la neurociencia (a partir de un escáner cerebral, se puede saber si un cerebro es masculino o femenino con una precisión superior al 90 por ciento, incluso cuando se considera el tamaño de la cabeza, aunque no exista una sola área cerebral en la que haya una clara diferencia),[545] no te sorprenderá saber que existen diferencias psicológicas entre los individuos de diferente sexo.

Ya mencionamos la más obvia al principio del capítulo, la preferencia por la pareja sexual. Otra diferencia es que, con un margen amplio, los hombres tienen más probabilidades de cometer un delito violento, como un asesinato, una agresión o una violación, que las mujeres. Esto es cierto en todas partes. Si te dijera que alguien va corriendo por la calle pegándole tiros a la gente y tú dijeras: «Espero que lo cojan», sería muy quisquilloso por mi parte decirte: «¿Por qué has asumido que es un hombre?».

¿Y el modelo Big Five? En la mayoría de los países, las mujeres presentan un mayor grado de neuroticismo, extraversión, amabilidad y escrupulosidad que los hombres.[546] (El grado de apertura a la experiencia

544. Carney, Dana R., *et al.*, «The secret lives of liberals and conservatives: personality profiles, interaction styles, and the things they leave behind», *Political Psychology*, 29, 6 (2008), pp. 807-840.

546. Schmitt, David P., *et al.*, «Why can't a man be more like a woman? Sex differen-

es a cara o cruz.) Esas diferencias no son enormes, pero sí lo bastante grandes como para que, si eligiéramos al azar a una persona en cualquier parte del mundo y le pidiéramos que hiciera varias pruebas de personalidad, el porcentaje de posibilidades de saber que es un hombre o una mujer sería del 85 por ciento.[547]

Estas diferencias se acentúan cuando se analizan subescalas específicas. Por ejemplo, los hombres son, por término medio, más asertivos que las mujeres (una forma de extraversión), mientras que las mujeres son, de media, más sociables y amables (otra forma de extraversión). Existen diferencias universales entre los hombres y las mujeres en rasgos como la agresividad, la temeridad, la dominancia, la cooperación y la crianza.[548] Aquí se puede apreciar que las diferencias más importantes y más evidentes entre unos y otras son las derivadas de la lógica evolutiva esbozada en un capítulo anterior, en el que hablábamos de la inversión parental diferencial (en una especie como la nuestra, las hembras invierten relativamente más en la descendencia que los machos, mientras que éstos compiten entre sí por conseguir a las hembras).

Una cosa que hay que tener en cuenta cuando se habla de la variabilidad humana de forma más generalizada es que incluso las pequeñas variaciones sobre la media de los grupos pueden suponer una diferencia en la vida real, porque conllevan mayores diferencias en los extremos. Fijémonos en la diferencia de estatura según el sexo. El hombre promedio estadounidense mide 1,75 y la mujer 1,62, pero no es difícil encontrarse con hombres más bajos que la mayoría de las mujeres ni con mujeres más altas que la mayoría de los hombres. Y ahora, vayámonos a los extremos. Cuando vemos quiénes son las personas más altas, por ejemplo, hay muchos más hombres que mujeres. En Estados Unidos, el 1 por ciento de los hombres más altos mide 1,93 o más; sólo una de cada cien mil mujeres es tan alta.

Esa misma diferencia en los extremos la observamos en los rasgos psicológicos. Por ejemplo, la diferencia promedio entre los sexos en el rasgo de la amabilidad no es muy grande, pero hay muchas más muje-

ces in Big Five personality traits across 55 cultures», *Journal of Personality and Social Psychology*, 94, 1 (2008), pp. 168-182.

547. Kaiser, Tim; Del Giudice, Marco; y Booth, Tom, «Global sex differences in personality: replication with an open online dataset», *Journal of Personality*, 88, 3 (2020), pp. 415-449.

548. Kaufmann, Scotty Barry, «Taking sex differences in personality seriously», 16 de diciembre de 2019, <https://scottbarrykaufman.com/taking-sex-differences-in-personality-seriously/>.

res que hombres que son extremadamente amables y muchos más hombres que mujeres que son extremadamente desagradables. Es importante tener esto en cuenta al llevarlo a la vida real. Cuando se observa una gran diferencia grupal en los extremos —como la generalización de que hay muchas más probabilidades de que un delincuente violento sea un hombre—, debemos tener cuidado y recordar que esto es compatible con las diferencias promedio del grupo, que no son tan grandes, después de todo.

Eso es la personalidad. También diferimos en la inteligencia, y eso nos obliga a hablar de los test que miden el cociente intelectual (CI).

Se trata de un tema difícil de abordar. Hay quien relaciona el estudio del CI con movimientos racistas y de extrema derecha. Otros creen que es una simple bobada y suscribirían la observación de Christopher Hitchens: «Existe una correlación inusualmente alta y proporcional entre la estupidez de una persona y su propensión a dejarse impresionar por el test de medición del cociente intelectual».[549] Hay personas que no creen que el test mida la inteligencia; otras piensan que la inteligencia está sobrevalorada, que lo que de verdad importa es el coraje, la creatividad, la inteligencia emocional, «tener calle» o el sentido común.

Al mismo tiempo, muchos de los que esgrimen estos argumentos están obsesionados con la inteligencia.[550] Tomemos como ejemplo mi propia comunidad de profesores universitarios. Cuando hablamos de nuestros colegas, de posibles contrataciones, de estudiantes de posgrado y de licenciatura, hacemos referencia continuamente a quién es inteligente y quién no. Para bien o para mal, la palabra mágica, *brillante* es lo que muchos buscan cuando quieren contratar a nuevos colegas o decidir a quién conceder la titularidad.

A los expertos les fascinan los genios, esa gente a la que todo le parece fácil. En el campo de la psicología, suele considerarse un genio el difunto Amos Tversky, a quien conocimos cuando hablamos de su trabajo pionero sobre la racionalidad con Daniel Kahneman. Michael Lewis, en su libro *Deshaciendo errores*, cuenta la historia de esta colaboración y recuerda el test de inteligencia consistente en una sola frase

---

549. Citado por Ritchie, Stuart, *Intelligence: all that matters*, John Murray, Reino Unido, 2015.

550. Pinker, Steven, *La tabla rasa: la negación moderna de la naturaleza humana*, Paidós Ibérica, Barcelona, 2012.

que creó un psicólogo famoso: «Cuanto antes te des cuenta de que Amos es más listo que tú, más listo serás».[551]

De hecho, los expertos veneran lo que el escritor y especialista en educación Fredrik DeBoer llama «el culto a la inteligencia», la noción de que la inteligencia es lo que más importa.[552] DeBoer relata esta anécdota de una fiesta a la que asistió cuando era estudiante de posgrado:

> Estaba charlando con una estudiante de doctorado de otro departamento, esposa de uno de los muchos licenciados chinos que estudiaban en Purdue. Hablaba de su hijo mayor con orgullo manifiesto, describiendo sus logros en su club de robótica y lo bien que se le daban las matemáticas, cuando pasó corriendo su hijo menor y ella, sin pensarlo, dijo: «Éste quizá no sea tan inteligente».

DeBoer se quedó de piedra. Los padres no hablan así de sus hijos. Que si es torpe, que si es malo en música, que si es un dibujante pésimo, que si es poco sociable, por supuesto, pero ¿qué clase de padre le diría a otra persona que su hijo no es tan inteligente? La inteligencia es demasiado importante como para decir algo así.

Hubo muchos motivos para que se crearan y desarrollaran los test de inteligencia, algunos nefastos y otros justificados.[553] Francis Galton, primo lejano de Charles Darwin, desempeñó un papel considerable en el desarrollo de los test. Fue, según cuentan los informes, un erudito brillante: introdujo conceptos estadísticos fundamentales, fue pionero en la ciencia de las huellas dactilares, dibujó el primer mapa meteorológico y mucho más. También fue un firme defensor de la *eugenesia*, término que acuñó él mismo. Éste es el tipo de información en el que se escudan los detractores del test.

Hay también otra versión del origen de los test de inteligencia. A principios de 1890, Alfred Binet desarrolló un test como herramienta para detectar las dificultades académicas de los niños y poder por tanto ofrecerles asistencia especial. Incluso por aquel entonces, cuando se

---

551. Lewis, Michael, *Deshaciendo errores: Kahneman, Tversk y la amistad que nos enseñó cómo funciona la mente,* Debate, Madrid, 2017.

552. DeBoer, Fredrik, *The cult of smart: how our broken education system perpetuates social injustice,* All Points Books, p. 27, Estados Unidos, 2020.

553. Gran parte del análisis que sigue se ha extraído de Ritchie, *Intelligence: all that matters, op. cit.*

empezaban a hacer los test, hubo gente lo suficientemente sensata como para darse cuenta de que la inteligencia de una persona no tiene por qué ser inmutable y que medirla no tiene por qué estar reñida con un objetivo igualitario. Esto se aplica hoy en día: cualquiera que pretenda ayudar a los niños que tienen dificultades cognitivas lo mínimo que debería hacer es estar a favor de los test, que sirven para identificar esas dificultades.

Ya que hablamos de historia, aprovecharé para contar que los nazis odiaban los test de inteligencia, en gran parte porque les preocupaba que los judíos salieran mejor parados. Preferían que se estudiaran y midieran los rasgos en los que creían que los alemanes destacaban, como lo que ellos llamaron «inteligencia práctica».[554]

A medida que se desarrollaron los test de inteligencia, se hizo un descubrimiento.

Si alguna vez has hecho un test de inteligencia, sabrás que se compone de varias pruebas. Por ejemplo, el test de cociente intelectual puede incluir una prueba de vocabulario, una de habilidad espacial y otra para evaluar la capacidad para percibir analogías. Como son tareas diferentes, es perfectamente concebible que las puntuaciones de estas pruebas no tengan nada que ver entre sí. Pero no es el caso.

Lo que se descubrió fue que todas esas pruebas tienen algo en común aun siendo distintas. Para que nos hagamos una idea de lo que significa este factor común, olvidemos por un momento las diferencias cognitivas e imaginemos que sometemos a los individuos a varias pruebas atléticas como correr, hacer gimnasia y levantar pesas. Cada persona obtendría una puntuación distinta en cada prueba. Alguien con mucha fuerza en el tren superior levantaría pesas sin problemas, pero no sería muy flexible y un corredor de fondo podría no tener mucha fuerza en el tren superior. Sin embargo, habría una relación entre ambas pruebas. Un atleta entrenado sacará probablemente buenos resultados en todas, pero alguien que nunca hace ejercicio lo hará mal. Por lo tanto, puede medirse la habilidad para levantar pesas y la habilidad para correr, pero también se puede obtener un factor general derivado de estas subpruebas que corresponda al estado físico general de una persona.

El caso es que ocurre lo mismo con las mediciones psicológicas. Po-

---

554. Rindermann, Heiner, *Cognitive capitalism: human capital and the wellbeing of nations*, Cambridge University Press, Reino Unido, 2018.

demos hablar de rendimiento en matemáticas y en vocabulario —y son dos cosas distintas, alguien puede ser bueno en una y malo en la otra—, pero también existe un factor general que podríamos llamar «inteligencia general» o *g*.

En un estudio reflexivo, el psicólogo Stuart Ritchie señaló que la existencia de este factor común es una sorpresa.[555] No tenía por qué ser así, podría haberse dado el caso de que estas habilidades no tuvieran nada que ver entre sí o que hubieran estado interrelacionadas negativamente: por ejemplo, que alguien que es bueno en matemáticas sea deficiente en habilidades verbales y viceversa. Esta idea sería coherente con una especie de teoría de los recursos limitados: cada uno dispone de una cantidad fija y se logra disponer de mayor habilidad en un ámbito a costa de tener menor habilidad en otro.

Pero no funciona así, al menos no para las diversas manifestaciones de la inteligencia. Por extraño que parezca, nuestra habilidad para resolver tareas como averiguar qué objetos tridimensionales coinciden cuando los vemos orientados de varias formas está relacionada con el número de palabras que conocemos, que a su vez está relacionado con otras manifestaciones aparentemente distintas de las habilidades cognitivas. La puntuación en estas pruebas permite obtener un solo número: nuestro cociente intelectual. ¡Un solo número! (En los test de personalidad había cinco, qué menos.)

Antes de abordar el significado de esa cifra, hay que tener en cuenta que la puntuación media en un test de CI es 100 y no es por arte de magia, sino porque el test se ha calibrado así. Las puntuaciones se reajustan para que correspondan con lo que se conoce en estadística como una distribución normal, según la cual unos dos tercios de las personas tienen un cociente entre 85 y 115.

Hemos dicho que los dos criterios para evaluar los test psicológicos son la fiabilidad y la validez. Los test de inteligencia cumplen el primero, ya que las cifras no varían mucho con el tiempo. Por poner un ejemplo extremo, un psicólogo le hizo a un grupo de nonagenarios escoceses el mismo test de CI que habían hecho en 1921, cuando tenían once años.[556] Los resultados fueron muy parecidos; los preadolescentes que

---

555. Ritchie, *op. cit.*

556. Deary, Ian J.; Pattie, Alison; y Starr, John M., «The stability of intelligence from age 11 to age 90 years: the lothian birth cohort of 1921», *Psychological Science*, 24, 12 (2013), pp. 2361-2368.

habían puntuado alto se habían convertido en ancianos con puntuación alta.

La validez es más difícil de comprobar. ¿Miden realmente estos test lo que se supone que tienen que medir?

Para responder a esta pregunta, necesitamos saber qué es la inteligencia. Cuando se discute sobre el tema se suele comenzar con la siguiente definición, escrita hace muchos años por los mejores investigadores en el campo, entre los que se encuentra gran parte del consejo editorial de la revista tan bien titulada *Intelligence*:

> La inteligencia es una capacidad mental muy general que implica tener habilidad para razonar, planificar, resolver problemas, pensar de forma abstracta, resolver ideas complejas, aprender con rapidez y aprender de la experiencia. No supone el mero aprendizaje de un texto, una habilidad académica específica o la capacidad de aprobar un examen. Más bien refleja una capacidad amplia y profunda para comprender el entorno, para ser capaz de capturar el significado de las cosas y darles sentido o para ingeniárselas a la hora de saber qué hacer.[557]

Si las pruebas de CI miden la inteligencia en este sentido amplio —y no sólo «el mero aprendizaje de un texto, una habilidad académica específica o la capacidad de aprobar un examen»—, la puntuación obtenida en estas pruebas debería tener sus implicaciones en la vida real, pero ¿es así? Me encanta esta respuesta, extraída de un libro de texto excelente:

> Puede que hayas oído a la gente decir cosas como: «Los test de CI no predicen cosas importantes». Eso es absolutamente cierto, siempre y cuando creas que las notas, el trabajo, el dinero, la salud o la longevidad no son importantes. Lo cierto es que los resultados de las pruebas de inteligencia están estrechamente relacionados con casi todos los aspectos que preocupan al ser humano.[558]

Es difícil encontrar algo positivo que no concuerde con el cociente intelectual. Las personas con un CI más alto suelen tener relaciones más satisfactorias y mejor salud mental. En general son menos racistas, me-

557. Gottfredson, Linda S., «Mainstream science on intelligence: an editorial with 52 signatories, history, and bibliography», *Intelligence*, 24, 1 (1997), pp. 13-23.

558. Schacter, Daniel L.; Gilbert, Daniel T.; y Wegner, Daniel M., *Psychology*, W. W. Norton, p. 394, Estados Unidos, 2020.

nos sexistas, menos propensas a cometer delitos, más conscientes de los beneficios a largo plazo de cooperar y están menos tentadas a explotar a los demás. Suelen estar más sanas y vivir más tiempo, debido en parte a que eligen mejor su estilo de vida: comen mejor, hacen más ejercicio y es menos probable que fumen.

Según sabemos hasta ahora, sólo hay un rasgo negativo asociado a un cociente intelectual alto: ser corto de vista.[559]

Ahora bien, es de suponer que también hay rendimientos decrecientes; la subida del nivel de inteligencia importa menos a medida que subimos en la escala. Las personas que tienen un cociente muy bajo tienen dificultades para abrirse camino en la vida. Entre 80 y 100 hay una gran diferencia, pero ¿qué diferencia hay entre sacar 100 y 120? ¿Y entre 120 y 140? Es posible que, a partir de cierto punto, más no signifique mejor.

Podemos demostrarlo. En un estudio clásico que duró una década, los psicólogos seleccionaron a 320 niños que habían sido evaluados antes de los trece años por tener habilidades matemáticas o verbales excepcionales, ubicándolos en el rango de uno entre 10.000.[560] Veinte años después, examinaron a los mismos individuos para ver qué tal les iba en la vida, centrándose en su profesión. Y resultó que todos tenían una vida horrible porque eran unos auténticos frikis.

No, sólo estaba bromeando. Lo cierto es que les iba muy bien en la vida, se habían convertido en científicos, periodistas, políticos, CEO y líderes en la sociedad. En un estudio similar, esta vez con una muestra más amplia, se examinó a niños de 13 años que se encontraban en el uno por ciento superior en razonamiento matemático y se los volvió a examinar cuatro décadas después.[561] Una vez más, se encontraron que el grupo estaba repleto de abogados, ejecutivos y profesores titulares, de gente que escribía libros, registraba patentes, etcétera.

En la sociedad actual (y veremos que esto incluye un matiz importante), si pudiéramos hacerle a un niño una sola prueba para predecir cómo le va a ir en la vida, con el test de cociente intelectual no nos equivocaríamos.

559. Williams, Katie M., *et al.*, «Phenotypic and genotypic correlation between myopia and intelligence», *Scientific Reports*, 7, 1 (2017), pp. 1-8.

560. Kell, Harrison J., Lubinski, David; y Benbow, Camilla P., «Who rises to the top? Early indicators», *Psychological Science*, 24, 5 (2013), pp. 648-659.

561. Lubinski, David; Benbow, Camilla P.; y Kell, Harrison J., «Life paths and accomplishments of mathematically precocious males and females four decades later», *Psychological Science*, 25, 12 (2014), pp. 2217-2232.

El éxito en la vida no depende solamente de la inteligencia, así que volvamos a la personalidad y examinemos el rasgo conocido como *determinación*. Se trata de un concepto popularizado gracias al trabajo de la psicóloga Angela Duckworth y sus colegas y hace referencia a «una combinación de pasión y perseverancia para alcanzar un objetivo de singular importancia».[562] La determinación no es tan importante como el cociente intelectual para alcanzar el éxito, pero cuando hablamos de comunidades en las que casi todo el mundo tiene un CI alto, puede ser un excelente predictor del rendimiento.

Una cualidad como la determinación —y algunas capacidades relacionadas, como la meticulosidad o el autocontrol— no es lo mismo que la inteligencia, pero van naturalmente de la mano. Funcionan a la par cuando tomamos decisiones acertadas: la inteligencia, porque nos permite hacer elecciones racionales, y la determinación, la meticulosidad y el autocontrol porque nos permiten convertir esas buenas decisiones en acciones efectivas teniendo en cuenta las consecuencias a largo plazo y no dejarnos tentar por una opción menos idónea.

Hemos visto que existe una relación entre el cociente intelectual y ciertos tipos de amabilidad; lo mismo ocurre con estos otros rasgos.[563] La falta de autocontrol está asociada con la tendencia a participar en todo tipo de actos crueles, razón por la que las drogas como el alcohol, que nos desinhiben, están tan a menudo involucradas en la comisión de delitos violentos.[564] La psicopatía se asocia con una alta impulsividad, mientras que hay estudios sobre personas extraordinariamente altruistas, como las que donan los riñones a desconocidos, que constatan que son menos impulsivas que el resto de nosotros.[565]

Estos conceptos los anticipó el filósofo Adam Smith hace mucho tiempo. En su libro *Teoría de los sentimientos morales*, publicado en 1759, analizaba las cualidades más útiles para una persona y llegaba a las siguientes conclusiones:

562. Duckworth, Angela L., *et al.*, «Grit: perseverance and passion for long-term goals», *Journal of Personality and Social Psychology*, 92, 6 (2007), pp. 1087-1101; Duckworth, Angela L., *Grit: El poder de la pasión y la perseverancia*, Urano, 2016.

563. Véase un análisis en Pinker, Steven, *Los ángeles que llevamos dentro*, Paidós Ibérica, Barcelona, 2018.

564. Baumeister, Roy F., *Evil: inside human cruelty and violence*, Henry Holt, Estados Unidos, 1996.

565. Marsh, Abigail A., *et al.*, «Neural and cognitive characteristics of extraordinary altruists», *Proceedings of the National Academy of Sciences*, 111, 42 (2014), pp. 15036-15041.

Las cualidades que nos son más provechosas son, ante todo, la razón y la inteligencia en grado superior, que nos capacitan para discernir las consecuencias remotas de todos nuestros actos y para prever la ventaja o desventaja que probablemente resultará de ellos. En segundo término, el autocontrol, por el cual nos abstenemos del placer o soportamos el dolor del presente a fin de obtener un placer mayor o evitar un dolor mayor en el futuro. La unión de ambas cualidades forma la virtud de la prudencia, que de todas las virtudes es la más útil para el individuo.[566]

Hemos hablado de *cómo* somos diferentes, centrándonos en la personalidad y la inteligencia, y ahora vamos a ver *por qué* somos diferentes.

Una de las causas tiene que ver con nuestros genes. Cuando hablamos de la contribución de la genética a las diferencias humanas, nos referimos a la *heredabilidad*, concepto que puede resultar confuso. Es importante subrayar que la heredabilidad no se refiere a *cuánto* de un rasgo se debe a nuestros genes, sino a la proporción de la diferencia dentro de una población que se debe a la variación genética. Para entender la diferencia, vamos a considerar la cualidad de tener cerebro. Si hay algo que se debe a los genes, seguro que es esto, pero la noción de heredabilidad no se puede aplicar en este caso, porque no hay diferencias: todo el mundo tiene cerebro.

Por el contrario, pensemos en la cualidad de ser un buen jugador de baloncesto: no está codificada en los genes en un sentido directo, el baloncesto es una invención moderna. Sin embargo, algunos de los rasgos que hacen que alguien sea bueno en el baloncesto, como la estatura, son parcialmente genéticos y, en nuestra sociedad, eso se traduce en ser bueno en el baloncesto. Por lo tanto, la habilidad para el baloncesto es heredable.

Existen los genes, pero luego está el entorno, que puede dividirse en dos partes.

Una es el *entorno o ambiente compartido*, es decir, el entorno que tienen en común los miembros de una familia. Si un padre es violento y pega a sus hijos, eso forma parte del entorno compartido de sus hijos. Si la familia vive encima de un vertedero de residuos tóxicos o es rica o reside en un buen distrito escolar, todo eso también forma parte del entorno compartido.

La otra es el *entorno no compartido*, que es todo lo demás: conocer

566. Smith, Adam, *La teoría de los sentimientos morales*, Alianza, Madrid, 2013.

a alguien especial en una fiesta, pillar la gripe el día de un examen importante, ganar la lotería... todo eso es el entorno no compartido.

Para ilustrar la diferencia, imaginemos a dos gemelos idénticos criados en la misma familia. Tienen prácticamente los mismos genes y comparten el mismo entorno, pero no acaban siendo iguales en la vida posterior, y esto se debe al entorno no compartido. Lo mismo estuvieron en una posición diferente dentro del vientre materno, o uno se intoxicó en un viaje escolar o tuvieron amigos distintos. Sabemos que estos acontecimientos deben importar: si el entorno no compartido fuera irrelevante, los gemelos idénticos serían psicológicamente idénticos y es evidente que no lo son.

En definitiva, eso es todo: todo se reduce a la herencia, al entorno compartido o al entorno no compartido.

A los psicólogos, como a todo el mundo, les fascina saber hasta qué punto hay algo que nos hace ser como somos. Por ejemplo, hay personas más ansiosas que la media. ¿Hasta qué punto se debe a sus genes, hasta qué punto a su entorno compartido (haber crecido en una familia pobre, haber tenido padres autoritarios, no haber recibido suficientes abrazos de bebé) y hasta qué punto no se debe a ninguna de esas razones, sino al entorno no compartido (haber sido víctima de un atraco violento, por ejemplo)?

En la vida real es difícil separarlos, los genes y el entorno compartido están muy relacionados. Todo el mundo sabe lo parecidos que son los miembros de una misma familia; comparten rasgos físicos, como la estatura, y psicológicos, como el amor por la música, la aversión a viajar o la extraversión, pero no está claro hasta qué punto esos rasgos comunes son heredados o dependen del entorno compartido. Para averiguarlo, es necesario aplicar los métodos de la genética conductual.

Uno de estos métodos consiste en observar a los niños adoptados. Si una pareja adopta a un recién nacido, por definición éste tendrá el mismo entorno compartido que los hijos biológicos de la pareja, pero no compartirá los mismos genes. Supongamos que los hijos biológicos y sus hermanos adoptados presentan el mismo cociente de inteligencia: eso querría decir que el entorno familiar está moldeando su capacidad intelectual. Si los hijos adoptados tienen un CI muy diferente al de sus hermanos, esto querrá decir que los genes desempeñan un papel más importante.

O pensemos en los gemelos. Los monocigóticos son prácticamente clones, comparten (casi) todos sus genes; no así los mellizos (también llamados gemelos fraternos o gemelos dicigóticos, por proceder de dos cigotos), que son hermanos normales y corrientes y tienen aproximadamente un 50 por ciento de genes en común. Cabe preguntarse si, tomando cualquier rasgo, los gemelos monocigóticos son más parecidos entre sí que los dicigóticos. Si es así, esto podría sugerir que los genes desempeñan un papel, la heredabilidad. Si no es así, significaría que los genes no importan tanto.

El caso más atípico sería el de dos gemelos que se han criado separados. Si el entorno es lo único relevante, deberían ser tan diferentes como dos desconocidos. Si se parecen entre sí más que dos personas cualesquiera elegidas al azar, eso significa que los genes influyen.

Estos métodos siguen utilizándose para estudiar el papel de los genes y el entorno y abordan cuestiones que no pueden responderse de ninguna otra manera.[567] No obstante, ahora disponemos de formas más directas de estudiar la relativa contribución de los genes y el entorno, como el análisis de rasgo del genoma complejo (GCTA, por sus siglas en inglés), que permite tomar grandes muestras de personas (a veces, cientos de miles; otras, más de un millón), analizar su ADN y encontrar partes del genoma que varían de un individuo a otro. Después se puede comprobar la correlación entre las diferencias genéticas y un foco de interés, como alguna enfermedad tipo diabetes o la esquizofrenia, o atributos como la altura o el rendimiento académico.[568]

El GCTA tiene sus limitaciones —por ejemplo, sólo observa algunas fuentes de variación genética—, pero también ciertas ventajas sobre los métodos anteriores. Por poner un ejemplo, si se constata que los gemelos monocigóticos son mucho más parecidos que los dicigóticos, se puede llegar a la conclusión de que esto se debe a la mayor similitud genética de los gemelos, pero también cabe preguntarse si se les trata de forma más parecida que a los mellizos, tanto dentro de la familia como fuera de ella, porque se parecen más. El GCTA resuelve muchos de estos problemas.

Los resultados de los estudios sobre gemelos y niños adoptados y los de los GCTA coinciden y respaldan uno de los grandes descubrimientos de nuestro campo, lo que el psicólogo Eric Turkheimer denominó, en el año 2000, la primera ley de la genética conductual:

Primera ley: Todos los rasgos conductuales humanos son heredables.[569]

567. Friedman, Naomi P.; Banich, Marie T.; y Keller, Matthew C., «Twin studies to GWAS: there and back again», *Trends in Cognitive Sciences*, 25, 10 (2021), pp. 855-869.
568. Gran parte del análisis que sigue se basa en Harden, Kathryn Paige, *The genetic lottery: why DNA matters for social equality*, Princeton University Press, Estados Unidos, 2021.
569. Turkheimer, Eric, «Three laws of behavior genetics and what they mean», *Current Directions in Psychological Science*, 9, 5 (2000), pp. 160-164.

Y no sólo heredables en un grado trivial. Resulta que para casi todos los rasgos, una gran proporción de la variación entre individuos —a menudo, alrededor del 50 por ciento— se debe a los genes. Es el caso de la inteligencia, de los Big Five o cinco grandes rasgos de la personalidad, la religiosidad, muchos tipos de enfermedades mentales, la felicidad y muchas otras cosas.

Este hallazgo sorprendió a los psicólogos, que normalmente son más partidarios de las explicaciones ambientales, pero tal vez no sorprenda a todo el mundo. En un estudio, se les pidió a los participantes que calcularan cuánto contribuyen los genes a las diferencias humanas en una serie de rasgos dados y las estimaciones coincidieron con las ya publicadas sobre la heredabilidad.[570] Apreciaron, por ejemplo, que la esquizofrenia, el trastorno bipolar y la inteligencia se heredan a un nivel relativamente alto, más que el alcoholismo, la ideología política o el talento musical.

¿Qué información nos proporcionan las conclusiones sobre la heredabilidad respecto a las diferencias entre grupos? Muchas personas se apresuran a relacionarlo todo; los que están deseando creer que las diferencias étnicas y raciales tienen una base genética se acogen a la primera ley de Turkheimer para respaldar su punto de vista; los que rechazan la noción de que haya diferencias de grupo innatas descartan el debate sobre la herencia, ya que consideran que es abrirle las puertas al racismo científico.

Estas inferencias son erróneas. La heredabilidad dentro de un grupo —de lo que hemos estado hablando hasta ahora, el enfoque de la primera ley— no implica que las diferencias entre grupos sean genéticas.

El genetista Richard C. Lewontin puso un ejemplo muy conocido para ilustrar este punto.[571] Alguien tiene una bolsa de semillas de maíz, coge un puñado y las siembra en un huerto con una tierra estupenda y mucha luz natural. Luego coge otro puñado y lo siembra en una parcela con tierra mala y poca luz. En cada parcela, las plantas irán creciendo a un ritmo distinto, y esa variación se deberá enteramente a diferencias genéticas, la herencia, pero las plantas de la parcela buena crecerán

570. Willoughby, Emily A., *et al.*, «Free will, determinism, and intuitive judgments about the heritability of behavior», *Behavior Genetics*, 49, 2 (2019), pp. 136-153.

571. Lewontin, Richard C., «Race and intelligence», *Bulletin of the Atomic Scientists*, 26, 3 (1970), pp. 2-8.

más, por término medio, que las de la mala. Esta diferencia, que puede ser mayor que cualquier otra que se produzca dentro de cada parcela, se debe por completo al entorno en el que crecen las semillas.

No ocurre sólo con las semillas, también con las personas. Los surcoreanos son más altos que los norcoreanos. ¿Por qué? A ver, la altura de un coreano, como la de cualquier otra persona sobre la faz de la Tierra, puede predecirse en parte teniendo en cuenta la de los padres biológicos, es hereditaria. Pero la diferencia de estatura entre las personas del norte y las del sur es ambiental (al parecer, está relacionada con la dieta); el país se dividió en los años cuarenta, o sea, no hace tanto como para que haya diferencias genéticas entre los ciudadanos de ambos países. Esto es otra forma de ilustrar cómo las diferencias dentro de los grupos pueden verse influenciadas por los genes, mientras que un efecto amplio entre los grupos puede no tener nada que ver con la genética.

Y ahora, pasemos a una pregunta que se plantea con frecuencia: las diferencias en el cociente intelectual entre grupos humanos ¿pueden deberse al entorno, pueden ser algo similar al ejemplo de las semillas de Lewontin?

Sabemos que sí, que puede ser así, y voy a ilustrarlo con una historia real: existen dos grupos, cada uno compuesto por millones de personas. Viven en el mismo país, pero el cociente intelectual de cada grupo es asombrosamente diferente. Uno tiene un CI promedio de 100 puntos y el otro, 82. Estos grupos no presentan grandes diferencias genéticas entre ellos; de hecho, proceden de las mismas familias y comunidades.

¿Qué ha pasado para que haya esta diferencia? El tiempo. Estos dos grupos hicieron el test de CI en 2002 y en 1948. Los puntajes del test han ido aumentando gradualmente desde que se inventaron, a principios del siglo pasado. Ese incremento gradual del CI se conoce como el efecto Flynn en honor de su descubridor, el politólogo James Flynn.[572]

Flynn descubrió esto al plantear una pregunta ingeniosa. El cociente intelectual promedio para cualquier año es 100 porque así lo calibran los responsables de las pruebas, pero Flynn se preguntó: ¿qué números saldrían si no se reajustara el test? Y descubrió que hemos ido mejorando con el tiempo, de modo que la puntuación que hace muchos años obtendría un genio ahora sería simplemente normal.

572. Flynn, James R., *¿Qué es la inteligencia? Más allá del efecto Flynn*, U. Tea Ediciones, Madrid, 2009.

El efecto Flynn se ha observado en docenas de países. No se trata de una mejora en todos los aspectos de la inteligencia, no ha habido grandes cambios en los apartados del test que miden el vocabulario o las matemáticas. En cambio, hemos mejorado en las pruebas que miden la capacidad de abstracción, incluyendo, por poner algún ejemplo sencillo, las semejanzas («¿En qué se parecen la mañana y la tarde?») y las analogías («El libro es a leer lo que el tenedor es a...»).[573]

Nadie sabe a ciencia cierta el porqué del efecto Flynn; hay hipótesis que lo achacan a una mayor escolarización, a un incremento del carácter estimulante del entorno y a una mejor nutrición. Tampoco sabemos por qué el efecto se ha estabilizado e incluso revertido en algunos países.[574] Sabemos, sin embargo, que unas pocas generaciones no son suficientes para que se produzca un cambio genético radical. Como tal, el efecto Flynn proporciona una prueba de la existencia de grandes diferencias intelectuales entre grupos que son completamente ambientales. Esto refuerza la idea de que las diferencias que encontramos en los grupos étnicos actuales, mucho más pequeñas que las que se mantienen a lo largo del tiempo, podrían ser también ambientales.

Hemos de tener en cuenta que la herencia no explica el papel que desempeñan los genes en las diferencias entre grupos. Además, la heredabilidad no es constante. No existe una respuesta absoluta a la pregunta de hasta qué punto un rasgo es heredable, sólo respuestas relativas a un entorno específico.

Por un lado, los rasgos suelen ser más heredables en los entornos en los que se permite prosperar a las personas y menos en los más desfavorecidos. Para entender cómo funcionaría esto, pensemos en un país en el que todo el mundo tiene acceso a una excelente formación en matemáticas y no existe discriminación por motivos de raza, sexo, ingresos ni cualquier otra cosa. Comparemos esta situación con la de otro país en el que se disuade a las mujeres y a las minorías de aprender matemáticas y en el que el acceso a las mejores instituciones académicas viene determinado por la capacidad económica y los contactos familiares. En el primer país, todo el mundo tiene la oportunidad de

573. Para ampliar información, véase Pinker, *Los ángeles que llevamos dentro, op. cit.*

574. Bratsberg, Bernt; y Rogeberg, Ole, «Flynn effect and its reversal are both environmentally caused», *Proceedings of the National Academy of Sciences,* 115, 26 (2018), pp. 6674-6678.

prosperar, por lo que es de suponer que las diferencias entre los individuos reflejarán, en la mayor medida posible, su potencial genético. La heredabilidad estará en el nivel más alto. En el segundo país, tu madre y tu padre pueden ser unos genios de las matemáticas y tú tener una predisposición genética para serlo también, pero dependiendo de tu raza o de tu sexo, incluso de la zona de la ciudad en la que vivas, jamás vas a poner un pie en una clase de matemáticas. Tu potencial genético se echará a perder y, en general, la heredabilidad estará en el nivel más bajo.

Una forma de verlo es que en un buen entorno, donde se da rienda suelta a nuestros dones para que florezcan, nuestras capacidades genéticas pueden «optimizarse». En un entorno malo, esos dones se ven obstaculizados: se envenena a la gente con plomo, se la priva de la capacidad de aprender y practicar, sufre discriminaciones de todo tipo. Hemos hablado antes de las semillas y he descrito cómo, cuando están en el mismo entorno, crecen según sus genes. Pero si nunca entra luz en el huerto y nos olvidamos de regar, todas las semillas tendrán un destino funesto y los genes apenas importarán.

No es de extrañar, por tanto, que en Estados Unidos la heredabilidad de la inteligencia de los niños ricos sea mayor que la de los niños pobres.[575] Mientras que trasladar a los niños de un entorno razonablemente adecuado a otro no parece influir en su inteligencia, cambiarlos de un entorno pobre a otro mejor supone un aumento de más de diez puntos en el cociente de inteligencia, un efecto muy significativo.[576]

Por último, una última pero crucial observación sobre la heredabilidad es que saber hasta qué punto es heredable un rasgo no aporta información sobre el mecanismo por el que los genes influyen en ese rasgo.[577]

Por poner un ejemplo importante, el rendimiento educativo es parcialmente hereditario. Si se conoce la composición genética de una persona, se puede predecir, hasta cierto punto, si llegará a obtener un

---

575. Tucker-Drob, Elliot M.; y Bates, Timothy C., «Large cross-national differences in gene × socioeconomic status interaction on intelligence», *Psychological Science*, 27, 2 (2016), pp. 138-149.

576. Nisbett, Richard E., «Intelligence: new findings and theoretical developments», *American Psychologist*, 67, 2 (2012), p. 130.

577. Para ampliar información, véase Harden, Kathryn, *La lotería genética*, Deusto, 2022.

título universitario. Al oír esto podemos vernos tentados a sacar la conclusión de que ciertas variantes genéticas influyen en el cerebro de las personas, hacen que algunas sean más inteligentes o quizá les confieran más determinación o ambición o algún rasgo similar de la personalidad.

Puede ser, pero no es la única posibilidad. Por poner un ejemplo, aunque modificado, del sociólogo Christopher Jencks, pensemos en un país en el que se discrimina a los niños pelirrojos y se les dificulta seriamente acceder a buenos colegios.[578] Como el pelo rojo es genético, esto significaría que ciertos genes estarían relacionados fidedignamente con la falta de logros educativos, aunque esos genes no tuvieran nada que ver con el cerebro. Si el color del pelo te parece un ejemplo extravagante, piensa en el atractivo físico y en el color de la piel, ambos determinados por los genes y muy relacionados con el éxito en la vida.

Cuando hablamos de la heredabilidad de la inteligencia, la extraversión, el alcoholismo, etcétera, debemos tener en cuenta que el entorno en sí mismo influye en el vínculo causal entre los genes y los rasgos. En un país en el que nadie se preocupa por el color del pelo, los genes que intervienen en el color del pelo ya no se relacionarán con el nivel de estudios que alcances. Si las mejores universidades deciden elegir a los estudiantes en parte por su aptitud para el atletismo o por sus habilidades musicales o por lo bien que se les dan las entrevistas en persona, entonces los genes que influyen en estas capacidades estarán relacionados con el éxito en la vida; cuando dejen de hacerlo, importarán menos.

Hemos hablado de la primera ley de Turkheimer, «todos los rasgos conductuales humanos son heredables» y hemos hecho varias matizaciones. Veamos ahora la segunda y la tercera ley de la genética conductual.[579]

Segunda ley: El efecto de ser criado en la misma familia es menor que el efecto de los genes.

Tercera ley: Una parte sustancial de la variación en rasgos conductuales humanos complejos no se explica por el efecto de los genes o las familias.

578. Jencks, Christopher, *Inequality: a reassessment of the effect of family and schooling in America*, Basic Books, Estados Unidos, 1972.

579. Turkheimer, Eric, «Three laws of behavior genetics and what they mean», *Current Directions in Psychological Science*, 9, 5 (2000), pp. 160-164.

Lo que se desprende de esto es que, si el entorno es suficientemente bueno (siempre es una cualificación importante), los genes y el entorno no compartido son los que tienen mayor efecto en las diferencias entre las personas. La investigación sugiere que lo que parece no importar mucho, al menos con los rasgos de personalidad e inteligencia, es el entorno familiar. Por decirlo de una forma más radical, una vez que ha pasado el momento de la concepción y los genes parentales se han fusionado en el cigoto, para ciertos aspectos importantes del desarrollo de los niños los padres no importan tanto.[580]

Es posible que pienses que esto no puede ser cierto, que debe de haber algún efecto del entorno compartido. Al fin y al cabo, hay miles de estudios, además del sentido común, que demuestran una alta correlación entre padres e hijos en todos los aspectos. Los padres que leen mucho suelen tener hijos que leen mucho, los padres religiosos tienen más probabilidades de tener hijos religiosos, la gente extravertida tiene más probabilidades de tener hijos extravertidos, etcétera. Son hallazgos obvios y se han repetido muchas veces.

El problema es que estas correlaciones no son incompatibles con otras explicaciones, distintas a los efectos de la crianza. Por ejemplo, si un padre pega a sus hijos, esos niños tienden a ser más violentos.[581] La conclusión inmediata a la que suele llegarse es que el castigo corporal tiene un efecto negativo sobre los niños, pero en este caso también se puede pensar que los genes que hacen que los padres sean propensos a pegar (los relacionados con el control de los impulsos, por ejemplo) los comparten el adulto y el niño.

(También existe una tercera posibilidad. Estas correlaciones podrían deberse a que el niño influye en los padres y no al revés. Tal vez no se trate de que leerles a los niños los haga interesarse por los libros, sino de que, si los padres tienen un hijo interesado en los libros, sean más propensos a leerles. Los psicólogos del desarrollo llaman a esto *el efecto niño*.)

Durante mucho tiempo, los psicólogos dedicados a la investigación, que en realidad deberían estar mejor informados que nadie, se lo han planteado todo en términos de los efectos de la crianza y han obviado cualquier explicación alternativa, sobre todo la genética. La psicóloga

---

580. Véase un análisis exhaustivo de esta idea en Rich Harris, Judith, *El mito de la educación*, Debolsillo, Barcelona, 2002.

581. Por poner un ejemplo entre muchos, Strassberg, Zvi, *et al.*, «Spanking in the home and children's subsequent aggression toward kindergarten peers», *Development and Psychopathology*, 6, 3 (1994), pp. 445-461.

Kathryn Paige Harden señala que con sólo ojear una publicación importante sobre la psicología del desarrollo se encontrarán todo tipo de referencias sobre la relación entre lo que hacen los padres y cómo son los hijos. Cosas como que la depresión materna está asociada a la depresión infantil, que el consumo de alcohol de los padres está relacionado con los hábitos de sueño de los hijos, que el lenguaje materno se asocia con el autocontrol en los niños, etcétera.[582] Luego indica que «todos estos estudios utilizan datos provenientes de parientes genéticos y sólo mencionan de pasada, en el mejor de los casos, la posibilidad de que las asociaciones observadas puedan deberse a la herencia genética». No quiero ser demasiado duro, ya que los datos de estos estudios pueden ser interesantes por otras razones, pero interpretarlos como una prueba del efecto del ambiente es un error tremendo. Muchos de estos estudios son, como dice Harden, «un enorme desperdicio de recursos científicos».

El mismo problema de disociar los genes del entorno surge cuando contamos algo de nuestra vida. Soy un neurótico porque mamá nunca me quiso o quizá porque me colmó de amor por mi propio bien. Soy un buen padre de mis hijos porque el mío lo fue para mí... o soy un pésimo padre porque me di cuenta de que nunca podría estar a su altura. ¿Ves lo fácil que es explicar las cosas? Nos encanta hablar de nosotros mismos y casi siempre incluimos a otras personas, normalmente, las que nos criaron. Sin embargo, las investigaciones sugieren que esas historias suelen ser falsas o, al menos, carecen de fundamento.

Soy consciente de lo poco intuitivo que es todo esto. Si alguien te dice que la psicología es sentido común puro y duro, dile que se lea este capítulo.

Terminaremos esta sección con algunas aclaraciones. He dicho que la crianza no importa tanto a la hora de explicar la variación en ciertos rasgos, pero, por supuesto, la crianza importa de muchas otras formas. Los progenitores tienen un poder extraordinario sobre la vida de sus hijos. Los padres adecuados, sean biológicos o no, tratarán a sus hijos con respeto y amor y harán todo lo posible por brindarles una infancia feliz y gratificante; los padres no adecuados, los que abusan de sus hijos, los abandonan o son unos sádicos, pueden convertir a sus hijos en unos desdichados.

La forma en que las madres y los padres tratan a sus hijos tam-

582. Harden, K. Paige, «"Reports of my death were greatly exaggerated": behavior genetics in the postgenomic era», *Annual Review of Psychology*, 72 (2021), pp. 37-60.

bién influye en lo que los niños piensan de sus progenitores y si quieren relacionarse con ellos en el futuro, cuando tienen la opción. En este sentido, la relación padre-hijo es como cualquier otra: cómo tratas a la persona influye en lo que piensa de ti y en si quiere estar contigo.

Los padres también pueden ser importantes de muchas otras maneras que no se reflejan en los test psicológicos ni en pruebas similares. Por lo general, ellos pasan más tiempo con sus hijos que cualquier otra persona, así que, por supuesto, influyen. Si tu padre estaba obsesionado con los Pokémon y ahora les dedicas varias horas al día, tiene sentido atribuirle este aspecto de tu psicología, ya que puede que haya genes para la obsesión, pero no los hay para los Pokémon.

Los hijos suelen elegir la misma profesión que sus padres. Conozco una familia en la que tanto el padre como el hijo son filósofos famosos y otra en la que ambos son carniceros. Aunque los genes pueden tener algo que ver, es probable que también haya influencias ambientales.

Por último, queda espacio para el escepticismo. Una posibilidad es que la crianza tenga sus efectos en los ámbitos de los que hemos hablado, como la inteligencia y la personalidad, pero ocultos. La mitad de los niños, por ejemplo, que han sido criados por un padre sobreprotector son más introvertidos de adultos, pero la otra mitad —que tienen unos genes y unas experiencias diferentes— son menos introvertidos. Todas las personas tendrían toda la razón si dijeran que sus padres influyeron en su personalidad (si hubieran tenido otros padres, habrían sido diferentes), pero si un psicólogo examinara a un millón de personas para comprobar si existe alguna relación entre tener un padre sobreprotector y ser introvertido de adulto, no encontraría nada, porque las influencias se anulan perfectamente entre sí. Aunque este tipo de ejemplo es poco probable (sería una extraña coincidencia que las cosas se dieran de una manera que ocultara con malicia el efecto), sigue abierta la posibilidad de que algunos de los efectos ambientales sobre nuestra psicología incluyan una interacción compleja entre los padres y otros factores que aún no comprendemos del todo.

Hasta ahora hemos hablado de cómo son las cosas y ahora vamos a ver cómo podríamos cambiarlas. Supongamos que queremos que la gente sea mejor: más inteligente, más amable, más resistente, lo que sea. ¿Tenemos perspectivas de conseguirlo si nos basamos en los hallazgos que se han hecho sobre las diferencias individuales?

Sabemos que la herencia es importante, así que, ¿por qué no manipular los genes? Si los padres no influyen en sus hijos por la forma en que los crían, ¿pueden compensarlo con un poco de ingeniería genética?

Tratar todas las cuestiones éticas de este asunto está fuera del alcance de este libro, pero yo diría que la gente se incomoda demasiado rápido ante esta posibilidad. Supongamos que intervenir en el entorno supusiera mejorar la inteligencia de los niños, por ejemplo, ¿qué pasaría si descubriéramos que reduciendo el número de alumnos por aula en preescolar y en primaria se consigue justo eso? ¿Sería éticamente incorrecto que el gobierno se esforzara por reducir el número de alumnos por clase? Supongamos que las mujeres embarazadas pudieran cambiar de dieta para ayudar a aumentar el cociente intelectual de su bebé. ¿Deberíamos disuadirlas? La mayoría de las personas no tienen problema con estas prácticas, pero sí con la manipulación genética. ¿Tan diferentes son?

Hay argumentos a favor y en contra, pero tal vez eso no importe. Antes de llegar a los problemas morales y políticos que pueda comportar la manipulación de los genes, nos topamos con un gran obstáculo tecnológico. Las cualidades como la inteligencia suelen ser muy poligénicas, surgen de la combinación de miles de variaciones genéticas. En pocas palabras, no existe un «gen de la inteligencia» y lo mismo puede decirse de la determinación, la amabilidad, la extraversión y casi todo lo que es interesante en las personas, incluidos rasgos físicos como la estatura. En consecuencia, los psicólogos han formulado la cuarta ley de la genética conductual:

Cuarta ley: Un rasgo típico de la conducta humana está asociado a muchas variantes genéticas, cada una responsable de un porcentaje muy pequeño de la variabilidad conductual.[583]

Quizá algún día sea posible realizar algún tipo de mejora genética a gran escala, pero por ahora sigue siendo ciencia ficción.

La buena noticia es que no necesitamos manipular los genes. Que existan causas genéticas para la variación normal es compatible con las intervenciones ambientales que salen bien. Un ejemplo obvio es la vista. La miopía es en parte hereditaria, pero, por suerte, suele tratarse

---

583. Chabris, Christopher F., *et al.*, «The fourth law of behavior genetics», *Current Directions in Psychological Science*, 24, 4 (2015), pp. 304-312.

con soluciones tecnológicas como las gafas, las lentes de contacto o la cirugía.

La inteligencia y la personalidad no pueden arreglarse tan fácilmente, pero se aplica una lógica similar. Recordemos el ejemplo de Lewontin con las semillas. Entre otras cosas, ilustra cómo el más heredable de los rasgos puede verse radicalmente influido por los cambios en el entorno. En el caso de las semillas, podemos llevárnoslas a una parcela mejor. En el caso de las personas, se puede eliminar el plomo del ambiente y aumentar los suplementos de yodo, intervenciones ambas que es probable que tengan efectos notables.[584] La existencia del efecto Flynn hace pensar que los cambios en la sociedad, por ejemplo en la escolarización, pueden elevar la inteligencia hasta niveles insospechados y no tengo duda de que hacer cambios similares en el entorno puede modificar la personalidad. La confianza en los demás, por ejemplo, es un rasgo que varía mucho de una sociedad a otra y deja abierta la posibilidad de que las sociedades más desconfiadas se transformen y pasen a confiar más.

La cuestión es que estas dos afirmaciones...

1. Gran parte de la variación que se observa en un rasgo se debe a factores genéticos.
2. Podemos modificar con éxito este rasgo sin tener que recurrir a la genética.

...son perfectamente compatibles.

Este libro no trata de la filosofía moral ni de las políticas públicas, pero quiero acabar con un tema que vincula la investigación psicológica a otras cuestiones más generales. Me baso en dos libros que se publicaron mientras trabajaba en este capítulo, *The cult of smart*, de Fredrik DeBoer,[585] y *The genetic lottery*, de Kathryn Paige Harden.[586] Ambos auto-

---

584. Qian, Ming, «The effects of iodine on intelligence in children: a meta-analysis of studies conducted in China», *Asia Pacific Journal of Clinical Nutrition*, 14, 1 (2005), pp. 32-42; Heidari, Serve, *et al.*, «Correlation between lead exposure and cognitive function in 12-year-old children: a systematic review and metaanalysis», *Environmental Science and Pollution Research*, 28, 32 (2021), pp. 43064- 43073.

585. DeBoer, *The cult of smart: how our broken education system perpetuates social injustice*, MacMillan, 2020.

586. Harden, Katryn, *La lotería genética*, Deusto, 2022.

res aceptan que las diferencias humanas son hasta cierto punto genéticas, pero ambos argumentan, desde perspectivas un tanto distintas, que depende de nosotros como sociedad determinar hasta qué punto esa variación es importante.

Por ejemplo, el cociente de inteligencia. Hemos visto que se asocia con cosas positivas; de hecho, con casi todo lo que es positivo, pero esto se debe en parte a que muchas sociedades, incluida la estadounidense, están constituidas de tal manera que esto funciona así. Si los mejores puestos de trabajo acaban en manos de personas licenciadas por las mejores universidades y el sistema funciona de modo que para acceder a esos centros sea necesario tener un alto cociente intelectual (medido con pruebas que guardan una estrecha relación con el CI, como la SAT y la LSAT en Estados Unidos), no debería sorprendernos que el cociente de inteligencia esté relacionado con la obtención de los mejores puestos de trabajo: así es como lo hemos establecido nosotros. Volviendo a la analogía de Christopher Jencks, pero modificándola un poquito más, si aceptáramos en las mejores universidades sólo a los candidatos pelirrojos, viviríamos rápidamente en un mundo en el que el hecho de ser pelirrojo se asociaría a tener ingresos altos, mejor salud y más poder político, y entonces los psicólogos como yo escribiríamos libros que hablarían de la importancia de ser pelirrojo.

No es una analogía perfecta, por supuesto. El color del pelo de por sí no tiene ningún valor intrínseco, mientras que la inteligencia sí. No es casualidad que instituciones tan diferentes como el Departamento de Filosofía de Yale y la Guardia Costera tengan muy en cuenta la inteligencia a la hora de valorar a los candidatos.

Pero —y aquí expreso mis propias conjeturas morales y políticas, puedes no estar de acuerdo conmigo— no tiene por qué ser tan importante.[587] En Estados Unidos, por ejemplo, se les dan unas ventajas sociales y económicas enormes a los estudiantes superdotados que se gradúan en una pequeña cohorte de facultades de la Ivy League. Una sociedad que valora tanto un conjunto determinado de capacidades cognitivas está sobrevalorándolas por encima de cualquier proporción racional. Una sociedad justa debería respetar otros rasgos como la bondad, la tenacidad o el coraje. De hecho, una sociedad justa debería dar cabida a individuos que, sólo por mala suerte, no tienen ningún

587. Para cuestiones similares, véase Markovits, Daniel, *The meritocracy trap*, Penguin Press, Estados Unidos, 2019.

don especial. Muchos estaríamos de acuerdo en que sería injusto limitar tan bruscamente las oportunidades de alguien por el color de su piel, su lugar de nacimiento, su orientación sexual o su identidad de género. ¿Por qué, entonces, nos tendríamos que conformar con una sociedad que ofrece tan poco a quienes tienen una inteligencia inferior a la media?

14

La mente afligida

Antes, cuando me preguntaban a qué me dedico, solía responder: «Soy psicólogo», pero la gente creía que era terapeuta, así que ahora añado: «... de los que investigan». Un amigo responde algo mejor: «Soy psicólogo, pero no de los que ayudan a la gente».

Es necesario aclararlo porque la gente suele creer que la psicología se dedica a tratar las enfermedades mentales. Si has llegado a estas alturas del libro, ya sabes que la psicología es mucho más. Aun así, la psicología clínica es fundamental en nuestro campo y no te discutiría si me dijeras que es la parte más importante. Si los psicólogos pudiéramos curar la depresión o la esquizofrenia, ya tendríamos justificada nuestra existencia.

El enfoque habitual que se utiliza para presentar el ámbito de la psicología clínica consiste en enumerar las principales enfermedades mentales, hablar de los síntomas, describir teorías sobre las causas y, a continuación, pasar a discutir el tratamiento (y llegaremos a esto muy pronto), pero antes deberíamos abordar otras cuestiones más generales. Empezamos por ésta: ¿qué entendemos por *enfermedad mental*?

Si quieres ver una lista de enfermedades mentales, puedes acudir al *Manual diagnóstico y estadístico de los trastornos mentales* (*DSM*, por sus siglas en inglés). Se utiliza sobre todo en Estados Unidos y es la biblia de la psiquiatría y la psicología clínica: se emplea para diagnosticar, investigar y tratar. Se revisa cada pocos años; en el momento de escribir estas líneas, ya va por la quinta edición, el *DSM-5*. También puedes consultar la *Clasificación internacional de enfermedades,* que ya va por la undécima edición (*CIE-11*). La Organización Mundial de la Salud se encarga de su mantenimiento y es la más utilizada en otros países.

¿Qué tienen ciertos patrones de pensamiento y conducta para que los psicólogos y los psiquiatras los incluyan en estos libros tan voluminosos?

Una gran parte de estos manuales está dedicada a problemas manifiestamente graves: niños con fobias sociales tan graves que no pueden salir de casa, jóvenes con esquizofrenia que se comportan de forma errática y, en apariencia, irracional, ancianos con enfermedades como el alzhéimer, que alteran la memoria y el razonamiento.

Luego están los casos más difíciles de clasificar (de hecho, decidir qué se incluye y qué no en estos manuales suele generar polémica). Algún adicto a las drogas o al alcohol estará leyendo ahora mismo este libro. ¿Tienen una enfermedad mental? El *DSM* dice que sí. ¿Y qué pasa con la adicción a los videojuegos? El *DSM* dice que no está claro, que está categorizada como «afección pendiente de estudio».[588]

Uno de los debates más antiguos es el de los trastornos de la personalidad, incluidos sus subtipos: trastorno histriónico de la personalidad (respuesta emocional exagerada, búsqueda inadecuada de atención), trastorno antisocial de la personalidad (falta de preocupación por los demás, incumplimiento de las normas sociales, lo que los legos llaman «psicopatía» o «sociopatía») y trastorno narcisista de la personalidad (sentido exacerbado de la importancia propia, necesidad de atención y admiración). ¿Son enfermedades reales o sólo tipos de personalidad que no nos gustan a la mayoría? Al fin y al cabo, hay personas que triunfan y parecen tener trastorno narcisista de la personalidad. ¿Es razonable señalar con el dedo a alguien que prospera, a alguien a quien es evidente que le va mejor en todos los aspectos que al psicólogo o psiquiatra que los evalúa e insistir en que tiene un problema y necesita tratamiento? Puede que sí, pero entonces el problema podría ser de índole moral, estar cimentado en el concepto que tenemos de una buena vida y en cómo creemos que la gente debe tratar a los demás. ¿Deberían

588. Ferguson, Christopher J.; y Colwell, John, «Lack of consensus among scholars on the issue of video game "addiction"», *Psychology of Popular Media,* 9, 3 (2020), pp. 359-366.

los psicólogos y los psiquiatras dedicarse a emitir este tipo de diagnósticos?

El diagnóstico no es sólo un problema teórico. Las compañías de seguros y la seguridad social costean determinados tratamientos, pero como no pueden permitirse pagarlo todo, deben decidir qué se considera enfermedad y qué no. Yo creo que un vaso de whisky es justo lo que necesito después de un día estresante, pero no creo que mi compañía de seguros me reembolse el importe de la botella de Jameson porque lo considere un tratamiento para el «síndrome del día estresante».

O supongamos que estoy dando clase y recibo un correo electrónico de un alumno: «Querido profesor Bloom: Siento haber entregado mi trabajo fuera de plazo. Estoy en tratamiento por trastorno bipolar y tuve un episodio maniaco». Mi respuesta sería empática, pero si el alumno me dijera que no ha hecho el trabajo porque es un adicto al sexo y no le queda tiempo para estudiar, mi respuesta seguramente sería otra, menos indulgente. ¿Debería ser así? (Por cierto, la adicción al sexo no viene recogida en el *DSM*; se propuso incluir el trastorno hipersexual, pero no obtuvo suficientes votos.)[589]

Hay quien defiende que las enfermedades mentales no existen. Según ellos, hay enfermedades que afectan al cuerpo, pero la dolencia psíquica es una metáfora, y de las malas.

Este punto de vista lo defiende el psiquiatra Thomas Szasz en su libro *El mito de la enfermedad mental*.[590] Además de criticar específicamente la naturaleza coercitiva de la práctica psiquiátrica y la vaguedad de los diagnósticos psiquiátricos, Szasz sostiene que la etiqueta de *enfermedad mental* exime a los individuos de responsabilidad y desestima sus preocupaciones genuinas. Esas personas no están enfermas, sino «incapacitadas para vivir», luchan con los problemas de la vida cotidiana.

Nadie pondría en duda que algunos diagnósticos psiquiátricos han sido ilegítimos. La gente que se rebelaba contra el gobierno opresor de la antigua Unión Soviética acababa internada en un manicomio. En el siglo XIX, en Estados Unidos, se decía que los esclavos que escapaban

---

589. Reid, Rory C.; y Kafka, Martin P., «Controversies about hypersexual disorder and the DSM-5», *Current Sexual Health Reports*, 6, 4 (2014), pp. 259-264.

590. Szasz, Thomas S., *El mito de la enfermedad mental*, Amorrortu, Madrid, 2008; véase también Szasz, Thomas, «The myth of mental illness: 50 years later», *Psychiatrist*, 35, 5 (2011), pp. 179-182.

padecían *drapetomanía*, una compulsión enfermiza por vagabundear. No hace tanto que muchos psicólogos y psiquiatras aceptaban sin problemas que la homosexualidad era una enfermedad mental; hubo que esperar al *DSM-III*, publicado en 1980, para modificarlo tras una acalorada batalla.

Veamos lo que han cambiado las cosas.[591] En el congreso de la Asociación Americana de Psiquiatría (APA, por sus siglas en inglés) de 1972, se celebró una mesa redonda titulada «Psiquiatría: ¿amiga o enemiga de los homosexuales?». Uno de los panelistas anunció: «Soy homosexual. Soy psiquiatra. Yo, como la mayoría de los que estamos en esta sala, soy miembro de la APA y estoy orgulloso de serlo». Luego dijo que los psiquiatras deberían utilizar sus «habilidades y sabiduría para... sentirse cómodos con ese pedacito de la humanidad que es homosexual». Llevaba una máscara y una peluca para ocultar su identidad y hablaba a través de un micrófono que distorsionaba la voz.

En el momento en que escribo estas palabras, el *DSM-5* incluye como trastorno la disforia de género, es decir, la angustia que siente una persona cuando su identidad de género no coincide con su sexo de nacimiento. Hay activistas trans que opinan que debería eliminarse, igual que se hizo con la homosexualidad; les preocupa el estigma de que los categoricen como enfermos mentales.[592] Sin embargo, hay miembros de la comunidad que creen que les conviene estar en el *DSM-5* porque eso permite a las compañías de seguros financiar tratamientos como la terapia hormonal.

Los partidarios de la «neurodiversidad» también critican la práctica psiquiátrica actual. Sostienen que algunas de las denominadas enfermedades mentales son más bien distintas formas de pensar, de entender el mundo y de afrontarlo. Tal vez lo que llamamos enfermedad mental pueda hasta ser una ventaja en ciertos aspectos de la vida.

Otro motivo de preocupación es que el enfoque psiquiátrico tradicional malinterpreta el origen del problema.[593] Imagínate que alguien está con los ánimos por los suelos, es incapaz de sentir placer, apenas duerme, tiene dificultad para concentrarse y ha perdido el interés por la

591. Groopman, Jerome, «The troubled history of psychiatry», *The New Yorker*, 20 de mayo de 2019.

592. Por ejemplo, Grinker, Roy Richards, «Being trans is not a mental disorder», *The New York Times*, 7 de diciembre de 2018, <https://www.nytimes.com/2018/12/06/opinion/trans-gender-dysphoria-mental-disorder.html>.

593. Hari, Johann, *Lost connections: why you're depressed and how to find hope*, Bloomsbury Publishing, Reino Unido, 2019.

comida y el sexo. Lleva así varias semanas: tiene todos los síntomas de un trastorno depresivo mayor. Ahora, supongamos que, hace tres semanas, un coche atropelló a su hijo pequeño y lo mató. Es posible que también le venga bien el tratamiento, incluso la medicación, pero su depresión no debería interpretarse como una enfermedad propiamente dicha, sino como una reacción normal ante un acontecimiento terrible.

Ahora bien, los psicólogos y los psiquiatras no son tontos. En una versión anterior del *DSM*, en el apartado de diagnóstico de enfermedades mentales quedaba excluido el duelo explícitamente. En la versión más reciente, aunque ya no con las mismas palabras, se ha tenido la precaución de aclarar que no debemos confundir un duelo normal y corriente con un episodio depresivo mayor.[594]

Pero Johann Haru, en su libro *Conexiones perdidas,* objeta que esto no es suficiente. Si se admite que la depresión es racional cuando muere un ser querido, ¿por qué quedarse ahí?

> ¿Por qué la muerte parece ser la única causa razonable de una depresión? ¿Por qué no lo es que te abandone tu marido después de treinta años de matrimonio? ¿Por qué no lo es llevar atrapado treinta años en un trabajo sin sentido que odias? ¿Por qué no lo es quedarse sin casa y acabar viviendo debajo de un puente? Si es razonable recurrir a un conjunto de circunstancias para justificarla, ¿podría haber otras circunstancias que también la justifiquen?[595]

Hari continúa: «¿Y si la depresión es, en realidad, una forma de duelo por tener una vida que no es como debería ser? ¿Y si es una forma de duelo por las relaciones que hemos perdido, pero que aún necesitamos?». Se muestra igual de escéptico ante los tratamientos biológicos (aunque se cuida de no rechazarlos por completo) porque, para él, se centran en el problema que no es. La culpa no es de la mente, sino del mundo.

Merece la pena tomarse en serio estos planteamientos, pero nada de lo que acabamos de decir debería hacernos pensar que las enfermedades mentales en realidad no existen.

Volvamos al tema de la neurodiversidad y tomemos como ejemplo el caso del autismo, que suele ser la referencia. Hay quien cree que el

---

594. Pies, Ronald, «The bereavement exclusion and DSM-5: an update and commentary», *Innovations in Clinical Neuroscience,* 11, 7-8 (2014), pp. 19-22.

595. Hari, *op. cit.,* p. 51.

autismo supone una determinada forma de procesar la información, distinta de la de los individuos neurotípicos, pero no inferior.[596] Las dificultades por las que atraviesan muchos individuos deben entenderse como un reflejo de lo intolerante que es una sociedad mayormente neurotípica con los que piensan de otra forma.

En algunos casos, este análisis parece acertado. En su estudio sobre cómo encontrar a personas con talento, Daniel Gross y Tyler Cowen escriben: «A estas alturas, es bien sabido que muchos autistas poseen grandes habilidades para la programación, las matemáticas y otras materias técnicas; se ha convertido prácticamente en un cliché. Hay empresas, sobre todo del sector tecnológico, que se dedican a contratar a personas autistas para desempeñar este tipo de tareas».[597] También afirman que otras capacidades asociadas al autismo, como una menor susceptibilidad a los sesgos de razonamiento, podrían suponer una ventaja en otros ámbitos. Hay muchas personas con rasgos autistas, como la activista Greta Thurnberg o el economista Vernon Smith, premio Nobel, a quienes les va excepcionalmente bien en la vida.

Pero el autismo —más bien, el trastorno del espectro autista— es una categoría amplia. En uno de los primeros análisis de este tema, Oliver Sacks señala que cuando la mayoría de la gente y, de hecho, la mayoría de los médicos piensa en alguien con autismo, se imaginan a «un niño profundamente discapacitado, con movimientos estereotipados, tal vez cabeceo y un lenguaje rudimentario, casi inaccesible: una criatura a la que el futuro depara poco».[598] Ha dejado de ser un estereotipo, pero esos niños existen y necesitan cuidados constantes. Abordar un trastorno así como algo que se debe tratar no es estigmatización ni control social: se trata de compasión.

Lo mismo ocurre con quienes padecen esquizofrenia, depresión mayor o trastornos de ansiedad graves, como ataques de pánico. Esas personas sufren, y encontrar una cura para ese sufrimiento sería un regalo del cielo. La noción de neurodiversidad y las objeciones de críticos como Szasz son pertinentes en muchos casos, pero no en éstos.

¿Y lo que opina Hari? Tiene razón al aludir a la importancia del entorno, pero, sin duda, el individuo también importa. Como veremos,

---

596. Por ejemplo, Silberman, Steve, *Una tribu propia: autismo y Asperger, otras maneras de entender el mundo*, Ariel, Barcelona, 2019.

597. Cowen, Tyler; y Gross, Daniel, *Talent: how to identify energizers, creatives, and winners around the world*, St. Martin's Press, p. 158, Estados Unidos, 2022.

598. Sacks, Oliver, *Un antropólogo en Marte: siete relatos paradójicos*, Anagrama, Barcelona, 2006.

la predisposición genética y las experiencias de la infancia desempeñan un papel importante a la hora de determinar quién sufre una enfermedad mental. Por ejemplo, hay personas atrapadas en un trabajo que carece de sentido que caen en una profunda depresión, pero otras encuentran sentido a las cosas y alegría en otro sitio.

Además, incluso aunque eso no fuera cierto —incluso aunque la enfermedad mental no fuera más que consecuencia del entorno inmediato—, no sería una crítica fulminante al enfoque médico. Las causas ambientales no implican tratamientos ambientales. Tal vez sería útil ejemplificarlo con el cáncer. Hay agentes cancerígenos en el mundo, vale la pena saberlo y actuar en consecuencia. Eso no significa que la única forma de tratar el cáncer sea cambiando el mundo ni que el cáncer no sea una enfermedad. Pues lo mismo puede decirse de trastornos como la depresión.

Así que, consciente de estas preocupaciones, voy a hablar en términos de enfermedad, síntomas, causas subyacentes y tratamientos, pero al final retomaré algunas de estas preocupaciones escépticas porque yo mismo, en cierto modo, soy escéptico.

La esquizofrenia no es la enfermedad mental más común, sólo la padece alrededor del uno por ciento de la población mundial, pero puede considerarse una de las más terribles. La Organización Mundial de la Salud la clasifica como una de las diez peores enfermedades del planeta por su impacto económico.[599] La esperanza de vida de una persona con esquizofrenia es de más de quince años inferior a la normal, debido a suicidios, enfermedades y accidentes[600] y más de un tercio de las personas internadas en hospitales psiquiátricos están allí por habérseles diagnosticado esquizofrenia.

La esquizofrenia aparece entre el final de la adolescencia y la mitad de la treintena, un poco más tarde en las mujeres que en los hombres; es más frecuente en los hombres.[601] Para ser diagnosticado, deben darse durante un período significativo dos o más de los siguientes síntomas:[602]

599. Ayano, Getinet, «Schizophrenia: a concise overview of etiology, epidemiology diagnosis and management: review of literatures», *Journal of Schizophrenia Research*, 3, 2 (2016), pp. 2-7.

600. Laursen, Thomas Munk, «Life expectancy among persons with schizophrenia or bipolar affective disorder», *Schizophrenia Research*, 131, 1-3 (2011), pp. 101-104.

601. Abel, Kathryn M., Drake, Richard; y Goldstein, Jill M., «Sex differences in schizophrenia», *International Review of Psychiatry*, 22, 5 (2010), pp. 417-428.

602. Puede consultarse un resumen en Barch, Deanna M., «Schizophrenia spec-

1. **Alucinaciones:** Experimentar cosas que no ocurren. Suelen ser auditivas, se oyen voces que pueden provenir de Dios, del diablo o de personas siniestras que reprenden al individuo o le exigen que cometa actos terribles.
2. **Delirios:** Un delirio es una creencia irracional muy difícil de cambiar. Puede consistir en creer que el gobierno te está siguiendo, que eres Jesucristo, que los extraterrestres te leen la mente, etcétera.
3. **Discurso desorganizado:** Lenguaje incoherente y extraño. En casos extremos, las personas que padecen esquizofrenia pueden producir un lenguaje desordenado, a veces llamado «ensalada de palabras».
4. **Comportamiento desorganizado o catatónico:** Actos extraños e inapropiados, risitas inoportunas, vestimenta extraña o disminución en el movimiento, a veces quedando inmovilizado en un lugar y a veces lo contrario: movimientos excesivos y sin sentido.

Éstos son los síntomas *positivos*, la inusual forma de pensar y de actuar que presenta una persona con esquizofrenia, pero también los hay *negativos*, síntomas que suponen la ausencia de rasgos normales del pensamiento y el comportamiento.

5. **Ausencia de cognición o emoción**: Puede incluir cierta falta de expresividad emocional, pérdida de motivación, pérdida del placer y aislamiento del mundo.

Mucha gente se cree que la esquizofrenia es lo que sale en las películas, pero las películas suelen equivocarse. *Una mente maravillosa* está basada en la vida de John Nash, un matemático excelente conocido por su trabajo sobre la teoría de juegos o teoría de las decisiones interactivas. La película es buena, pero un pésimo retrato de la esquizofrenia. Por quejarme sólo de una cosa, durante la mayor parte de la cinta vemos a Nash con un amigo que vive con él y le da consejos. Y luego hay un giro: el amigo en realidad no existe, es una alucinación. Las alucinaciones no suelen funcionar así; suelen ser auditivas, no visuales, y rara vez aparecen como un personaje verosímil y duradero. Y lo más grave es que la película se toma en serio la creencia de que los síntomas más graves

trum disorders», en Biswas-Diener, R; y Diener, E. (eds.), *Noba textbook series: psychology*, DEF Publishers, Estados Unidos, 2020, <http://noba.to/5d98nsy4>.

de la esquizofrenia pueden desaparecer si se tiene fuerza de voluntad, sin medicación y sin terapia. La mayoría de los expertos en la materia coincidirán en que esto es un error.

En este sentido, es mejor la película *El solista*, basada también en una persona real, Nathaniel Ayers, un músico que desarrolló esquizofrenia. Jamie Foxx, en el papel de Ayers, retrata de una forma magnífica lo que supone padecer esta enfermedad.

En la cultura popular, la esquizofrenia suele confundirse con lo que coloquialmente se llama «tener doble personalidad» (en realidad, «trastorno de identidad disociativo»), del que hablaremos en breve. La confusión podría deberse a que *esquizofrenia* procede del griego *schizo*, 'división', y *phren*, 'mente'. En el caso de la esquizofrenia, esa escisión o división se refiere a la pérdida de contacto con la realidad, que se refleja en las emociones, las motivaciones y la cognición; las personas con esquizofrenia tienen problemas de aprendizaje, de memoria, de velocidad de procesamiento, de atención y de prácticamente cualquier otro aspecto de la vida mental.

Para empeorar las cosas, los problemas derivados de la esquizofrenia dificultan el trato con las demás personas y conducen al aislamiento social. Esto, a su vez, tiene consecuencias sobre la salud mental; los delirios pueden considerarse en parte una elaboración del mundo privado de una persona que ha perdido todo contacto con otras personas. Es un círculo vicioso, pues el aislamiento puede empeorar el trastorno y eso conducir a un mayor aislamiento y así sucesivamente.

¿Cuál es la causa de la esquizofrenia? Antes se creía que era una sustancia química del cerebro llamada dopamina, que los receptores de este neurotransmisor se volvían demasiado sensibles. Prueba de ello es que algunos fármacos antipsicóticos bloquean la recepción de dopamina en la sinapsis, lo que suele aliviar los síntomas. Además, los medicamentos que estimulan la dopamina —las anfetaminas— pueden provocar a veces una forma de psicosis muy parecida a la esquizofrenia.

Pero la teoría de la dopamina no puede ser del todo cierta. Si los efectos paliativos de los antipsicóticos se deben al bloqueo de la dopamina, dichos compuestos deberían funcionar enseguida, puesto que tienen efectos inmediatos sobre los neurotransmisores, pero no es así, tardan en hacer efecto. Además, el cerebro de las personas que padecen esquizofrenia tiene anomalías estructurales como una materia gris reducida (el cuerpo de las neuronas, las dendritas y la terminal de los axones) y un agrandamiento de los ventrículos, que son cavidades llenas de líquido. Y estas anomalías no son sutiles, tienen el tamaño suficiente para que sea posible localizarlas en una resonancia magnética.[603] Además, los medicamentos antipsicóticos que no contienen dopamina consiguen en cierta medida aliviar los síntomas de la esquizofrenia. Todo ello hace pensar que el problema es de índole más amplia. Tal vez, como propuso un grupo de expertos, la esquizofrenia sea «fundamentalmente un trastorno de conectividad neuronal alterada».[604]

La esquizofrenia tiene una base genética. Si un pariente biológico cercano la padece, la probabilidad de que tú también la padezcas es considerablemente mayor. Si la padece un hermano gemelo, la probabilidad es del 50 por ciento, mientras que si la padece un hermano mellizo, es de una octava parte.[605]

Sin embargo, no existe un «gen de la esquizofrenia», sino, más bien, cientos o miles de genes que interactúan para predisponer a las personas a padecer este trastorno.[606] Recordemos la cuarta ley de la genética conductual que vimos en el capítulo anterior:

> Un rasgo típico de la conducta humana está asociado a muchas variantes genéticas, cada una responsable de un porcentaje muy pequeño de la variabilidad conductual.[607]

Los datos genéticos revelan que el entorno desempeña un papel decisivo. Si la esquizofrenia fuera exclusivamente genética, entonces, si tu hermano gemelo la tuviera, tú también la tendrías y no es el caso.

Por lo tanto, lo genético no es la esquizofrenia en sí, sino la vulnerabilidad a padecerla. Éste es un ejemplo del modelo de diátesis-estrés de las enfermedades mentales, según el cual contraer la enfermedad depende de una combinación de la vulnerabilidad (denominada inútilmente *diátesis*, palabra derivada del término griego para «dis-

603. Karlsgodt, Katherine H.; Sun, Daqiang; y Cannon, Tyrone D., «Structural and functional brain abnormalities in schizophrenia», *Current Directions in Psychological Science*, 19, 4 (2010), pp. 226-231.

604. Ibídem.

605. Ivleva, Elena; Thaker, Gunvant; y Tamminga, Carol A., «Comparing genes and phenomenology in the major psychoses: schizophrenia and bipolar 1 disorder», *Schizophrenia Bulletin*, 34, 4 (2008), pp. 734-742.

606. Farrell, M. S., *et al.*, «Evaluating historical candidate genes for schizophrenia», *Molecular Psychiatry*, 20, 5 (2015), pp. 555-562.

607. Chabris, Christopher F., *et al.*, «The fourth law of behavior genetics», *Current Directions in Psychological Science*, 24, 4 (2015), pp. 304-312.

posición») con algún acontecimiento estresante que sirva de detonante.

¿Y cuál es ese detonante? Haber pasado la infancia en un entorno familiar adverso, según una teoría. De hecho, cuando los adultos que padecen esquizofrenia hablan de su infancia, suelen relatar experiencias inusualmente malas en sus primeros años de vida,[608] pero es difícil separar causa y efecto en estos casos: las personas con enfermedades mentales pueden ser más propensas a recordar su infancia de forma negativa. Sin embargo, a favor de esta teoría del entorno en la infancia, existe una fuerte relación entre la esquizofrenia y ciertos factores estresantes de la vida: los niños nacidos en una familia pobre tienen más probabilidades de desarrollar esquizofrenia en la edad adulta.[609]

También es posible que el desencadenante no sea el típico trauma o entorno negativo que solemos imaginarnos. Podría ser un parto difícil, una madre desnutrida o una infección vírica.[610] En este sentido, guarda similitud con el autismo, que también se asocia con problemas en el alumbramiento,[611] infecciones[612] y una mayor probabilidad de gestarse en los meses de invierno.[613]

Por último, la esquizofrenia se manifiesta en la primera fase de la edad adulta, pero los precursores aparecen en la infancia. En un interesante estudio, unos psicólogos examinaron películas caseras de adultos con esquizofrenia de cuando tenían cinco años o menos en las que aparecían con hermanos que no habían desarrollado la enfermedad más adelante.[614] Los espectadores que no sabían quién era quién eran capaces de adivinar, mejor que al azar, qué niños desarro-

608. Bendall, Sarah, et al., «Childhood trauma and psychotic disorders: a systematic, critical review of the evidence», Schizophrenia Bulletin, 34, 3 (2008), pp. 568-579.

609. Werner, Shirli; Malaspina, Dolores; y Rabinowitz, Jonathan, «Socioeconomic status at birth is associated with risk of schizophrenia: population-based multilevel study», Schizophrenia Bulletin, 33, 6 (2007), pp. 1373-1378.

610. Jenkins, Trisha A., «Perinatal complications and schizophrenia: involvement of the immune system», Frontiers in Neuroscience, 7 (2013), pp. 1-9.

611. Gardener, Hannah; Spiegelman, Donna; y Buka, Stephen L., «Perinatal and neonatal risk factors for autism: a comprehensive meta-analysis», Pediatrics, 128, 2 (2011), pp. 344-355.

612. Jiang, Hai-yin, et al., «Maternal infection during pregnancy and risk of autism spectrum disorders: a systematic review and meta-analysis», Brain, Behavior, and Immunity, 58 (2016), pp. 165-172.

613. Zerbo, Ousseny, et al., «Month of conception and risk of autism», Epidemiology, 22, 4 (2011), p. 469.

614. Walker, Elaine F.; Savoie, Tammy; y Davis, Dana, «Neuromotor precursors of schizophrenia», Schizophrenia Bulletin, 20, 3 (1994), pp. 441-451.

llarían esquizofrenia: presentaban una conducta más extraña y tenían más expresiones faciales negativas y menos expresiones faciales positivas.

Las alucinaciones y las ideas delirantes de la esquizofrenia, la desconexión de la realidad, se conocen como psicosis. No es exclusiva de la esquizofrenia, la psicosis también puede manifestarse en el trastorno bipolar y en ciertas reacciones extremas a las drogas. Aunque pueda resultar desconocida para la mayoría de las personas, quizá algunos experimentemos una forma mucho más leve de ella. Se cuenta que el escritor James Joyce estaba hablando con el psicólogo Carl Jung sobre Lucia, la hija del primero, que padecía esquizofrenia. Jung estaba describiendo los extraños procesos mentales característicos de la enfermedad de Lucia y Joyce se dio cuenta de que en sus propios textos aparecían ese mismo tipo de asociaciones. Le dijo: «Doctor Jung, ¿se ha dado cuenta de que mi hija parece estar sumergida en las mismas aguas que yo?». Y Jung le respondió: «Sí, pero donde usted nada, ella se ahoga».[615]

Otros trastornos nos resultan más familiares. ¿Alguna vez has estado triste? ¿Muy triste? ¿Sin ganas de levantarte de la cama, sin ganas de comer, sin alegría en la vida? Multiplica esto varias veces y puede que te hagas una pequeña idea de qué se siente cuando se tiene una depresión mayor.[616] He aquí una descripción del escritor Andrew Solomon:

Más o menos por esa época, empezaron los terrores nocturnos. Iba a publicar mi libro en Estados Unidos y un amigo organizó una fiesta para el 11 de octubre... Yo estaba demasiado desganado como para invitar a mucha gente, estaba demasiado cansado como para estar de pie mucho tiempo y estuve sudando a mares toda la noche. El suceso pervive en mi mente como trazos fantasmales y con colores desvaídos. Cuando llegué a casa, el terror se apoderó de mí. Me tumbé en la cama, sin dormir, y me abracé a la almohada buscando consuelo. Dos semanas más tarde, la víspera de mi trigésimo primer cumpleaños, salí de casa para hacer la compra y me quedé petrificado sin motivo, de repente perdí el control de los esfínteres y me oriné

615. Citado en «James Joyce and his daughter Lucia (the subtle border between madness and genius)», Faena Aleph, <https://www.faena.com/aleph/james-joyce-and-his-daughter-lucia-the-subtle-border-between-madness-and-genius>.
616. Véase un resumen en Gershon, Anda; y Thompson, Renee, «Mood disorders», in *Noba Textbook Series: Psychology*.

encima. Corrí a casa temblando y me acosté, pero no dormí ni era capaz de levantarme al día siguiente. Quería llamar a todo el mundo para cancelar los planes para mi cumpleaños, pero no podía. Me quedé quieto en la cama y pensé en hablar, intenté averiguar cómo mover la lengua, pero no era capaz de emitir ningún sonido. Me había olvidado de cómo hablar. Entonces empecé a llorar sin lágrimas. Estaba tumbado bocarriba y quería darme la vuelta, pero tampoco sabía cómo hacerlo. Supuse que tal vez había tenido un derrame cerebral. Hacia las tres de la tarde, conseguí levantarme e ir al baño. Volví a la cama temblando. Afortunadamente, mi padre, que vivía en la zona norte de la ciudad, me llamó a esa hora. «Cancela lo de esta noche», le dije, luchando por pronunciar esas extrañas palabras. «¿Qué pasa?», me preguntó. Y yo no supe qué decirle.[617]

La depresión es frecuente, con una prevalencia de aproximadamente un 15 por ciento en los hombres y un 26 por ciento en las mujeres.[618] Como la esquizofrenia, es heredable. Si tus parientes biológicos la padecen, tú tienes más probabilidades de padecerla, pero, igual que la esquizofrenia, no es completamente heredable, ni mucho menos, por lo que el entorno debe desempeñar algún papel (de hecho, voy a dejar de repetirlo: todos los trastornos mentales de los que hablaremos son parcialmente heredables). Los factores estresantes que desencadenan una depresión incluyen, como cabría esperar, acontecimientos vitales difíciles, como el fin de una relación o la pérdida de un empleo. Aunque alguien que lleve una vida aparentemente estupenda puede sufrir una depresión mayor, las personas cuyas circunstancias son peores son más vulnerables y, como ocurre con la esquizofrenia, la depresión es más común entre las personas que tienen recursos bajos.[619]

Una teoría sostiene que la depresión está causada por un nivel bajo de algún neurotransmisor como la serotonina. Lo confirma el hecho de que cuando se administra algún medicamento que se cree que aumenta los niveles de serotonina en el cerebro, incluyendo los conocidos Prozac, Zoloft o Paxil, a menudo tienen un efecto beneficioso.

617. Solomon, Andrew, «Anatomy of melancholy», *The New Yorker*, 4 de enero de 1998.

618. Hasin, Deborah S., *et al.*, «Epidemiology of adult *DSM-5* major depressive disorder and its specifiers in the United States», *Journal of the American Medical Association Psychiatry*, 75, 4 (2018), pp. 336-346.

619. Freeman, Aislinne, *et al.*, «The role of socio-economic status in depression: results from the COURAGE (aging survey in Europe)», *BMC Public Health*, 16, 1 (2016), pp. 1-8.

Pero, una vez más, como con la esquizofrenia, la cosa no puede ser tan simple. Los medicamentos influyen en los neurotransmisores de inmediato, pero tardan semanas en hacer efecto. Y la prueba científica que implica a la serotonina tanto en la causa de la depresión como en su tratamiento es sorprendentemente débil, como dijo un analista: «Para decirlo sin rodeos, no hay pruebas decisivas que demuestren que el estado de ánimo bajo esté causado por niveles bajos de serotonina».[620] Los medicamentos suelen funcionar, pero no sabemos por qué. Una teoría bastante diferente dice que la depresión está relacionada con una falta de plasticidad general en el cerebro que hace que se pierda la capacidad de reestructurar adecuadamente una respuesta al entorno, aunque apenas hay consenso al respecto.[621]

A nivel cognitivo, la depresión se asocia a ciertos patrones de pensamiento (aunque tal vez no sean la causa, ya que se aplican los problemas habituales de causalidad) que incluyen la tendencia a rumiar los problemas.[622] La escala de respuesta rumiativa es un instrumento que pregunta a las personas con qué frecuencia hacen lo siguiente cuando se sienten tristes, melancólicas o deprimidas:

> Pienso: ¿Por qué reacciono de esta manera?
> Pienso en lo difícil que es concentrarme.
> Pienso que no podré hacer mi trabajo si no supero esto.

Las respuestas están relacionadas con la probabilidad de sufrir depresión, aunque no con la duración de la depresión. La psicóloga Susan Nolen-Hoeksema propuso que esto podría ser la razón por la cual la depresión es más común en las mujeres: suelen rumiar más.[623]

La depresión también está asociada con un estilo negativo de pensar en nuestra propia vida. Antes hablamos sobre cómo las personas a veces se ven a sí mismas, y su vida, mejor de lo que realmente son. Se puede considerar que la depresión implica el sesgo opuesto. Si un estudiante sin depresión saca malas notas en un curso, puede pensar que el

620. Cobb, Matthew, *The idea of the brain: the past and future of neuroscience*, Profile Books, p. 304, Reino Unido, 2020.

621. Phillips, Cristy, «Brain-derived neurotrophic factor, depression, and physical activity: making the neuroplastic connection», *Neural Plasticity* (2017), article ID 7260130.

622. Nolen-Hoeksema, Susan; Wisco, Blair E.; y Lyubomirsky, Sonja, «Rethinking rumination», *Perspectives on Psychological Science*, 3, 5 (2008), pp. 400-424.

623. Nolen-Hoeksema, Susan, «Sex differences in unipolar depression: evidence and theory», *Psychological Bulletin*, 101, 2 (1987), pp. 259-222.

profesor es un incompetente y que ya le saldrán mejor las cosas en el futuro; un estudiante que sufre de depresión podría pensar que es un estúpido y que esa mala nota le va a perseguir el resto de su vida. Como apunta un psiquiatra:

> Todo psicoterapeuta tiene algún paciente con un trabajo bien remunerado y con prestigio social, una familia feliz, que es querido por todos en su comunidad y que se recuesta en el diván y dice: «Creo que soy un fracaso total, no he conseguido nada en la vida ni le gusto a nadie...».[624]

En otras palabras: la depresión no te vuelve estúpido; sigues siendo tan inteligente como siempre, pero tu inteligencia se vuelve en tu contra. Solomon escribe: «Cuando tienes depresión no es que creas que tienes delante un velo gris y que estás viendo el mundo tras la neblina del mal humor. Lo que crees es que te han retirado el velo de la felicidad y que ahora estás viendo la realidad».[625]

De los trastornos del estado de ánimo, el trastorno depresivo mayor es el más común. Mencionaré rápidamente otro menos común, que padece más o menos el 4 por ciento de las personas a lo largo de su vida: el trastorno bipolar, que implica cambios bruscos entre la manía y la depresión. La manía es un estado de ánimo muy elevado que suele ir acompañado de patrones exagerados de pensamiento, como una autoestima exacerbada o un comportamiento errático. A veces la manía sienta muy bien, otras acarrea ira, y a veces se mezcla con la psicosis.

El trastorno bipolar es más heredable que la depresión mayor y parece tener una base cerebral distinta, por lo que se trata mejor con otros medicamentos. Si se padece uno de los dos trastornos, es más probable que haya algún familiar con ese mismo trastorno, no con el otro. (De hecho, el trastorno bipolar está más relacionado con la esquizofrenia que con la depresión mayor.)[626]

Muchas personas creativas, como Vincent van Gogh o Virginia Woolf, padecieron trastorno bipolar y hay quien dice que es la razón de que

---

624. Siskind, Scott, «Depression», Lorien Psychiatry, 2022, <https://lorienpsych.com/2021/06/05/depression/>.

625. Solomon, Andrew, *El demonio de la depresión*, Debolsillo, Barcelona, 2021.

626. Cardno, Alastair G.; y Owen, Michael J., «Genetic relationships between schizophrenia, bipolar disorder, and schizoaffective disorder», *Schizophrenia Bulletin*, 40, 3 (2014), pp. 504-515.

crearan grandes obras.[627] Incluso aunque eso fuera cierto, es probable que el terrible coste de la depresión no compense las ventajas de la manía; los grandes pintores y escritores seguramente habrían hecho mejor su trabajo si hubieran estado psicológicamente sanos.

Como la tristeza, la ansiedad forma parte de la vida y todo el mundo la experimenta alguna vez. Como ya hemos indicado en capítulos anteriores, sin el miedo, el temor y la ansiedad no habrías sobrevivido para estar leyendo este libro. Pero la ansiedad se convierte en un problema cuando es irracional, incontrolable o perturbadora. Hablamos de los trastornos de ansiedad,[628] el más común de todos los trastornos psicológicos, con una prevalencia media del 30 por ciento a lo largo de la vida[629] y, como los trastornos del estado de ánimo, más frecuente en las mujeres que en los hombres.

Un tipo concreto de ansiedad es el trastorno de ansiedad generalizada, que consiste, en esencia, en preocuparse por las cosas en todo momento. Aproximadamente una de cada veinte personas lo padece en algún momento de su vida.[630] Esa preocupación interfiere en el rendimiento y da lugar a síntomas físicos como dolores de cabeza, de estómago y tensión muscular.

Un trastorno más específico es la fobia, el miedo irracional intenso que ya hemos analizado en detalle en otra parte de este libro; suele surgir durante la infancia.[631]

Un problema parecido es el trastorno obsesivo-compulsivo (se solía incluir dentro de los trastornos de ansiedad en las versiones anteriores del *DSM* y es evidente que implica padecer ansiedad, pero se ha trasladado a una categoría propia en el *DSM-5*). Las obsesiones son pensamientos irracionales y perturbadores que dan lugar a compulsiones, que son acciones repetitivas o rituales mentales, como contar, que sirven

627. Redfield Jamison, Kay, *Touched with fire*, Simon and Schuster, Estados Unidos, 1996.

628. Véase un resumen en Barlow, David H.; y Ellard, Kristen K., «Anxiety and related disorders», en *Noba Textbook Series: Psychology*.

629. Kessler, Ronald C., *et al.*, «Lifetime prevalence and age-of-onset distributions of *DSM-IV* disorders in the national comorbidity survey replication», *Archives of General Psychiatry*, 62, 6 (2005), pp. 593-602.

630. Ibídem.

631. Muris, Peter; y Merckelbach, H. Harald, «Specific phobia: phenomenology, epidemiology, and etiology», en Davis III, T. E.; Ollendick, T. H; y Öst, L-G. (eds.), *Intensive one-session treatment of specific phobias*, Springer, pp. 3-18, Estados Unidos, 2012.

para aliviar las obsesiones. Las descripciones que ofrecen las personas que padecen este trastorno —alrededor del 1 por ciento de los hombres y el 1,5 por ciento de las mujeres—[632] son desgarradoras:

> A los seis años empecé a coger cosas con los codos porque pensaba que me ensuciaría las manos si las usaba para ello. A los siete años me lavaba las manos 35 veces al día. [...] Cuando tragaba saliva tenía que agacharme y tocar el suelo. No quería perder saliva —me pasaba un rato barriendo el suelo con la mano— y después tenía que pestañear al tragar. [...] Cada vez que tragaba tenía que hacer algo. Durante un tiempo me tocaba la barbilla con los hombros, no sabía por qué. No tenía explicación. Tenía miedo. Simplemente, era desagradable no hacerlo.[633]

He dedicado una sección a los trastornos del estado de ánimo y otra a los trastornos de ansiedad, así que podría dar la impresión de que son dos problemas diferentes, pero no es así: los límites entre ambos no están claros. Las personas que padecen uno de ellos suelen tener el otro y algunos de los medicamentos que toman los afectados funcionan para los dos. Quizá sea mejor considerarlos como una manifestación diferente de un mismo trastorno subyacente. En palabras de Haru, son «versiones de la misma canción interpretada por grupos diferentes. La depresión es la versión de un grupo *emo* melancólico, y la ansiedad, la versión de un grupo chillón de *heavy metal*, pero la partitura subyacente es la misma».[634]

Terminaré esta colección de problemas y tormentos con la que quizá sea la categoría más controvertida de todas las enfermedades mentales: los trastornos disociativos.[635] Según el *DSM-5*, la *disociación* se define como una interrupción o discontinuidad en la integración normal de la vida mental en nuestra conciencia, memoria, identidad y similares.
Se manifiesta de dos formas: el trastorno de despersonalización/

---

632. Fawcett, Emily J.; Power, Hilary; y Fawcett, Jonathan M., «Women are at greater risk of OCD than men: a meta-analytic review of OCD prevalence worldwide», *Journal of Clinical Psychiatry*, 81, 4 (2020), p. 13075.
633. Rapoport, Judith, *El chico que no podía dejar de lavarse las manos*, Ultramar, Barcelona, 1990.
634. Hari, *Lost connections*, p. 15.
635. Véase un resumen en Van Heugten-van der Kloet, Delena, «Dissociative disorders», en *Noba textbook series: psychology*.

desrealización (la persona que lo padece se siente desconectada de sí misma o de su entorno) y la amnesia disociativa (se pierde la capacidad de recordar información importante sobre uno mismo). A algunos nos resultan familiares, sobre todo si abusamos del alcohol y las drogas o tenemos problemas para dormir. En determinadas circunstancias no habituales, puede que sepas lo que es sentirte como si estuvieras fuera del cuerpo o como si fueras un robot, sin sentimientos, o lo que es la pérdida temporal de recuerdos importantes. Los casos clínicos de los trastornos disociativos son de este tipo, sólo que más graves y más persistentes.

El trastorno disociativo que ha suscitado mayor interés y del que más se ha debatido es el trastorno de identidad disociativo o TID, más conocido por su antiguo nombre, trastorno de personalidad múltiple. Se dice que las personas que lo padecen poseen distintas personalidades, varios yos o *alter egos* que pueden ser de diferente edad, género e interactuar de otra forma con los demás. Se cree que estas personalidades se van turnando para controlar el cuerpo y que una personalidad puede no recordar lo que ha hecho la otra. Puede que te suene familiar por películas como *Las tres caras de Eva* o la novela y película *Sybil*, que narran hechos reales, y por recreaciones cinematográficas como las de *Split* y *Glass*, de M. Night Shyamalan. En la actualidad existe una gran comunidad en línea, en TikTok y otras páginas, en la que millones de espectadores siguen a los «sistemas», cuerpos individuales que, al parecer, poseen múltiples personalidades.

La teoría estándar sobre el origen de este trastorno, propuesta a finales del siglo XIX, es que es consecuencia de un trauma infantil. Un crío, normalmente una niña, sufre abusos terribles y, como única vía de escape, se *divide* y crea varios yos. Esta teoría se basa en que muchas de las personas que padecen TID narran abusos en la infancia, aunque una minoría sustancial no declara haber sufrido traumas ni abandono.

Otra teoría sostiene que este trastorno es, en gran parte, debido a factores sociales.[636] Desde este punto de vista, los libros y las películas más conocidos sobre el TID no sólo lo estarían describiendo, sino también causándolo. Gran parte de la culpa suele recaer sobre los terapeutas, puesto que, convencidos de la realidad de este trastorno, han conseguido que sus pacientes interpreten sus problemas como si

636. Lynn, Steven Jay, *et al.*, «Dissociation and dissociative disorders reconsidered: beyond sociocognitive and trauma models toward a transtheoretical framework», *Annual Review of Clinical Psychology*, 18 (2022), pp. 259-289.

tuvieran múltiples personalidades. Los animaban a representar y recrear sus experiencias usando diferentes voces y *alter egos* y eso dio
lugar a que acabaran teniendo TID personas que en principio no lo
tenían.

Un argumento a favor es que es cierto que era muy poco común
diagnosticar el TID, pero cuando salieron los libros y las películas se
empezó a decir que miles y luego que decenas de miles de pacientes, la
mayoría mujeres, lo tenían. No sólo se ha disparado el número de casos,
sino que también ha crecido el número de personalidades que dicen
tener estos pacientes: antes eran dos o tres; ahora la media es de quince
y hay quien dice que cientos.[637]

También hay cierta polémica sobre qué es en realidad el TID. Nadie
niega que las personas diagnosticadas sienten angustia y actúan de forma extraña, nadie dice que estén fingiendo, pero ¿existen realmente las
personalidades múltiples? Es decir, ¿puede haber más de una persona
en una sola cabeza (signifique eso lo que signifique)? Los partidarios de
la teoría del trauma infantil suelen decir que sí, pero los de los factores
sociales se muestran escépticos. Un equipo de investigación ha llegado
a la conclusión de que «las personas con TID no son, en realidad, un
conglomerado de entidades internas, a pesar de que subjetivamente estén convencidas de que es así. Es decir, los individuos con TID creen
erróneamente que albergan personalidades separadas».[638] Desde esta
perspectiva, no existen personas con múltiples personalidades, sino más
bien personas que *creen* tenerlas. Dicho así, el TID es fundamentalmente «un trastorno de comprensión de uno mismo».

Independientemente de la postura que cada uno adopte en este debate, falta saber por qué algunas personas, y no otras, desarrollan este
trastorno. Una teoría curiosa lo relaciona con los problemas para dormir.
Las personas que tienen parálisis del sueño o alucinaciones al dormir son
más propensas a sufrir trastornos disociativos.[639] De hecho, la correlación entre el TID y los trastornos del sueño es mayor que entre el TID y
el trauma. Puede ser que no distinguir correctamente el sueño de la vigilia nos haga vulnerables a diversas experiencias disociativas, entre ellas,

637. Gillig, Paulette Marie, «Dissociative identity disorder: a controversial diagnosis», *Psychiatry*, 6, 3 (2009), pp. 24-29.

638. Lynn, Steven Jay, *et al.*, «Dissociation and its disorders: competing models,
future directions, and a way forward», *Clinical Psychology Review*, 73 (2019), p. 101755.

639. Van Heugten-van der Kloet, Dalena, *et al.*, «Imagining the impossible before
breakfast: the relation between creativity, dissociation, and sleep», *Frontiers in Psychology*, 6 (2015), p. 324.

quizá, las que nos predisponen a convertirnos (o creer que nos hemos convertido) en más de una persona.

Muchas personas desean saber urgentemente cómo tratar mejor estos problemas. Seguro que muchos lectores de este libro los padecen o los han padecido o conocen a alguien que los padece. A menudo recibo correos electrónicos de personas que siguen mi curso de Introducción a la Psicología en línea y, aunque a veces me preguntan cosas teóricas o relacionadas con la investigación, lo más común es que me pregunten por sus propios problemas psicológicos.

No estoy en absoluto cualificado para dar consejos específicos a las personas que me escriben, pues soy psicólogo investigador, no psiquiatra ni terapeuta. En cambio, sí que les sugiero que, si el problema es serio, busquen ayuda terapéutica.

Existen muchas formas de hacer terapia.[640] Una es la psicodinámica, basada en las ideas de Freud que ya hemos mencionado. La terapia psicodinámica parte de la idea de que los problemas con los que luchan las personas son meros síntomas; el tratamiento adecuado se centra en descubrir y abordar la causa subyacente. El *psicoanálisis* freudiano clásico es un proceso largo, suele durar años y se necesitan muchas sesiones a la semana. Se vale de técnicas como la asociación libre y el análisis de los sueños.

También existe la terapia conductual, inspirada en las ideas de B. F. Skinner. Algunos de los tratamientos de las fobias, por ejemplo, utilizan las técnicas del condicionamiento clásico.

La terapia cognitiva tiene como objetivo identificar y corregir formas de pensar distorsionadas. Una persona con mentalidad depresiva, por ejemplo, puede darse cuenta de que exagera la importancia de los acontecimientos negativos.

Tal vez la terapia más popular sea una combinación de las dos anteriores, la terapia cognitivo-conductual o TCC. Consiste en trabajar en los patrones de pensamiento, pero también en las habilidades y los comportamientos, que se consideran fundamentalmente relacionados con la vida mental.

También hay medicamentos, entre ellos los antipsicóticos, para la esquizofrenia, los ansiolíticos, para las personas con trastornos de pá-

---

640. Véase un análisis en Boettcher, Hannah; Hofmann, Stefan; y Wu, Jade, «Therapeutic orientations», en *Noba textbook series: psychology*.

nico y, por supuesto, los antidepresivos. La mayoría de las personas de Estados Unidos que están en tratamiento por depresión recibe este tipo de medicación.

La terapia electroconvulsiva (TEC), conocida también como terapia por electrochoque, es la que hace pasar corriente eléctrica por el cerebro. Se utiliza para la depresión mayor, nunca como primer recurso, pero en caso de que la terapia conversacional y la medicación fracasen, puede salvar vidas. Una variante más suave es la estimulación magnética transcraneal, una nueva tecnología que envía impulsos eléctricos muy localizados al cerebro.

Estoy clasificando las terapias en categorías estrictas, pero en realidad no funciona así la cosa. La mayoría de los terapeutas son eclécticos. Es posible que nos atienda uno que nos hable de las causas subyacentes de la depresión *y además* nos asigne ejercicios para casa que mejoren nuestra forma de interactuar con las personas *y además* aborde nuestro patrón de pensamiento desadaptativo *y además*, si trabaja con un psiquiatra, nos recete algún tipo de medicación, como Bupropión.

Yo recomiendo acudir a terapia porque la experiencia demuestra que, por lo general, es mejor hacer terapia que no hacerla.

No sólo se trata de que la gente diga que se siente mejor después de ir a terapia, pues eso no demuestra gran cosa, tal vez habría mejorado de todos modos. Para probar la eficacia de la terapia se necesita un grupo de control formado por el mismo tipo de personas que el grupo que está en tratamiento, de modo que sea cuestión de suerte quién recibe la terapia y quién no. Por ejemplo, puede haber cien personas que quieran hacer terapia; cincuenta de ellas reciben tratamiento y las otras cincuenta quedan en lista de espera. Cuando se hace así un estudio tras otro, las personas que acuden a terapia tienden a mejorar más que las que no la recibieron.[641]

Los terapeutas saben cosas sorprendentes sobre las enfermedades mentales. Un psiquiatra, Randolph Neese, escribe:

> Reconocer un patrón común puede hacer que hasta el terapeuta más normalito parezca ser capaz de leer la mente. Si le preguntas a un paciente que

641. Véase un análisis general en Holmes, Emily A., *et al.*, «The *Lancet Psychiatry* commission on psychological treatments research in tomorrow's science», *Lancet Psychiatry*, 5, 3 (2018), pp. 237-286.

dice no tener esperanza, energía ni interés si la comida le sabe a cartón y si se despierta a las cuatro de la mañana, la respuesta suele ser: «¡Sí, ambas cosas! ¿Cómo lo sabe?». Los pacientes que dicen lavarse las manos de forma compulsiva se quedan atónitos cuando aciertas al suponer que alguna que otra vez le dan la vuelta a la manzana para comprobar si han atropellado a alguien. Si una estudiante pierde peso y le tiene miedo a la obesidad, es probable que se quede boquiabierta cuando le pregunte si saca sobresaliente en todo. Los terapeutas reconocen estos grupos de síntomas como enfermedades: depresión mayor, trastorno obsesivo-compulsivo y anorexia nerviosa. Tras ver a miles de pacientes, un experto en terapia reconoce un síndrome con la misma facilidad con la que un especialista en botánica reconoce las distintas especies de plantas.[642]

Los terapeutas también suelen saber qué hacer para que la gente mejore. Por ejemplo, hay terapias específicas para los trastornos de ansiedad que dan buenos resultados. Nesse escribe: «Los pacientes con trastorno de pánico mejoran de manera tan satisfactoria que tratarlos sería aburrido si no fuera por la satisfacción de verlos volver a vivir una vida plena».[643]

Además, parece que la terapia, sin importar de qué tipo sea, siempre es beneficiosa.[644] En 1936, este fenómeno se bautizó como el «veredicto del pájaro Dodo» o «efecto dodo» haciendo referencia al ave que aparece en *Alicia en el país de las maravillas* que organiza una carrera para que los personajes que se han mojado corran alrededor del lago hasta secarse. Cuando le preguntan al pájaro Dodo quién ha ganado, se lo piensa y dice: «Todos han ganado y todos deben tener su premio».[645]

Este veredicto implica que todas (o casi todas) las terapias sirven para algo. Lo primordial, quizá, sea el vínculo que el paciente establece con el terapeuta, la «alianza terapéutica».[646] Te sientes apoyado, tratas

642. Nesse, Randolph M., *Good reasons for bad feelings: insights from the frontier of evolutionary psychiatry*, Dutton, p. 20, Estados Unidos, 2019.

643. Ibídem.

644. Para ampliar información, véase Wampold, Bruce E., *et al.*, «A meta-analysis of outcome studies comparing *bona fide* psychotherapies: empirically, "all must have prizes"», *Psychological Bulletin*, 122, 3 (1997), pp. 203-215; Budd, Rick; y Hughes, Ian, «The dodo bird verdict —controversial, inevitable and important: a commentary on 30 years of meta-analyses», *Clinical Psychology & Psychotherapy: An International Journal of Theory & Practice*, 16, 6 (2009), pp. 510-522.

645. Rosenzweig, Saul, «Some implicit common factors in diverse methods of psychotherapy», *American Journal of Orthopsychiatry*, 6, 3 (1936), pp. 412-415.

646. Castonguay, Louis G.; y Beutler, Larry E., (eds.), *Principles of therapeutic change that work*, Oxford University Press, Estados Unidos, 2005.

con una persona que te acepta, que se compadece de ti, que te anima, te guía, está de tu lado. Y la esperanza. Cuando uno va a terapia suele tener cierta fe en que la cosa va a funcionar, no irías si no pensaras que tienes alguna posibilidad de prosperar. Este tipo de esperanza puede considerarse una profecía autocumplida: creer que algo va a funcionar suele ser un excelente primer paso para que funcione.

No me canso de repetirlo: si estás angustiado, busca tratamiento. Funciona. Sin embargo, y tampoco puedo dejar de recalcarlo, el tratamiento de las enfermedades mentales se halla en una fase primitiva.

Hubo un momento en que las cosas parecían de color de rosa. A finales del siglo XIX se descubrió que la causa de una de las principales enfermedades mentales, la «parálisis general del demente», era la sífilis y, por tanto, se podía tratar como la sífilis. En esa época se albergaba la esperanza de que otros trastornos mentales llegaran a diagnosticarse y curarse de forma parecida.[647]

La época en la que yo iba a la escuela de posgrado también fue un período optimista. La gente se burlaba de Thomas Szasz, que rechazaba la psiquiatría. Estábamos convencidos de que los trastornos mentales eran enfermedades del cerebro que no tardarían en diagnosticarse con un simple análisis de sangre y un escáner cerebral y se tratarían igual que cualquier otra enfermedad física.

Incluso hubo otra oleada de optimismo muchos años después, cuando Thomas Insel, director del Instituto Nacional de Salud Mental de Estados Unidos (NIMH, por sus siglas en inglés), anunció que dicha institución se desmarcaría del *DSM*.[648] Se quejaba de que los criterios de ese manual no eran lo bastante científicos:

A diferencia de cómo definimos nosotros la cardiopatía isquémica, el linfoma o el sida, los diagnósticos del *DSM* se basan en un consenso a partir de un conjunto de síntomas clínicos, no en una medición objetiva obtenida en un laboratorio. En el resto de la medicina, esto equivaldría a establecer sistemas de diagnóstico basados en la naturaleza del dolor de pecho o la intensidad de la fiebre.

647. Groopman, *op. cit.*
648. Konnikova, Maria, «The new criteria for mental disorders», *The New Yorker,* 8 de mayo de 2013.

En lugar de eso, el NIMH buscaría una taxonomía más científica basada en la neurociencia y la genética, lo que supondría una revolución en el tratamiento.

¿En qué acabó todo aquello? He aquí el desolador resumen de Insel años después:

Me pasé trece años en el NIMH dedicándome de lleno a la neurociencia y a la genética de los trastornos mentales y ahora, al mirar atrás, me doy cuenta de que, aunque creo que conseguí que un montón de científicos geniales publicaran un montón de artículos geniales a un coste bastante elevado (creo que veinte mil millones de dólares), no creo que hayamos conseguido frenar los suicidios, disminuir las hospitalizaciones ni mejorar la recuperación de las decenas de millones de personas que padecen alguna enfermedad mental.[649]

El predecesor de Insel en el NIHM, Steven Hyman,[650] se pronunció recientemente en los mismos términos: «No se desarrollan nuevas dianas farmacológicas ni mecanismos terapéuticos realmente significativos desde hace más de cuatro décadas».

Sabemos mucho del diagnóstico y tratamiento de las enfermedades mentales, pero es justo reconocer que los avances han sido más lentos de lo que esperábamos. La idea de que podríamos tratar la depresión como la diabetes o la esquizofrenia como el cáncer no ha dado sus frutos.

Lo sabrás si has necesitado alguna vez tratamiento para la depresión o la ansiedad. La terapia conversacional —te reúnes con un terapeuta y hablas de tus problemas— suele funcionar, pero nadie sabe muy bien por qué, y es frustrante que la persona concreta con la que se esté hablando influya más que cualquier técnica que se emplee. Si existe un ingrediente secreto, no sabemos cuál es.

Luego están los medicamentos, otra cosa que suele funcionar, pero que no tiene nada que ver con tomar antibióticos para una infección. Los psiquiatras suelen dar con el fármaco adecuado para un paciente concreto a base de ensayo y error. A veces uno funciona un tiempo y luego deja de hacer efecto y hay que empezar el proceso otra vez desde cero. Si aparecen efectos secundarios —algunos graves, como subida de peso, insomnio y problemas sexuales—, muchas personas a las que les

649. Rogers, Adam, «Star neuroscientist Tom Insel leaves the Google-spawned verily for... a startup?», *Wired*, mayo de 2017.
650. Groopman, *op. cit.*

serviría la medicación renuncian a ella. Además, producir nuevos compuestos supone gastar mucho tiempo y dinero —se tarda mucho en probarlos y hay que superar obstáculos legales considerables—, así que los laboratorios farmacéuticos parecen haber perdido el interés.[651]

Quizá estemos camino de una revolución. Tal vez la revolución llegue con métodos de estimulación neuronal o con medicamentos que ahora se utilizan con fines recreativos y experimentales, como la ketamina, la psilocibina, el LSD y el éxtasis. Estos planteamientos tienen defensores entusiastas y actualmente estamos en la etapa habitual de hallazgos que parecen demasiado buenos para ser ciertos. Tal vez, dentro de veinte años, las personas aquejadas de una tristeza terrible o de ataques de pánico paralizantes acudan a su psiquiatra y se pongan un casco en la cabeza que la estimule de manera adecuada en el lugar exacto. O tal vez a un enfermo se le administren microdosis de LSD y esto le haga florecer y sentirse feliz. Sería estupendo si así fuera, pero es demasiado pronto para saberlo.

¿Por qué existen enfermedades como la esquizofrenia, los trastornos de ansiedad y la depresión? Hemos visto que hay genes que nos predisponen a desarrollarlas o al menos que no nos confieren una resistencia a ellas que otras personas sí tienen. Entonces, ¿por qué la selección natural no se ha encargado de eliminar estos genes? Esta pregunta no es exclusiva de la psicología, también nos la plantearíamos en el caso de enfermedades como el cáncer o la diabetes.

Hay varias respuestas posibles.[652] Puede ser que algunos trastornos no influyan en el éxito reproductivo, lo cual podría deberse a que sus efectos no impiden la supervivencia ni la reproducción —no está claro si la ansiedad inusualmente alta, por ejemplo, tendría consecuencias negativas en el entorno en el que tuvo lugar la mayor parte de la evolución humana— o a que esos efectos afectan principalmente a los ancianos, que ya no entran en el ritual de apareamiento.

En otros casos, los genes que conferirían resistencia a un trastorno sencillamente no existen. La evolución no es magia, la selección natural sólo funciona si la materia prima está presente. Un depredador capaz de

---

651. O'Hara, Mary; y Duncan, Pamela, «Why "Big Pharma" stopped searching for the next Prozac», *The Guardian*, 27 de enero de 2016, <https://www.theguardian.com/society/2016/jan/27/prozac-next-psychiatric-wonder-drug-research-medicine-mental-illness>.

652. Nesse, *op. cit.*

volverse invisible o de moverse a la velocidad del sonido sería algo extraordinario, pero no existe la mutación o combinación de genes que lo consiga. De igual manera, tal vez no exista la combinación de genes adecuada para tener un hígado que nunca padezca cáncer o un cerebro que nunca sucumba a la esquizofrenia.

Otra posible respuesta es que los genes que contribuyen a la aparición de algunos trastornos podrían aportar otros beneficios. *No* se trata de que la esquizofrenia y el trastorno bipolar sean en sí mismos beneficiosos para quienes los padecen, sino de que algunos de los genes que nos predisponen a sufrirlos podrían tener sus ventajas. Por utilizar una analogía, las personas que portan la anemia de células falciformes son más resistentes a la malaria, así que sus genes persisten, a pesar de las graves consecuencias de que dos individuos portadores del gen tengan un hijo en común. De forma parecida, se ha planteado que algunos de los genes que predisponen a la esquizofrenia y al trastorno bipolar están relacionados con la creatividad, lo que respalda la suposición de Joyce de que existe una relación entre su don como escritor y el sufrimiento de su hija.[653]

En estos debates suelen surgir tiranteces. A veces hablamos de las enfermedades mentales como si fueran un cáncer, el sida o la gripe. Decimos que alguien tiene esquizofrenia o trastorno bipolar o trastorno de pánico y, aunque haya subtipos y grados, lo cierto es que las tienen o no las tienen.

Pero así no se diagnostican. Por centrarnos en los problemas más comunes, los terapeutas e investigadores entienden que la tristeza y la ansiedad forman parte de la vida; de hecho, ya hemos visto que para sobrevivir es esencial tener cierto grado de ansiedad. Que te diagnostiquen un trastorno del estado de ánimo o de ansiedad significa que tienes *demasiada* tristeza o ansiedad de un tipo en concreto, y eso implica todo tipo de juicios de valor. Para que te diagnostiquen de depresión mayor, por ejemplo, hay que cumplir unos criterios, como tener el estado de ánimo bajo, carecer de interés por el placer, perder o ganar peso de forma significativa, padecer agotamiento, etcétera, pero los terapeutas pueden discrepar en el *grado* en que esos criterios se consideran significativos desde el punto de vista clínico. Y algunos de los criterios son

653. Power, Robert A., *et al.*, «Polygenic risk scores for schizophrenia and bipolar disorder predict creativity», *Nature Neuroscience*, 18, 7 (2015), pp. 953-955.

parcialmente arbitrarios. Por ejemplo, se tiene depresión mayor si los síntomas persisten dos semanas, pero este umbral no tiene ningún misterio, podría haber sido de trece días, lo que ampliaría la categoría, o de quince días, lo que la reduciría.

O fijémonos en la psicopatía.[654] No está incluida en el *DSM-5*, en su lugar está el trastorno antisocial de la personalidad, que es sutilmente diferente. Muchos opinan que la psicopatía es una enfermedad mental *per se* que incluye síntomas como falta de remordimiento o culpa, mentira patológica, insensibilidad, falta de empatía y necesidad de estimulación; además, está clasificada en el otro gran sistema de codificación, el *CIE-11*. Existe un test que suele utilizarse para ella: la escala de evaluación de la psicopatía revisada de Hare (o PCL-R, por sus siglas en inglés), desarrollada por Robert Hare.[655] La escala se desarrolló para terapeutas profesionales, pero constituye la base de un sencillo autoinforme de evaluación que cualquiera puede rellenar por sí mismo y se utiliza con asiduidad en investigación.

Algunos de los resultados de esta investigación son interesantes. Seguro que no te sorprende enterarte de que los presos puntúan más alto en el test de psicopatía que los estudiantes universitarios o de que los hombres puntúan más alto que las mujeres,[656] pero ¿qué ocurre con las profesiones? Un estudio en línea realizado con 5.400 personas reveló que en el Reino Unido las profesiones que puntuaban más bajo en el test de psicopatía eran:

> asistentes sociosanitarios, enfermeros, terapeutas, artesanos, estilistas, trabajadores sociales, profesores, artistas creativos, médicos y contables.

Y las diez profesiones que puntuaron más alto fueron:

> directores generales, abogados, personajes de radio o televisión, comerciales, cirujanos, periodistas, sacerdotes, policías, cocineros y funcionarios.[657]

654. Véase un análisis en De Brito, Stephane A., *et al.*, «Psychopathy», *Nature Reviews Disease Primers*, 7, 1 (2021), pp. 1-21.

655. Hare, R. D., *The Hare PCL-R*, Multi-Health Systems, Canadá, 2003.

656. Cale, Ellison M.; y Lilienfeld, Scott O., «Sex differences in psychopathy and antisocial personality disorder: a review and integration», *Clinical Psychology Review*, 22, 8 (2002), pp. 1179-1207.

657. Dutton, Kevin, *La sabiduría de los psicópatas: todo lo que los asesinos en serie pueden enseñarnos sobre la vida*, Ariel, Barcelona, 2020.

En el año 2021 se publicó un artículo científico en el que se revisaba la literatura sobre este tema y preguntaba: «¿Cuál es la prevalencia de la psicopatía entre la población adulta en general?».[658] La respuesta, basada en los datos recogidos sobre una muestra de más de once mil personas, fue del 4,5 por ciento.

Sin embargo, como admiten los propios autores del estudio, esta cifra puede subirse o bajarse a voluntad. La escala de Hare establece una puntuación de 0 a 40; en Estados Unidos, el umbral uniforme de la psicopatía es a partir de 30: quien llegue a esa puntuación es un psicópata; quien no, no lo es. Si quisiéramos decir que hay más psicópatas, se podría bajar el umbral a 25, cosa que se suele hacer fuera de Estados Unidos. ¿Queremos que haya menos? Lo subimos a 32 y listo, como se ha hecho en otros estudios. La pregunta «¿Cuál es la prevalencia de la psicopatía entre la población adulta en general?» puede que no tenga sentido desde el punto de vista científico; se parece mucho a la pregunta «¿Qué proporción de la población es muy alta?». Todo depende de lo que entendamos por «muy alta».

Nada de esto constituye un argumento en contra de la categorización. Clasificamos a las personas en categorías discretas por todo tipo de razones. La madurez es un proceso, pero tenemos límites de edad estrictos para conducir, alistarnos en el ejército o beber en los bares. Por razones fiscales, uno es soltero o casado, aunque, de hecho, haya muchas parejas en el mundo que podríamos considerar «casi casadas». Es difícil imaginar cómo podría funcionar un sistema sanitario si no existieran categorías bien definidas como el trastorno de ansiedad social o la esquizofrenia.

Además, en un sentido crítico, es posible que estas categorías clínicas sean de hecho una cuestión de o todas o ninguna, aunque nuestros métodos de diagnóstico sean imprecisos y, a menudo, arbitrarios. COVID-19 no es sólo un nombre que les decimos a las personas que tienen mucha fiebre, dolores corporales y problemas respiratorios, sino una categoría distinta; tenemos herramientas para detectarla. Quizá la psicopatía y la depresión mayor sean así, al margen de cómo las diagnostiquemos en la actualidad; simplemente, aún no hemos desarrollado la herramienta correcta para detectarlas.

Aunque es probable que no sea el caso. Los datos disponibles hasta ahora sugieren que la mayoría de los trastornos son continuos. Igual

658. Sanz-García, Ana, *et al.*, «Prevalence of psychopathy in the general adult population: a systematic review and meta-analysis», *Frontiers in Psychology* (2021), p. 3278.

que la introversión es una cuestión de grado (y por eso es mejor, al menos como científicos, hablar de la magnitud de la introversión en lugar de hacerlo de un cierto tipo de persona «introvertida»), lo mismo se puede decir de muchos de los trastornos de los que hemos hablado. Un metaanálisis reciente sobre el tema termina diciendo que los datos extraídos de múltiples estudios «corroboran la conclusión de que la gran mayoría de las diferencias psicológicas entre las personas son continuas de forma latente y de que la psicopatología no es una excepción».[659]

Esta perspectiva continuista, en caso de ser correcta, tendría repercusión en algunas de las cuestiones fundamentales con las que comenzamos, como la neurodiversidad y la propia definición de enfermedad mental. Cuando pensamos en trastornos como la depresión, la ansiedad, la adicción, el trastorno del espectro autista o la esquizofrenia, ya no podemos considerarlos como simples problemas que hay que resolver. Más bien, son nombres que les asignamos a ciertos aspectos extremos dentro de la variedad humana. Qué se considere suficientemente extremo como para justificar un tratamiento no es sólo una cuestión psicológica, es una cuestión moral y política.

659. Haslam, Nick, *et al.*, «Dimensions over categories: a meta-analysis of taxometric research», *Psychological Medicine*, 50, 9 (2020), pp. 1418-1432.

15

La buena vida

A los psicólogos siempre les han interesado los momentos en que las cosas van mal y ha sido por una buena razón. Tener una enfermedad mental es una maldición terrible y estudiar la esquizofrenia, los trastornos del estado de ánimo, la ansiedad, etcétera, es una tarea que tiene un valor innegable, pero ¿qué pasa con la parte positiva de la vida?

En las últimas décadas ha habido psicólogos a los que les ha preocupado que se haya prestado demasiada atención a lo negativo. No nos hemos interesado apenas por los momentos en que todo va bien. Apenas se ha investigado qué implica tener una vida placentera, significativa y satisfactoria. La prosperidad humana no se ha dejado de lado por completo —ha formado parte durante mucho tiempo del movimiento humanista de la psicología, liderado por expertos como Abraham Maslow y Carl Rogers—,[660] pero nunca se le ha prestado tanta atención como a la desdicha. Un nuevo movimiento, conocido como psicología positiva, espera cambiar esta situación.[661]

Quiero terminar el libro con este tema, pero te advierto que la psicología positiva es un terreno pantanoso: hay mucho dinero y mucha fama involucrados en el negocio de decirle a la gente cómo ser feliz. Si

660. Para ampliar información, véase Kaufman, Scott Barry, *Transcend: the new science of self-actualization*, Tarcher/Perigee, Estados Unidos, 2021.

661. Seligman, M. E.; y Csikszentmihályi, M., «Positive psychology: an introduction», *American Psychologist*, 55, 1 (2000), p. 5.

quieres subirte al estrado y aguantar el tipo, más te vale que cuentes una historia clara y convincente. Si subes y empiezas a titubear y a decir que hay muchas cosas que aún no sabemos, nadie te va a invitar a dar una charla TED ni acabarás pronunciando discursos lucrativos en los retiros de empresa. Si bien hay grandes expertos en este campo —y, de hecho, hay unas charlas TED excelentes—,[662] tampoco faltan los charlatanes.[663] Muchas de las cosas que leemos en libros conocidos o vemos en vídeos famosos son exageraciones, errores y, a veces, mentiras descaradas. Si alguna vez coincidimos y nos tomamos una cerveza juntos, querido lector, te daré algunos ejemplos.

Para complicar más las cosas, el tema de la buena vida está relacionado con la moral y la política de una forma nunca vista en otros campos de la psicología. No es esencial que nuestra manera de entender cómo deberían ser las cosas —nuestro punto de vista sobre la religión, el matrimonio, los hijos o la desigualdad de ingresos, por ejemplo— esté respaldada por estudios sobre lo que hace feliz a la gente, pero nos gusta que los haya. Esto no fomenta la ciencia de calidad.

Por último, la psicología positiva tiene la suerte de disponer de abundantes datos. Algunas de las conclusiones que voy a exponer se basan en los resultados de estudios realizados con muestras de millones de personas, pero, por razones que veremos, estos datos suelen ser difíciles de interpretar, pues puede haber personas bienintencionadas que en un mismo estudio saquen conclusiones opuestas incluso sobre temas importantes, como si casarse te hace feliz.

Por todas estas razones, hay que ser cauteloso con lo que dicen los psicólogos sobre la prosperidad humana. Aun así, hay hallazgos reales y sólidos en este campo, algunos sorprendentes. Hace poco, hablando con un grupo de jubilados, les pregunté: «¿Creen que los ricos son más felices que los pobres?». De cuarenta personas que había en la sala, sólo dos levantaron la mano. Pero se trata de un error, pues veremos que la relación entre el dinero y la felicidad es uno de los hallazgos más sólidos en el campo de la psicología positiva. Y no hemos hecho más que empezar.

662. Por ejemplo, Gilbert, Dan, «The surprising science of happiness», charla TED, 20:52, 2004, <https://www.ted.com/talks/dan_gilbert_the_surprising_science_of_happiness>.

663. Véase un análisis crítico en Ehrenreich, Barbara, *Bright-sided: how positive thinking is undermining America*, Metropolitan Books, Estados Unidos, 2009; Singal, Jesse, *The quick fix: why fad psychology can't cure our social ills*, Farrar, Straus and Giroux, Estados Unidos, 2021.

¿Qué es la buena vida? Para algunos, siguiendo al filósofo Epicuro, es una vida llena de placer. Para otros, se trata de evitar el sufrimiento, que no es exactamente lo mismo. Otros proponen que la buena vida es aquella en la que una persona es feliz o está satisfecha, que siente que en general es buena, al margen del placer o el dolor que se experimente en ciertos momentos.

También hay preocupaciones más elevadas: tal vez la buena vida sea la que está llena de sentido (sea lo que sea eso), la que contribuye de forma positiva a cambiar el mundo o la que contiene alguna cualidad trascendente o espiritual.

Ciertos aspectos de una buena vida no tienen nada que ver con el estado psicológico.[664] Tomemos como ejemplo la longevidad: si la vida no supone una carga, es mejor vivir muchos años que pocos. Una vida más larga significa más felicidad, más oportunidades para experimentar el placer, poder ayudar más a los demás, más sentido, más de todo lo bueno. Pero todo tiene sus límites, hay a quien le preocupa que la inmortalidad nos perjudique. Aun así, si la felicidad psicológica se mantiene constante, una vida de ochenta años buenos es mejor que una de cincuenta años buenos, no digamos ya de cinco años buenos. Cuando comparamos varios países en función de las condiciones que ofrecen para prosperar, pasamos por alto un factor relevante si no consideramos la esperanza de vida. Si hay dos países cuyos ciudadanos afirman ser igualmente felices y estar satisfechos en todos los aspectos y uno tiene una esperanza de vida de cincuenta años y el otro de ochenta, entonces, contando con que todos los demás factores se mantengan constantes, el segundo país lo está haciendo mejor.

Yo opino que la pregunta «¿Qué es una buena vida?» no puede responderse con una sola palabra. Todos queremos disfrutar, sin duda, pero también queremos hacer actividades interesantes, tener relaciones satisfactorias, encontrar un sentido y muchas otras cosas. Mi opinión coincide con la del economista Tyler Cowen:

> Lo bueno de la vida de una persona no puede reducirse a un único valor. No se trata sólo de belleza, justicia o felicidad. Las teorías pluralistas son más viables, ya que plantean una serie de valores pertinentes, como el bienestar humano, la justicia, la equidad, la belleza, la cima creativa de los logros

---

664. Pinker, Steven, *En defensa de la Ilustración: por la razón, la ciencia, el humanismo y el progreso*, Paidós Ibérica, Barcelona, 2018.

humanos, la calidad de la compasión y los muchos tipos de felicidad que existen, a veces contradictorios. ¡La vida es complicada![665]

Ya he defendido esta suerte de pluralismo en este libro al hablar de la motivación en general. Señalé que hay muchos psicólogos que piensan que la gente sólo quiere una cosa (aunque no se pongan de acuerdo en qué cosa es) y luego argumenté que es más lógico hablar de diferentes impulsos: el sexo, la comida, la interacción social, la moralidad, etcétera. Creo que el «pluralismo motivacional» es una buena filosofía y una buena psicología. De hecho, escribí un libro para defenderlo.[666]

Tal vez no estés convencido. Parece que te oigo decir: «Olvídate del significado, el propósito, la moralidad y todo eso, ¡yo sólo quiero ser feliz!». Te entiendo. Ni siquiera los pluralistas deberían dudar de la importancia de la felicidad. Las encuestas revelan que, en casi todos los países, si se pregunta a la gente qué es lo que más desea en la vida, ésta suele ser su respuesta. Dicen que quieren ser felices.[667]

Pero ¿qué entendemos por *felicidad*? El término tiene varios significados y, por tanto, hay varias formas de medirlo. Una interpretación se refiere a la experiencia cotidiana. En algunos estudios, los psicólogos obligaban a los participantes a llevar un smartphone consigo con una aplicación que se activaba aleatoriamente y les pedía que respondieran varias preguntas, entre ellas hasta qué punto eran felices. Su felicidad general se calculaba sacando la media de estas evaluaciones. La llamaremos *felicidad experimentada*. Otra interpretación comporta una evaluación reflexiva sobre lo bien que nos ha ido en la vida durante un largo período, al margen de experiencias concretas. En este caso, una vida feliz es aquella de la que alguien dice sinceramente: «¡Mi vida va genial!». La llamaremos *felicidad recordada*.[668]

Los niveles de felicidad que se obtienen con este método de medición están correlacionados, pero no son idénticos. Alguien puede considerar que lleva una vida feliz aunque sus experiencias cotidianas no sean muy agradables o, por el contrario, tener experiencias positivas en general y no estar satisfecho con su vida en conjunto.[669] Hay cierta dis-

665. Cowen, Tyler, *Stubborn attachments*, Stripe Press, p. 17, Estados Unidos, 2018.

666. Bloom, Paul, *The sweet spot... op. cit.*

667. Diener, Ed, «Subjective well-being: the science of happiness and a proposal for a national index», *American Psychologist*, 55, 1 (2000), pp. 34-43.

668. Kahneman, Daniel; Wakker, Peter P.; y Sarin, Rakesh, «Back to Bentham? Explorations of experienced utility», *Quarterly Journal of Economics*, 112, 2 (1997), pp. 375-406.

669. Eichstaedt, Johannes C., *et al.*, «Lifestyle and wellbeing: exploring behavioral

paridad de opiniones sobre cuál de estos dos métodos de medición es el más adecuado, pero los pluralistas como yo decimos que ambos son dignos de tener en cuenta.[670]

Basta de rodeos, hablemos de un estudio que trata una pregunta que apuesto que te gustaría que tuviera respuesta. ¿Qué sabemos de la vida de las personas más felices de la Tierra?

Para averiguarlo, unos psicólogos le hicieron una encuesta a 1,5 millones de personas de 166 países durante un período de diez años y se centraron en las que se consideraban felices en todos los aspectos que aparecían en la escala de medición. De 0 a 10, todas estas personas puntuaban su vida con un 9 o un 10, todas decían disfrutar de la vida y que el día anterior no habían tenido preocupaciones, no habían estado tristes ni se habían enfadado.[671]

El principal descubrimiento fue que las personas muy felices tienen relaciones sociales intensas, pasan mucho tiempo con la familia y los amigos. Casi todos ellos, el 94 por ciento, dijeron que tenían a alguien con quien contar para ayudarles en caso de necesitarlo. Casi todos (el 98 por ciento) dijeron haber sido tratados con respeto el día anterior a la encuesta.

En comparación con otros individuos, la élite de la felicidad gana más dinero, está en mejor forma física, tiene menos problemas de salud, hace más ejercicio, fuma menos, se siente menos cansada y tiene menos estrés. Tienen más tiempo libre, más libertad para decidir qué hacer con su tiempo y es más probable que digan que aprendieron algo nuevo el día anterior.

Ahora bien, lo importante es que algunas personas moderadamente felices e incluso algunas infelices también son tratadas con respeto, pasan tiempo con la familia y los amigos, se ganan bien la vida, etcétera. Por tanto, estas consideraciones no bastan para determinar la felicidad, pero sí que parecen casi necesarias, pues, si se carece de ellas, es bastante improbable que se sea una de las personas más felices del mundo.

Me encanta este estudio, pero es importante no dejarse arrastrar por él. Si alguien viera estos resultados y te dijera que el secreto para ser

---

and demographic covariates in a large US sample», *International Journal of Wellbeing*, 10, 4 (2020), pp. 87-112.

670. Bloom, *op. cit.*

671. Diener, Ed, *et al.*, «Happiest people revisited», *Perspectives on Psychological Science*, 13, 2 (2018), pp. 176-184.

feliz es hacer ejercicio, fumar menos, dormir bien, aprender mucho, ganar dinero y, sobre todo, tener relaciones sociales intensas y satisfactorias, deberías responderle: no tan rápido.

El problema radica, y ya sé que lo debo de haber dicho cientos de veces a estas alturas del libro, en que es difícil separar la causa del efecto.

Por ejemplo, los amigos. La gente muy feliz tiene amigos, así que quizá los amigos nos hagan felices, parece razonable; pero quizá ser feliz nos ayude a tener amigos, cosa que también tiene sentido. El buen humor es atractivo, al menos bien dosificado. Es difícil que una persona huraña y retraída sea popular, o puede que la felicidad y la amistad no estén relacionadas directamente, sino que haya un tercer factor que influya en cada una por su lado. Puede que algunas personas sean gregarias, agradables y extravertidas, que estos rasgos las hagan más felices y les ayuden a tener más amigos, pero que su felicidad y su popularidad no estén directamente relacionadas.

No tenemos por qué darnos por vencidos, ya hay estudios rigurosos capaces de desentrañar la causa y el efecto. Tomemos como ejemplo la relación entre la felicidad y ayudar a los demás. Una de las primeras preguntas que la gente se hace sobre la felicidad es: «¿Ser bueno te hace más feliz?», y aquí nos encontramos con datos válidos sobre la causalidad.

Consideremos primero una manifestación de la bondad: el voluntariado. En todos los estudios se saca la conclusión de que el voluntariado va asociado a una mayor satisfacción vital y a una menor tasa de depresión. Esta relación es válida tanto para los países pobres como para los ricos.[672]

Así que bueno, si quieres ser feliz, hazte voluntario, ¿no? Pues no está tan claro. Se han hecho experimentos en los que se han asignado aleatoriamente voluntariados y no se han encontrado diferencias de estado de ánimo, autoestima, etcétera.[673] Pero un reciente estudio longitudinal, que ha analizado los cambios antes y después del voluntariado, sí ha encontrado un efecto positivo sustancial sobre la felicidad.[674] No se

---

672. Aknin, Lara B., *et al.*, «Happiness and prosocial behavior: an evaluation of the evidence», en Helliwell, J. F.; Layard, R.; y Sachs, J. D. (eds.), *World happiness report*, Sustainable Development Solutions Network, Estados Unidos, 2019, <https://worl dhappiness.report/ed/2019/happiness-and-prosocial-behavior-an-evaluation-of-the-evidence/>.

673. Ibídem.

674. Lawton, Ricky N., Gramatki, Iulian, Watt, Will; y Fujiwara, Daniel, «Does volunteering make us happier, or are happier people more likely to volunteer? Addressing

sabe aún, por tanto, si las personas felices son más propensas a hacer voluntariado (por la razón que sea), si es el voluntariado lo que nos hace felices, o ambas cosas.

¿Y las donaciones a obras benéficas? También en este caso existe una correlación. Hay estudios realizados con más de un millón de personas que revelan que donar a la caridad es un factor predictivo de satisfacción vital. Y en esta ocasión, las pruebas de una relación causal son más claras.[675] Se han hecho experimentos en los que se les ha dado dinero a la gente, por ejemplo, un billete de veinte dólares, y se les ha dicho que lo gasten en sí mismos o en otra persona. La gente es más feliz si se le dice que es altruista. Estos estudios suelen constatar una mejora inmediata del estado de ánimo de las personas que regalan el dinero; lo que no está tan claro es si donar incrementa la felicidad de por vida, pero, aun así, estos primeros resultados son prometedores.

Uno de los principales hallazgos de la investigación sobre la felicidad es la estabilidad. Hay un par de factores que contribuyen a que la felicidad perdure a lo largo del tiempo.

Igual que ocurre con características físicas como la altura o el peso y con rasgos psicológicos como la inteligencia o la apertura a la experiencia, la alegría es hereditaria.[676] Dicho de una manera más sencilla, algunas personas son alegres por naturaleza, mientras que otras son melancólicas también por naturaleza.

Un libro superventas afirma que el 50 por ciento de la variación en la felicidad se debe a los genes.[677] Por todas las razones expuestas en el último capítulo, creo que debemos ser prudentes con las cifras exactas. La heredabilidad varía en función del lugar y de la época y debemos tener en cuenta que trasladarse a un nuevo entorno podría cambiar cómo se expresan los mismos genes, cosa que deja abierta la posibilidad de que casi todos tengamos una vida muy feliz o mísera. Sin embargo, los hallazgos de la genética conductual dan a entender que existen poderosas influencias que nos afectan incluso desde antes de nacer.

---

the problem of reverse causality when estimating the wellbeing impacts of volunteering», *Journal of Happiness Studies*, 22, 2 (2021), pp. 599-624.

675. Aknin, *et al.*, *op. cit.*

676. Lykken, David; y Tellegen, Auke, «Happiness is a stochastic phenomenon», *Psychological Science*, 7, 3 (1996), pp. 186-189.

677. Lyubomirsky, Sonja, *La ciencia de la felicidad: un método probado para conseguir el bienestar*, Urano, Barcelona, 2008.

Además, hay varios estudios que ilustran lo que el psicólogo Daniel Gilbert ha descrito como fallos de la «predicción afectiva»,[678] es decir, que no solemos predecir bien nuestra propia felicidad y, lo que es más pertinente para la cuestión de la estabilidad, tendemos a pensar que los acontecimientos vitales tienen más importancia de la que en realidad tendrán. No nos damos cuenta de que sabemos resistir bastante bien las malas experiencias ni de que, por desgracia, tampoco nos afectan las buenas. En un estudio, unos universitarios tenían que entregarle a su universidad una lista ordenada de las residencias en las que querían alojarse y se les pedía que pronosticaran lo felices que se sentirían en caso de que se les asignara la primera o la última opción. Predijeron que la diferencia sería sustancial, pero una vez instalados, no hubo diferencia alguna.[679] En otro estudio, se preguntó a los aficionados al deporte cómo se sentirían después de un partido crucial de la liga de fútbol. Se les aclaró que se les preguntaba por sus sentimientos en general, no cuando pensaban en el partido, pero, aun así, los seguidores del equipo ganador sobrestimaron lo contentos que estarían, y los del equipo perdedor, lo tristes que se pondrían.[680] Tras las elecciones del año 2000, en las que George Bush salió elegido presidente, sus partidarios no se pusieron tan contentos como habían creído ni los seguidores de Gore estaban tan descontentos como habían pensado.[681] De hecho, incluso en el caso de acontecimientos más graves, como la ruptura de una relación sentimental, las personas tienden a sobrestimar en qué medida se verá afectada su felicidad.[682]

¿Por qué somos tan poco capaces de predecir nuestra felicidad futura? Una explicación es que, al hacer la predicción, pensamos en el acontecimiento, y ese acto en sí nos hace sobrestimar cuánto tiempo vamos a dedicar a pensar en él en el futuro. Cuando me piden que me imagine a mi candidato favorito perdiendo las elecciones, me quedo hecho polvo, y cuando predigo cómo me voy a sentir después de las elecciones, es

678. Gilbert, Daniel, *Tropezar con la felicidad*, Ariel, Barcelona, 2017.

679. Dunn, Elizabeth W.; Wilson, Timothy D.; y Gilbert, Daniel T., «Location, location, location: the misprediction of satisfaction in housing lotteries», *Personality and Social Psychology Bulletin*, 29, 11 (2003), pp. 1421-1432.

680. Dolan, Paul; y Metcalfe, Robert, «"Oops... I did it again": repeated focusing effects in reports of happiness», *Journal of Economic Psychology*, 31, 4 (2010), pp. 732-737.

681. Wilson, Timothy D.; Meyers, Jay; y Gilbert, Daniel T., «"How happy was I, anyway?": a retrospective impact bias», *Social Cognition*, 21, 6 (2003), pp. 421-446.

682. Gilbert, Daniel T., *et al.*, «Immune neglect: a source of durability bias in affective forecasting», *Journal of Personality and Social Psychology*, 75, 3 (1998), pp. 617-638.

probable que diga que estaré hecho polvo, sin darme cuenta de que la mayor parte del tiempo no estaré pensando en política siquiera. Pensar en ganar un premio importante me emociona y me hace predecir que eso me hará feliz en el futuro, sin darme cuenta de que, en el futuro, prácticamente todo el tiempo mi mente estará en otras cosas. Como dicen Daniel Kahneman y Richard Thaler, nada en la vida importa tanto como uno se cree cuando está pensando en ello.[683]

Por último, con frecuencia no nos damos cuenta de lo buenos que somos dándole vuelta a las cosas y reinterpretando la información para seguir pensando bien de nosotros mismos, de nuestro grupo y de las opiniones que más valoramos. Gilbert y sus colegas lo explican muy ·bien (Leon Festinger desarrolló el trabajo sobre disonancia cognitiva descrito en el capítulo sobre psicología social. A Freud ya lo conoces):

> Desde Freud hasta Festinger, ha habido psicólogos que han descrito los ingeniosos métodos de los que se vale la mente humana para ignorar, aumentar, transformar y reorganizar la información en su batalla interminable contra las consecuencias afectivas de los acontecimientos negativos. Algunos de estos métodos son bastante simples (por ejemplo, descartar por norma todos los comentarios que empiecen por «Serás imbécil») y otros, más complicados (por ejemplo, encontrar cuatro buenas razones por las que no se desea ganar la lotería). Sin embargo, tomados en conjunto, parecen constituir un sistema inmunológico psicológico que sirve para proteger al individuo de una sobredosis de pesimismo. Como señaló Vaillant: «Los mecanismos de defensa son a la mente lo que el sistema inmunológico es al cuerpo».[684]

Hemos visto que aproximadamente el 50 por ciento de la diferencia del grado de felicidad entre las personas se debe a la herencia genética. Podría ser directa —que los genes influyan directamente en la felicidad—, pero lo más probable es que la cadena causal sea compleja. Los genes podrían influir en la personalidad, por ejemplo, o en la capacidad de entablar relaciones o de tener éxito en distintas facetas de la vida, y esto, a su vez, podría influir en la felicidad.

Aun así, si la mitad de esa variación es genética (y hay que tener en cuenta que se trata de una estimación aproximada), eso significa que la

---

683. Kahneman, Daniel; y Thaler, Richard H., «Anomalies: utility maximization and experienced utility», *Journal of Economic Perspectives*, 20, 1 (2006), pp. 221-224.

684. Gilbert, *et al.*, «Immune neglect: a source of durability bias in affective forecasting», *Journal of Personality and Social Psychology*, 75, 3 (1998), pp. 617-638.

otra mitad no lo es. Gran parte de la felicidad viene determinada por el entorno. ¿Y qué tipo de entorno es el más apropiado?

Una conclusión recurrente es que los habitantes de algunos países son, por término medio, más felices que otros[685] y esas diferencias no son sutiles. En el índice global de felicidad[686] de 2020, por ejemplo, el país más feliz (Finlandia) obtuvo una media de 7,9 sobre 10, y el país menos feliz (Moldavia) obtuvo una media de 5,8, una diferencia asombrosa. De hecho, además de los genes, el lugar donde vivimos puede ser el factor más determinante de nuestra felicidad.

Ahora bien, es posible que mires con escepticismo la información que aportan estos datos y que te preocupe, en particular, qué piensa la gente cuando piensa en la felicidad o cómo utiliza la palabra *feliz* según la cultura a la que pertenezca.[687] Estas preocupaciones no son desdeñables, pero la forma concreta de calcular las cifras o la elección de las palabras para formular la pregunta no parecen influir en los resultados. Mientras que algunos estudios, como la Encuesta Mundial de Valores, preguntan por la «felicidad», otros utilizan métodos distintos, como pedirle a la gente que clasifique su vida en una escala de 0 (la peor vida posible) a 10 (la mejor vida posible). Y los resultados suelen coincidir al margen de las preguntas. Estos mismos países —entre los que se encuentran Noruega, Finlandia, Dinamarca y Suecia, así como Suiza, Alemania, Islandia, Países Bajos, Canadá, Nueva Zelanda y Australia—[688] suelen ser los primeros.

Los factores que se asocian con los países felices son los que cabría esperar: la renta media es alta (existe una estrecha relación entre el PIB de un país y su nivel de felicidad), la esperanza de vida es alta y tienen un fuerte respaldo social. Los ciudadanos que integran estas sociedades perciben mayores niveles de libertad, confianza y generosidad. Una política fiscal progresista y un estado del bienestar sólido son indicadores de felicidad, igual que cierto grado de competitividad económica (los países comunistas son infelices).[689]

685. Diener, Ed, *et al.*, «Findings all psychologists should know from the new science on subjective well-being», *Canadian Psychology/Psychologie Canadienne*, 58, 2 (2017), pp. 87-104. Para conocer los datos más recientes sobre la felicidad en diferentes países, véase < https://worldhappiness.report>.

686. Helliwell, John F., *et al.*, «World happiness report 2021», <https://happiness-report.s3.amazonaws.com/2021/WHR+21.pdf>.

687. Wierzbicka, Anna, «"Happiness" in cross-linguistic & cross-cultural perspective», *Daedalus*, 133, 2 (2004), pp. 34-43. Lo que sigue se ha extraído, con ligeras modificaciones, de Bloom, *The sweet spot... op. cit.*

689. Diener, et al., *op. cit.*

¿Es razonable considerarlo un efecto del entorno? Tal vez no sea el hecho de vivir en el país lo que influye en la felicidad. Los finlandeses, por ejemplo, podrían ser felices por tener genes finlandeses y serían igual de felices si se mudaran todos a Moldavia. Pero esto no es así. Varios estudios demuestran que, aunque algo influye el país de origen, los inmigrantes tienden a ser prácticamente igual de felices que los ciudadanos nativos del país en el que viven.[690] Es el país, no los genes.

¿Qué más influye en la felicidad?

El dinero.[691] No es sólo que la gente de los países ricos es más feliz que la de los países pobres, sino que la gente rica es más feliz que la pobre en el mismo país. Por supuesto, el tópico de que el dinero no da la felicidad es cierto, hay mucha gente rica que no es feliz, pero la idea de que el dinero no está relacionado con la felicidad es errónea, siempre fue una afirmación más moral que empírica, más sobre cómo creemos muchos que deberían ser las cosas que como funcionan en realidad.

Y sería raro, de hecho, que las cosas que nos dan mayor calidad de vida, las cosas que pueden comprarse con dinero, no influyeran en nuestra felicidad. El dinero compra una mejor atención médica, una mejor educación para uno mismo y para los hijos, un lugar mejor para vivir, mejores alimentos y más saludables, más tiempo de ocio, más oportunidades de viajar y mucho más. Y si no te gusta el sitio donde vives o en el que trabajas, el dinero puede comprar la libertad. Las ventajas del dinero varían de una sociedad a otra —en algunos lugares, incluso los más pobres reciben una buena atención médica; en otros, se les deja sufrir—, pero esas ventajas siempre existen, por lo que no es de extrañar que, se mire como se mire, los pobres sean menos felices que los ricos.

Aquí encontramos un rendimiento decreciente: si ganas treinta mil dólares al año, mil dólares adicionales podrían ser significativos, pero si ganas cien mil dólares, apenas notarás ese 1 por ciento extra. Hay quien ha observado que los rendimientos podrían disminuir hasta llegar a cero, pues una vez que se alcanza cierto nivel de seguridad y estabilidad, más dinero podría no servir de ayuda. En consonancia con esto, algunos estudios han encontrado el punto de saturación en el nivel de ingresos de unos cien mil dólares, aunque esa cantidad varía de un país a otro.

690. Resumido en «World happiness report 2018», en <https://worldhappiness.report/ed/2018/>.

691. Por ejemplo, Diener, Ed; y Biswas-Diener, Robert, «Will money increase subjective well-being?», *Social Indicators Research*, 57, 2 (2002), pp. 119-169.

Incluso hay estudios que constatan una *disminución* en ingresos más elevados.[692] ¿Tal vez la riqueza extrema nos aleja de las relaciones sociales y tiene un efecto corrosivo?

Aun así, otros estudios llegan a la conclusión de que el dinero nunca deja de dar la felicidad. En una encuesta realizada en 2019, se observaron diferencias significativas en el grado de satisfacción vital de las personas con un nivel de ingresos más altos: el 90 por ciento de las que ganan más de medio millón de dólares al año (el 1 por ciento más rico de Estados Unidos) estaban *muy* o *completamente* satisfechas con su vida, una cifra considerablemente superior a la de las que ingresan más de un cuarto de millón, pero menos de medio millón de dólares.[693] Otro estudio examinó a los multimillonarios y descubrió que las personas con un patrimonio de más de 10 millones de dólares estaban más satisfechas con su vida (aunque sólo un poco) que las que tenían entre 1 y 2 millones de dólares.[694]

Ahora bien, en este caso, los problemas de correlación y causalidad de los que hablábamos antes tienen mucho peso. Puede que el tipo de persona que es rica difiera en algunos aspectos del resto de nosotros y habría sido feliz incluso aunque le hubieran requisado toda su fortuna.

Esto se podría estudiar haciendo un experimento muy simple: darle una gran cantidad de dinero a la gente y observar qué sucede, comprobar si eso los hace más felices a largo plazo. Lo malo es que hay un pequeño problema práctico: no muchos psicólogos pueden permitirse repartir un millón de dólares a una persona, a otra y a muchas más para ver qué pasa.

No obstante, existen los llamados experimentos naturales, en los que la suerte da lugar a la asignación aleatoria asociada a un diseño experimental adecuado. Estos experimentos naturales aprovechan situa-

692. Jebb, Andrew T., *et al.*, «Happiness, income satiation and turning points around the world», *Nature Human Behaviour*, 2, 1 (2018), pp. 33-38.

693. «Life experiences and income inequality in the United States», Robert Wood Johnson Foundation, 9 de enero de 2020, <https://www.rwjf.org/en/library/research /2019/12/life-experiences-and-income-inequality-in-the-united-states.html>; Ingraham, Christopher, «The 1% are much more satisfied with their lives than everyone else, survey finds», *The Washington Post*, 9 de enero de 2020, <https://www .washingtonpost.com/ business/2020/01/09/1-are-much-more-satisfied-with-their-lives-than-everyone-else-survey-finds/>. Para consultar resultados similares respecto a la satisfacción vital, véase Killingsworth, Matthew A., «Experienced well-being rises with income, even above $75,000 per year», *PNAS*, 118, 4, <https://www .pnas.org/content/118/4/e2016976118.short>.

694. Donnelly, Grant E., *et al.*, «The amount and source of millionaires' wealth (moderately) predict their happiness», *Personality and Social Psychology Bulletin*, 44, 5 (2018), pp. 684-699.

ciones del mundo real en las que hay personas que al azar obtienen una gran cantidad de dinero y otras no, completamente por casualidad. Estas situaciones se llaman loterías (aunque hay que aclarar que la lotería sólo les toca a las personas que compran boletos de lotería, y podría preocuparnos que este grupo sea poco común).

Un célebre estudio realizado en 1978 comparaba a veintidós ganadores de la Lotería del Estado de Illinois con veintidós personas elegidas al azar que no habían ganado la lotería y no encontró un aumento significativo del grado de felicidad,[695] pero la muestra era pequeña y hay estudios con muestras más grandes que constatan que los ganadores son más felices en general[696] y que encuentran pruebas, además, de que la felicidad mejora cuando se tiene otro tipo de golpe de suerte inesperado: heredar una cantidad sustancial de dinero.[697]

La salud también está asociada con la felicidad. No es de extrañar que las enfermedades, dolencias y lesiones, sobre todo las que afectan a la movilidad, como los accidentes cerebrovasculares y las lesiones medulares, conduzcan a una disminución duradera de la felicidad.[698]

La edad guarda una relación peculiar con la felicidad. A medida que envejecemos, somos, por término medio, menos fuertes, menos ágiles, más vulnerables a las lesiones y más propensos a contraer alguna enfermedad grave (la mayoría de las personas que padecen cáncer tienen más de 65 años). Por tanto, teniendo en cuenta lo que acabo de decir sobre la salud, sería de esperar un declive de la felicidad a medida que envejecemos. También se pierde parte del estatus —las personas mayores se quejan a menudo de que se sienten irrelevantes y se las trata con menos respeto—, cosa que también podría provocar un declive de la felicidad.

Pero no, la felicidad no disminuye con la edad. En cambio, la felici-

695. Brickman, Philip; Coates, Dan; y Janoff-Bulman, Ronnie, «Lottery winners and accident victims: is happiness relative?», *Journal of Personality and Social Psychology*, 36, 8 (1978), pp. 917-927.

696. Gardner, Jonathan; y Oswald, Andrew J., «Money and mental wellbeing: a longitudinal study of medium-sized lottery wins», *Journal of Health Economics*, 26, 1 (2007), pp. 49-60.

697. Gardner, Jonathan; y Oswald, Andrew, «Does money buy happiness? A longitudinal study using data on windfalls», Warwick University, 2001, <https://users.nber .org/~confer/2001/midmf01/oswald.pdf>.

698. Diener, Ed; Lucas, Richard E.; y Oishi, Shigehiro, «Advances and open questions in the science of subjective well-being», *Collabra: Psychology*, 4, 1 (2018).

dad se distribuye en una curva en forma de U en relación con la edad.[699] Los jóvenes de 18 años son relativamente felices; después, la felicidad promedio disminuye gradualmente hasta los cincuenta y pocos y luego vuelve a aumentar, de modo que los ochenta años son, por término medio, la etapa más feliz de la vida de las personas.

La religión también está relacionada con la felicidad, pero de una manera complicada. Dentro de un país, las personas religiosas tienden a ser felices, sobre todo en los países pobres, pero la gente que vive en países religiosos es, de media, menos feliz que la que vive en países menos religiosos.[700]

¿Qué ocurre con el género? Incluso en las sociedades más igualitarias, la vida de los hombres y las mujeres difiere en muchos aspectos: ingresos, roles familiares, trabajos, etcétera. Las mujeres son más propensas a la depresión, lo que obviamente está relacionado con la infelicidad, mientras que los hombres son más vulnerables al alcoholismo y otras adicciones y tienen más probabilidades de ser tanto perpetradores como víctimas de delitos violentos. Además, los hombres mueren mucho más jóvenes que las mujeres. Tal vez todo esto se equilibre porque, aunque parezca sorprendente, el género es irrelevante: los hombres y las mujeres experimentan más o menos el mismo nivel de felicidad.[701]

Vamos a terminar nuestra lista de factores que influyen en la felicidad volviendo a las relaciones.

Hemos visto que las personas más felices del mundo suelen tener buenas relaciones íntimas. Tomemos el caso del matrimonio. Mi abuela te habría dicho que para tener una vida plena hace falta tener pareja. «Para todo roto hay un descosido», le recordaba en voz alta a mi hermana, entonces soltera, en las reuniones familiares, cosa que a mí me hacía mucha gracia, pero a mi hermana no tanta. Ahora bien, puede que mi abuela estuviera expresándolo de una manera muy exagerada —hay

699. Stone, Arthur A., *et al.*, «A snapshot of the age distribution of psychological well-being in the United States», *Proceedings of the National Academy of Sciences*, 107, 22 (2010), pp. 9985-9990. Para ampliar información, véase Rauch, Jonathan, *The happiness curve: why life gets better after 50.*

700. Deaton, Angus; y Stone, Arthur A., «Two happiness puzzles», *American Economic Review*, 103, 3 (2013), pp. 591-597.

701. Batz, Cassondra; y Tay, Louis, «Gender differences in subjective well-being», en Diener, E; Oishi, S.; y Tay. L. (eds.), *Handbook of well-being*, DEF Publishers, Estados Unidos, 2018.

mucha gente feliz que no tiene pareja—, pero en líneas generales tenía razón: la gente casada tiende a ser más feliz.[702]

Pero ¿por qué? Aquí se nos presenta nuestro trío habitual de opciones cuando pensamos en la relación entre dos factores. A puede causar B; B puede causar A; o un tercer factor, C, puede causar tanto A como B, pero A y B podrían no estar relacionados de otra manera. Puede ser que el matrimonio te haga feliz (bastante plausible) o que ser feliz te haga más propenso a atraer a personas que quieran casarse contigo (también plausible) o que haya algún tercer factor —riqueza, dinero, cierto tipo de personalidad— que conduzca tanto al matrimonio como a la felicidad (también plausible).

Una forma de distinguir estas posibilidades es observando los tiempos, el momento en que ocurren. Si la felicidad aumenta después de casado, eso quiere decir que el matrimonio desempeña un papel causal. Y esto parece sucederles tanto a las parejas heterosexuales como a las homosexuales, al menos durante los primeros años de matrimonio.[703] Después la felicidad desciende y vuelve al nivel anterior.[704] Algunos estudios minuciosos sobre las consecuencias a largo plazo del matrimonio encuentran efectos sutiles que varían en función de todo tipo de factores, como si eres hombre o mujer, tu edad o el país de procedencia.[705] La pregunta de si el matrimonio nos hace felices no tiene fácil respuesta.

¿Y los efectos de tener hijos? Es un tema que se debate mucho y no es para menos, pues para mucha gente es una decisión difícil de tomar.[706]

Durante un tiempo hubo una respuesta clara: en un estudio que ha sido citado en infinidad de ocasiones (a veces con regocijo por parte de quienes no tienen hijos), Daniel Kahneman y sus colegas consiguieron que unas novecientas mujeres trabajadoras informaran, al acabar el día, de cada una de sus actividades y de lo felices que se sentían cuando

702. Myers, David G.; y Diener, Ed, «The scientific pursuit of happiness», *Perspectives on Psychological Science*, 13, 2 (2018), pp. 218-225.

703. Lyubomirsky, Sonja; King, Laura; y Diener, Ed, «The benefits of frequent positive affect: does happiness lead to success?», *Psychological Bulletin*, 131, 6 (2005), pp. 803-855.

704. Luhmann, Maike, *et al.*, «Subjective well-being and adaptation to life events: a meta-analysis», *Journal of Personality and Social Psychology*, 102, 3 (2012), pp. 592-615.

705. Schultz Lee, Kristen; y Ono, Hiroshi, «Marriage, cohabitation, and happiness: a cross-national analysis of 27 countries», *Journal of Marriage and Family*, 74, 5 (2012), pp. 953-972.

706. Lo que sigue se ha extraído, con pequeñas modificaciones, de Bloom, *The sweet spot, op. cit.*

las realizaban.[707] Resulta que cuidar de los niños no es divertido: las mujeres consideran que estar con sus hijos es menos agradable que muchas otras actividades, como ver la televisión, ir de compras o preparar la comida. Según otros estudios, cuando nace un hijo, la felicidad de los padres disminuye durante mucho tiempo,[708] además de la satisfacción conyugal, que sólo se recupera cuando los hijos se van de casa.[709] Como dice el psicólogo Dan Gilbert, «el único síntoma del síndrome del nido vacío es una sonrisa más pronunciada».[710]

Es cierto, criar a los hijos es duro, sobre todo cuando son pequeños. Es estresante, costoso, preocupante, a menudo aburrido y con frecuencia asociado a la falta de sueño, que a su vez está asociado a la depresión. Para un progenitor soltero, puede ser abrumador; en una pareja, puede tensar la relación. Como señala la escritora Jennifer Senior, los hijos son la causa más frecuente de las discusiones de pareja: «Más que el dinero, más que el trabajo, más que los suegros, más que las manías personales, la forma de comunicarse, las actividades de ocio, los problemas con el compromiso, los amigos pesados o el sexo».[711]

Pero, como suele suceder, los primeros estudios dejan las cosas claras y luego otras investigaciones complican las cosas. Los efectos negativos de tener hijos afectan más a las madres que a los padres, más a los progenitores jóvenes que a los mayores y a los progenitores solteros más que a ninguno.[712] Esos efectos dependen del país, de si existen políticas como la baja de maternidad y paternidad remunerada y guarderías infantiles accesibles y baratas.[713] Los padres que viven en Norue-

707. Kahneman, Daniel, *et al.*, «A survey method for characterizing daily life experience: the day reconstruction method», *Science*, 306, 5702 (2004), pp. 1776-1780.

708. Lucas, Richard E., *et al.*, «Reexamining adaptation and the set point model of happiness: reactions to changes in marital status», *Journal of Personality and Social Psychology*, 84, 3 (2003), pp. 527-539; Luhmann, *et al.*, «Subjective well-being and adaptation to life events: a meta-analysis».

709. Twenge, Jean M., Campbell, W. Keith; y Foster, Craig A., «Parenthood and marital satisfaction: a meta-analytic review», *Journal of Marriage and Family*, 65, 3 (2003), pp. 574-583.

710. Leddy, Chuck, «Money, marriage, kids», *Harvard Gazette*, 21 de febrero de 2013, <https://news.harvard.edu/gazette/story/2013/02/money-marriage-kids>.

711. Senior, Jennifer, *All joy and no fun: the paradox of modern parenthood*, Ecco/ HarperCollins, p. 49, Estados Unidos, 2014.

712. Nelson, S. Katherine, *et al.*, «In defense of parenthood: children are associated with more joy than misery», *Psychological Science*, 24, 1 (2013), pp. 3-10.

713. Glass, Jennifer; Simon, Robin W.; y Andersson, Matthew A., «Parenthood and happiness: effects of work-family reconciliation policies in 22 OECD countries», *American Journal of Sociology*, 122, 3 (2016), pp. 886-929.

ga, por ejemplo, son más felices que las parejas sin hijos, mientras que los estadounidenses son los más afectados por tener hijos.

Sin embargo, es cierto que los hijos están asociados con un declive de la felicidad general, los placeres cotidianos y la satisfacción conyugal, cosa que da que pensar. No conozco ninguna investigación al respecto, pero, por experiencia propia y por la gente que conozco con hijos, pocas son las personas que dicen estar arrepentidas de haber sido padres. De hecho, muchos padres (entre los que me incluyo) dicen que la paternidad es algo fundamental en su vida, algo enormemente positivo. ¿Nos estaremos engañando?

Algún experto en felicidad nos diría que sí. Tal vez sea una disonancia cognitiva, cosas del sistema inmunológico psicológico: una vez que tenemos hijos y dedicamos la vida a cuidarlos, no somos capaces de reconocer que nos hemos arruinado la vida, así que nos engañamos diciéndonos que tomamos una sabia decisión.

O tal vez sea fruto de la distorsión de la memoria. Como veremos después, tendemos a recordar los momentos álgidos y el final de las experiencias y a olvidar las cosas monótonas y horribles que hubo en medio. Jennifer Senior puntualiza:

> Nuestro yo experiencial les dice a los investigadores que preferimos fregar los platos —o dormir la siesta, o ir de compras, o responder el correo electrónico— a pasar tiempo con nuestros hijos. Pero el yo que recuerda dice que nadie ni nada nos proporciona tanta alegría como nuestros hijos. Puede que no sea la felicidad que vivimos a diario, pero sí la felicidad en la que pensamos, la que invocamos y recordamos, la que conforma nuestra historia vital.[714]

En consonancia con esto, un estudio examinó a millones de personas de 160 países y descubrió que, en general, los padres son menos felices que las personas sin hijos, están menos satisfechos con su vida y tienen más estrés a diario,[715] pero también disfrutan de más alegrías todos los días, así que ¿será que sólo recordamos los momentos álgidos? Estuve hablando por Zoom con un periodista durante la pandemia y me contó que tenía un niño de cuatro años y gemelos de dos años. Dijo que la paternidad era como la heroína: los bajones son horribles, pero los

714. Senior, *op. cit.*
715. Deaton, Angus; y Stone, Arthur A., «Evaluative and hedonic wellbeing among those with and without children at home», *Proceedings of the National Academy of Sciences*, 111, 4 (2014), pp. 1328-1333.

picos son maravillosos. La escritora Zadie Smith la describió de forma parecida: tener un hijo es «una extraña mezcla de terror, dolor y deleite».[716]

Yo diría que explicarlo así, que nos acordamos de los subidones, es bastante viable, pero hemos de tener en cuenta otra cosa. Vamos a simplificarlo y suponer que el placer y la felicidad disminuyen cuando se tienen hijos, pero ahora quiero retomar el pluralismo presentado al principio de este capítulo y sugerir que aún puede ser valioso. Cuando digo que criar a mis hijos es una fuente de inmensa satisfacción para mí, no me refiero a que ser padre haya aumentado mi placer general, estoy hablando de algo más profundo que tiene que ver con la satisfacción, el propósito vital y el significado.

¿Por qué no podemos ser más felices por el mero hecho de desearlo, igual que podemos imaginarnos un pato o pensar en el número siete? Está claro que nuestra mente no funciona así, pero ¿por qué no?

Esta pregunta nos obliga a plantearnos para qué sirve la felicidad. Steven Pinker nos da una explicación evolutiva bastante razonable:[717]

> Vemos la felicidad como el resultado de un antiguo sistema biológico de retroalimentación que rastrea nuestro progreso en la búsqueda de señales que auspicien idoneidad en un entorno natural. En general, somos más felices cuando estamos sanos, cómodos, seguros, provistos de lo necesario, conectados socialmente y satisfechos sexualmente, y nos sentimos amados. La función de la felicidad es incitarnos a buscar las claves de la idoneidad: cuando somos infelices, nos esforzamos por encontrar cosas que mejoren nuestra situación; cuando somos felices, valoramos el *statu quo*.

Desde esta perspectiva, la felicidad evolucionó como un indicador de que nuestra vida va bien. Esto explica por qué es imposible ser feliz por simple elección. Imagínate que te compras un coche con la aguja del depósito de combustible trucada para que siempre marque LLENO. Sería agradable al principio, no te preocuparía quedarte sin combustible, pero en realidad no sería tan buena idea, porque el depósito acabaría vaciándose y el coche dejaría de funcionar. Lo mismo pasaría si tuviera hambre y pudiera elegir no hacerle caso a mi estómago o incluso hacer-

716. Smith, Zadie, «Joy», *The New York Review of Books*, 10 de enero de 2013.
717. Pinker, *op. cit.*

me a la idea de que acabo de comer un montón: sería genial en un primer momento, pero perdería la motivación para conseguir comida y no duraría mucho.

Si pudiera elegir ser feliz todo el tiempo, me perdería la información que me aporta la infelicidad, la información de que las cosas no van bien y hay que ponerse las pilas. La infelicidad, como la aguja del depósito de gasolina que te indica que tienes que repostar, como la sensación de tener hambre, es un *regalo*.

Una conclusión que podemos sacar de todo esto es que debemos intentar vivir lo mejor posible. Si lo conseguimos, seremos felices; si no, la infelicidad nos ayudará a seguir intentándolo. Aunque... supongamos que quieres hacer oídos sordos a este molesto consejo o que no puedes o no quieres mejorar tu vida: ¿hay alguna manera de hackear el sistema?

Hay pastillas. Se dice que algunos medicamentos que se usan actualmente para la depresión no sólo consiguen que las personas deprimidas se recuperen un poco, sino que también ayudan a la gente infeliz a ser feliz y, tal vez, a la feliz a ser muy feliz.[718] También hay remedios rápidos que no son medicamentos que se dice que aumentan el nivel de felicidad, como ciertos suplementos dietéticos, ejercicios de gratitud, meditación de atención plena o *mindfulness*, tomar el sol (sobre todo en invierno) y varios tipos de ejercicio físico. Algunos de ellos funcionan a corto plazo, pero creo que hay que ser escépticos sobre sus efectos a largo plazo.

Un consejo un tanto paradójico es aplicable a las personas que viven en sociedades más individualistas: si quieres ser feliz, quizá no deberías esforzarte demasiado por ser feliz. Las personas más propensas a decir que la felicidad es prioritaria para ellas suelen experimentar más depresión y soledad y su vida en general va peor.[719]

Llegados a este punto, hablar de la relación causa-efecto debería ya sonarte. Quizá lo que nos perjudica no es tener la felicidad como prioridad, sino que, cuando la vida va mal, la felicidad se convierte en una prioridad aún mayor.

Aun así, hay razones para decir que perseguir la felicidad no es el

---

718. Kramer, Peter D., *Listening to Prozac: a psychiatrist explores antidepressant drugs and the remaking of the self*, Penguin Books, Estados Unidos, 1994.

719. Ford, Brett Q., *et al.*, «Desperately seeking happiness: valuing happiness is associated with symptoms and diagnosis of depression», *Journal of Social and Clinical Psychology*, 33, 10 (2014), pp. 890-905.

camino adecuado para alcanzarla,[720] puede que nos creemos expectativas demasiado altas. Podemos obsesionarnos con lo infelices que somos, actividad que de por sí no nos hace felices precisamente. Y puede que busquemos la felicidad de la manera que no es. Al parecer, perseguir una meta como ganar dinero o subir de estatus está relacionado con la infelicidad, además de con la depresión, la ansiedad y las enfermedades mentales.[721] Intentar ganar dinero es un problema particular. Un metaanálisis llegó a la siguiente conclusión:

> Los encuestados declaran ser menos felices y estar menos satisfechos con su vida; su nivel de vitalidad y de autorrealización es más bajo y el de depresión, ansiedad y psicopatología en general es más alto en la medida en que creen que adquirir dinero y posesiones es importante y clave para alcanzar la felicidad y tener éxito en la vida.[722]

A ver, un momentito: ¿no acabábamos de decir que el dinero está asociado a la felicidad? Pues sí, así es. El dinero ayuda a ser feliz, pero, al parecer, *intentar ganar dinero* no te hace feliz. (La solución en este caso es nacer rico.)

¿Y si intentamos ser felices de otra manera? Existe prueba científica de que en las sociedades colectivistas, como en algunas zonas de Asia oriental, hay una relación positiva entre intentar ser feliz y ser feliz.[723] Podría deberse a que, en estas sociedades, la gente se esfuerza por ser feliz relacionándose más con los amigos y la familia, y parece ser una muy buena manera de lograrlo.

Hasta ahora hemos hablado de la felicidad —o del bienestar subjetivo— que se suele evaluar preguntando a las personas si están contentas con su vida. También hemos visto que hay otras facetas de la vida que desea-

---

720. Ford, B.; y Mauss, I., «The paradoxical effects of pursuing positive emotion», en Gruber, J.; y Moskowitz, J. T. (eds.), *Positive emotion: integrating the light sides and dark sides*, Oxford University Press, pp. 363-382, Reino Unido, 2014.

721. Ibídem.

722. Dittmar, Helga, *et al.*, «The relationship between materialism and personal wellbeing: a meta-analysis», *Journal of Personality and Social Psychology*, 107, 5 (2014), pp. 879-924. Lo que sigue se ha extraído, con ligeras modificaciones, de Bloom, *The sweet spot... op. cit.*

723. Ford, Brett Q., *et al.*, «Culture shapes whether the pursuit of happiness predicts higher or lower well-being», *Journal of Experimental Psychology: General*, 144, 6 (2015), pp. 1053-1062.

mos potenciar. Algunas son más profundas, como el sentido y el propósito, que podría ser lo que nos motiva para correr una maratón o tener hijos. Se puede querer llevar una vida moral o una vida rica e interesante.[724]

Otras metas son más inmediatas, solemos buscar el placer y evitamos el dolor. Mientras que la felicidad y el sentido son metas a largo plazo, el placer y el dolor son cualidades propias de experiencias concretas. Quiero terminar este capítulo —y este libro— hablando de una serie de descubrimientos que encuentro especialmente apasionantes sobre cómo se conciben y recuerdan estas cualidades.

Consideremos la relación que hay entre la naturaleza hedonista de una experiencia y el recuerdo posterior. Lo lógico sería que coincidieran, que recordáramos una experiencia de dos horas de dolor como peor que otra de una hora de dolor. Tendría sentido que una hora de placer seguida de una hora de dolor se considerara lo mismo que una hora de dolor seguida de una hora de placer.

Pues Daniel Kahneman y sus colegas han llegado a la conclusión de que ninguna de esas afirmaciones es cierta.[725] La duración de una experiencia no tiene nada que ver con cómo la recordamos.[726] Lo cierto es que dos semanas agradables de vacaciones son más placenteras que una. De hecho, suponiendo que no ocurra nada malo y que no nos aburramos, son el doble de placenteras. Pero las recordamos como idénticas. *Qué bien me lo pasé en vacaciones.* O pensemos en cómo recordamos las experiencias negativas. Imagínate que estás apretujado en el asiento de en medio de un avión que no ofrece entretenimiento a bordo, sin nada que leer y con el vecino de la ventanilla pidiéndote paso cada dos por tres para ir al baño. ¿Qué es peor, aguantar eso durante cuatro horas o durante ocho? La pregunta no es difícil, pero cuando recuerdes la experiencia, te dará igual que hayan sido cuatro horas u ocho. *Qué vuelo tan horrible.*

Y es que, cuando pensamos en un acontecimiento pasado, solemos centrarnos en dos cosas: el punto álgido (el momento más intenso) y el final. Un estudio lo ilustra de forma drástica. Los investigadores expu-

724. Oishi, Shigehiro; y Westgate, Erin C., «A psychologically rich life: beyond happiness and meaning», *Psychological Review* (2021).

725. Kahneman, Daniel, *et al.*, «When more pain is preferred to less: adding a better end», *Psychological Science*, 4, 6 (1993), pp. 401-405.

726. Kemp, Simon; Burt, Christopher D. B.; y Furneaux, Laura, «A test of the peakend rule with extended autobiographical events», *Memory & Cognition*, 36, 1 (2008), pp. 132-138. Lo que sigue se ha extraído, con ligeras modificaciones, de Bloom, *The sweet spot... op. cit.*

sieron a los participantes a varios niveles de dolor haciéndoles sumergir las manos en agua helada durante diferentes períodos de tiempo.[727] Éstas fueron las pruebas:

A. 60 segundos de dolor moderado.
B. 60 segundos de exactamente el mismo dolor moderado. Luego, durante 30 segundos más, se sube un poco la temperatura; sigue doliendo, pero menos.

¿Qué preferían los participantes? Podríamos pensar que A porque, a ver, es menos tiempo de dolor, pero no, preferían B porque el final era mejor. En otro estudio,[728] Kahneman y sus colegas salieron del laboratorio y sometieron a unos voluntarios a una colonoscopia (en una época en la que estos procedimientos eran mucho más desagradables). A la mitad de ellos, les prolongaron la prueba dejando dentro el endoscopio tres minutos más, sin moverlo: era incómodo, pero no dolía. Estas personas evaluaron su experiencia como menos desagradable en general sólo porque al final no les dolía.

Puede que esto te suene de algo: imagina que vas a una fiesta en la que la mayor parte del tiempo te lo estás pasando bien, pero supón que pasa algo desagradable, tal vez una interacción embarazosa, que dices algo incómodo. ¿Cuándo querrías hacer ese comentario, al principio de la fiesta, en plena fiesta o al final? ¿Qué suceso tiene más probabilidades de arruinarte la fiesta? En este caso, el sentido común responde lo mismo que los estudios de Kahneman: el final importa.

Y en el final estamos.

Si te has leído el libro entero, has aprendido mucho de psicología. Entiendes por qué los científicos creen que el cerebro es el origen de la vida mental. Comprendes las teorías de Freud y de Skinner. Sabes lo que sabemos —y lo que no sabemos— de la conciencia, el desarrollo infantil, el lenguaje, la memoria, la percepción, la racionalidad, las emociones, las motivaciones, la conducta social, los prejuicios, las diferencias individuales y las enfermedades mentales y mucho más. Y ahora estás familiarizado con los últimos descubrimientos sobre la felicidad y

---

727. Kahneman, *et al., op. cit.*

728. Redelmeier, Donald A.; Katz, Joel; y Kahneman, Daniel, «Memories of colonoscopy: a randomized trial», *Pain*, 104, 1-2 (2003), pp. 187-194.

el placer. Es posible que algunos de ellos te sirvan en la vida cotidiana, espero que los demás te hayan resultado interesantes e importantes, al margen de su relevancia práctica.

Empecé *Psico* contando que me cautivó un libro sobre los orígenes del universo, pero, cuando terminé ese libro, no volví a leer nada sobre cosmología. Tal vez no te leas ningún otro libro sobre psicología, así que terminaré recomendando dos posturas hacia el campo al que he dedicado mi vida.

La primera es ser humildes. Quedan preguntas básicas cuya respuesta nadie conoce todavía. Sabemos que el cerebro es el origen de la vida mental, pero no sabemos cómo un objeto físico, un trozo de carne, puede dar lugar a una experiencia consciente. Sabemos que gran parte de la variación en la personalidad, la inteligencia, la felicidad y otros rasgos psicológicos es hereditaria, pero no sabemos cómo ejercen su efecto los genes y apenas comprendemos el papel que desempeñan las experiencias vitales en la configuración de nuestra personalidad. Conocemos el poder de la influencia social, pero aún no podemos predecir ni controlar lo que hace la gente. Sabemos algo de las enfermedades mentales, pero nuestros diagnósticos y tratamientos son, por decirlo sin rodeos, primitivos. En todos los ámbitos de la psicología sigue habiendo auténticos enigmas.

La segunda es ser optimistas. Creo que los métodos de la psicología científica acabarán triunfando. Al final, los aspectos más importantes e íntimos de nosotros mismos, nuestras creencias y emociones, la capacidad de tomar decisiones, nuestro sentido del bien y del mal, incluso nuestra experiencia consciente, se explicarán a base de elaborar y comprobar hipótesis científicas. Hemos avanzado y seguiremos haciéndolo.

Hay gente a la que la asusta esta perspectiva, le preocupa que una concepción científica de la mente nos arrebate nuestro carácter especial, nos empequeñezca de algún modo. Pero mi reacción es justo la contraria y espero que estés conmigo ahora que has terminado de leer este libro: cuanto más se observa la mente y su funcionamiento desde un punto de vista científico riguroso, mejor se aprecia su complejidad, su singularidad y su belleza.

Agradecimientos

Psico se basa en parte en mi curso de Introducción a la Psicología, pero también recoge muchas de las ideas que he ido desarrollando a lo largo de mi carrera como psicólogo investigador y autor de seis libros, así que, de alguna forma, he estado trabajando en este proyecto durante toda mi trayectoria profesional. Sería imposible nombrar a todos los amigos, colegas y alumnos que me han acompañado en este viaje y no voy a intentarlo, pero sí debo un agradecimiento especial a quienes me ayudaron a convertir todo esto en un libro.

Antes de empezar, me puse en contacto con algunos de los mejores profesores de Introducción a la Psicología buscando inspiración y orientación y les agradezco a Marvin Chun, Chaz Firestone, David Pizarro y Nicholas Turk-Browne que me proporcionaran material de sus propios cursos. Y me he ayudado de dos magníficos libros de texto introductorios: *Psychology*, de Daniel Wegner, Daniel Gilbert, Daniel Schacter y Matthew Nock, y otro sin danieles: *Interactive psychology: people in perspective*, de James J. Gross, Toni Schmader, Bridgette Martin Hard, Adam K. Anderson y Beth Morling.

Cuando estaba escribiendo *Psico*, acudí con frecuencia a las redes sociales para pedir ayuda («¿A quién se le ocurrió esta teoría? ¿Qué pruebas experimentales hay de este efecto?») y me conmovieron la generosidad y la sabiduría tanto de perfectos desconocidos como de buenos amigos, sobre todo Fiery Cushman, que me ayudó varias veces. David Pizarro y Tamler Sommers me invitaron a su pódcast, *Very Bad Wizards*, para hablar de William James y eso me llevó a incluir en este libro más material de James de lo que tenía pensado en principio.

Quiero dar las gracias a los autores de tres excelentes libros que me influyeron mucho mientras trabajaba en el manuscrito: *The idea of the brain; the past and future of neuroscience*, de Matthew Cobb; *The genetic lottery: why DNA matters for social equality*, de Kathryn Paige Harden, y *Freud: inventor of the modern mind*, de Peter D. Kramer. También les estoy agradecido a otros especialistas a cuyo trabajo he acudido una y otra vez, incluidos Susan Carey, Frank Keil y Elizabeth Spelke (para el tema del desarrollo infantil), Edward Diener (la felicidad), Julia Galef (la racionalidad), Daniel Gilbert (la psicología social), Joseph Henrich (la cultura), Steven Pinker (el lenguaje, la racionalidad), Stuart Ritchie (la inteligencia) y Scott Alexander (la percepción, la psicología clínica). Sé que algunos lectores querrán saber adónde dirigirse para aprender más sobre psicología: este párrafo es mi respuesta.

Varios expertos tuvieron la amabilidad de comentar capítulos concretos y se lo agradezco mucho a Arielle Baskin-Sommers, Amy Finn, Chaz Firestone, Rebecca Fortgang, Yoel Inbar, Michael Inzlicht, Peter Kramer, Stuart Ritchie y Katherine Vasquez. No cabe duda de que quedarán errores en el libro y lo más seguro es que se correspondan exactamente con las partes en las que decidí hacer oídos sordos a los consejos de todos ellos. Mi mayor deuda la tengo con los cuatro psicólogos que leyeron el manuscrito completo y aportaron comentarios extensos y sumamente útiles: Frank Keil, Gregory Murphy, Christina Starmans y Matti Wilks.

Como siempre, mi agente y amiga Katinka Matson me asesoró con su sabiduría en todo momento. Empecé *Psico* con Denise Oswald, una excelente editora que trabajó conmigo en mis dos últimos libros, y me dio mucha pena que dejara Ecco antes de que enviara mi primer borrador (los editores cambian *mucho* de sitio), pero tuve la suerte de que Sarah Murphy tomara el relevo. Ha sido un placer trabajar con ella, que tiene una sólida formación en ciencia de la psicología, cosa que la convirtió en la editora perfecta para este proyecto. Norma Barksdale, también de Ecco, aportó magníficos comentarios a la versión casi final de este manuscrito y me apoyó de otras maneras.

También doy las gracias a Ashima Kaura por su minucioso trabajo con las referencias, a Hendri Maulana por los maravillosos dibujos y a Jane Cavolina por su ojo de lince como correctora.

Sobre todo, le doy las gracias a Christina Starmans, que me ha ayudado con este libro más que todas esas personas juntas. Christina es, entre otras muchas cosas, la mejor persona que te puedes encontrar para debatir ideas. Espero tener muchas más conversaciones con ella en el futuro, pues envié a la editorial la versión final de este manuscrito el día antes de que nos casáramos.